Gerrit Heinemann / Andreas Haug (Hrsg.)

Web-Exzellenz im E-Commerce

Gerrit Heinemann
Andreas Haug (Hrsg.)

Web-Exzellenz im E-Commerce

Innovation und Transformation im Handel

GABLER

Bibliografische Information der Deutschen Nationalbibliothek
Die Deutsche Nationalbibliothek verzeichnet diese Publikation in der
Deutschen Nationalbibliografie; detaillierte bibliografische Daten sind im Internet über
<http://dnb.d-nb.de> abrufbar.

Prof. Dr. Gerrit Heinemann ist Professor für Betriebswirtschaftslehre, Management und Handel
an der Hochschule Niederrhein, Mönchengladbach.

Andreas Haug ist Managing Partner der diligenZ management consulting GmbH, Hamburg.

1. Auflage 2010

Alle Rechte vorbehalten
© Gabler Verlag | Springer Fachmedien Wiesbaden GmbH 2010

Lektorat: Barbara Roscher | Jutta Hinrichsen

Gabler Verlag ist eine Marke von Springer Fachmedien.
Springer Fachmedien ist Teil der Fachverlagsgruppe Springer Science+Business Media.
www.gabler.de

Umschlaggestaltung: KünkelLopka Medienentwicklung, Heidelberg
Druck und buchbinderische Verarbeitung: Ten Brink, Meppel
Gedruckt auf säurefreiem und chlorfrei gebleichtem Papier
Printed in the Netherlands

ISBN 978-3-8349-1754-6

Vorwort

Als gegen Mitte der 90er Jahre die ersten Artikel im Internet verkauft wurden, glich dies einer Sensation. Mit Amazon, eBay und Co. nahmen Online-Händler als neue Betriebsform den Wettbewerb mit dem klassischen Handel auf. Traditionelle Versand- und Mehrkanal-Händler zogen nach und nutzen ebenfalls das Internet als neuen Vertriebskanal. Auch stationäre Händler und Markenhersteller erkannten die Chancen des Verkaufs über das Internet, eröffneten eigene Online-Shops und erschlossen sich damit einen direkten Absatzkanal zu ihren Endkunden. Obwohl zunehmend deutlich wurde, dass die Umsätze des E-Commerce rasant steigen und dadurch insbesondere die Umsatzanteile des klassischen Kataloghandels zurückgehen würden, glaubte man zunächst, dass der Online-Handel nach den bisherigen Prinzipien und Regeln des Handels funktioniert. Die letzten Jahre offenbarten jedoch, dass diese Einschätzung eindeutig falsch war. Das Internet ist weit mehr als ein weiterer Vertriebskanal. Es ist eine revolutionäre Technologie, die den Handel grundlegend verändert und neu definiert hat. E-Commerce stellt eine Verkaufsform dar, die alle Aspekte des Handels und des Kundenverhaltens tangiert und nachhaltig transformiert. Trotzdem steckt der Online-Handel erst noch in der Anfangsphase. Die wesentlichen, wirklich tief greifenden Veränderungen stehen vermutlich erst noch bevor.

Vor diesem Hintergrund erscheint es dringend notwendig, eine Bestandsaufnahme im E-Commerce vorzunehmen und einen Ausblick zu wagen, was sich im Online-Handel in nächster Zeit noch tun wird bzw. bereits getan hat. Diesbezüglich geben aktuelle Best Practices wichtige Anhaltspunkte, die wir in dem Begriff Web-Exzellenz auf den Punkt bringen möchten. Web-Exzellenz zeichnet erfolgreiche Online-Händler aus, die besser performen als der Durchschnitt. Sie sind in der Lage mit ihren Leistungen im E-Commerce den Benchmark zu setzen und nutzen alle Möglichkeiten der modernen Interaktion.

Gemäß dieser Zielsetzung soll das vorliegende Herausgeberwerk einen Beitrag zum besseren Verständnis und zur zukünftigen Bewältigung der Herausforderungen leisten, denen die Entscheidungsträger im Online-Retailing sowie auch im klassischen Handel gegenüberstehen. In Form von 19 Fachbeiträgen, bei denen es sich überwiegend um Fallstudien handelt, geben anerkannte Experten sowie hochrangige Unternehmensvertreter Einblicke in die zentralen Themen des modernen E-Commerce und zeigen Lösungsansätze für einen nachhaltigen Online-Erfolg auf.

Das Buch richtet sich vornehmlich an das Management von Handelsunternehmen, die auf dem Weg zu einem Multi-Channel-Unternehmen sind, und an sämtliche Entscheidungsträger im Online-Handel selbst sowie auch an die Wissenschaftler der Handelstheorie, die aufgrund der Internet-Technolgie derzeit einen völligen Umbruch erfährt. Die praxisnahe Darstellung der Web-Exzellenz erfolgreicher Online-Händler ermöglicht einen Transfer der Erkenntnisse auf andere Unternehmen und Forschungsthemen im Handel.

Ohne die motivierte Unterstützung mehrerer Personen wäre die Umsetzung dieses Herausgeberbandes kaum möglich gewesen. Unser Dank gilt zunächst den Autoren der Beiträge, die Einblicke in die Online-Praxis des Handels gegeben haben. Ein ganz besonderer Dank gilt auch Herrn Thorsten Boersma, der in „stoischer Ruhe und Themensicherheit sowie auch Online-Kompetenz" den „organisatorischen Lead" für dieses Werk „wie ein Kapitän bei stürmischer See" durchgezogen hat. Weiterhin danken wir dem Gabler Verlag für die stets hervorragende und unkomplizierte Zusammenarbeit bei der Drucklegung des Buches.

Hamburg und Mönchengladbach   *Gerrit Heinemann*

Andreas Haug

Inhaltsverzeichnis

Teil A: Innovation und Transformation im Handel

Teil B: Erschließung neuer Kundenpotenziale im E-Commerce

Teil C: Web-Exzellenz in der Strategie

Teil D: Web-Exzellenz in der Umsetzung

Teil E: Spezialaspekte zur Web-Exzellenz

Herausgeberverzeichnis

Gerrit Heinemann, Prof. Dr., Jahrgang 1960, studierte BWL mit Schwerpunkt Marketing und Handel an der Westfälischen-Wilhelms-Universität in Münster und promovierte als wissenschaftlicher Mitarbeiter bei Prof. Meffert. Danach begann er seine außeruniversitäre Laufbahn als Zentralbereichsleiter Marketing der Douglas Holding AG, bevor er zur Kaufhof Warenhaus AG wechselte, wo er ein Traineeprogramm nachholte und danach Warenhausgeschäftsführer war. Anschließend kehrte er als Zentralgeschäftsführer der Drospa Holding zurück zur Douglas-Gruppe, von wo aus er im Zuge der sich abzeichnenden Veräußerung von Drospa an Ihr Platz zur Unternehmensberatung Droege&Comp. wechselte und nach seiner Ausbildungszeit dort Leiter des „Competence Centers Handel und Konsumgüter" wurde. 2004 startete er seine Hochschullaufbahn und wurde 2005 zum Professor für BWL, Management und Handel an die Hochschule Niederrhein berufen.

Andreas Haug, Jahrgang 1963, hat an der European Business School in Oestrich, London und Paris Betriebswirtschaft studiert. Anschließend war er einige Jahre in verschiedenen Management-Positionen bei der Bertelsmann AG tätig. Bis 1998 war Andreas Haug als Mitgründer CEO der infoMedia-Group, einer Full-Services Multimedia- und E-Commerce-Unternehmensgruppe. Als Managing Partner der Unternehmensberatung diligenZ management consulting GmbH, ist Andreas Haug für den Bereich Digital Media und Multichannel verantwortlich. Daneben ist er Geschäftsführer von eVenture Capital Partners, einem Corporate Venture Capital Fonds, in dem die Otto Group investiert ist und der in „Seed and early stage" Digital-Businesses in Europa und den USA investiert. Als Business Angel, Investor und Gründer beschäftigt er sich seit Jahren mit dem Aufbau von Unternehmen im Digital Business. Andreas Haug ist Aufsichtsrat und Beirat verschiedener Unternehmen aus dem Internet- und IT-Bereich.

Teil A:
Innovation und
Transformation im Handel

Gerrit Heinemann

Aktuelle Situation und zukünftige Herausforderungen im E-Commerce

Was New-Online-Retailer auszeichnet

1 Präambel

Web-Exzellenz zeichnet erfolgreiche Online-Händler aus, die besser performen als der Durchschnitt. Sie sind in der Lage, mit ihren Leistungen im E-Commerce den Benchmark zu setzen und nutzen alle Möglichkeiten der modernen Interaktion. Insbesondere das Web-2.0 und die damit einhergehende soziale Vernetzung führen zu neuen Regeln im Web, welche die B2C-Online-Firmen vor völlig neue Herausforderungen stellen. Insgesamt können acht zentrale Erfolgsfaktoren für das Vorliegen von Web-Exzellenz im B2C identifiziert werden. Eine große Herausforderung spielt jedoch zunehmend die Nachhaltigkeit der Erfolgsfaktoren, da der Wettbewerb sich immer schneller anpasst.

2 Aktuelle Entwicklungen im E-Commerce

2.1 E-Commerce im Zeitalter des Web-2.0

Mehr als 1,6 Milliarden Menschen nutzen weltweit das Internet. Mit 55 Millionen Internet-Nutzern reiht sich Deutschland dabei in die Riege der größten Internet-Nationen ein, wie aus Abbildung 2-1 ersichtlich ist. Davon waren rund 26 Millionen Deutsche im dritten Quartal 2009 in sozialen Netzwerken aktiv (Höfling 2009, S. 54). Diese Internet-User berücksichtigen dabei Kommentare aus Diskussionsforen oder Meinungen von anderen Internet-Nutzern bei ihrer Kauf vorbereitenden Informationssuche (vgl. Hornig/Müller/Weingarten 2008, S. 82; FAZ 2008, Nr. 245, S. 19). Das Web-2.0, das die Welt des „social networking" umschreibt, wird damit auch in Hinblick auf Kaufentscheidungen zunehmend zur dominierenden Kraft im Internet. Bereits zwei Drittel der Online-Nutzer besuchen jeden Monat ein soziales Netz. Dieses ist auf Rang 4 der beliebtesten Online-Tätigkeiten vorgedrungen und liegt damit schon vor der E-Mail, wie eine Studie von Nielsen Online zeigt. Inzwischen fließen 10 Prozent der gesamten Online-Zeit in Web-2.0-Seiten. Deren Verweildauer steigt weiter an, und zwar dreimal schneller als im Durchschnitt aller Websites. Zugleich sprengen die Mitgliederzahlen der sozialen Netze alle bisherigen Dimensionen (vgl. Feinemann 2009b, S. 2). Wie Abbildung 2-1 zeigt, kommt MySpace weltweit bereits auf über 300 Millionen Mitglieder, gefolgt von Facebook mit über 250 Millionen Mitgliedern. Im Vergleich dazu erreichen SchülerVZ, StudiVZ und MeinVZ zusammen über 14,6 Millionen Mitglieder, vor „Wer-kennt-wen" mit 6,2 Millionen und den Lokalisten mit 1,9 Millionen Mitgliedern (BITKOM 2009). Überdurchschnittlich stark wächst die Mitgliederzahl des Nachrichtendienstes Twitter, die binnen Jahresfrist von 72.000 auf gut 1,8 Millionen angestiegen ist. Nicht ohne Grund investieren Medienunternehmen Milliardenbeträge in den Ausbau von Communities oder in Engagements bei sozialen Netzwerken.

Abbildung 2-1:   *Die größten Internet-Nationen*

Quelle: Spiegel 2009, Nr. 33, S. 76

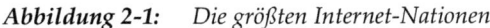

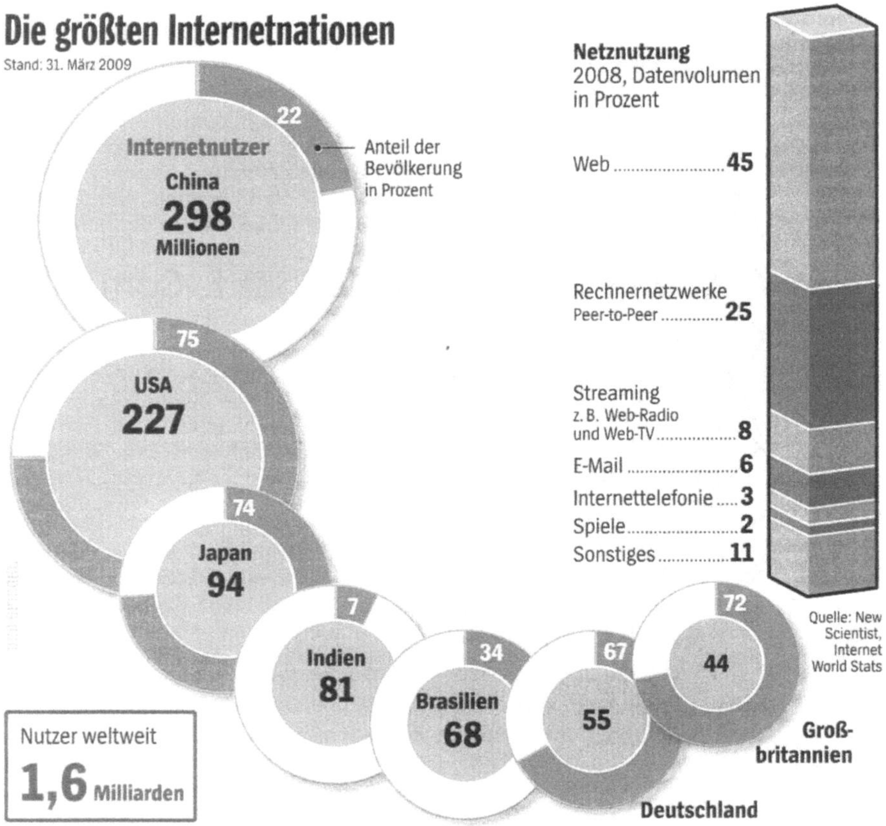

Die größten Internetnationen
Stand: 31. März 2009

Internetnutzer
China
298
Millionen

22 — Anteil der Bevölkerung in Prozent

USA
227
75

Japan
94
74

Indien
81
7

Brasilien
68
34

55
67

44
72

Nutzer weltweit
1,6 Milliarden

Groß-britannien

Deutschland

Netznutzung
2008, Datenvolumen in Prozent

Web **45**

Rechnernetzwerke
Peer-to-Peer **25**

Streaming
z. B. Web-Radio
und Web-TV **8**
E-Mail **6**
Internettelefonie **3**
Spiele......................... **2**
Sonstiges................**11**

Quelle: New Scientist, Internet World Stats

Dieses zeigt z.B. die soeben besiegelte Beteiligung von 25,1 Prozent von Burda-Media an dem 2,0 Millionen Mitglieder starken XING-Netzwerk. Es geht darum, das Web-2.0 als Werbeplattform und zur Kundengewinnung zu nutzen. Als wesentlicher Vorteil für Community-Betreiber wird dabei der geringe Aufwand gesehen, da bei den meisten Online-Communities die hohen Marketingkosten entfallen. Auch die technologischen Herausforderungen sind vergleichsweise gering. Schlüsselthema ist die Mediensteuerung, um soziodemographisches Targeting zu ermöglichen (vgl. Fösken 2007, S. 117). Die kommerzielle Nutzung des Web-2.0 hat folglich begonnen. Gewinner im

Online-Handel sind schon jetzt die Unternehmen, die es verstanden haben, das Web-2.0 zur Kundengewinnung oder das Web-2.0-Prinzip im eigenen Community-Building zu nutzen. Mit der massenhaften Verlagerung sozialer Beziehungen ins Internet steigen die Umsätze im Online-Handel deswegen auch rasant. Laut Bundesverband des Deutschen Versandhandels (BVH) lagen allein die Erlöse mit physisch vorhandenen Waren im vergangenen Jahr um 23 Prozent über dem Vorjahr und erreichten 13,4 Mrd. Euro. Entgegen der negativen Einzelhandelsentwicklung wird der Online-Handel in 2009 mit plus 15 Prozent auf rund 15,4 Mrd. Euro wachsen. Inklusive Dienstleistungen wie z.B. Ticketverkäufe dürften sogar 22 Mrd. Euro erreicht werden.

2.2 Web-2.0 versus Web-3.0

Ausmaß und Potenzial der sozialen Vernetzung wird in den Mitgliederzahlen der Online-Netzwerke und Communities deutlich. Diese führt auch zu einer höheren Nutzungsdauer des Internet. „Internet überholt Fernsehen als Leitmedium" (FAZ 2009, Nr. 281, S. 19), dessen durchschnittliche Nutzerzeit stagniert. Das TV wird immer stärker zum Begleitmedium, das im Hintergrund läuft. Nachdem das Internet schon bei den Jugendlichen unter 25 Jahren zum wichtigsten Medium geworden ist, kommt es nun auch zu einer Wachablösung in der Altersgruppe zwischen 25 und 34 Jahren. Wie eine Umfrage des europäischen Online-Werbeverbandes EIAA unter 1000 Deutschen zeigt, nutzt diese Altersgruppe das Internet im Durchschnitt 14,4 Stunden in der Woche. Das ist ein Viertel mehr als im vergangenen Jahr (vgl. ebenda). Damit einher geht auch die immer stärkere Nutzung der „Lebensader des Internet" (Schmidt 2008, S. 14), der Suchmaschine Google. „Google hat den Zugang zu den Informationen der Welt verändert. Die Suchmaschine hat eine Revolution des Informations- und Mediennutzungsverhaltens der Menschen ausgelöst. Was Google findet, existiert. Abseits dieser Lebensader des Internet aber fällt das Überleben immer schwerer. Jeden Tag tippt jeder der etwa 25 Millionen deutschen Google-Nutzer im Durchschnitt fünf Begriffe in die Suchmaschine ein." (Schmidt 2008, S. 14). Neben dem Erfassen fremder Inhalte produziert das jährlich Milliarden in seine Produktentwicklung investierende Unternehmen auch zunehmend eigene Beiträge. Außerdem digitalisiert Google Informationen, die es bisher nicht im Internet gab, wie z.B. Satellitenbilder (Earth), Landkarten (Maps), Straßenzüge (Street View) oder Videos (YouTube). Tonnenweise werden Bücher eingescannt (Books), werden Fotos hochgeladen (Picasa) oder persönliche Krankenakten gespeichert (Health). Schließlich macht Google auch noch Microsoft mit kostenlosen Softwareprodukten Konkurrenz wie z.B. mit einer Textverarbeitung (Docs), einer Tabellenkalkulation (Spreadsheets) und einem eigenen Browser (Chrome). Diese Programme können dabei auch auf Mobiltelefone übertragen werden (Android). Neueste Entwicklung ist die kostenlose Kommunikationsplattform „Wave", mit der das Live-Web bzw. Echtzeit-Internet eingeläutet werden soll (Winckler 2009,

S. 10). Google ist zur Lebensader des Internet geworden. Unternehmen, die ihr Geschäftsmodell im Internet auf den Besucherstrom von Google aufgebaut haben, sind dadurch abhängig geworden (vgl. Schmidt 2008, S. 14). Mittlerweile kommt kein Online-Händler mehr an der „Frequenzabschöpfung" in der Suchmaschine vorbei. Diese Abhängigkeit schürt Ängste, hat jedoch „Akzeptanzzwang". Deswegen hoffen viele auf den „Google-Killer", der dem Suchmaschinenprimus Paroli bietet. „Noch beherrscht Googles Algorithmus die Suche im Internet. Doch das semantische Web liefert wirkliche Antworten statt Links. Die Wissensmaschine von Stephen Wolfram ist der Startpunkt für das Web-3.0" (FAZ 2009, Nr. 103, S. 17). Ob allerdings dieses „Wolfram Alpha", hinter dem kein Algorithmus, sondern das semantische Internet steckt, zum „Google-Killer" wird, diskutieren die Internet-Experten sehr kontrovers. So durchsucht es nicht das riesige Internet, sondern nur vorab definierte öffentliche und lizensierte Quellen. Durch eine semantische Verknüpfung der Daten kann der Computer im Moment der Suchanfrage neues Wissen generieren und wirkliche Antworten statt Links auswerten (vgl. FAZ 2009, Nr. 103, S. 17). Für ihre Nutzung im Massenmarkt sind die infrastrukturellen Anforderungen jedoch so gewaltig, dass wahrscheinlich nur Google selbst die nächste Generation der Suchmaschine herausbringen kann (vgl. FAZ 2009, Nr. 103, S. 17). Und auch Microsoft, das im Kampf der Suchmaschinen nun auf die Neu-Entwicklung „Bing" setzt, liefert sicherlich einige interessante neue Features, wird jedoch den Web-Giganten Google nicht wirklich herausfordern können (vgl. Kowalewsky 2009, S. C3). Egal, ob Google oder Bing, die Themen Suchmaschinen-Marketing (SEM) und Suchmaschinen-Optimierung (SEO) sind zu festen Bestandteilen des Online-Handels geworden und für ihn nicht mehr wegzudenken. Sie beeinflussen mittlerweile in hohem Maße die Produktfindung, damit die Kundengewinnung und dadurch wiederum die Online-Umsätze.

3 Web-Exzellenz im E-Commerce

3.1 Best Practices im E-Commerce

Die Online-Umsätze verteilen sich mittlerweile auf unterschiedlichste Betriebstypen des Online-Handels. Allerdings gibt es auch hier Gewinner und Verlierer. Web-Exzellenz kennzeichnet dabei die Gewinner im E-Commerce. Dabei handelt es sich um Online-Händler, die besser performen als der Durchschnitt und in der Lage sind, mit ihren Leistungen den Benchmark zu setzen. Je nach Betriebstyp sind allerdings die Voraussetzungen für Web-Exzellenz recht unterschiedlich. Als „Dinosaurier" im Online-Handel gelten zweifelsohne die klassischen Versandhändler wie Otto, Neckermann, Lands-End, Hawesko usw. mit Online-Anteilen von mittlerweile über 50 Prozent. Fälschlicherweise werden diese Distanzhandelsformen häufig als Multi-Channel-

Systeme bezeichnet, auch wenn sie kein Stationärgeschäft betreiben. Sie bilden mit dem Parallelbetrieb aus klassischem sowie elektronischem Versand den „hybriden Online-Handel" als eine eigenständige Handelsform. Diese ist von der Form des reinen Online-Handels, dem „Pure-Online-Handel" zu unterscheiden (z.B. Hutshopping.de, Buch.de, Gourmondo.de). Über Portale sind zunehmend aber auch Kooperationen von Online-Händlern zu beobachten, die damit den „kooperierenden Online-Handel" bilden. Gängig ist diese Form des Online-Handels bei Apothekengroßhändlern (z.B. apotheke.com) oder bei Buchgroßhändlern (z.B. buchhandel.de oder libri.de) bzw. Verbundgruppen (z.B. Euronics.de). Eine weitere Form des Online-Handels stellt der Multi-Channel-Handel dar (z.B. Lascane, Bon-Prix, Sportscheck, Globetrotter). Ohne die Kombination aus stationären sowie elektronischen Verkaufskanälen kann allerdings nicht von „modernen" Multi-Channel-Systemen, sondern immer nur von „traditionellen" Mehrkanalsystemen gesprochen werden (vgl. Heinemann 2009a, S. 46ff.). Zunehmend nutzen Herstellerunternehmen den Internet-Kanal, um in das Direktgeschäft einzusteigen und Disintermediation zu betreiben. Diese Form des Online-Verkaufs an Endkunden stellt den „vertikalisierten Online-Handel" dar (z.B. Esprit, BOSS, adidas, Nike, Apple oder Gabler). Reine Online-Händler, also die „Pure-Online-Händler", sind immer seltener anzutreffen. Insgesamt beträgt der Marktanteil der reinen Online-Händler am E-Commerce-Umsatz nur noch ca. 26 Prozent. Allerdings findet sich unter den „Pure-Playern" auch die höchste Innovationsrate. Dabei fällt auf, dass die neuen Betriebstypenkonzepte zunehmend die Prinzipien des Web 2.0 zugrunde legen, sei es in Liveshops (z.B. guut.de), bei Clubverkäufen (z.B. brands4friends.de), in Shoppingbörsen (z.B. gimahot.de), Flohmärkten (z.B. dawanda.de) oder neuen Aktionsformen (z.B. telebild.de). Von reinen Online-Händlern, so genannten „Pure-Playern", kann allerdings nur gesprochen werden, wenn als Supplement-Channel allenfalls ein Abhollager betrieben wird. Die Abgrenzung zu den kombinierten Distanzhändlern ist insofern nicht ganz einfach, als dass Pure-Online-Händler nicht selten auch Direktmarketingmaßnahmen auf postalischem Wege in Papierform durchführen. Dabei handelt es sich aber in der Regel um Angebote mit kurzer Laufzeit (maximal zwei Wochen), während der Hauptkatalog eines Versandhändlers gewöhnlich ein halbes Jahr Laufzeit hat. Weiterhin gehen immer mehr ursprüngliche Pure-Online-Händler dazu über, in Form von Portalen kooperativen Online-Handel zu betreiben. Amazon beispielsweise arbeitet bereits mit 1,2 Mio. kleineren Händlern zusammen, die fast ein Drittel des Amazon-Umsatzes auf sich vereinen. Der „hybride Online-Handel", also der Parallelbetrieb aus klassischem sowie elektronischem Versand in einem gemeinsamen Distanzhandelskanal, ist die wohl am weitesten verbreitete Form des Online-Handels. Der Internet-Erfolg der Versandhändler ist kein Zufall. Im Internet-Kanal können in vielen Fällen natürliche Versandstärken genutzt werden. Auf der einen Seite konnte sich der Versandhandel einen modernen, zusätzlichen Bestellweg erschließen, auf der anderen Seite ist er damit auch für neue Anbieter interessant geworden. Folglich boomt in Deutschland vor allem der von Versandhandelsunternehmen betriebene Online-Handel, während der traditionelle Versandhandel seit Jahren rückläufig ist.

Abbildung 3-1: *Best Practices im E-Commerce nach Betriebstypen*

Quelle: Eigene Recherche

1	Pure Online-Handel	**Hochspezialisierte Anbieter auch mit kleiner Betriebsgröße, die das Internet als Verkaufsplattform nutzen**

Vente Priveé, Zappos, Asos, Net-A-Porter, Yoox

2	Kooperat. Online-Handel	**Verbünde oder Branchenportale mit einheitlicher Store-Brand sowie eBay- und Amazon-Partnerschaften**

Amazon, Fahrrad.de

3	Multi-Channel-Handel	**Stationäre Einzelhändler mit zusätzlichem Internetkanal oder vice versa mit Channel-Hopping-Möglichkeit**

Argos, The White Company, NEXT, Top-Shop, REI, Lakeland

4	Hybrider Online-Handel	**Parallelbetrieb aus klassischem und elektronischem Versand in einem gemeinsamen Distanzhandelskanal**

NBrown, JP Boden, Lands End

5	Vertikaler Online-Handel	**Hersteller mit Internet als B2C-Vertriebsweg oder Anbieter von Mass-Customization und Open-Innovation**

TailoreStore, Spreadshirt, Factory121

Die besten Voraussetzungen für Web-Exzellenz bringen zweifelsohne die „Pure-Online-Händler" mit, da sie ohne die Altlasten von angestammten Absatzkanälen alle Möglichkeiten des E-Commerce offensiv ausspielen können. Betrachtet man die internationalen „Shooting-Stars" der Internet-Neuzeit, dann entpuppen sich dabei mit Vente Priveé, Zappos, Asos, Net-A-Porter oder Yoox vor allem die Pure-Online-Händler als überdurchschnittlich erfolgreich. Allerdings sind Beispiele für Web-Exzellenz – wenn auch nicht so ausgeprägt – bei den anderen Betriebstypenkategorien anzutreffen. So sind mit Argos, The White Company, NEXT, Top-Shop, REI und Lakeland auch Vertreter des integrierten Multi-Channel-Handels in der Spitzengruppe vertreten. Gleiches gilt für den kooperierenden Online-Handel mit z.B. Amazon und Fahrrad.de sowie den hybriden Online-Handel mit u.a. NBrown, JP Boden und Lands End. Schließlich weist der vertikalisierte Online-Handel mit z.B. Spreadshirt, Tailorstore und Factory121 auch Beispiele für Web-Exzellenz auf. Dieser Betriebstyp fällt jedoch in Hinblick auf die großen Brands wie z.B. Esprit und BOSS deutlich ab. Wahrscheinlich trägt die bisher mangelnde Kundennähe der Hersteller dazu bei, der atemberaubenden Schnelligkeit des Online-Marktes nicht mehr ganz so schnell folgen zu können. Web-Exzellenz zeichnet erfolgreiche Online-Händler aus, die besser performen als der Durchschnitt und in der Lage sind, mit ihren Leistungen den Benchmark zu setzen. Insbesondere das Web-2.0 und damit einhergehende soziale Vernetzung führen zu neuen Regeln im Web, welche die B2C-Online-Firmen vor völlig neue Herausforderungen stellen. Insgesamt können acht zentrale Erfolgsfaktoren für das Vorliegen von Web-Exzellenz im B2C identifiziert werden. Eine große Herausforderung spielt jedoch zunehmend die Nachhaltigkeit der Erfolgsfaktoren, da der Wettbewerb sich immer schneller anpasst (vgl. Abbildung 3-1).

3.2 Erfolgsfaktoren im E-Commerce

Der Erfolg aller Best Practices über alle Betriebstypen hinweg bezieht sich sowohl auf die Profitabilität, die bei diesen Unternehmen deutlich über den üblichen Ergebnissen des Distanzhandels liegt, als auch auf die Wachstumsrate nach CAGR, die in der Regel die 50 Prozent deutlich überschreitet. Welche Erfolgsfaktoren Web-Exzellenz bestimmen, soll eine qualitative Ermittlung auf Basis der eben genannten Best Practices klären. Die qualitative Erhebung folgt einer standardisierten Vorgehensweise, die in Abbildung 3-2 dargestellt ist. Demnach wird zunächst die Ausgangssituation der Online-Handelsunternehmen differenziert beleuchtet. Dabei wird recherchiert, welche Form des Online-Handels vorliegt. Danach folgt die genaue Abschätzung des Geschäftskonzeptes aus einer Outside-In-Perspektive (vgl. Heinemann 1989, S. 105). Dabei geht es um die Frage, welche Geschäftsidee vorliegt und welcher Kundenmehrwert geboten wird. Der nächste Schritt ist ein Strategie-Check, bei dem unter anderem gefragt wird, welche Positionierung gewählt wurde, welche Produkte und Dienstleistungen vertrieben werden, welche Wertschöpfungstiefe (make-or-buy) zugrunde liegt und welches Vermarktungskonzept verfolgt wird. Danach erfolgt dann die Einschätzung des Geschäftssystems nach Kern- und Supportprozessen sowie Prozess-Idee, Triage-Idee und informeller Vernetzung, also nach den Prinzipien des Business Reengineering. Im letzten Analyseschritt geht es schließlich darum, welche Strukturen und Systeme vorliegen, differenziert nach Organisation, Steuerungssystemen, IT sowie Personal und internetspezifischen Fähigkeiten. Basis für die qualitative Ermittlung der Erfolgsfaktoren im Online-Handel bilden 129 Erfahrungsberichte aus unterschiedlichen Online-Handelsunternehmen, 102 internationale „Best Practice Case Studies" sowie insgesamt 143 Expertengespräche, die zu diesem Thema geführt wurden. Eingeflossen sind auch die Erfahrungen aus 15 Beratungsprojekten, die direkt oder indirekt mit dem Online-Handel zu tun hatten. Untersucht man die Best-Practices im Online-Handel nach der eben skizzierten Vorgehensweise, dann können insgesamt acht Erfolgsfaktoren im E-Commerce identifiziert werden:

Abbildung 3-2: *Systematische Ermittlung der Erfolgsfaktoren im E-Commerce*

Quelle: Heinemann 2009, S. 88

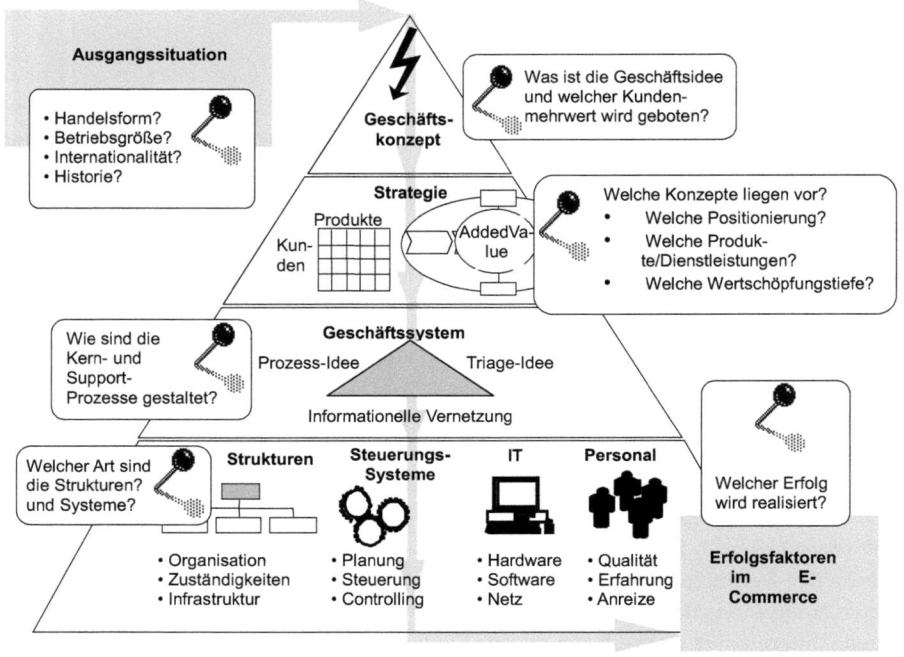

(1.) Shop-Attraction and Selling-Proposition: Grundvoraussetzung für den Online-Erfolg der herausragenden Internet-Händler ist eine einzigartige Anziehungskraft des E-Shops und dessen deutlich differenziertes Leistungsversprechen. Bei den Best Practices im Online-Handel ist es zu einer Erweiterung des bisher überwiegend praktizierten Target-Marketing zu einem Attraction-Marketing gekommen (vgl. Gömann/Münchow 2004, S. 184). Vor allem diejenigen Internet-Händler haben nachhaltig Erfolg, die mindestens eines der vier „Killer-Differenzierungsfaktoren" Killer-Preis, Killer-Produkt, Killer-Service und Killer-Feature aufweisen (vgl. Abbildung 3-3). Diesbezüglich geht es auch darum, den „Flagship-Store-Gedanken" auf den Online-Shop zu übertragen.

(2.) Social-Targeting and Societing: Die Nutzung von Communities und sozialen Netzwerken ist die hohe Schule des Internet-Handels der neuen Generation. Neben der Gründung einer eigenen Internet-Gemeinschaft, also einer Community oder sozialen Gruppe, in der die Kunden sich ihr Konsumerlebnis teilen können, rückt zunehmend auch die Nutzung externer Internet-Gemeinschaften für Werbezwecke und Kundenakquisition in den Fokus. Hochinteraktive Kommunikationsumgebungen im Web 2.0 bieten den Kunden völlig neue Möglichkeiten, um ihre Interessen zu koordinieren. Das Erschließen und Ausschöpfen von Kundenpotenzialen in derartigen Umgebungen, das neuerdings auch als „Societing" bezeichnet wird, entpuppt sich zunehmend als „Key Issue" (vgl. Bolz 2008, S. 255).

(3.) Service- and Search-Solutions: Exzellente Selbstbedienungs-, Service- und Suchlösungen unterstreichen die Erkenntnis, dass mittlerweile „Schnelligkeit vor Perfektion" geht. Hauptgrund für die „Einkaufsstättenwahl Internet" ist die Reduzierung von zeitlichen und finanziellen Aufwendungen aus Kundensicht. Diese ergeben sich in erster Linie aus der Navigation und Effizienz des Internet-Händlers. Für effiziente Online-Shops ist die treffsichere Suchfunktionalität „Key Performance Indicator". Auch die Kategoriensuche muss schnell zum gewünschten Objekt führen. Aktuelle Thematik des Online-Marketing in diesem Zusammenhang ist das Eye-Tracking, dessen Ergebnisse in der Web-Usability, also der Benutzerfreundlichkeit der Website, umgesetzt werden (vgl. Schulz, 2007, S. 1ff.).

(4.) Singularity-focused-Customization-and-Personalization: Die Internet-Kunden erwarten eine gezielte und personalisierte Bedüfnisbefriedigung. Abgesehen von der Produktindividualisierung zeichnet sich der erfolgreiche Internet-Handel aber vor allem durch einen Zuwachs an „Einzelkundenorientierung mit einzigartiger Behandlung" aus, also einer „Singular-focused-Customization-and-Personalization" (vgl. Kollmann 2007, S. 210ff.). Die technischen Möglichkeiten erlauben es heute uneingeschränkt, dem zunehmenden Trend zur Individualisierung bei den Endverbrauchern durch innovative Marketingmaßnahmen Rechnung zu tragen. Die Fülle an digitalen Informationen über die Kunden und damit das Wissen über deren Verhalten, Bedürfnisse und Eigenschaften, kann mittlerweile relativ einfach für eine individualisierte, kundenorientierte Rundumbehandlung verwendet werden.

(5.) System- and Supply-Chain-Excellence: Zentrale Erfolgsvoraussetzung im Internet-Handel ist ein nachhaltiges Komplexitätsmanagement, das zugleich die schnellstmögliche Abwicklung im Internet-Kanal sicherstellt (Cycle-Time-Reduction). Wesentliche Herausforderung besteht diesbezüglich in der maximalen Automatisierung (IT- und System-Management) einerseits, aber zugleich kanalspezifischen Sicherstellung der optimalen und schnellstmöglichen Arbeitsabläufe/Prozesse andererseits (Supply-Chain-Management). Die virtuellen Möglichkeiten der Internet-Technologie ermöglichen eine Bewältigung der Komplexität, ohne durch eine Reduktion Abstriche im Leistungsumfang erkaufen zu müssen (vgl. Ahlert/ Große-Bölting/ Heinemann 2009, S. 637ff.).

(6.) Security-Standards and -Reputation: Die Gefahren und eine gewisse Sensibilisierung auf Kundenseite in Hinblick auf die „Tücken des Einkaufs" im Internet beeinflussen maßgeblich die Risikowahrnehmung der Internet-User und damit das Sicherheitsimage des Internet-Händlers. Angesichts der Anonymität im Internet sowie der weltweiten Zugriffsmöglichkeit fragen sich insbesondere bei (noch) nicht so bekannten Anbietern immer mehr Kunden, ob der Anbieter seriös ist. Das Sicherheitsimage des Internet-Händlers wird dabei maßgeblich von der aktuellen Risikowahrnehmung der Kunden sowie deren Einschätzung in Hinblick auf, Bezahlsicherheit und -flexibilität, Datenschutz sowie Rechts- und AGB-Sicherheit bestimmt (Heinemann 2008, S. 174ff.).

(7.) Supplement- and Support-Channel-Strategy: Die Ergänzung des Internet-Leadchannels um unterstützende Absatz- und Kommunikationskanäle bietet dem Kunden zusätzlichen Mehrwert, da er zunehmend nach Channel-Hopping-Möglichkeiten verlangt. Dieses beweist auch die Tatsache, dass mittlerweile über 60 Prozent der Einzelhandelsumsätze im Internet auf Multi-Channel-Retailer entfallen und „Pure-Internet-Händler" immer seltener werden. Diesbezüglich lässt sich eindeutig sagen, dass Multi-Channel-Retailer Kundenbedürfnisse besser erfüllen können und dem Kunden einen höheren Gesamtnutzen als Pure-Internet-Händler bieten (vgl. Heinemann 2009a, S. 48).

(8.) Sourcing-Concept and Strategic Alliances: Keine andere Handelsform zeichnet sich durch eine so hohe Notwendigkeit zur Category-Alleinstellung („Sourcing Concept") und zugleich Kooperation („Strategic Alliances") aus. In Bezug auf die Besonderheiten des Geschäftssystems „Internet-Handel" und der Einbindung in das „World Wide Web" muss dieses zwangsweise auch unter dem Aspekt des „Global Sourcing" beleuchtet werden. Untrennbar mit dem Global Sourcing sind dabei die neuen Formen des „E-Sourcing" verbunden. Weiterhin hat das „Outsourcing", also die Auslagerung von Unternehmensaufgaben an Fulfilment-Dienstleister, im Internet-Handel herausragende Bedeutung erlangt, da es eher den Flexibilitätserfordernissen der schnelllebigen Internet-Welt Rechnung trägt (vgl. Ahlert/Große-Bölting/Heinemann 2009, S. 733ff.). Es gibt kaum ein Unternehmen, das alle acht Erfolgsfaktoren zugleich aufweist (vgl. Abbildung 4-1). Allerdings kann mit Zappos.com ein Beispielunternehmen für Web-Exzellenz genannt werden, das mindestens sieben dieser Ausprägungen erfüllt. In der Regel besitzen Web-Exzellenz-Unternehmen jedoch mehr als 50 Prozent dieser Merkmale.

Abbildung 3-3:   *Killer-Differenzierungsfaktoren*

Quelle: Eigene

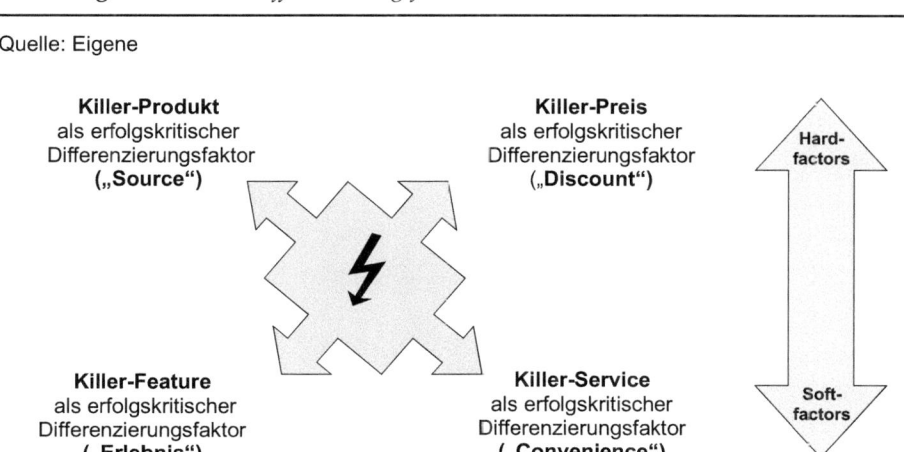

Killer-Produkt
als erfolgskritischer
Differenzierungsfaktor
(„**Source**")

Killer-Preis
als erfolgskritischer
Differenzierungsfaktor
(„**Discount**")

Hard-
factors

Killer-Feature
als erfolgskritischer
Differenzierungsfaktor
(„**Erlebnis**")

Killer-Service
als erfolgskritischer
Differenzierungsfaktor
(„**Convenience**")

Soft-
factors

4 Zukünftige Herausforderungen im E-Commerce

Faszination beim Einkauf ist nicht mehr nur ein rein „stationäres" Thema: Einprägsame und interaktive Erlebnisse werden den Kunden heutzutage vor allem im E-Commerce und anknüpfenden Communities geboten. Dieses kennzeichnet vor allem die Unternehmen, die Web-Exzellenz betreiben. Sollten die Kunden demnächst im Internet im 3-D-Verfahren Produkte aussuchen und über berührungsempfindliche Bildschirme bestellen können, dürfte hier sogar eine neue Dimension des Einkaufserlebnisses möglich werden. Die Kunden möchten sich das Konsumerlebnis teilen, wodurch die Gründung einer eigenen Internet-Gemeinschaft oder die Nutzung eines sozialen Netzwerkes in den Fokus rückt (Web-2.0). Beides kann auch für Marktforschung, Werbezwecke und Kundenakquisition genutzt werden. Die freiwillige und aktive Einbeziehung der Kunden in den Verkaufsprozess beispielsweise in Form von Rückmeldungen an den Verkäufer, Empfehlungen an andere Interessenten und öffentliche Produktbewertungen, sowie auch die Bildung sozialer Gemeinschaften und sozialer Interaktionen im Internet, ist wesentliches Kennzeichen von „Web-Exzellenz". Hochinteraktive Kommunikationsumgebungen im Web bieten nicht nur den Verbrauchern völlig neue Möglichkeiten, um ihre Interessen zu koordinieren, sondern auch marktnahen Unternehmen die Chance, sich mit ihren eigenen Kunden intensiver als bisher auszutauschen.

Abbildung 4-1: *Schnelle Breitbandverbindungen in Prozent aller Haushalte*

Quelle: OECD/ E-Commerce-Report 2009, S. 14

Land	Breitband-Anteil
Dänemark	36,7
Niederlande	35,5
Norwegen	33,4
Schweiz	32,7
Island	32,3
Schweden	32,3
(Süd-)Korea	31,2
Finnland	30,7
Luxemburg	28,3
Kanada	27,9
UK	27,6
Belgien	26,4
Frankreich	26,4
Deutschland	26,2
USA	25,0
Australien	23,5
Japan	23,0
Österreich	20,6
Neuseeland	20,4
Spanien	19,8
Irland	19,1
Italien	18,2
Tschechische Republik	15,8
Ungarn	15,7
Portugal	14,8
Griechenland	11,2
Polen	9,6
Slowakei	8,9
Türkei	6,8
Mexiko	4,7

Das Erschließen und Ausschöpfen von Kundenpotenzialen in derartigen Umgebungen entpuppt sich zunehmend als wesentliche Ausprägungsform der Web-Exzellenz. Eine große und wachsende Herausforderung ist die Nachhaltigkeit der Erfolgsfaktoren, da der Wettbewerb sich immer schneller anpasst. Ein heute herausragender Killer-Service reicht morgen ggf. nicht mehr aus. Viele Unternehmen verstehen das aber „nur" als einmalige Anpassung. Das kann leicht zu fatalen Missverständnissen führen: Web-Exzellenz ist eine „Dauerherausforderung", und „im Grunde ist es wie mit dem Web-2.0: Alles ist irgendwie bekannt, trotzdem ändert sich verdammt viel" (Graf 2009, S. 5). Alle Prognosen deuten darauf hin, dass der Internet-Boom in den nächsten Jahren ungebrochen weitergehen wird. Vorsichtige Schätzungen gehen davon aus, dass sich die Einzelhandelsumsätze im Internet bis 2015 mindestens verdoppeln werden. Im Vergleich zu anderen Nationen wie z.B. den skandinavischen Ländern oder den USA, ist die Internet-Penetrationsrate in Deutschland mit rund 65 Prozent per Ende 2009 noch deutlich ausbaubar. Der neueste E-Commerce-Report der Deutschen Card Services weist für Deutschland sogar eine Penetrationsrate an echten schnellen Breitband-Anschlüssen von nur 26 Prozent aus (vgl. Abbildung 4-1), so dass auch im Quervergleich immer noch traumhafte Wachstumspotenziale bestehen (vgl. Deutsche Card Services 2009, S. 14). Hinzu kommt die Zurückhaltung vieler Handelskonzerne, etwa der Metro-Group. Auch Usability und Barrierefreiheit sind bisher unzureichend umgesetzt. Außerdem wachsen in den nächsten Jahren die internet-affinen Zielgruppen nach bzw. in die älteren Zielgruppen hinein, ganz zu schweigen von der heranrückenden Welle der „Digital Natives", die in den nächsten fünf bis zehn Jahren geschäftsfähig werden. Das alles sind harte Faktoren, die dafür sprechen, dass das Wachstum im Online-Handel gar nicht zu verhindern ist. Auch wenn es Kannibalisierungseffekte gibt, wird der Online-Handel den klassischen Handel sicherlich nicht verdrängen können. Allerdings nutzt mittlerweile die Hälfte der Kunden das Internet im Rahmen der Kaufanbahnung. Die Verbraucher informieren sich im Netz über Produkte und Dienstleistungen. Von dieser Wechselwirkung profitiert auch der klassische Handel. Die Deutschen springen zwischen den verschiedenen Handelskanälen hin und her. Gewinner des Online-Handels werden deswegen die Multi-Channel-Retailer sein, die in der Kombination von Offline und Online die Channel-Hopping-Möglichkeit als echten Kundenmehrwert voll ausspielen können.

Literaturverzeichnis

Ahlert, D.; Große-Bölting, K.; Heinemann, G. (2009): Handelsmanagement in der Textilwirtschaft – Einzelhandel und Wertschöpfungspartnerschaften, Frankfurt.

Bolz, N. (2008): Linking Value – der Mehrwert des 21. Jahrhunderts, in: Kaul, H.; Steinmann, C. (Hrsg.): Community Marketing – Wie Unternehmen in sozialen Netzwerken Werte schaffen, Stuttgart, S. 251-260.

Der Spiegel (2009): freiheit@unendlich.welt, Nr. 33, S. 68-131.

Deutsche Card Services (2009): E-Commerce-Report 2009 – Trends in E-Commerce Purchasing and Payment Behaviour on the Basis of Real-Life Transactions.

Fösken, S. (2007): Web 2.0: Communitys setzen sich durch, in: absatzwirtschaft 9/ 2007, S. 114-117.

Frankfurter Allgemeine Zeitung (2008): Kaufentscheidungen werden im Internet getroffen, Nr. 245 vom 20. Oktober 2008, S. 19.

Frankfurter Allgemeine Zeitung (2008): Internet überholt Fernsehen als Leitmedium, Nr. 281 vom 1. Dezember 2008, S. 19.

Frankfurter Allgemeine Zeitung (2009): Das Internet der nächsten Generation, Nr. 103 vom 5. Mai 2009, S. 117.

Gömann, S.; Münchow, M.-M. (2004): Handel im Wandel – Vom Target zum Attraction Marketing. Oder: Was ist das Erfolgsgeheimnis von IKEA, H&M, Aldi, Ebay & Co.? in: Riekhoff, H.-C.: Retail Business in Deutschland; Perspektiven, Strategien, Erfolgsmuster, Wiesbaden, S. 197-218.

Graf, A. (2009): Das Transparenzdilemma bzw. der beschleunigte Wettbewerb, in: Kassenzone – Commerce, Mobile, Technologie, 24. Mai 2009 (http://blog.kassenzone.de/2009/05/24/das-transparenzdilemma-bzw-der-beschleunigte-Wettbewerb).

Heinemann, G. (2009a): Verkauf auf allen Kanälen – Multi-Channel-Systeme erfolgsorientiert ausrichten, in: Marketing Review St. Gallen 4-2009, S. 46-52.

Heinemann, G. (2009b): Der neue Online-Handel, Erfolgsfaktoren und Best Practices, 2. Auflage Gabler Verlag, Wiesbaden.

Heinemann, G. (2008): Multi-Channel-Handel, Erfolgsfaktoren und Best Practices, 2. überarbeitete und erweiterte Auflage, Gabler Verlag, Wiesbaden.

Heinemann, G. (1989): Betriebstypenprofilierung und Erlebnishandel, Wiesbaden.

Höfling, M. (2009): Kundensuche mit Gezwitscher, in: Welt am Sonntag Nr. 49, S. 54.

Hornig, F.; Müller, M.U.; Weingarten, S. (2008): Die Daten-Sucht, in: Der Spiegel 33/2008, S. 80-92.

Kollmann, T. (2007): Online-Marketing; Grundlagen der Absatzpolitik in der Net Economy, Stuttgart 2007.

Kowalewsky, R. (2009): Bing soll Google herausfordern, in: RP vom 3. Juni 2009, S. C3.

Schmidt, H. (2008): Die Lebensader des Internet, in: FAZ Nr. 209 vom 6. September 2008, S. 14.

Schulz, U. (2007): Web Usability, www.bui.haw-hamburg.de, Juli 2007 (updated).

Winckler, L. (2009): Google revolutioniert die E-Mail, in: Welt Kompakt vom 2. Juni 2009, S. 10-11.

Thorsten Boersma

Warum Web-Exzellenz Schlüsselthema für erfolgreiche Händler ist

Wie das Internet den Handel revolutioniert

1   Präambel

Das Web hat die bisherigen Spielregeln des Handels völlig verändert. Auch die bestehenden Handelsunternehmen sind dadurch mehr und mehr gezwungen, sich neu zu definieren, wenn sie auch langfristig erfolgreich sein wollen. Grundlegend für diese Neudefinition ist ein profundes Verständnis von den Transformationen, die das Internet für den Handel auf der Marktseite und im Kundenverhalten mit sich gebracht hat.

2   Transformationen des Handels auf der Marktseite

2.1   Neue Sortimente und neue Angebote verändern den Markt

Sowohl im stationären Handel als auch im klassischen Versandhandel, ob per Katalog oder Teleshopping, sind Sortimentsumfang und Anzahl der Artikel innerhalb des Warenangebotes beschränkt. Verkaufs- und Katalogflächen sind stets ein limitierender Faktor. Beides trifft gleichermaßen auf die Größe von Einzelhandelsgeschäften oder Einkaufszentren wie auf den Umfang der Angebotsträger im klassischen Versandhandel (Kataloge, Teleshopping-Formate) zu. Neben den eher physikalischen Beschränkungen der Angebotsflächen, würde ein zu großes Angebot den Kunden im klassischen Handel zusätzlich überfordern, da er den Überblick verlieren würde. Eine weitere Begrenzung hinsichtlich Angebotsbreite und -tiefe im klassischen Handel ist durch die Anforderungen an die Rentabilität der einzelnen Artikel definiert. Die Produkte lassen sich nur rentabel verkaufen, wenn sie pro Artikel eine hohe Nachfrage erzielen. Deshalb ist für Handelsunternehmen die Fokussierung auf die umsatzträchtigsten Produkte am erfolgversprechendsten. Es geht darum, Bestseller oder Artikel, die relevant für große Zielgruppen sind, zu forcieren.

Im E-Commerce hingegen ist die Anzahl der Sortimente und Artikel nicht beschränkt und somit ist, bei geringen Grenzkosten, ein nahezu unbegrenztes Sortiment möglich. Zusätzlich lassen sich Nischenprodukte (Long-Tail) mit geringer Nachfrage rentabel anbieten und eröffnen dem Händler sogar höhere Margen als preissensitive Bestseller. Dadurch stellt das Online-Shopping eine für den Handel völlig neue Angebotsvielfalt bereit, die auch im stationären Handel bisher nur begrenzt verfügbar war. Beispiele dafür sind:

▪ **Long-Tail-Sortimente:** Das Angebot im klassischen Handel umfasst z.B. bei Büchern und CDs überwiegend Topseller und Neuerscheinungen. Special-Interest-Artikel sind überwiegend bei Spezialkatalogversendern oder in kleinen spezialisierten Geschäften erhältlich. Derzeit listet die Deutsche Nationalbibliothek im Jahresbericht 2008 rd. 13 Mio. Monografien und rd. 885 Tsd. Musiktonträger in ihrem Bestand auf (vgl. Deutsche Nationalbibliothek 2008). Amazon.de hat aktuell rd. 6,7 Mio. Bücher, rd. 3 Mio. Tonträger und 10 Mio. MP3-Titel im Angebot, wie die eigene Auszählung bei Amazon.de per 2010 ergab. Aber auch in anderen Sortimenten gibt es zunehmend Category Killer, die ein riesiges Angebot bieten, das weder in einen Katalog, noch in ein Geschäft passen würde. So hat z.B. der amerikanische Online-Shop Zappos rd. 65.000 unterschiedliche Schuhe im Angebot, wie die eigene Auszählung bei Zappos.com per 2010 ergab.

▪ **Secondhand-Artikel:** Ein Markt für gebrauchte Artikel existierte früher vorwiegend auf Flohmärkten, in vereinzelten darauf spezialisierten Geschäften oder bei Auktionshäusern und in Kleinanzeigen. Nur bei gebrauchten Artikeln mit hohen Anschaffungspreisen, wie z.B. Kraftfahrzeuge, war dieser Markt auch für klassische Händler lukrativ. Mit den vorhandenen Online-Marktplätzen im Internet – vor allem eBay – wurde für den Handel mit gebrauchter Ware die Nachfrage gebündelt, so dass sich für Privatpersonen und Händler eine interessante Erwerbsquelle bietet.

▪ **Artikel exklusiver / hochwertiger Designermarken:** Hochpreisige Artikel von Edel-Designern können Kunden im klassischen Handel überwiegend in ausgesuchten Boutiquen in großen Metropolen kaufen. Bei Online-Shops wie z.B. NET-A-PORTER oder Yoox, sowie bei den herstellereigenen Online-Stores kann mittlerweile jedermann Luxusartikel von internationalen Designern kaufen, die bisher in Deutschland gar nicht erhältlich waren. Yoox bietet über 95.000 Artikel von insgesamt ca. 3.500 Marken an, speziell aus dem Segment hochwertiger Marken, wie die eigene Auszählung bei Yoox.com per 2010 ergab. Auch präsentiert Yoox mit „thecorner.com" in spezialisierten „Mini-Stores" eine limitierte Anzahl weltweit ausgesuchter Marken, die teilweise noch nie vorher online waren. Des Weiteren betreibt Yoox Online-Shops für hochwertige Modemarken, wie Energie, Armani oder Valentino. Vorletztes Jahr (2008) erwirtschaftete Yoox einen Umsatz (international) in Höhe von 132 Mio. Euro und arbeitet seit 2004 profitabel (vgl. Fiedler 2009).

▪ **Artikel junger Trend-Designer:** Neue trendige, junge Designerlabel sind immer häufiger zuerst online erhältlich, bevor sie hierzulande im stationären Handel verkauft werden. Sowohl lokale als auch internationale Jungdesigner werden online durch Musikvideos, Social-Shopping-Plattformen und Modeblogs bekannt und können bei eBay, Yoox, Asos oder Spezialisten, wie z.B. „A better tomorrow", Modefreund, Stylebop, Moderausch oder Styleville direkt gekauft werden.

▪ **Unikate / handgemachte Artikel:** Der Markt für Unikate und handgemachte Mode steht im Internet erst am Anfang seiner Entwicklung und erzielt weltweit extreme

Wachstumsraten. Gehandelt werden diese Artikel bevorzugt auf spezialisierten Online-Marktplätzen, wie z.B. Etsy oder DaWanda. Hier verkaufen Mitglieder Unikate, individualisierte, maßgeschneiderte oder handgemachte Produkte. Dabei stellen die Marktplätze häufig nicht nur Handelsplattformen sondern auch Communities dar, in denen sich Mitglieder austauschen und gegenseitig inspirieren können. Der amerikanische Vorreiter Etsy wurde im Juni 2005 gegründet und erzielte 2009 weltweit Handelsumsätze in Höhe von rd. 181 Mio. US-Dollar (vgl. Krisch 2010a).

■ **Customized Produkte:** Auf Plattformen wie z.B. Threadless, Cafepress oder Spreadshirt entwerfen User individuelle Kleidungsstücke und Accessoires. Fast alle Plattformen veranstalten regelmäßig Design-Wettbewerbe, bei denen die Community die Designs bewertet und den Gewinnern attraktive Gewinne ausgezahlt werden. Bei den meisten Plattformen können die User auch selbst designte Produkte in einem eigenen Shop anbieten. Die Plattform übernimmt die Produktion bzw. die komplette Abwicklung und pflegt einen intensiven Austausch mit ihren tausenden Shoppartnern, welche auf ihren eigenen (Nischen-)Webseiten die Produkte vertreiben. Dieses Mass Customization macht auch vor scheinbar trivialen Sortimenten nicht halt. Eines der besten Beispiele für eine Geschäftsidee in einem Nischenmarkt ist MyMüsli, bei denen sich der Kunde sein eigenes Müsli zusammenstellen und kaufen kann.

Im E-Commerce werden z.T. völlig neue Sortimente gehandelt, die dadurch stark wachsende Marktanteile erzielen. Das führt zu einer Neudefinition des Distanz-Handels. All diese Sortimente stehen im Wettbewerb mit dem Angebot des klassischen Versand- und Einzelhandels. Damit verbunden ist eine Umverteilung des Einkaufsbudgets des einzelnen Konsumenten, der seine Ausgaben innerhalb eines stark ausgeweiteten Angebots neu verteilen kann. Viele dieser neuen Sortimente werden von spezialisierten Händlern, Handelsplattformen etc. angeboten, wodurch sich die Wettbewerbskonzentration im Handel erhöht. Doch auch unabhängig von neuen Sortimenten verschärft sich der Wettbewerb im E-Commerce durch stetig neue Akteure, welche die veränderten Rahmenbedingungen durch das Internet für sich nutzen.

2.2 Neue Wettbewerber und neue Geschäftsmodelle verändern die Spielregeln

Eine weitere grundsätzliche Veränderung, die der Handel durch das Internet erfährt, sind die im E-Commerce deutlich gesunkenen Markteintrittsbarrieren. Zum einen ist die Errichtung eines Online-Shops und die Gewinnung von Kunden verhältnismäßig einfach und kostengünstig geworden. Zum anderen ermöglicht das Internet Anbietern, sich mit neuen Shopping-Formaten und/oder Geschäftsmodellen im Wettbewerb zu platzieren und mit ihren USPs Marktanteile von den klassischen Anbietern abzunehmen.

Neue Wettbewerber

Im klassischen Versandhandel, sowie im stationären Handel ist der Markteintritt für neue Kleinunternehmer aufwendig und riskant. Die Eröffnung eines Geschäftes oder die Herstellung eines Kataloges erfordern vielseitiges Know-how und relativ hohe Anfangsinvestitionen. Auch die Kundengewinnung macht Investitionen in Marketing notwendig. Ähnlich war die Situation für Hersteller. Sobald sie selbst den Vertrieb übernehmen wollten, war i.d.R. ein entsprechendes Filialnetz oder eine entsprechende Vertriebsstruktur notwendig, um rentabel verkaufen zu können. Im Internet dagegen können Kleinunternehmer und Hersteller mit geringerem Aufwand Artikel verkaufen und gleichzeitig eine größere Kundengruppe ansprechen.

- **Kleinunternehmer:** Online-Marktplätze wie Amazon und eBay, sowie günstige Shopsysteme ermöglichen es neuen Anbietern, mit geringem Aufwand den Wettbewerb mit etablierten Versendern aufzunehmen. Seit im vergangenen Jahr Magento und Oxid mit Open-Source E-Commerce-Shopsystemen gestartet sind, gibt es kostengünstige „Lösungen für Internet-Einsteiger", die den Vergleich mit teuren „professionellen" Shopsystemen oder Eigenentwicklungen nicht scheuen müssen. Weiter gibt es von Anbietern wie bspw. D+S Europe Full-Service-Lösungen auf Umsatzprovisionsbasis für den Mittelstand. Dies bedeutet eine große Chance für viele kleine Unternehmer, die mit einem spezialisierten kleinen Angebot und/oder geringen Kosten am Wettbewerb teilnehmen können. Gleichzeitig können diese Anbieter zunehmend mehr Aufmerksamkeit erzielen und große Kundengruppen auch ohne hohe Marketinginvestitionen ansprechen. Bei den großen Online-Marktplätzen können auch Kleinstanbieter eine große Kundenzahl erreichen. Anbieter mit kostengünstigen eigenen Online-Shops können ihre Kunden z.B. bei Preissuchmaschinen oder Social-Shopping-Diensten erreichen. Dies führt zu einer starken Fragmentierung des Wettbewerbs, in deren Folge etablierte Händler in jedem noch so kleinen Sortimentsbereich mit unterschiedlichen, spezialisierten und preisgünstigen Konkurrenten konfrontiert werden.

- **(Vertikale) Hersteller:** Zusätzlich drängen viele Hersteller, sowie vertikal integrierende und stationäre Händler als direkte neue Wettbewerber in den Online-Markt. Speziell die Online-Aktivitäten der vertikalen Markenhersteller generieren mit ihren kompletten Markensortimenten z.T. sehr hohe Umsätze. Die Hersteller bzw. Vertikalen bieten in ihren eigenen Online-Shops eine viel größere Auswahl als andere Händler an, die diese Marke vertreiben. Sie sind somit sehr attraktiv für markenaffine Kunden.

Neue Shoppingformate und Geschäftsmodelle

Neben der Zunahme des Wettbewerbs durch neue Sortimente und neue Wettbewerbsformen erwächst mit dem E-Commerce für den Handel auch eine weitere Bedrohung:

Es entstehen neue Geschäftsmodelle, die stationär oder im Katalog-Handel nicht funktionieren würden und die z.T. in kurzer Zeit sehr hohe Umsätze erreichen:

- **Live Shopping:** Live-Shopping-Dienste wie Woot wachsen ebenfalls rasant. An guten Tagen verkauft Woot über 30.000 Elektronik-Artikel. Als Live-Shopping-Dienst konnte die Firma den Umsatz in Höhe von rd. 117 Mio. US-Dollar in 2007 auf rd. 130 Mio. US-Dollar in 2008 steigern (vgl. Live Shopping 2008). In Deutschland waren die Vorreiter des Live-Shopping-Segmentes Schutzgeld.de (2006) und Guut.de (2007). Über 60 Live-Shopping-Dienste gibt es mittlerweile in Deutschland. Der europäische Marktführer iBood ist Ende 2005 in Holland und 2008 in Deutschland gestartet. Letztes Jahr haben in Deutschland laut eigenen Angaben erstmals drei Live-Shopping-Dienste einen Umsatz erreicht, welcher größer als 1 Mio. Euro ist und liegen z.T. schon deutlich darüber, wie iBood, Guut und Preisbock (vgl. Krisch 2009). Live-Shopping-Dienste waren ursprünglich stark in Hartwaren und haben nach und nach in neue Sortimente expandiert.

- **Exklusive Shoppingclubs:** Exklusive Shoppingclubs, oft auch Private Shopping genannt, boomen mit ihren stark reduzierten Sonderposten weltweit. Die exklusiven Shoppingclubs verkaufen überwiegend stark reduzierte Mode- und Lifestyle-Artikel ausschließlich an Mitglieder. Nachdem sich dieser Markt in Frankreich seit 2001 mit inzwischen über 40 Shoppingclubs etabliert hat, expandiert dieses Shoppingformat in immer mehr Ländern. In Deutschland existieren seit 2006 inzwischen 13 Shoppingclubs. Die drei größten sind Vente-Privée, BuyVIP und Brands4Friends. Obwohl alle Shoppingclubs nur Mitglieder per Weiterempfehlung und Einladung zulassen, hat z.B. der Marktführer Vente-Privée mittlerweile laut eigenen Angaben europaweit über 7 Mio. Mitglieder (vgl. Vente-Privée 2008). Vente-Privée verkaufte 2008 europaweit in 1.250 Verkaufsaktionen mit 750 Marken á 28 Mio. Artikel und erzielte damit einen Umsatz in Höhe von 510 Mio. Euro (davon 21 Mio. Euro in Deutschland) (vgl. Vente-Privée 2008). In 2009 konnte Vente-Privée den Umsatz auf 700 Mio. Euro steigern (vgl. Krisch 2010b). Das Besondere an dem Geschäftsmodell der Shoppingclubs liegt darin, dass die Ware erst nach Ablauf der Verkaufsaktionen beim Hersteller in der verkauften Stückzahl aus einem vorher reservierten Bestand geordert wird. Sobald die Ware vom Hersteller eintrifft, wird sie kommissioniert und an die einzelnen Kunden versendet. Aus diesem Grunde müssen sich die Kunden der Shoppingclubs mit Lieferzeiten von mehreren Wochen abfinden, um von den deutlichen Preisvorteilen profitieren können. Da die Bezahlung durch den Kunden i.d.R. auch schon direkt nach der Bestellung erfolgt, gehen die Shoppingclubs somit also nur im Rahmen der üblichen Retourenquoten ins Warenrisiko und tragen auch kein Finanzrisiko.

- **Weitere neue Geschäftsmodelle:** Zusätzlich zu den bereits genannten gibt es weitere Geschäftsmodelle, die in ihrer Form nur im Internet umsetzbar sind. Bereits seit mehreren Jahren gibt es immer wieder neue Start-Ups, die mit dynamischen Preismodellen auf den Markt kommen. Derzeit besonders hervorzuheben sind beispielsweise Swoopo und Rabattschlacht. Beide Unternehmen setzen auf „Auktionen mit Gebotskosten", bei Swoopo steigen die Preise mit jedem Gebot, bei Rabattschlacht fallen sie. Ein weiteres neues Geschäftsmodell wurde mit myfab 2008 zuerst in Frankreich und in 2009 auch in Deutschland gestartet. Bei myfab erfolgt die Auswahl der zu verkaufenden Produkte (Möbel, Wohnaccessoires etc.) über Crowd-Sourcing. Wöchentlich werden Produkte vorgestellt, die es noch nicht gibt. Mitglieder auf myfab können dann über zukünftige Kollektionen abstimmen. Nach der Abstimmung können die Möbel gekauft werden und erst nach dem Ende einer Verkaufsaktion leitet myfab die gesamte Bestellmenge zur Produktion an die entsprechende Fabrik weiter. Dadurch, dass myfab die Zwischenhändler umgeht und die Artikel On-Demand produzieren lässt, wodurch Fehl- oder Überproduktionen vermieden werden und keine Lagerkosten entstehen, können die Produkte deutlich günstiger, als im normalen Handel angeboten werden.

Neue große und kleine Wettbewerber sowie neue Wettbewerber mit innovativen Geschäftsmodellen haben zu einer deutlichen Veränderung des Handels geführt. Jedoch sind die Umwälzungen, die das Internet hinsichtlich der Wertschöpfungskette des Handels mit sich bringt, noch weitaus folgenschwerer für den Handel.

2.3 Neue Spezialisten verändern die Wertschöpfung

Bereits 1997 haben Albers und Peters potenzielle Einflussfaktoren des E-Commerce auf die Wertschöpfungskette des Einzelhandels ermittelt (vgl. Albers/Peters 1997).

Abbildung 2-1: *Wertschöpfungskette des Handels*

Quelle: In Anlehnung an Peters/Albers/Schäfers 2008

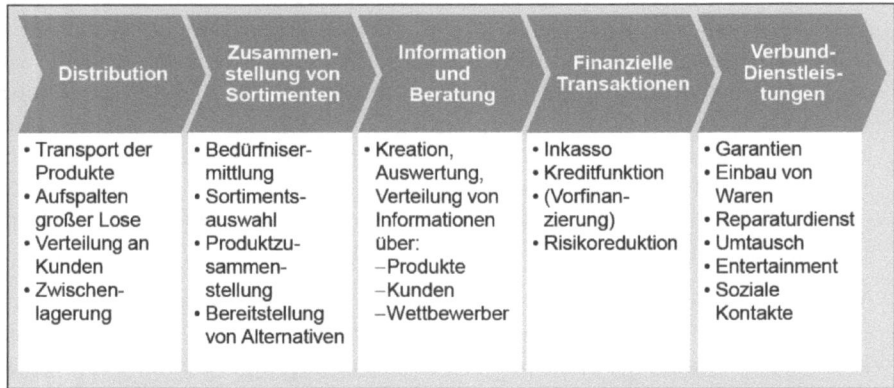

Die einzelnen Wertschöpfungsstufen sind in Abbildung 2-1 näher beschrieben. Auf Basis von Marktbeobachtungen und eigenen Überlegungen wurden wesentliche Treiber für Veränderungen identifiziert. Darauf aufbauend konnten deren strategische Auswirkungen für alle Handelsunternehmen abgeleitet werden. In einem Arbeitspapier haben Albers und Peters zusammen mit Schäfers im Jahre 2008 dieses Thema erneut aufgegriffen. Es zeigt sich, dass die Entwicklungen der letzten Jahre im Internet zu einer vollständigen Entkoppelung der einzelnen Wertschöpfungsstufen des Handels geführt haben. Die zentralen Erkenntnisse der Studie sind:

▪ **Technologien und Anwendungen reduzieren Transaktionskosten:** Die Existenzberechtigung des Handels ist theoretisch seit langem mit Hilfe der Transaktionskosten-Analyse begründet worden. Als Mittler zwischen Herstellern von Produkten und Dienstleistungen, sowie ihren Nachfragern minimiert der Handel die Kosten der Transaktionen in zeitlicher und räumlicher Hinsicht für beide Seiten (vgl. Picot 1986, S. 2ff.). Ein großer Teil der Transaktionskosten beruht dabei auf der Sammlung, Verarbeitung und Verteilung von Informationen über Produkte und Konsumenten. Des Weiteren beruhen sie auf der physischen Bewegung und Koordination von Gütern und Personen. Die Transaktionskosten des gesamten Distributionsprozesses fallen dabei sowohl beim Hersteller, als auch beim Konsumenten an und werden durch die Einschaltung des Handels reduziert (vgl. Peters/Albers/Schäfers 2008, S.8f und S.13ff.).

▪ **Einzelne Handelsfunktionen werden entkoppelt und von Spezialisten übernommen:** Nachdem das Internet zuerst rein für Produkt- und Preistransparenz sorgte, wurden inzwischen auch alle anderen Wertschöpfungsstufen des Handels vom Handel entkoppelt und von Spezialisten übernommen:

1. Während die **Distribution** der Produkte früher eine reine Funktion des Handels war, ist inzwischen im Logistikbereich eine eigenständige und stark wachsende Industrie entstanden, welche Lagerhaltung und Endkundendistribution inklusive der Anbindung an Shopsysteme für jeden ermöglicht. Zuvor in Handelsunternehmen integrierte Logistikplattformen wurden auch für Hersteller und andere Händler geöffnet und ermöglichen diesen eine einfache Möglichkeit, nun selbst den Direktvertrieb zu privaten Endkunden zu gestalten. Mit bspw. Fulfilment by Amazon können Hersteller und Handelsunternehmen mittlerweile ihre komplette Logistik an Amazon übergeben. Die Ware kann auf Paletten angeliefert werden und die komplette weitere Abwicklung inkl. der Abwicklung von Kundenretouren erledigt Amazon. Die traditionellen Distributionsfunktionen des Handels werden im Online-Markt bei individualisierten Produkten (Unikate oder Customized-Produkte) immer weniger benötigt. Die Produktion erfolgt überwiegend direkt beim Hersteller und die Lieferung wird vom Hersteller über externe Dienstleister häufig direkt an den Endkunden vorgenommen (z.B. Dell, Spreadshirt, Myfab etc.) (vgl. Peters/Albers/Schäfers 2008, S.6ff).

2. Die **Zusammenstellung von Sortimenten** gilt auch heute noch für viele Händler als eine Kernfunktion des Handels. In der Regel wählen Einkäufer aus einer Vielzahl von Marken und Herstellern das für ihre Zielgruppe geeignete Sortiment aus und präsentieren es ihren Kunden. Der Einkauf übernimmt eine Vorauswahl und filtert aufgrund seiner Sortimentskompetenz die relevantesten Marken und Produkte für die Kunden heraus. Dieser Versuch die Präferenzen des Kunden zu antizipieren und ihm eine passende Auswahl zu bieten war zu Zeiten von begrenzten Verkaufsflächen in stationären Geschäften oder in Katalogen wichtig. Mittlerweile wurde diese Funktion durch das Internet in mehrfacher Hinsicht obsolet. Zum einen war es früher für den Kunden unmöglich Produkte von neuen, kleinen oder spezialisierten Herstellern zu kaufen, die über keinen eigenen Vertrieb in Deutschland verfügten. Inzwischen lässt sich dieser Einkauf über z.B. internationale Online-Shops oder eBay für jeden Kunden recht einfach bewerkstelligen. Zum anderen findet der Kunde im Internet hilfreiche Infomediäre, welche ihm eine deutlich höhere Sortimentskompetenz bieten und gleichzeitig eine zielgerichtetere Vorauswahl anhand seiner individuellen Präferenzen ermöglichen. Spezialisierte Foren, Blogs etc. (wie z.B. Hifi-forum, Lesmads oder Styleranking) informieren über die neuesten, besten oder angesagtesten Marken und Produkte (vgl. Peters/ Albers/Schäfers 2008, S.9 ff.). Social-Shopping-Plattformen (wie z.B. Stylight, Smatch, Mydeco oder Polyvore) bieten individuelle händlerübergreifende Sortimentsempfehlungen und -zusammenstellungen von anderen Usern, die den gleichen Geschmack haben oder zu derselben Peer Group gehören. Dies führt zu einem stark veränderten Kundenverhalten, auf welches im nächsten Kapitel näher eingegangen wird. Für Händler bedeutet dies, dass die Rolle des Einkaufs neu definiert werden muss, um auch zukünftig Wertschöpfung zu generieren. Die Auswahl des Sortiments darf nicht mehr durch Einkäufer erfolgen. Der Einkaufsbereich kann im Online-Markt dadurch zur Wertschöpfung beitragen, indem er für individuelle Kunden oder Kundengruppen relevante Produkte – möglichst on demand – schnell und günstig beschafft. Zentraler Erfolgsfaktor im Online-Handel ist damit ein nachhaltiges Komplexitätsmanagement, das gleichzeitig die schnellstmögliche Abwicklung sicherstellt. Wesentliche Herausforderung besteht diesbezüglich in der maximalen Automatisierung und Sicherstellung der optimalen und schnellstmöglichen Arbeitsabläufe/Prozesse (vgl. Heinemann 2009, S. 133ff.).

3. Auch die **Informations- und Beratungsfunktion** zu Produkten und deren Eigenschaften wurde in den letzten Jahren vom Handel entkoppelt. Im Internet wird diese Funktion insbesondere durch Empfehlungs-Engines oder -Systeme und Bewertungen von anderen Kunden übernommen. Während Empfehlungs-Engines oder -Systeme aufgrund des individuellen Geschmacks dem User individuelle Empfehlungen liefern (z.B. Last.fm, Moviepilot), bieten Preis- und Produktsuchmaschinen (z.B. Günstiger oder Idealo), Bewertungs-

plattformen (z.B. Testeo oder Alatest) sowie die bereits genannten Social-Shopping-Plattformen umfangreiche Beratung zur richtigen Produktauswahl. Händler, die diese Formen der Beratung konsequent in den eigenen Online-Shop integrieren, wie es Amazon seit Jahren macht, können sich damit wiederum vom Wettbewerb abheben. Trotzdem sind Informationen und Beratung nicht mehr originäre Wertschöpfungsfunktionen des Handels – welche Auswirkungen dadurch im Kundenverhalten entstehen wird im nächsten Kapitel noch näher behandelt.

4. Im Hinblick auf **finanzielle Transaktionsleistungen** sowie auf **Verbunddienstleistungen** zeigt sich ebenfalls eine Loslösung der Funktionen vom Handel und somit eine Verschiebung der Wertschöpfung hin zu Spezialisten. Zahlungen werden zunehmend über Kreditkartenunternehmen oder PayPal und Co. abgewickelt. Aber auch Installations- und Reparaturdienste, Garantieabwicklung oder Ersatzleistungen werden inzwischen teilweise auf Subunternehmer ausgelagert oder direkt vom Hersteller übernommen. Zuletzt gehören auch erweiterte Verbunddienstleistungen wie die Schaffung von themenspezifischen Erlebniswelten (z.B. Globetrotter) oder die Erzeugung zusätzlicher Einkaufserlebnisse durch Shopping-Center zu den Wertschöpfungsstufen des Handels. Der Übergang von Erlebniswelten des Shoppings zu Unterhaltungsaspekten ist hier fließend. In der Kombination von Shopping mit Essen gehen und Events führt das Einkaufen auch zum Erleben sozialer Kontakte und zu einem, durch den (öffentlichen) Kauf generierten sozialen Status. Während früher Handelsunternehmen die Bühne für solche sozialen Aktivitäten geliefert haben, wandert auch diese Funktion zunehmend ins Web ab. Diese Funktionen übernehmen vorwiegend soziale Netzwerke, wie StudiVZ, Facebook, YouTube und Twitter. Dort entstehen soziale Kontakte themenspezifisch schneller, umfangreicher und besser. Und jeder, der auf sozialen Status eines Kaufs Wert legt, kann diesen dort effektiver und sichtbarer generieren bzw. kommunizieren, indem er seinen Einkauf veröffentlicht und / oder darüber publiziert (vgl. Peters/Albers/Schäfers 2008, S. 18ff.).

Die sinkende Bedeutung des Handels erfordert einen deutlichen Strategiewechsel: Die Entkoppelung der Wertschöpfungskette hat den Handelsunternehmen wesentliche wertschöpfende Aktivitäten in allen Funktionen – insbesondere in den Kernfunktionen des Sortiments- und Informationsmanagements – abgenommen. Dem Handel bleiben heute somit keine Zufluchtsstätten mehr, in denen er eine dominierende Rolle oder ein Alleinstellungsmerkmal innehaben kann. Durch diese stark reduzierte Rolle des Handels verliert dieser für den Kunden an Bedeutung und die Kundenbindung sinkt. Allerdings verhalten sich die traditionellen Einzelhändler und Multichannel-Händler noch überwiegend so, als ob sich hinsichtlich der Rolle des Handels nichts geändert hat. Einkäufer bestimmen mit vermeintlicher Sortimentskompetenz immer noch das Sortiment, das sich nach wie vor an einer „introvertierten" Renner-Logik orientiert und einem Geschäftsmodell mit begrenzten Angebotsflächen Tribut zollt. So lobt der amerikanische Online-Videoverleiher Netflix zum zweiten Mal ein Preisgeld in Höhe von einer Million US-Dollar für die Verbesserung seiner Recommendation-Engine per Crowdsourcing aus, weil sich mit Empfehlungen von Special-Interest-/Long-Tail-Produkten höhere Margen realisieren lassen und Online-Shops wie Amazon selbst niedrigpreisige Medienartikel im Long-Tail profitabel verkaufen. Dagegen machen die tradierten Systeme, Prozesse und Deckungsbeitragsrechnungen der klassischen Händler den profitablen Verkauf von Long-Tail-Artikeln unmöglich. Solange sich hier nicht grundlegend etwas ändert und weiterhin eine nicht mehr vorhandene Wertschöpfung in die Preiskalkulation einfließt, wird der klassische Handel den Pure-Online-Anbietern im Wettbewerb deutlich unterlegen sein und weiterhin Marktanteile verlieren. Die neue Rolle des Handels kann zum einen eine Positionierung als Logistik- und Fulfilment-Dienstleister sein oder in einer stärkeren vertikalen Integration mit Hilfe der Herstellung exklusiver Produkte oder Schaffung exklusiver Kundennutzen liegen (vgl. Peters/Albers/Schäfers 2008, S. 19ff.).

Der Umwandlungsprozess im Handel hat begonnen aber wirklich tief greifende Veränderungen stehen vermutlich erst noch bevor. Neben den direkten Auswirkungen des Internets auf den Handel, die in diesem Kapitel beschrieben wurden, hat das Internet zusätzlich zu großen Veränderungen im Verhalten der Kunden geführt, die ihrerseits dazu beitragen, dass sich der gesamte Handel nachhaltig verändern wird.

3 Transformationen des Kundenverhaltens im Handel

3.1 Neuer Kaufprozess verändert die Rolle

Das zentrale Interesse des Kunden in seinem Kaufprozess ist es, ein Produkt zu finden, das seine Bedürfnisse am besten befriedigt. Im stationären Handel als auch im klassischen Versandhandel hat ein Händler dann eine hohe Relevanz für den Kunden, wenn er dem Kunden dabei hilft, schnell und einfach die Auswahl des richtigen Produkts zu treffen und wenn er dem Kunden dieses Produkt zu einem akzeptablen Preis zur Verfügung stellt. Diese Funktion hat der Handel bisher erfolgreich für den Kunden übernommen und damit den Nutzen des Kunden optimiert. Die ganze Wertschöpfung beim Kaufentscheidungsprozess (Beschaffung, Vorauswahl, Beratung etc.) fand im Handel statt, weshalb der Handel sich auch den Profit daran nicht teilen musste.

Abbildung 3-1: *Der klassische Kaufprozess*

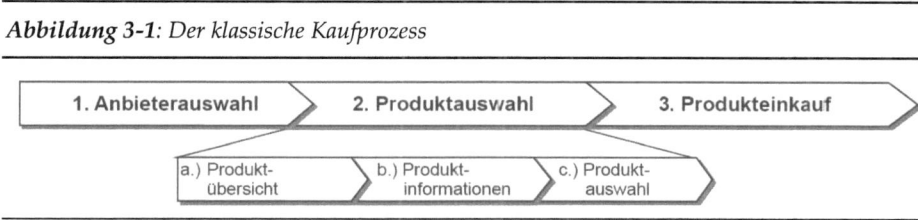

Der im Stationärhandel gelernte **klassische Kaufprozess** sah im Einzelnen vor, dass der Kunde sich zuerst einen Anbieter auswählte. Vor Ort entschied sich der Kunde dann für das Produkt, das seinen Bedürfnissen entsprach. Hierzu verschaffte er sich einen **Produktüberblick** im Sortiment des Anbieters, verglich die Produkte anhand von **Produktinformationen** und traf schließlich eine **Produktauswahl** für das Produkt, welches seinen Bedürfnissen am besten entsprach. Anschließend erfolgte der **Kauf** des ausgewählten Produkts. Somit hat der Kunde sich zuerst für einen oder mehrere – so das Konzept des Shopping-Centers – Anbieter entschieden und sich dann vor Ort auf ein Produkt festgelegt. Der Point of Decision war mit dem Point of Sale identisch.

Auch für den Kaufentscheidungsprozess hat das Internet die bisherige Ordnung kräftig durcheinandergeschüttelt und Wettbewerbsverhältnisse neu definiert. Zum einen ermöglicht das Internet dem Kunden sich (fast) jedes weltweit verfügbare Produkt relativ schnell und einfach zu beschaffen. Zum anderen findet der Kunde im Internet eine umfangreiche Auswahl an Informationen, die ihn bei der Selektion des richtigen Produktes unterstützen. Der rationale Entscheidungsprozess wird durch detaillierte Produktinformationen, Testberichte und Produktbewertungen durch Kunden mit ähnlichen Präferenzen viel besser unterstützt, als bei der Beratung durch einen Händler. Aber auch hinsichtlich emotionaler Kaufmotive findet der Kunde im Internet Orientierung, da er Informationen über die Akzeptanz und Beliebtheit von Produkten innerhalb seiner Peer Group findet und somit Sicherheit bei der Kaufentscheidung erhält, da er mit dem Kauf eines Produkts z. B. Gruppenzugehörigkeit signalisieren kann. Das hat zur Folge, dass – analog zur Entkoppelung bei der Wertschöpfungskette des Handels – sich auch der Kaufentscheidungsprozess durch das Internet entkoppelt hat und die damit verbundenen Profite auf die einzelnen Wertschöpfungsstufen verteilen. Die zweite – für den Handel noch bedrohlichere – Konsequenz ist, dass durch das Internet zusätzlich eine Verschiebung der einzelnen Phasen im Kaufentscheidungsprozess stattgefunden hat und sich der Point of Decision vom Point of Sale losgelöst hat.

Abbildung 3-2: *Der neue Kaufprozess*

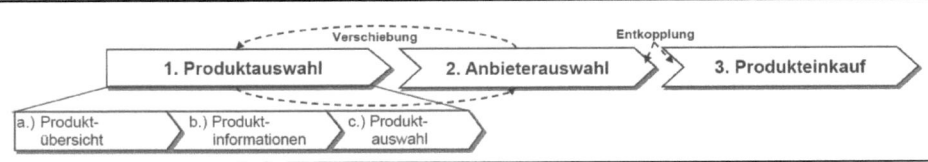

Der **neue (Online-)Kaufprozess** stellt sich im Einzelnen so dar, dass der Kunde im Internet zuerst ein **Produkt** auswählt, das seinen Bedürfnissen entspricht. Hierzu verschafft er sich einen **Produktüberblick** über die interessanten Produkte (z. B. mithilfe von Preissuchmaschinen, Online-Marktplätzen, Social-Shopping-Diensten, Communities etc.), vergleicht die Produkte anhand von **Produktinformationen** (z. B. mithilfe von Herstellerseiten, Testberichten, Meinungsportalen, Communities etc.) und trifft eine **Produktauswahl** für das Produkt, welches seinen Bedürfnissen am besten entspricht. Dann erst wählt der Kunde den optimalen (meist günstigsten)**Anbieter** aus (Online-Anbieter oder stationärer Händler). Anschließend findet der **Kauf** des ausgewählten Produkts statt. Der einzelne Händler verliert damit für den Kunden massiv an Bedeutung und wird nur noch als Point of Sale wahrgenommen, da die benötigten Informationen zur Produktauswahl im Internet in einem viel bedeutsameren Umfang vorhanden sind. Der Point of Decision gewinnt dagegen stark an Bedeutung – das Auffinden der richtigen Information bietet dem Kunden den größten Nutzen und wird zum wertvollsten Teil der Wertschöpfungskette (vgl. Stracke 2005, S. 24ff.).

Und selbst wenn das Produkt nicht in einem Online-Shop gekauft wird, ist für fast alle Internet-Nutzer das Internet das glaubwürdigste Medium, um sich zu informieren und Kaufentscheidungen zu treffen oder zumindest vorzubereiten: 97 Prozent aller deutschen Haushalte, welche über einen Internet-Anschluss verfügen, recherchieren zunächst im Web, bevor eine Kaufentscheidung getroffen wird (vgl. Schneller 2009, S. 28). Die Online-Recherchen der Internet-Nutzer sind vielfältig, jeweils gut die Hälfte der Internet-Nutzer stellt Preisvergleiche an, informiert sich auf Herstellerseiten, liest Testberichte im Internet oder berücksichtigt Kommentare und Diskussionsbeiträge anderer Nutzer (vgl. Schneller 2009, S. 28).

Das Netz entwickelt sich rasant weiter, mit wachsendem Einfluss auf den Kaufprozess des Kunden. Diese verweilen länger im Internet und verlagern große Teile ihres sozialen Lebens, vorwiegend ihre soziale Kommunikation in das Internet. Mit der zunehmenden Verlagerung von Kommunikation ins Internet verschiebt sich auch die Relevanz einzelner Informationsquellen für den Internet-Nutzer: Bewertungen anderer Internet-Nutzer zählen mittlerweile zu den vertrauenswürdigsten Quellen. Auf beide Entwicklungen wird in den folgenden Kapiteln weiter eingegangen.

3.2 Neue Verhaltensmuster verändern die Kundenansprache

Die Anzahl der Internet-Nutzer in Deutschland steigt kontinuierlich an. Zugleich nimmt die Internet-Nutzungsdauer und -häufigkeit bei den Nutzern stark zu. Damit einher geht ein verändertes Nutzungsverhalten des Internets: Multimediafunktionen und User-generated Content werden immer wichtiger und sind für die unter 30-jährigen Internet-Nutzer besonders wichtig. Kommunikation, Knüpfen und Pflegen von Kontakten, findet inzwischen sehr stark im Internet statt. Soziale Netzwerke schaffen die Voraussetzung für einen permanenten Austausch zwischen Usern, welcher mit Hilfe von Mobiltelefonen und anderen mobilen Devices längst nicht mehr an den Schreibtisch oder PC gebunden ist. StudiVZ, Xing, Wer-kennt-wen, Facebook und Twitter: Soziale Netzwerke sind in 2009 definitiv zum Massenphänomen geworden. 58 Prozent der Internet-Nutzer in Deutschland sind auf einer der vielen Plattformen aktiv (vgl. Kommunikationsverhalten deutscher Internet-Nutzer 2009). Keine andere Kategorie wächst so schnell, so dass schon weltweit zwei Drittel der Online-Bevölkerung jeden Monat ein soziales Netzwerk besuchen. Damit sind soziale Netzwerke und Blogs weltweit auf Rang 4 der beliebtesten Online-Beschäftigungen vorgedrungen und haben damit die E-Mail überholt (vgl. Nielsen 2009, S. 3.). 10 Prozent der gesamten Online-Zeit fließt mittlerweile in diese Web 2.0-Seiten und die Verweildauer steigt dreimal schneller als im Durchschnitt aller Webseiten (vgl. Nielsen 2009, S. 4.).

Soziale Netzwerke starteten als virtueller Treffpunkt und Plattform für Bekanntschaften. Hier hinterlegten Mitglieder ihre Profile, d.h. teilten Interessen und persönliche Geschichten mit. Damit wird ein urmenschliches Bedürfnis befriedigt – User können sich ein Profil schaffen, das ihre Persönlichkeit repräsentiert und sich damit selbst darstellen (vgl. Peters/Albers/Schäfers 2008, S. 4.). Für viele, insbesondere jüngere User sind soziale Netzwerke inzwischen zum Hauptkommunikationsmedium geworden. Hier wird diskutiert, werden Verabredungen getroffen, Fotos oder Videos hochgeladen und Medien-, Link- sowie Produktempfehlungen ausgetauscht. Produkte werden dabei aus unterschiedlichen Intentionen heraus bewertet und weiterempfohlen, meist jedoch scheint der User auf der Suche nach Selbstbestätigung und Selbstwert zu sein. Diese neu gewonnene Transparenz treibt die Veränderung des Kaufentscheidungsprozesses weiter voran. User oder Kunden haben somit die Freiheit, Informationen zu Produkten, Dienstleistungen und auch Händlern weitestgehend unabhängig von den Informationen des Handels und der Infomediäre zu erhalten (vgl. Peters/Albers/Schäfers 2008, S. 5.).

Durch die steigende Bedeutung der sozialen Netzwerke entwickeln sich diese zu eigenständigen Ökosystemen in denen etablierte E-Commerce-Angebote keine wichtige Rolle mehr spielen. Da fast alle Bereiche des Lebens sich in die Online-Welt verlagern, werden auch Kaufimpulse und Kaufbedürfnisse immer stärker online geweckt. In sozialen Netzwerken, über Peer-Empfehlungen oder in spezialisierten Blogs (z.B. zu

Fashion oder Streetstyle) finden Internet-Nutzer immer häufiger Inspirationen. Durch die Verlagerung der Bedürfnisweckung ins Internet entstehen neue Herausforderungen für E-Commerce-Anbieter: Kunden müssen deutlich früher und bereits in Nicht-Kaufumfeldern abgeholt werden. So ist es ebenfalls von großer Bedeutung, sich als Unternehmen mit der Veränderung des Kaufprozesses zu befassen, die Auswirkungen der Veränderung zu registrieren und daraufhin die Strategie anzupassen, um der veränderten Bedürfnisweckung und dem veränderten Informationsverhalten der Kunden gerecht werden zu können. Wie im vorhergehenden Kapitel aufgezeigt, erfährt der Point of Decision zunehmende Bedeutung, zu Lasten des Points of Sale. Diese Veränderung des bisherigen Kaufentscheidungsprozesses erfordert die Ansprache der Kunden am Ort der Kaufentscheidung, unabhängig, ob auf sozialen Netzwerken, Shopping- und Preisvergleichsportalen oder auf der eigenen Firmenwebsite (vgl. Stracke 2005, S. 24ff.).

Während früher ein zentrales Problem des Online-Kaufs darin bestand, dass ihm die persönliche Note fehlte, ermöglichen soziale Netzwerke und spezialisierte Plattformen und Dienste inzwischen Social Shopping. Social Shopping ermöglicht den Menschen sich über Alltägliches auszutauschen und ganz nebenbei wird ge- und verkauft. Waren die User früher reine Kunden und Konsumenten, so sind sie heutzutage Mitentwickler und Verkäufer (s. z.B. Shirtcity, PosterXXL). Kunden ist es möglich ihre eigenen oder fremde Produkte zu verkaufen (z.B. über einen Amazon-aStore, mit dem User ihren eigenen Shop bauen und Produkte verkaufen können) (vgl. Oetting 2006). Social Shopping bezeichnet also eine Kombination aus neuen Web-Technologien, verbunden mit einem internettypischen Gemeinschaftsgefühl. So können Verbindungen untereinander aufgebaut werden und über diese Verbindungen lassen sich wieder Händler mit ähnlichen Produkten finden (z.B. bei Etsy). In den USA wurde schon vor einiger Zeit die T-Shirt Community Threadless gegründet, in der Kreative auf Konsumenten und Fans treffen, um über T-Shirt-Designs zu entscheiden. Die Strategie ist einfach: Die Entwürfe mit den meisten Stimmen gehen in Druck und werden anschließend auf der Website verkauft (vgl. Röttgers 2007).

Edelight startete vor drei Jahren als Geschenkplattform. Mittlerweile hat sie sich zu einer Empfehlungsplattform für Produkte und Anlässe weiterentwickelt. Um gerade Frauen zum Online-Kauf zu inspirieren, entwarf das Edelight-Team die so genannte „Produkt-Wolke". Hier wählt Frau beim Online-Shopping ein Kleidungsstück aus und darum herum werden weitere dazu passende Kleidungsstücke platziert und vorgeschlagen. Eine ähnliche Funktionalität bei z.B. Polyvore oder Smatch heißt Style Editor. Vor 10 Jahren versuchten Schaufensterdekorateure und Gestalter von Katalogwelten durch liebevolle Arrangements und Kombinationen den Kunden zum Kauf anzuregen, heute hingegen übernimmt die Beratungsfunktion der User selbst (vgl. Kunde 2009).

Die Grundidee besteht darin, sich von anderen Usern zu Themen inspirieren und beraten zu lassen und sich so die Web Community zu Nutzen zu machen. So werden z.B. Kommentare verfasst, um anderen die Kaufentscheidung zu erleichtern oder der User holt sich von den Lieblingsprodukten anderer Nutzer zu bestimmten Themen Anregungen (vgl. Engel 2008).

3.3 Neue Optionen zur Meinungsbildung verändern den Einfluss der Kunden

Bewertungen und Kommentare von anderen Kunden zu Produkten und auch Händlern haben einen sehr großen Einfluss auf das Kaufverhalten potenzieller Kunden. Jeder zweite private Internet-Nutzer (51 Prozent) schenkte 2009 solchen Bewertungen von anderen Kunden bei der Produkt- und Kaufauswahl Beachtung. In Summe vertrauen intensive Online-Käufer diesen Bewertungen mit 49 Prozent sogar genauso, wie redaktionell erstellten Produktbewertungen im Internet von Zeitungen oder Zeitschriften. Auf die online veröffentlichten Informationen der Hersteller verlassen sich rund 39 Prozent. Rund 60 Prozent der intensiven Online-Käufer und rd. 35 Prozent aller Internet-Nutzer haben aufgrund von Kommentaren anderer Käufer oder Nutzer schon auf Käufe verzichtet (vgl. Schneller 2009, S. 28ff.). Bewertungen von Kunden nehmen eine immer bedeutendere Rolle ein und werden für Online-Shops unverzichtbar. Aber auch klassische Händler werden zunehmend davon beeinflusst, da Kunden online neben Produkten auch Händler, deren Zuverlässigkeit, Umgang mit Kunden, Dienstleistungen etc. kommentieren und bewerten. Damit steigt der Einfluss der Kunden sehr stark – negative Bewertungen schrecken potenzielle Kunden ab. Aber auch positive Erfahrungen werden viral verbreitet und sorgen im positiven Fall für eine steigende Anzahl von Neukunden. Begeisterte Kunden werden zu den wirkungsvollsten Marketinghebeln. Zappos hat inzwischen in den USA bei Shopping.com über 16.000 Händlerbewertungen, die im Durchschnitt sehr gut sind (vgl. Shopping.com 2010).

Über die Bewertungen ist es Online-Shops möglich Vertrauen aufzubauen und die Kundenbindung zu erhöhen. Mit Produktbewertungen liefert der Shop dem Kunden wichtige Hilfestellungen bei der Kaufentscheidung und kann dadurch möglicherweise seine Retourenquote senken. Natürlich hat ein Shop auch Möglichkeiten um den positiven Einfluss der Produktbewertungen zu verstärken, die nachstehend kurz aufgezeigt werden:

Multidimensionale Produktbewertungen

Produktbewertungen in Online-Shops sind noch nicht allzu weit verbreitet und wenn vorhanden, meist recht einfach gehalten (Kunde kann das Produkt nach Sternen bewerten oder einen Kommentar abgeben.) In jeder Hinsicht besser geeignet sind so genannte multidimensionale Produktbewertungen, wie sie in amerikanischen Online-Shops schon häufiger zu sehen sind. Die Aussagekraft der Produktbewertung kann idealerweise in drei unterschiedlichen Dimensionen verbessert werden:

1. Die Beurteilung erfolgt nach sortimentsspezifischen Kriterien

2. Die Bewertung der Passform nach geeigneten Merkmalen

3. Clusterung der Bewertenden, damit ein Interessent einschätzen kann, wie relevant die Kommentare für seine Produktwahl sind.

Für Mode findet man bspw. Best Practices bei REVOLVEclothing, Shoes, Freshpair, The Finish Line. Bei den meisten dieser Anbieter kann der Kunde das Produkt bereits in zwei Dimensionen jeweils anhand mehrerer sortimentsspezifischer Kriterien bewerten und zusätzlich freien Text eingeben. Noch fortgeschrittener sind Userbewertungen in der Touristikbranche, so können diese bei „HolidayCheck" unter anderem nach Zielgruppen selektiert und nach unterschiedlichen Kriterien sortiert werden. Darüber hinaus ist es möglich sich den Trend der Bewertungen im Zeitverlauf anzusehen (vgl. Boersma 2008).

4 Web-Exzellenz wird zum Kernerfolgsfaktor für den Handel

Die wichtigsten Transformationen, durch die das Internet den Handel revolutioniert hat, in der Zusammenfassung:

- Als sich Mitte der 90er Jahre die ersten Online-Shops im Internet zeigten, glich dies einer Sensation. Online-Shops galten als neue Vertriebskanäle und wurden als Modifikation des klassischen Versandhandels gesehen. Die letzten Jahre offenbarten sehr deutlich, wie falsch diese Einschätzung war.

- Das Internet repräsentiert, anders als damals angenommen, keinen neuen Vertriebskanal, sondern definiert als disruptive Technologie den gesamten Handel neu: Neue Geschäftsideen schaffen eine neuartige Welt des Einkaufs. Im E-Commerce bieten neue Wettbewerber ein deutlich umfangreicheres Angebot an. Völlig neue Sortimente erzielen stark wachsende Marktanteile. Long-Tail-Angebote werden erstmals rentabel verkauft und bieten dem Händler sogar höhere Margen. Hersteller, vertikale oder stationäre Händler sowie andere neue Anbieter verschärfen den Wettbewerb. Neue Shoppingformate schaffen online neue Arten des Verkaufens. Zusätzlich werden Wertschöpfungsstufen des Handels von Spezialisten übernommen, so dass Händler im E-Commerce eine neue Rolle übernehmen.

- Eine steigende Zahl der Internet-Nutzer verlagert soziale Kontakte und Kommunikation ins Internet und findet dort Inspirationen und Kaufimpulse. Umfangreiche online vorhandene Informationen werden immer stärker von anderen Usern generiert und beeinflussen die Kaufentscheidung und führen zu einem veränderten Kaufverhalten.

In der durch das Internet völlig neu definierten Handelslandschaft mit neuen Sortimenten, neuen Wettbewerbern, neuen Geschäftsmodellen und Erlösstrukturen sowie neuem Kundenverhalten und neuen Spielregeln, reicht es bei weitem nicht aus, das Internet als einen neuen Vertriebskanal zu verstehen. Jedes Handelsunternehmen, das auch zukünftig seine Marktanteile sichern und vom Marktwachstum profitieren will, muss mithilfe einer völlig neuen Strategie auf den veränderten Wettbewerb reagieren. Beispiele wie Hertie, Karstadt oder Quelle zeigten in 2009 deutlich, zu welchen Konsequenzen das Nichtreagieren führen kann. Somit wird Web-Exzellenz zum Kernerfolgsfaktor für den Handel. Nur die Händler – unabhängig von einem eigenen Online-Shop oder nicht – werden nachhaltig erfolgreich sein, die über eine exzellente Online-Strategie auf die Transformationen im Handel reagieren. „Das Internet ist die ultimative disruptive Technologie. Fünfzehn Jahre nach dem Aufkommen des Webs im Massenmarkt haben wir lediglich eine Ahnung von dem, was möglich ist. Das Web verändert die Spielregeln völlig. Es ermöglicht Einzelnen etwas zu erreichen, was Einzelne nie zuvor in der Geschichte erreichen konnten. Wir nennen sie Game Changer. Sie setzen auf disruptive Technologien, brechen Regeln und definieren Geschäftsmodelle neu. Die wahren Game Changer sind rücksichtslose Neuerer, unbelastet von traditionellem Massenmarketing. Sie nutzen disruptive Technologien, um ihre Konsumenten zu bedienen und eine Nachfrage zu befriedigen und finden die dafür besten Wege. Sie brechen Regeln, die in Stein gemeißelt zu sein schienen, aber ganz einfach nicht mehr passen. Sie akzeptieren keine Beschränkungen durch etablierte Geschäftsmodelle. Tatsächlich stellen sie sie infrage, indem sie sie neu definieren – um das Erlebnis, den Nutzen und den Wert für die Konsumenten zu verbessern." (vgl. SinnerSchrader 2009, S. 6.)

Literaturverzeichnis

Albers, S.; Peters, K. (1997): Die Wertschöpfungskette des Handels im Zeitalter des Electronic Commerce, in: Marketing ZFP, 19. Jg, Nr. 2, S. 69-80.

Boersma, T. (2008): Mit multidimensionalen Produktbewertungen beim Kunden punkten und Retouren senken, 22.10.2008. Verfügbar unter: http:// boersmazwischendurch.blogspot.com/2008/10/mit-multidimensionalen.html [14.10.2009; 16:10 Uhr MEZ].

Deutsche Nationalbibliothek (2008): Jahresbericht 2008. Verfügbar unter: http://files.d-nb.de/pdf/jahresbericht_2008.pdf [04.01.2010; 17:20 Uhr MEZ], S. 30; S. 40.

Eigene Auszählung Amazon.de (2010). Verfügbar unter: http://www.amazon .de/s/ref=nb_ss?__mk_de_DE=%C5M%C5Z%D5%D1&url=search-alias%3Daps&field-keywords=b%FCcher.

Eigene Auszählung Yoox.com (2010). Verfügbar unter http://www.yoox.com

Eigene Auszählung Zappos.com (2010). Verfügbar unter: http://www.zappos .com/search/Shoes/filter/productTypeFacet/%22Shoes%22.

Engel, M. (2008): Social Shopping oder Shopping 2.0. Verfügbar unter: http://blog .techdivision.com/social-shopping-wie-geht-das/ [15.10.2009; 10:00 Uhr MEZ].

Fiedler, S. (2009): Yoox: Fast 50 Prozent Umsatzplus und Pläne für Deutschland, in: TextilWirtschaft. Verfügbar unter: http://www.textilwirtschaft.de/news/topnews/ pages/show.php?id=54526 [04.01.2010, 16:40 Uhr MEZ].

Fleishman-Hillard; Harris Interactive (2008): The Digital Influence Index Study: Understanding The Role Of The Internet In the Lives of Consumers in the UK, Germany and France. Verfügbar unter: http://releases.fleishmanhillard.com/ download/The-Digital-Index-Influence-Key-Findings.pdf [10.10.2009; 10:15 Uhr MEZ].

Heinemann, G. (2009): Der neue Online-Handel, Erfolgsfaktoren und Best Practices, 1. Auflage Gabler Verlag, Wiesbaden.

Krisch, J. (2009): Shopbörse: Die Umsatzmillionäre im deutschen Live Shopping, in: Exciting Commerce. Verfügbar unter: http://www.excitingcommerce.de/2009/01/ shopbrse-die-um.html [04.01.2010, 17:00 Uhr MEZ].

Krisch, J. (2010a): Etsy 2009: Etsy verdoppelt Jahresumsatz auf 181 Mio. Dollar, in: Exciting Commerce. Verfügbar unter: http://www.excitingcommerce.de/2010/01/etsy-2009.html [05.02.2010; 16:45 Uhr MEZ].

Krisch, J. (2010b): Vente-Privée steigert Jahresumsatz auf 700 Mio. Euro (+37%). Verfügbar unter: http://www.excitingcommerce.de/2010/01/ventepriv%C3%A9e-macht-700-mio-euro.html [05.02.2010; 14:41 Uhr MEZ].

Kunde, D. (Oktober 2009): Netzwerk trifft Marktplatz: Die seltsame Welt des Social Shopping, in: Spiegel-Online am 02.10.2008. Verfügbar unter: http://www.spiegel.de/netzwelt/web/0,1518,581609,00.html [15.10.2009; 09:45 Uhr MEZ].

Live Shopping (2008): Woot! Mit 117 Mio. Dollar Umsatz für 2007. Verfügbar unter: http://www.liveshoppingdays.de/2008/05/woot-macht-117.html [04.01.2010; 16:55 Uhr MEZ].

Oetting, M. (2006): Was ist eigentlich Social Shopping? (Teil 1), 08.12.2006. Verfügbar unter: http://www.connectedmarketing.de/cm/2006/12/was_ist_eigentl.html [14.10.2009; 16:30 Uhr MEZ].

Peters, K.; Albers, S.; Schäfers, B. (2008): Die Wertschöpfungskette des Handels im Zeitalter des Electronic Commerce: Was eingetreten ist und was dem Handel noch bevorsteht, in: Arbeitspapiere des Lehrstuhls für Innovation, Neue Medien und Marketing der Christian-Albrechts-Universität Kiel. Verfügbar unter: http://hdl.handle.net/10419/27677 [10.10.2009; 11:00 Uhr MEZ].

Röttgers, J. (2007): Einkaufen mit Gemeinschaftsgefühl, in: Focus Online am 12.02.2007. Verfügbar unter: http://www.focus.de/digital/internet/shopping-2-0_aid_124065.html [14.10.2009; 16:50 Uhr MEZ].

Schneller, D. (2008): Die Meinung der Anderen, in: Statista.com am 17.10.2008. Verfügbar unter: http://de.statista.com/statistik/daten/studie/2051/umfrage/produktrecherche-im-internet-in-deutschland-in-2008/ [14.10.2009; 15:30 Uhr MEZ].

Stracke, T. (2005): Profilieren statt ignorieren: Internet-Nutzer zwingen Hersteller zum Umdenken, in: Direkt Marketing 11 / 2005, S. 24-27. Verfügbar unter: http://www.pangora.com/versions/de/assets/mentasys_in_der_Direktmarketing-0511.pdf [14.10.2009; 10:00 Uhr MEZ].

Vente-Privée (2008): vente-privee.com mit starkem Umsatzplus in 2008, in: Pressemitteilungen Vente-Privée vom 11.02.2009. Verfügbar unter: http://de.vente-privee.com/PR/de/cp/PR_cp_20090211.html [04.01.2010, 17:00 Uhr MEZ].

Andreas Haug, Rainer Hillebrand

Innovationsmanagement im Digital Business
Wie Unternehmen sich neu erfinden können

1 Innovationsfähigkeit als Existenzfrage im Digitalen Zeitalter

Unternehmertum basiert auf neuen Ideen Unternehmerisches Handeln muss folglich als zentrales Element die aktive Gestaltung von Innovationsprozessen zum Inhalt haben. Die Entwicklungsdynamik im Technologiebereich und die steigende Wettbewerbsintensität in globalisierten Märkten lassen die Innovationsfähigkeit zu einem Schlüsselfaktor für die Entwicklungsperspektive von Unternehmen werden. Dabei dienen Innovationen nicht nur zur Erschließung neuer Wachstumsfelder, sondern sie unterstützen einen kontinuierlichen Revitalisierungsprozess des Unternehmens im Sinne eines „Fit for Survival" in sich ändernden Umweltbedingungen. Innovationsfähigkeit ist somit ein wesentlicher Baustein der Existenzsicherung. Dies gilt umso mehr für Unternehmen, die im Digital Business tätig sind, bzw. deren Geschäftsaktivitäten durch das Internet, als der maßgeblichen Technologieplattform für das Digital Business, tangiert werden. Viel stärker als bei bisherigen Technologieentwicklungen geht mit dem Internet eine extreme Erhöhung der Entwicklungsgeschwindigkeit und -vielfalt einher. Ausschlaggebend dafür ist, dass im Internet neue Anwendungen der Technologien ebenso wie Veränderungen der Anwendungen bzw. Technologien nahezu in Echtzeit an die Welt der Internet-Nutzer zurück kommuniziert wird. Durch die unmittelbare Nutzung und Anpassung von Neuentwicklungen wird die Zeitspanne zwischen dem Prozess des Erfindens, Lernens und Weiterentwickelns außerordentlich verkürzt (vgl. Castells 2005, S. 39). Die Folge ist eine dramatische Verkürzung der Entwicklungs- und Lebenszyklen von Innovationen.

Wesentliche Merkmale des Internet sind insbesondere die offene Technologie-Architektur sowie die kollaborative Form der Weiterentwicklung von Technologien, Anwendungen und Inhalten durch die Nutzer selbst. Der im Internet verbreitete „Open Source"-Ansatz, nach dem Software ohne Nutzungsbeschränkungen beliebig genutzt, verbreitet, verändert sowie auch in der veränderten Form weitergegeben werden darf, begünstigt die Innovationsdynamik zusätzlich. Da bei Entwicklungsvorhaben die bisher gesammelten Erfahrungen auf breiter Linie kostengünstig genutzt werden können, steht die Mitwirkung an Innovationsinitiativen nahezu jedem offen. Auch kleine Unternehmen bzw. Start-Up-Unternehmer können dank schwindender Zugangshürden am Innovationswettlauf teilnehmen – teilweise sogar mit einer besseren Ausgangsposition als behäbige F&E-Abteilungen von Großunternehmen. Diese Rahmenbedingungen führen zu teilweise disruptiven Markt- und Technologieentwicklungen, die die Interaktionsprozesse zwischen Marktteilnehmern nachhaltig verändern und kontinuierlich neue Geschäftsmodelle mit modifizierten Wertschöpfungsstrukturen entstehen lassen. Dabei verwischen traditionelle Marktabgrenzungen. Veränderte Kosten- bzw. Prozessstrukturen führen zu sinkenden Markteintrittsbarrieren, die das Auftreten neuer bzw. branchenfremder Wettbewerber begünstigen und die Wettbewerbsintensität erhöhen. Dies geht einher mit einer zunehmenden Marktfragmentierung und Intransparenz hinsichtlich relevanter Marktentwicklungen. Etablierte Marktteilnehmer stehen deswegen vor ständig neuen Herausforderungen. Die Vielzahl und die Vielfalt neuer Anwendungen und Anbieter macht es zudem schwierig die Frage zu beantworten, welche der vielen Entwicklungen für das einzelne Unternehmen bzw. Marktsegment nachhaltig bedeutsam sein werden.

Vor allem bei den kundenbezogenen Prozessen verlieren in der digitalen Welt herkömmliche Methoden der Marktbearbeitung ihre Wirkungskraft. Das Internet schafft Transparenz und hat die Nutzer zu „mündigeren Kunden" gegenüber den Unternehmen gemacht: Die neuen Informations- und Interaktionsmöglichkeiten werden nach individuellen Präferenzen und anbieterunabhängig in einem nahezu grenzlosen, weltweiten Beschaffungsmarkt für sich genutzt. Der Kunde wird „Prosument", der als Konsument und zugleich auch als Produzent von Produkten bzw. Inhalten agiert (vgl. Toffler 1983), und somit selber aktiver Teil der Wertschöpfungsprozesse wird. Der Prosument hat veränderte Bedürfnisse und gewachsene Ansprüche. Er ist über die traditionellen Massenkommunikationskanäle kaum mehr zu erreichen und für monodirektionale Push-Werbung nicht mehr zugänglich. Der so emanzipierte Kunde übt wesentlichen Einfluss auf ehemals zentrale Unternehmensfunktionen aus, indem er u.a. die Markenpositionierung und -wahrnehmung von Unternehmen prägt, Produktspezifika individuell definiert, Distributionswege wählt und die Preispolitik wesentlich beeinflusst.

In der global vernetzten Welt mit wachsender Transparenz und arbeitsteiliger Spezialisierung verändern sich auch die Beziehungen der Unternehmen zueinander: Neue Kooperationsmodelle entstehen, Geschäftspartner vor- bzw. nachgelagerter Wertschöpfungsstufen werden zu direkten Wettbewerbern und mit ehemaligen Wettbewerbern werden gemeinsame E-Commerce-Plattformen betrieben. Um in diesem Umfeld langfristig bestehen und darüber hinaus die Wachstumschancen für die eigene Zukunftssicherung nutzen zu können, bedarf es vor allem der Fähigkeit (und Bereitschaft), Bestehendes zu verändern, komplexer werdenden Anforderungen zu entsprechen sowie neue Lösungen zu entwickeln. Die Entwicklungen im Digital Business haben in vielen Branchen fundamentale Auswirkungen auf bestehende Marktmechanismen und erfordern einen Paradigmenwechsel: Die sukzessive Optimierung bestehender Geschäftsaktivitäten reicht nicht mehr aus. In einem stark erweiterten, dynamischen Marktumfeld müssen Unternehmen sich vielmehr „kontinuierlich neu erfinden", neue Geschäftsfelder entwickeln und diese in einem auf Wachstum ausgerichteten Gesamtsystem mit den etablierten Stammgeschäften verknüpfen. Innovationsmanagement erfordert somit auch die Entwicklung neuer Organisationsmodelle.

Die gewachsenen Herausforderungen machen deutlich, dass zukunftsfähige Unternehmen sich nicht nur um Innovationen bei ihren Geschäftsmodellen und Produkt- oder Serviceangeboten bemühen müssen, sondern ihre Innovationsfähigkeit gleichermaßen auf Prozess-Innovationen ausdehnen müssen. Dazu ist auch der Aufbau einer hinreichenden Technologiekompetenz erforderlich, soweit dies für die Unternehmensaktivitäten relevant ist. Macht man sich jedoch bewusst, welche zentrale Bedeutung Technologie in nahezu allen Wertschöpfungsbereichen der Unternehmen hat, so verdeutlicht das die Schlüsselrolle eines Know-how-Aufbaus für die Zukunftssicherung des Gesamtunternehmens. Dieses gilt insbesondere für die Informationstechnologie (IT).

Die erforderliche „Qualifizierung im Technologieverständnis" erstreckt sich auch auf die Top-Management-Ebene – schließlich sind hier nicht nur die strategisch richtigen Zukunftsentscheidungen zu treffen, sondern auch die organisatorischen und prozessualen Voraussetzungen für ein erfolgreiches Innovationsmanagement zu schaffen. Dabei geht es weniger um Technologiewissen an sich, als vielmehr um das Verständnis, Technologie strategisch und operativ richtig einzusetzen. Die nachhaltige Innovationsfähigkeit eines Unternehmens kann nur auf Basis einer authentisch gelebten Innovationskultur entstehen, die nicht mit aktionistischen Einzelmaßnahmen betrieben wird, sondern systemisch im Unternehmen verankert ist. In einem solchen Umfeld werden Umweltveränderungen von Mitarbeitern und Entscheidungsträgern nicht als Bedrohung der Existenz verstanden, sondern nach der Maxime „In Search for Excellence" als Impulse für Wachstum und Innovation positiv wahrgenommen. Die vielfältigen Dimensionen von Innovationen im Digital Business machen deutlich, dass dem Innovationsmanagement ein ganzheitlicher, mit der Gesamtorganisation verzahnter Ansatz zugrunde liegen muss. Ein bloßes „Outsourcen" oder „Zukaufen" von Knowhow, wie es in vielen anderen Bereichen möglich ist, kann eine sinnvolle Ergänzung im Portfolio der Innovationsaktivitäten sein, aber keinesfalls ein übergreifendes unternehmensinternes Innovationsmanagement ersetzen. Zukunftssicherung aus sich selbst heraus sollte als eine Kernaufgabe im Unternehmen verbleiben. Prozessorientiertes Innovationsmanagement ist dabei ein Schlüsselfaktor.

2 New Kids on the Block – warum viele etablierte Unternehmen verlieren

Wie haben es Amazon, Youtube, LastFM, Zappos u.v.a. geschafft, als Newcomer innerhalb kurzer Zeit zum „Internet Category Killer" in gewachsenen, großvolumigen Märkten aufzusteigen, die bis dato von etablierten Großunternehmen über Jahrzehnte entwickelt und beherrscht wurden? Was haben AOL, Quelle, Agfa Photo und vielleicht auch eBay gemeinsam? Warum ist es diesen – zumindest erstgenannten – Unternehmen nicht gelungen, ausgehend von einer dominierenden Marktposition, neue Wachstumschancen in naheliegenden Geschäftsfeldern für sich zu erschließen und ihre Existenz nachhaltig zu sichern?

Zur Beantwortung dieser Fragen greift die banale Erklärung zu kurz, dass „die Schnellen die Langsamen besiegen und nicht die Großen die Kleinen". Vielmehr ist zu klären, warum es ehemals erfolgreichen Unternehmen, die durch Innovationen zuvor neue Märkte geschaffen haben, oftmals nicht gelingt, sich kontinuierlich „selbst neu zu erfinden" und damit Newcomern Raum zum erfolgreichen Markteintritt und zur Entfaltung zu bieten. Prägnante Beispiele finden sich im Distanzhandel: In einem Markt, der sich in Deutschland in den vergangenen zehn Jahren von rund 20 Mrd. Euro auf 30 Mrd. Euro um 50 Prozent vergrößert hat, haben einige der großen klassischen Versender, die wie Quelle Marktpioniere waren, im gleichen Zeitraum teilweise mehr als die Hälfte ihrer Umsätze verloren. Wachstumstreiber im Distanzhandel waren dramatisch wachsende, neue E-Commerce-Geschäftsmodelle im Internet, deren Potenziale viele klassische Versandhändler zu spät erkannt, falsch eingeschätzt bzw. unzureichend genutzt haben. So hat Quelle bspw. das für den Versandhandel bedeutsame Modell der „Sammelbesteller" vor Jahrzehnten sehr erfolgreich mitentwickelt. Das Verständnis, dass es sich bei dem Sammelbesteller-System eigentlich um „Shopping Communities" handelt, bei denen soziale Interaktion der Kunden untereinander, persönliche Produktempfehlungen und der Verkauf von Gebrauchtprodukten elementare Bestandteile waren, wurde nicht in neue Internet-Geschäftsmodelle übertragen. Dabei waren die Voraussetzungen dafür ideal. Der Verkauf von nicht mehr benötigter Kinderkleidung an eine andere Sammelbestellerin, um mit dem Verkaufserlös andere, neue Produkte kaufen zu können, findet auch so heute in Communities statt. Das entstehende Chancenpotenzial wurde bekanntlich dann von branchenfremden Start-Up-Unternehmen wie z.B. Ricardo.de bzw. eBay erschlossen. In diesem Kontext ist bemerkenswert, dass es eBay als früher Internet-Pionier nun offenbar selbst nicht mehr gelingt, sein an Wachstumsgrenzen stoßendes Consumer-to-Consumer-Plattformgeschäft um das Wachstumsfeld E-Commerce / Online-Retailing erfolgversprechend zu erweitern und dort im Wettbewerb mit Amazon zu bestehen. Dagegen schafft es Amazon, nicht nur sein Kerngeschäft mit immer neuen Ausprägungen weiterzuentwickeln (Einbindung von Dritthändlern, Verkauf und Kauf von Gebrauchtprodukten etc.), sondern auch Randgeschäftsbereiche wie u.a. Cloud-Services erfolgreich zu entwickeln. Amazon ist ein gutes Beispiel dafür, wie z.B. IT-Dienstleistungen – als ehemaliger „Support-Prozess" des Kerngeschäftes – mit dem Einsatz innovativer Technologien zu vielversprechenden, wettbewerbsfähigen Wachstumsfeldern entwickelt werden können. Mangelnde Innovationsfähigkeit tritt in sehr dynamischen Marktumfeldern wie beim E-Business besonders deutlich zu Tage. Die Ursachen für den Verlust der Innovationsfähigkeit etablierter Unternehmen sind vielfältig und nicht auf die Besonderheiten des Digital Business allein begrenzt. Innovationshemmnisse können ihren Ursprung branchenübergreifend in nahezu allen relevanten Bereichen haben und die Wettbewerbsfähigkeit beeinträchtigen: Unternehmensstruktur und -strategie, Prozesse, Personalführung bzw. Unternehmenskultur etc.

Sicherlich ist fehlende Innovationsfreude häufig auch ein Mentalitätsproblem auf Top-Managementebene, das gerade in gründergeführten Unternehmen anzutreffen ist.

Ulrich Klotz, IG Metall Vorstand, hat es in Bezug auf seine Erfahrungen bei Nixdorf so formuliert: „Frühere Erfolge … sind aber allgegenwärtige Innovationshindernisse. Alte Ideen zu vergessen ist oft noch schwieriger als neue zu akzeptieren. Aus der Perspektive früherer Erfolge kann man die Chancen des Neuen oft gar nicht erkennen." (Klotz 2004). Dabei spielt es auch eine Rolle, dass es leichter fällt, bestehende Prozesse zu optimieren, als diese grundlegend zu ersetzen. Im Fall der klassischen Versandhändler wurde das Internet eher als weiterer „Bestellweg" neben Telefon und Postkarte verstanden und im Kontext der gelernten Instrumentarien des rückläufigen Bestandsgeschäftes (Anstoßketten- und Sortimentsoptimierung etc.) und der bislang etablierten Angebotsträger (Print-Katalog) optimiert. Die Ressourcen wurden zu lange dafür verwendet, ein „falsches" Geschäft „richtig" zu machen, anstatt sich auf die konsequente Entwicklung des neu aufkommenden Internet, als dem „richtigen Geschäft", zu konzentrieren. Unabhängig davon, lässt sich die Innovationsschwäche von Großunternehmen vor allem strukturell herleiten: Unternehmensorganisationen haben oft eine bürokratisch-administrativ geprägte Struktur, die darauf ausgerichtet ist, standardisierte Tätigkeiten effizient und verlässlich abzuwickeln. Über Routineprozesse, die auf Erfahrungen vollzogener Prozesse basieren und darauf abzielen, Bekanntes zu wiederholen, soll der Ist-Zustand erhalten bzw. in kleinen Schritten optimiert werden. Innovationen sind dagegen dadurch gekennzeichnet, dass sie per se „neue Themen" adressieren, die das Ziel haben, Vorhandenes zu ersetzen bzw. zu verändern, noch unbekannte Ergebnisse und Wirkungszusammenhänge produzieren und maximale Flexibilität benötigen. Zudem unterliegen Entscheidungen im Innovationsmanagement großer Unsicherheit und weisen entsprechende Risiken auf (Drusenthal 2003, S. 1).

Das Management etablierter Unternehmen befindet sich in dem Spannungsfeld, bestehende Erlösquellen existenzerhaltend zu sichern und gleichzeitig neue Einnahmequellen für die Zukunft zu erschließen. In Sorge um den Erhalt des gewachsenen Stammgeschäftes werden Investitionsentscheidungen in Innovationsfeldern dann eher risikoavers getroffen: Es wird primär versucht, erfolgversprechende Entwicklungen aus dem direkten Wettbewerbsumfeld zu kopieren, um „nichts falsch zu machen" und einen kurzfristigen Return zu erzielen („Amazon-Follower"). Dadurch wird bestenfalls ein weiteres Zurückfallen im Markt vermieden, aber weder ein nachhaltiger Wettbewerbsvorteil aufgebaut, noch eine aus Kundensicht bemerkenswerte Profilierung bzw. Leistungsdifferenzierung erreicht. Hinzu kommt, dass man sich auf diese Weise an der falschen Referenzgruppe orientiert, da die wirklich marktverändernden Innovationen meist nicht aus dem direkten Wettbewerbsumfeld erwachsen, sondern von Branchenfremden kommen. Großunternehmen bevorzugen bei Investitionen eher den „großen Wurf": Angesichts der Größe ihrer Stammgeschäfte suchen sie nach Investitionsvorhaben, die in kurzer Zeit das Potenzial haben, möglichst signifikante Umsatzanteile zu generieren. Damit soll erreicht werden, dass die Investitionen intern „Sichtbarkeit" bekommen und etwaige Rückgänge im Bestandsgeschäft volumenmäßig kompensieren können.

Ein systematisches Innovationsmanagement setzt dagegen (bzw. daneben) auf eine Vielzahl auch kleinerer Entwicklungsinitiativen. Schließlich gilt, dass „nicht jeden Tag ein Google erfunden wird" und dass in dem Bemühen, mehr Innovationserfolge zu erzielen, schlicht mehr Initiativen gestartet und mehr Fehlschläge – allerdings auf niedrigem Investitionsniveau – riskiert werden müssen. Diese etablierte Erkenntnis aus der Pharma-Forschung kann zweifelsohne auch auf viele Anwendungsfelder im Digital Business übertragen werden. Ein weiteres strategisches Defizit im Innovationsmanagement besteht darin, dass ein zu enges Suchfeld entlang der bestehenden Geschäftsaktivitäten bzw. Kernprozesse betrachtet wird und attraktive Wachstumsfelder in der Peripherie bzw. den Supportprozessen vernachlässigt werden (aus der Perspektive von Finanzdienstleistern oder Online-Händlern z.B. Online-Bezahlsysteme wie Paypal oder Click&Buy). Hier macht sich negativ bemerkbar, dass in vielen Unternehmensabteilungen zu stark „Aufgaben zentriert" statt „Prozess orientiert" gearbeitet wird. Obwohl die Unternehmen aufgrund ihrer operativen Expertise hier bessere Einstiegsvoraussetzungen als Newcomer hätten, bleiben naheliegende Wachstumsopportunitäten ungenutzt, weil nicht vernetzt gedacht und gehandelt wird. Ein zusätzliches Innovationshemmnis bilden starre unternehmensübergreifende Planungs-, Budgetierungs- und Controlling-Prozesse, die auf die Steuerung und Optimierung der etablierten Stammgeschäfte abzielen, aber in nur unzureichender Weise für die Beurteilung und erfolgreiche Begleitung von Innovationsvorhaben geeignet sind. Bei Innovationsprojekten gelten zum einen häufig gänzlich andere, nicht vergleichbare Key Performance Indicators (KPIs) als in den Stammgeschäften. Zum anderen ist bei solchen neuen Projekten nicht die Einhaltung „historischer" Pläne die Handlungsmaxime, sondern die alleinig auf den Projekterfolg ausgerichtete, flexible Anpassung der Vorgehensweise an die jeweils unmittelbar gewonnenen Projekterkenntnisse.

Die Umsetzung von Innovationen ist i.d.R. von Umwegen und unerwarteten Wendungen geprägt. Sie entwickeln sich daher in den seltensten Fällen linear oder innerhalb der ursprünglichen Milestone-Planungen. Ergeben sich bei solchen Neuprojekten dann Abweichungen gegenüber der abgegebenen „Konzernplanung" kommt es oft fälschlicherweise zur abrupten „Notbremsung". Eine eher längerfristig ausgerichtete Betrachtung der projektspezifischen KPI-Entwicklung und eine nachhaltige Optimierung entlang der Lernkurve würde dagegen für die Gesamtorganisation bessere Erkenntnisse generieren und holprig gestarteten Projekten vielleicht – mit einem veränderten Geschäftsmodell – noch zum Durchbruch verhelfen. Noch dramatischer ist es, wenn Innovationsinitiativen mit den Stammgeschäften im gleichgeschalteten Planungsprozess um die gleichen begrenzten Investitionsbudgets ringen und womöglich eine „Innenfinanzierung" neuer Projekte aus dem operativen Budget der einzelnen Fachbereiche erwartet wird. Die Konsequenz ist, dass die Fachbereiche ihre reifen Kerngeschäfte weiterfinanzieren bzw. sowieso vorgesehene operative Entwicklungsbzw. Optimierungsvorhaben als „Innovationsinitiativen" titulieren. Ein wirklicher Innovationsprozess wird auf diese Weise keinesfalls angestoßen.

In diesem Kontext ist auch ein weiterer „Innovationskiller" in großen Unternehmen zu benennen: Politik und interne Machtkämpfe. Viele Innovationen sind dadurch gekennzeichnet, dass sie etablierte Bereichsgrenzen im Unternehmen überschreiten bzw. bestehende Geschäftsfelder auf eine neue Art verknüpfen. Dies würde an sich mehr Zusammenarbeit aller Beteiligten erfordern. Tatsächlich wird aber oft um den Erhalt bestehender Strukturen politisch gekämpft und der Gesamterfolg von ggf. überlebenskritischen Innovationsinitiativen aus individuellen Machtinteressen gefährdet. Als klassisches Beispiel ist hier das Unternehmen Xerox anzuführen, das mit seinem F&E-Bereich PARC (Palo Alto Research Center) viele maßgebliche Erfindungen für den Erfolg der PCs (Personal Computer) hervorgebracht hat, wie z.B. die Computer-Maus, grafische Benutzeroberflächen à la „Windows" und Laserdrucker. Allerdings konnte Xerox diese Innovationen nie selber wirklich erfolgreich für sich nutzen. Ursache dafür war vor allem, dass das mittlere Management der bestehenden Xerox-Kerngeschäfte die stringente Umsetzung der neuen Produkte regelmäßig abblockte, da sie die Innovationen als Gefahr für ihre eigenen (Kopier-)Bereiche wahrnahmen (Smith/Alexander 1988). „Machtausübung ist der zentrale Misserfolgsfaktor für Innovationen, da sie den argumentativen Austausch und damit den Wissenszuwachs behindert" (Scholl 2004). Aus dieser treffenden Aussage ist abzuleiten, dass Innovationsfähigkeit auch unmittelbar von der Existenz einer innovationsfreudigen Unternehmenskultur abhängt.

In großen Unternehmen gelingt es häufig nicht, eine interne Innovationskultur zu erhalten, in der Fehler und Misserfolge zunächst als Lernquelle verstanden werden. In einem Umfeld, in dem Neid und Missgunst aufgrund eines gemeinsamen Zielverständnisses und der Bereitschaft, Wissen und Erfolge zu teilen, keinen Raum finden und Mitarbeiter keine Ängste vor Veränderungen haben, weil transparent kommuniziert wird, sie aktiv in den Innovationsprozess einbezogen und so für zukünftige Aufgaben qualifiziert werden, können Innovationen gedeihen. In vielen marktführenden Unternehmen, die ihre Entwicklung früheren Innovationen verdanken, hat sich über die Zeit ein Besitzstanddenken auf hohem Zufriedenheitsniveau breit gemacht. Statt sich ambitioniert und selbstbewusst neuen Herausforderungen zu stellen, wird ein Managementstil des risikoaversen Statuserhalts praktiziert. Trotz bester Voraussetzungen, ihrer Finanzkraft, der erworbenen Kompetenzen und ihrer Ressourcen- und Strukturstärke verlieren solche Unternehmen schleichend ihre Innovations- und Wettbewerbsfähigkeit. Wie anders ist es zu erklären, dass die Mediamarkt-Saturn-Gruppe bis heute keinen funktionierenden Online-Shop zustande gebracht hat und deswegen vor allem bei hochwertiger Unterhaltungselektronik massiv verliert?

Viele erfolgreiche Internet-Start-Up-Unternehmen tragen dagegen nicht den „Ballast" eines Bestandsgeschäftes und können sich ohne Rücksichtnahmen mit aller Konsequenz auf ihre neuen Projektvorhaben fokussieren. Aufgrund ihrer geringen Größe behindern sie keine Strukturhemmnisse, Politik- und Machtgebaren sind einem gemeinsamen, unbedingten Erfolgswillen untergeordnet und aus ihrer „Nothing-to-loose"-Position entwickelt sich eine Unternehmenskultur, die von einem unvoreingenommenen „Test & Learn"-Vorgehen sowie von Leistungs- und Risikobereitschaft geprägt ist. Auf Strukturdefizite, Unwägbarkeiten und Ressourcenengpässen wird mit Flexibilität und unkonventionellen Lösungswegen reagiert: Intelligenz ersetzt Kapital. Ein gutes Beispiel für diese intelligenten Mechanismen ist die „Open Source"-Bewegung im Internet, die eine „neue Denkrichtung für Innovationsprozesse" repräsentiert und wesentlich zu der Entwicklungsdynamik im Digital Business beiträgt. Sie bewirkt einen Paradigmen-Wechsel: Früher bauten Großunternehmen mit ihren eigenen F&E-Bereichen über Jahre mit großem Kapitaleinsatz proprietäres Technologie-Wissen und Verfahrens-Know-how auf, das einen nachhaltigen Wettbewerbsvorteil schaffte und für kapitalschwache Newcomer eine kaum überwindbare Markteintrittsbarriere darstellte.

Eine unüberschaubare Anzahl von Einzelpersonen teilt sich heute mit kleinen und großen Unternehmen zusammen die entwickelten Internet-Anwendungen und -technologien. Und dieses mit unterschiedlichsten Zielsetzungen und Business-Modellen. Daraus wird eine erhebliche Reduzierung der Entwicklungskosten von Innovationen möglich: Im Open Source-Umfeld erfolgt keine institutionalisierte Koordination zwischen den Entwicklern und kein Dritter muss von einer Projektidee aufwendig überzeugt werden; Ideen werden einfach ausprobiert, weil jeder bereit ist, die Risiken eines Rückschlags zu tragen. Da Erfolge ebenso allen Beteiligten zur Verfügung stehen, sind die Kosten des individuellen Misserfolgs gering. Die niedrigen Kosten des Scheiterns bedeuten: die Beteiligten können so oft falsch liegen, wie sie wollen, solange sie ihre Erfolge gemeinsam weiter ausbauen (Shirky 2007, S. 21). Es zeigt sich, dass ein zentralistisch geführter Innovationsprozess, wie er in vielen größeren Unternehmen noch anzutreffen ist, einem dezentralen „Open Source"-Modell, an dem auch Start-Up-Unternehmen teilhaben können, in mancher Hinsicht unterlegen ist. Das Beispiel „Open Source" macht aber auch deutlich, wie sich Start-Ups heute in der Digitalen Welt beim Aufbau ihrer neuen Geschäftsmodelle von Entwicklungshemmnissen, wie Kapital- und Personalknappheit, befreien können. Es kann damit exemplarisch auch als Erklärungshilfe dienen, warum „New Kids on the Block" im E-Business-Innovationswettbewerb gegen etablierte, starre Strukturen gewinnen: Sie agieren unkonventionell und flexibel, nutzen mit innovativen Modellen die „Mitarbeit" ihrer Kunden, Wettbewerber bzw. Netzwerkpartner und richten ihre Aktivitäten mit hoher Transparenz auf kontinuierliches Lernen aus. Im Ergebnis führt dies zur Beschleunigung der Innovationsprozesse; Geschwindigkeit ist immer noch ein zentraler Erfolgsfaktor auf dem Weg zum „Category Leader" im E-Business.

Das Verständnis der skizzierten Ursachen und Wirkungsmechanismen, die zum Verlust oder Erhalt der Innovationsfähigkeit führen können, soll Basis sein für den nachfolgenden Entwurf eines Organisationsmodells für das Innovationsmanagement von etablierten Unternehmen in E-Business-Umfeldern.

3 Organisationskonzept für ein Innovationsmanagement im E-Business

3.1 Zielsetzung

Über ein systematisches Innovationsmanagement sollen interne und externe Ideen generiert und in geeigneter Form zur operativen Erprobung bzw. Umsetzung gebracht werden. Dies erfordert effiziente Screening- und Bewertungsprozesse, damit aus Ideen konkrete Opportunitäten werden, deren Umsetzung kontinuierlich begleitet und aus deren Umsetzung Lehren bzw. konkrete Ergebnisse gezogen werden können (vgl. Soerensen 1992; Majaro 1992). Die primäre Aufgabe des Innovationsmanagements im E-Business ist die Identifikation und Erprobung neuer digitaler Geschäftsmodelle, Anwendungen sowie Technologieentwicklungen, die sich im strategischen Entwicklungskorridor des Unternehmens befinden bzw. diesen erweitern. Ferner sollen über eine frühzeitige, systematische Markt- und Technologie-Beobachtung übergeordnet relevante Marktentwicklungen erkannt und in den Gesamtstrategieprozess des Unternehmens eingebracht werden. Dies eröffnet ggf. auch den Zugang zu Technologie- und Prozess-Know-how anderer Industrien, das zur Weiterentwicklung und Optimierung der eigenen Wertschöpfungsprozesse genutzt werden kann und die Wettbewerbsposition in der eigenen Branche stärkt. Neben den Hauptfunktionen „Window on Business Models" und „Window on Technologies" soll das Innovationsmanagement zusätzlich den Aufbau eines Netzwerks von Experten, Kooperationspartnern und spezialisierten Dienstleistern unterstützen.

Die Innovationsinitiative fördert als Nebenaspekt nicht nur die Erfüllung des eigenen Auftrags, sondern dient auch den operativen Geschäftsfeldern in konkreter Weise. So werden qualifizierte Dienstleister identifiziert, die als „verlängerte Werkbank" interne Know-how- und Ressourcenengpässe kompensieren können. Möglicherweise gelingt es über Aktivitäten im Innovationsmanagement auch mittelbar eine Plattform für die Identifizierung und Ansprache qualifizierter Mitarbeiter zu schaffen. Die Bedeutung dieser positiven Nebeneffekte ist in unternehmenskultureller Hinsicht nicht zu unterschätzen, da über sie die Akzeptanz und Vernetzung der Innovationsinitiativen im Gesamtunternehmen gefördert wird. Schließlich kann das Innovationsmanagement auch einen unmittelbaren finanzwirtschaftlichen Beitrag zum Unternehmenserfolg leisten, wenn beispielsweise über Eigengründungen, Inkubation, Corporate Venture Capital bzw. Entwicklungs-Joint Ventures mit Dritten direkt kapitalisierbare Unternehmenswerte geschaffen werden. So ist es durchaus sinnvoll, dass beispielsweise der Corporate Venture Capital-Bereich die Zielvorgabe hat, innerhalb der verabschiedeten Investitionsleitlinien eine marktübliche Venture Capital-Rendite mit den eingegangenen Beteiligungen zu realisieren.

3.2 Gestaltungsphilosophie

„Schmiegsam und geschmeidig ist der Mensch, wenn er geboren wird, starr, störrisch und steif, wenn er stirbt; Biegsam und zart sind Bäume im Wachstum, dürr, hart und stark im Entwerden. Darum gehören Starre und Stärke zum Tode". Aus diesem dem chinesischen Philosophen Lao-Tse zugeschriebenen Satz ist die Maßgabe abzulesen, nach der das Innovationsmanagement in einem gewachsenen Unternehmen zu gestalten ist: Über innovationsfördernde Strukturen und Prozesse muss die Flexibilität und Fähigkeit zu beständiger Weiterentwicklung erhalten werden. Allerdings ist es kaum realistisch, den unternehmerischen Pioniergeist eines Internet-Start-Ups in einem vielschichtig gewachsenen Konzern revitalisieren zu wollen. Vielmehr muss es darum gehen, ein Framework für Innovationsprozesse zu schaffen, dass den Spezifika der jeweiligen Unternehmensstruktur und des E-Business gerecht wird. Die skizzierten Besonderheiten des Digital Business bringen es mit sich, dass ständig eine extrem große Anzahl neuer Geschäftsmodellansätze, Technologien und Verfahren in einem besonders breiten, relevanten Marktspektrum entsteht, vergeht und in modifizierter Form wieder auftritt. Dabei sind „Time-to-Market" und die Umsetzungsgeschwindigkeit noch immer zentrale Erfolgsfaktoren auf dem Weg zum „Category Leader" im E-Business. Daraus folgt, dass das Organisationsmodell eine parallele Bearbeitung von Innovationsthemen zulassen muss, um eine größere Anzahl erfolgversprechender Projekte schneller und in den jeweils geeignetsten Konstellation prüfen zu können. Schon aus Gründen der Umsetzungsgeschwindigkeit und Komplexitätsreduzierung erfordert die empfohlene parallele Vorgehensweise eine dezentrale Organisationsstruktur der Innovationsinitiativen. Eine zentralisierte Auswahl-, Entscheidungs- und Steuerungsinstanz wäre für eine große Zahl von Innovationsprojekten unterschiedlicher Größe und Natur zu zeitraubend und administrativ zu aufwendig. Schließlich muss man im direkten Wettbewerb gegen Start-Ups bestehen, die sich mit ganzer Kraft nur einem Thema widmen.

In größeren Organisationen ggf. auftretende Redundanzen bei Projektvorhaben können durch ein Transparenz schaffendes, übergeordnetes Programmmanagement begrenzt werden. Entscheidend für den Erfolg von E-Business-Innovationsprojekten ist jedoch eine marktnahe und schlagkräftige Organisations- und Prozessstruktur; dem gilt es vor allen anderen Aspekten Rechnung zu tragen. In Anlehnung an die Erkenntnisse der in Forschungsvorhaben erfahrenen Pharmaindustrie gilt auch für das E-Business-Innovationsmanagement die Maxime, möglichst frühzeitig herauszufinden, dass eine Idee, ein Geschäftsmodell oder ein Technologiekonzept nicht funktioniert. Während in der Pharmaindustrie ein frühes Beenden erfolgloser Projekte aufgrund der im Entwicklungsprozess exponentiell steigenden Kosten wichtig ist, gilt es im E-Business – aufgrund geringerer Anlaufkosten – vor allem den Zeitverlust und die Fehlallokation knapper Expertenressourcen zu begrenzen. Im E-Business-Innovationsmanagement empfiehlt es sich daher, in den frühen Projektphasen mit immanent hohem „Misserfolgspotenzial" mit externen Partnern/Dienstleistern zusammenzuarbeiten, um das „Scheitern outzusourcen". Auf diese Weise können knappe interne Ressourcen geschont werden, die dann für die Weiterentwicklung von Projektvorhaben mit höherer Erfolgswahrscheinlichkeit in fortgeschrittener Prüfungsphase zur Verfügung stehen.

Grundsätzlich muss die umfassende Einbeziehung externer Partner ein zentraler Leitgedanke im E-Business-Innovationsmanagement sein. So ist der bereits erwähnte „Open Source"-Ansatz mit den wichtigen Dimensionen „Transparenz" und „Arbeitsteiligkeit" auch im Hinblick auf die Einbeziehung externer Dritter besonders hervorzuheben. Wenn es im Rahmen des Innovationsmanagements gelingt, ein Netzwerk an externen, besonders qualifizierten und dem Unternehmen wohlgesinnten Experten aufzubauen, kann die Effektivität und Effizienz der Innovationsinitiativen extrem gesteigert werden. Die Erfahrung in E-Business-Innovationsprojekten zeigt, dass es in einem etablierten Netzwerk von „freundschaftlich gesinnten Profis" leicht fällt, Einzelne dazu zu bewegen, unkonventionell und ggf. kostenlos Probleme für die Netzwerkpartner zu lösen. Die Motivation der Unterstützer besteht darin, bei der Problembearbeitung selber neue Fähigkeiten zu erlernen, Anerkennung in der Referenzgruppe zu erfahren bzw. in anderen Konstellationen selber von der Netzwerkleistung zu profitieren (vgl. Shirky 2007, S. 21). Durch gezielte Partnerschaftsinitiativen kann es auch großen Unternehmen gelingen, Teil dieser im Internet-Start-Up-Umfeld gelebten Netzwerk-Kultur zu werden – vorausgesetzt, sie wird von den Führungskräften authentisch und nachhaltig praktiziert. In diesem Kontext sollte die Gestaltungsphilosophie des Innovationsmanagements auch Mechanismen der „Schwarm-Intelligenz" verinnerlichen. Die „Schwarm-Intelligenz" entstammt der Verhaltensforschung von Bienenschwärmen bzw. Ameisenstämmen, die in einem hierarchiefreien, selbstorganisierenden und effizienten Zusammenspiel gemeinsam zu intelligenten Lösungen kommen, die das einzelne Tier aufgrund seiner individuell begrenzten Möglichkeiten nicht erreichen könnte (vgl. Miller 2007) . Wesentliche Merkmale dieses Phänomens, das in der Informatik ebenfalls ein Leitkonzept ist, sind u.a. dezentrale Lenkung, Interaktion mit „Nachbarn", „Test & Learn"-Vorgehen, Flexibilität, die Fähigkeit, den Ausfall einzelner Teile im Gesamtsystem zu kompensieren und einfache Regeln.

Auf die große Bedeutung der Unternehmenskultur für das Gedeihen von Innovationsinitiativen ist mehrfach hingewiesen worden. Diese Kultur muss sich auf der Führungsebene ebenfalls durch eine entsprechende Management-Philosophie und vor allem ganz konkrete Organisationsmaßnahmen verwirklichen: Dazu gehört u.a., dass von Politik und operativem Geschäft freigehaltene „Erprobungs-Plattformen" etabliert werden sowie die administrativen Prozesse in Start-Up-Umgebungen schlank und mit Freiräumen von den üblichen Konzernrichtlinien gestaltet werden. Schließlich müssen insbesondere die Führungskräfte mit dem Fakt leben lernen, dass sich Innovationsmanagement im Digital Business in Extremen bewegt: Einige wenige Innovationsprojekte werden erfolgreiche „Stars", die die Unternehmenszukunft sichern, während viele Initiativen – außer Lerneffekten – Misserfolge zum Ergebnis haben.

3.3   Organisationsumsetzung

Sicherlich ist bei Innovationsvorhaben im E-Business die spezifische Basisidee wichtig. Noch wichtiger ist es aber, die Tragfähigkeit sowie das Entwicklungspotenzial einer Idee richtig abzuschätzen und vor allem in der Lage zu sein, eine Idee operativ exzellent umzusetzen. Dies setzt voraus, dass das jeweilige Projekt in der optimalen Organisationsstruktur gestartet wird. Beim Hervorbringen von E-Business-Innovationen haben Start-Up-Unternehmen gegenüber vielen etablierten Unternehmen in zentralen Bereichen eine deutlich günstigere Ausgangssituation. Einer dieser Vorteile ist, dass beim Start keine Organisation besteht, so dass sich die organisatorischen Strukturen gemäß der spezifischen Belange des Projektvorhabens unvorbelastet mit maximaler Flexibilität maßgeschneidert entwickeln können. Auch gibt es noch nicht die für gewachsene Organisationen typischen Schnittstellen-, Zuständigkeits-, Abgrenzungs- und Reportingprobleme, die für die eigentlichen Aufgabenstellungen eines Start-Up-Unternehmens irrelevant sind, Ressourcen binden und selten mit dem operativ sinnvollsten Ergebnis für das Start-Up gelöst werden. Damit etablierte Unternehmen im Innovationswettbewerb bestehen können, muss das Organisationskonzept für ihre Innovationsinitiativen vor allem einer Anforderung genügen: Im Bewusstsein der eigenen Leistungsstärken und Defizite werden die Strukturstärken konsequent genutzt und die – meist gut bekannten – Schwächen ohne Rücksicht auf unternehmensinterne Befindlichkeit umgangen – Innovationsinitiativen erhalten den profilgerechten (Start-Up-)Entfaltungsraum und kommen über eine entsprechende Einbindung oder Vernetzung gleichzeitig in den Genuss der vorhandenen Stärken und Größenvorteile eines etablierten Unternehmens. Gelingt dies einem großen Unternehmen, so wird ein struktureller Nachteil aus eigener Kraft in einen Wettbewerbsvorteil gewandelt.

Dieses Vorgehen erfordert ein Umdenken und ist in Unternehmen oft politisch nicht leicht durchsetzbar. Zu sehr hemmen politische Partikularinteressen, Harmoniestreben bzw. der fehlende Mut für eine konsequente Neuausrichtung. Verfährt man aber nach der Maxime „Wir machen das, was am besten ist, nicht, was heute schon so ist oder am einfachsten scheint", erhält man in einer sehr frühen Phase – nämlich vor dem Start der eigentlichen Innovationsprojekte – einen validen Hinweis darauf, inwieweit die Organisation wirklich „Fit for Innovation" ist. Werden die Organisationsüberlegungen eher von Bedenken und skeptischen Folgeabschätzungen beherrscht, oder dominieren gemeinsame Gestaltungskraft und Zielstrebigkeit? Zeigen sich hier gravierende Einschränkungen dieser „Indikatoren für die Innovationsfähigkeit" so müssen zunächst die kulturellen Grundlagen für ein innovationsfreundliches Klima im Unternehmen über vorgelagerte Change- bzw. Transformationsprozesse geschaffen werden; entsprechende Veränderungen in der Personalstruktur eingeschlossen.

Bei der Festlegung der geeigneten Organisationsform für die Innovationsvorhaben kommt grundsätzlich ein breites Optionsspektrum in Betracht. Eine Differenzierung in interne, semi-interne und externe Organisationsvarianten ist zu Darstellungszwecken geeignet, um sowohl dem Aspekt der Nähe bzw. Ferne des Innovationsvorhabens zum bestehenden Stammgeschäft Rechnung zu tragen als auch die Frage zu thematisieren, in welchem Umfang und auf welche Art externe Partner eingebunden werden sollen.

Abbildung 3-1: *Organisationsmodell für das Innovationsmanagement (Quelle: diligenZ management consulting / eigene Darstellung)*

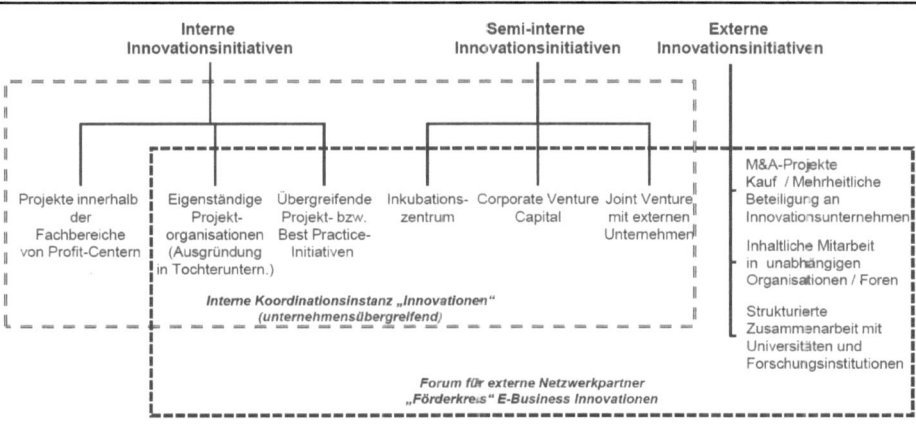

Mit der Wahl der entsprechenden Organisations- bzw. Zuordnungsform erfolgt eine zentrale Weichenstellung für den absehbaren Entwicklungspfad eines Innovations- oder Projektvorhabens. Insofern sollte – anders als dies in der Praxis häufig erfolgt – die Zuordnungsentscheidung gemäß der Maxime „Structure Follows Strategies" (vgl. Chandler 1962) im Vorfeld strategisch sehr sorgfältig abgewogen werden. Weitgehend irrelevant für die Entscheidung sollte sein, wo eine Idee oder Initiative ursprünglich geboren wurde bzw. welcher Geschäftsbereich gemäß dem bestehenden Organigramm grundsätzlich zuständig wäre. Vielmehr ist entscheidend, welche Zielsetzung ein Vorhaben verfolgen soll und in welchem „Entwicklungsumfeld" dieses optimal reifen kann. Insofern kann es für die jeweiligen Projektvorhaben in hohem Maße erfolgskritisch sein, wie nah bzw. wie unabhängig die Einbindung in die operativen Bereiche des Gesamtunternehmen gestaltet ist. Wenn eine neue Projektidee das Potenzial hat, ein veraltetes Geschäftsmodell zu substituieren bzw. mit diesem perspektivisch in Wettbewerb zu treten, muss das Vorhaben während seiner Entwicklung i.d.R. durch eine ausreichende Distanz zum Bestandsgeschäft geschützt werden. Geht es bei- spielsweise darum, möglichst schnell und kraftvoll ein Gegenangebot zu Pure Play Online-Wettbewerbern zu entwickeln, sollte der initiale Auftrag zur Pilotentwicklung des Online-Direktvertriebskanals nicht in dem Vertriebsbereich angesiedelt sein, der für den Handelspartnervertrieb zuständig ist. Ist es jedoch Ziel, das Gesamtgeschäft zu einem Multi-Channel-Vertrieb zu transformieren, kann es aus prozessualen Gründen geradezu unerlässlich sein, ein solches Projekt in dem traditionell verantwortlichen

Stammbereich anzusiedeln, um den erforderlichen Change und Qualifizierungsprozess auszulösen.

Analog gilt, dass eine Innovationsinitiative, die intern in einem unternehmensinternen Fachbereich startet, im Ergebnis eher zu einer inkrementalen Weiterentwicklung bestehender Produkte bzw. Prozesse, als zu einer radikalen, den bestehenden Bereich substituierenden Lösung führen wird. Die Praxiserfahrung zeigt allerdings auch, dass ein zu Stammgeschäften im Wettbewerb stehendes Innovationsprojekt sich zwar in der Startphase in einer isolierten Struktur vielleicht zunächst besser entwickeln mag, dann aber aufgrund der fehlenden Unterstützung der übrigen Organisation bei den ersten Rückschlägen in der Rollout-Phase existenzgefährdenden Widerständen ausgesetzt sein könnte. Für Innovationsprojekte ist es daher von überragender Bedeutung, dass die gewählte organisatorische Einbindung dem neuen Projektvorhaben „Welpenschutz" bzw. ein „politisch" auch längerfristig gesichertes Entwicklungsumfeld bietet. Dabei reicht es oft nicht aus, dass einzelne Top-Führungskräfte persönlich für Projekte einstehen, da politische Strömungen bzw. Ereignisse in projektfremden Bereichen die Position eines einzelnen Befürworters so schwächen können, dass das Entwicklungsprojekt mittelbar ebenfalls gefährdet wird. Erfolgversprechender ist es dagegen, einen größeren Kreis mit auch inhaltlich involvierten Befürwortern unterschiedlicher Unternehmensbereiche bzw. Hierarchiestufen einzubinden. Eine solche „Koalition für Innovationen" kann auch im Rahmen von internen Koordinationsinstanzen (siehe Grafik), wie z.B. Programm-Management-Teams, Projektsteuerungskreisen, Best Practice Groups etc., institutionalisiert werden. Die Relevanz unternehmensexterner Partner für Innovationsprozesse ist bereits umfänglich erörtert worden. Die geeignete Strukturierung einer solchen Zusammenarbeit hängt von der konkreten Zielsetzung des Projektvorhabens und der den Externen zugedachten Rolle ab.

Neben der offenkundigen Funktion, zur Realisierung eines Neuprojektvorhabens intern fehlende Impulse, Ressourcen, Expertisen bzw. sonstige Leistungen beizusteuern, kann die Einbeziehung Dritter auch unter taktischen Gesichtspunkten extrem hilfreich für ein Unternehmen sein. Einerseits bietet ein semi-externes Organisationskonstrukt ebenfalls Schutz vor der Einflussnahme anderer interner Unternehmensbereiche, andererseits fördert die Existenz dritter Partner auch die interne Stabilität und Nachhaltigkeit von Innovationsinitiativen. Ergebniseinbußen im Stammgeschäft, Turbulenzen in anderen Unternehmensbereichen oder schlicht veränderte Prioritäten führen nicht so schnell zu erratischen Projektabbruchentscheidungen, da ein mit Dritten verbindlich abgestimmter Budget-, Zeit- und Maßnahmenplan meist einen nachhaltigeren, weniger leicht reversiblen Charakter hat, als dies bei internen Entscheidungslagen der Fall sein mag.

Auch für die Zusammenarbeit mit externen Dritten außerhalb eines konkreten Projektvorhabens empfiehlt sich der Aufbau einer adäquaten Struktur mit konkreter Aufgaben- und Zieldefinition, die unabhängig von den meist nur temporären Initiativen einzelner Schlüsselpersonen ein Mindestmaß an Kontinuität gewährleistet. Ein in der

Praxis sehr bedeutsamer, aber bislang organisationstheoretisch im Wirtschaftsbereich nicht ergiebig behandelter Baustein im Innovationsmanagement ist der „institutionalisierte Kreis von externen, unabhängigen Innovationsförderern, die dem Unternehmen professionell-freundschaftlich oder partnerschaftlich verbunden sind". Im Kontext der Gestaltungsphilosophie (siehe 3.2) wurde die Bedeutung von Netzwerken bzw. Netzwerkpartnern im Digital Business schon hervorgehoben. Die Motivation der einzelnen Mitglieder solcher „Freundes-/Förderkreis-Netzwerke", die sich z.B. aus Unternehmensberatern, Freelancern, aktiven oder ehemaligen („Serien"-) Unternehmern, Business Angels, Investoren, IT-Experten, Wissenschaftlern etc. zusammensetzen, kann sehr unterschiedlich sein. Sie ist jedoch nicht primär auf kurzfristige, direkte Bezahlungs- oder „Leistung-Gegenleistung"-Modelle ausgerichtet, sondern basiert auf der Erfahrung bzw. Erwartung, dass gerade in dem dynamischen Digital Business „professionell-freundschaftliche" Beziehungen aus der Sicht des Einzelnen und für die Struktur insgesamt Nutzen stiftend sind. Der Nutzen kann dabei sehr vielfältige Ausprägungen haben und z.B. in Wissenszuwachs, Informationsvorteilen, Erweiterung des eigenen Wirkungskreises, Status oder auch dem Aufbau von gemeinsamen Aktivitäten begründet liegen. Innovationstreibende Unternehmen können solche Netzwerke nicht „kaufen", sondern sie müssen mit verlässlichem, authentischem und nachhaltigem Verhalten „ihren Beitrag" zum Netzwerkaufbau leisten. Dabei ist es von besonderer Bedeutung, rollengerecht und geprägt von dem Respekt gegenüber gleichberechtigten Partnern, sei es Großunternehmen oder private Einzelperson, zu agieren. Unternehmen verhalten sich dabei nicht als „Auftraggeber von Innovationen" sondern eher als „Gastgeber", Plattforminitiatoren, Moderatoren bzw. Impulsgeber, die den Aufbau der Netzwerke im Rahmen ihrer Möglichkeiten fördern, ohne ihn dominieren zu wollen.

In vielen Aspekten beispielhaft ist das Digital Business-Netzwerk, dass Dr. Burda federführend für den Hubert Burda Verlag über viele Jahre hinweg etabliert hat. Angefangen von gewachsenen persönlichen Freundschaften über kleinere Gesprächskreise von Experten und groß gewordenen Veranstaltungen, wie bspw. der DLD Conference (Digital, Life, Design), bis hin zu gemeinsamen Investitionen und unternehmerischen Aktivitäten hat sich ein weltweites Netzwerk etabliert, das Burda im Innovationswettbewerb mit anderen Verlagen deutlich stärkt. Unabhängig von der Fragestellung, wie stammgeschäftsnah oder -fern bzw. intern oder extern die Innovationsinitiativen organisatorisch angesiedelt werden, ist in jedem Fall sicherzustellen, dass alle Projektvorhaben einem sehr strengen Beurteilungs- und Auswahlprozess unterliegen. Voraussetzung für die stringente Umsetzung dieses Prinzips „Survival of the Fittest" ist Transparenz und Konsequenz im Handeln.

Dies bedeutet, dass Aufgabeninhalt, Zielvorgabe und Beurteilungsmaßstäbe vor Projektstart definiert sind. Alles muss dann während der Umsetzung anhand vereinbarter Milestones systematisch begutachtet werden. Es sind aber auch organisatorisch die Voraussetzungen zu schaffen, dass Handlungskonsequenzen auch unverzüglich und mit minimalem Folgeaufwand umgesetzt werden können. So muss es möglich sein, eine geschaffene Projektorganisation mit dem Projektende schnell und unkompliziert zu schließen. Während dies bei geschäftsbereichsinternen Projektbeendigungen aufgrund der meist einfacheren Struktur theoretisch unkompliziert scheint, sind bei ausgelagerten Projekten von den operativen Einheiten getrennte, rechtlich selbständige Einheiten (z.B. kleine GmbHs) zu bevorzugen.

Unabhängig von der organisationstechnischen Gestaltungsform zeigt die Praxis, dass sich Unternehmen – speziell in Deutschland – oftmals mit der Schließung von Innovationsinitiativen schwer tun. Wird ein Start-Up-Unternehmen geschlossen, so wird dies intern und in der Öffentlichkeit häufig als „Scheitern" bewertet, statt als „Testergebnis", aus dem Erkenntnisse gezogen werden können. Auch bleibt die Tatsache unberücksichtigt, dass die zuvor gebundenen Ressourcen bei der Erprobung einer neuen Idee einen höheren Nutzen liefern können, als dies bei einer Fortführung des alten Projektes der Fall gewesen wäre. So wie nach Schumpeter „Unternehmertum ein Prozess schöpferischer Zerstörung" (vgl. Schumpeter 1926) ist, so basiert Innovation auf „Probieren, Scheitern, Neubeginnen". Eine erfolgversprechende Innovationskultur funktioniert nach dem Leitgedanken „Try often and if you fail, fail fast". In diesem Bereich ist in den Unternehmen und in der Gesellschaft ein Perspektivenwechsel nötig, da ein unnützes Fortführen dem Neubeginn anderer, vielleicht erfolgversprechenderer Projekte im Wege steht.

Zur Vermeidung dieser Ineffizienzen können als Katalysatoren für stringente Auswahlprozesse auch Organisationseinheiten wie „Inkubator-," oder auch „Corporate Venture Capital"-Gesellschaften etabliert werden, deren ausschließlicher Geschäftszweck die professionelle Durchführung von Start-Up-Identifikations-, Gründungs-, Entwicklungs- und dann Veräußerungs- oder Schließungsprozessen ist. Fachabteilungen sind mit dem professionellen Management solcher Prozesse häufig nicht erfahren. Neben den skizzierten organisatorischen Aspekten ist aus strategischer Sicht wichtig zu beurteilen, welche Innovationsinitiative in welcher Organisationsform umgesetzt werden sollte. Eine bestmögliche Zuordnung der Innovationsinitiativen zu einem Organisationsmodell kann anhand *ihrer strategischen Relevanz* (z.B. künftiges Chancen-/Bedrohungspotenzial) und ihres Bezugs zum bestehenden Kerngeschäft erfolgen (siehe Grafik 3-2).

Abbildung 3-2: *Zuordnung von Innovationsinitiativen im Organisationsmodell (Quelle: diligenZ management consulting / eigene Darstellung in Anlehnung an Röper 2004, S. 102)*

Zuordnung von Innovationsinitiativen im Organisationsmodell

Bezug zum bestehenden Kerngeschäft			
Hoch	• Profit Center internes Projekt	• Inkubations-zentrum	• Profit Center internes Projekt • Best Practice-Projektgruppen
Mittel	• Best Practice-Projektgruppen	• Corporate Venture Capital	• Eigenständige Organisation / Ausgründung
Gering	• Monitoring über Zusammenarbeit mit Forschungs- und Fach-gruppen	• Joint Venture mit externen Partnern	• Kauf / Beteili-gung bestehender Unternehmen (M&A-Projekte)
	Gering	Mittel	Hoch

Zukünftige strategische Relevanz für das Kerngeschäft

Unter „strategischer Relevanz für das Kerngeschäft" ist dabei u.a. das entwicklungsbezogene Chancen- und Bedrohungspotenzial einer Innovationsinitiative zu betrachten. Auch ist die Affinität der Markt-/Kunden- bzw. Technologiespezifika des Projektvorhabens zum Kerngeschäft ein sinnvolles Zuordnungskriterium. Eine zweite, für die Organisationszuordnung wichtige Beurteilungsdimension, ist der Bezug des Projektvorhabens zu dem existierenden Kerngeschäft. Dies drückt sich z.B. durch absehbare, inhaltliche bzw. prozessuale Synergiepotenziale zu bestehenden Geschäftsbereichen aus oder aber inwieweit in dem bestehenden Bereich ein entsprechendes Know-how vorhanden ist (Röper 2004, S. 102). Während im Innovationsmanagement strategisch weniger relevante Themen lediglich einem kontinuierlichen Monitoring unterzogen werden sollten, das entweder in den jeweiligen Fachbereichen oder aber im Austausch mit branchenübergreifenden Fachgremien bzw. Universitäten etc. erfolgen kann, muss für die strategisch wirklich bedeutsamen Innovationsinitiativen eine möglichst unternehmensnahe Organisationsform gefunden werden. Soweit im Unternehmen keine hinreichende Expertise bzw. Verknüpfungsmöglichkeit besteht, muss dieses von außerhalb beschafft werden; z.B. durch den Zukauf eines geeigneten Unternehmens, das dann als Nukleus für den eigenen Kompetenzaufbau dient. Grundsätzlich gilt, dass bei strategisch zukunftsweisenden Themen der interne Lern- und Erfahrungsprozess ohne Kompromisse so früh und so schnell wie möglich begonnen werden sollte. Interne Einwände von Fachbereichen nach dem Motto „Wir sind da jetzt auch dran", die eigentlich früher mit der Themenbearbeitung hätten beginnen müssen, gilt es bei der Suche nach Alternativlösungen zu missachten.

Ob die Umsetzung dieser hoch priorisierten Projekte in bestehenden oder separaten Organisationseinheiten erfolgen soll, ist jeweils themen- und unternehmensspezifisch zu prüfen. Unabhängig davon sollten gerade in dieser Projektkategorie externe Experten, Berater bzw. Partner sowie ein etwaiges „Förder-Netzwerk" kontinuierlich zum Sparring und Know-how-Aufbau eingebunden werden. Innovationsthemenfelder, die eine nicht mit Gewissheit einzuordnende Zukunftsrelevanz haben, können entweder intern – Expertise vorausgesetzt – inkubiert oder aber über Corporate Venture Capital-Beteiligungen bzw. Joint Ventures näher erforscht werden. Gerade bei ausgelagerten Innovationsträgern ist es erfolgskritisch, „At Arm's Length" Regeln für die organisatorische Strukturierung und den operativen Betrieb anzulegen. Aber vor allem im Segment Corporate Venture Capital-Unternehmen gibt es eine beachtliche Anzahl von Misserfolgsbeispielen, bei denen die Aktivitäten zu nah am Kerngeschäft ausgerichtet waren. Ein Corporate Venture Capital-Unternehmen muss im Interesse der Innovations- bzw. Aktivitätsziele über verbindliche Investitionsleitlinien strategisch ausgerichtet werden. Beim operativen Geschäftsbetrieb gilt es dann aber allein nach den Spielregeln des VC-Geschäftes der „VC mit den besten Deals" zu werden. Bei den vielen Misserfolgen von Corporate Venture Capital-Firmen lag der Konzeptionsfehler u.a. darin, dass die Anbindung an den Corporate Investor zu eng war und oft nicht eigenständig genug agierende Investment-Manager mäßig attraktive Investments getätigt haben, weil trotz unzureichender Erfüllung der Beteiligungskriterien „fadenscheinige Synergiepotenziale" zu Bereichen des Stammhauses den Ausschlag für den Beteiligungserwerb gaben.

Wie bei allen unternehmerischen Fragen gilt auch bei Corporate Venture Capital- bzw. Inkubationsaktivitäten: „Das richtige Geschäft richtig machen". Das bedeutet im Konkreten, dass ein qualifiziertes Team, mit einem dedizierten Fonds in weitestgehender Unabhängigkeit von den Kerngeschäften als spezialisierter VC agieren sollte. Dies ist deshalb erfolgskritisch, weil der Corporate Venture Capitalist im Wettbewerb um die besten Gründerteams bzw. Geschäftsmodelle gegen reinrassige VCs konkurriert und nur bestehen kann, wenn eine vergleichbare Ausgangslage gegeben ist. Dies leitet über zu der Fragestellung, wie das Innovationsmanagement übergreifend sicherstellen kann, dass die Innovationsinitiativen im richtigen Ausmaß und in der richtigen Zusammensetzung betrieben werden. Eine allgemein gültige Empfehlung für den E-Business Bereich kann seriöserweise nicht gegeben werden. Zu unterschiedlich sind die Ausgangssituationen und Aufgabenstellungen in den Unternehmen. Allerdings ist anzuraten, neben dem beschriebenen Portfolio von Organisationsmodellen (3-2) ein strategisches Programm-Management für unternehmensübergreifende Innovationen zu etablieren, das kontinuierlich die Einzelaktivitäten begleitet. Die begleitende Instanz hat dabei keine direkte Entscheidungskompetenz im Sinne eines Steering Committees, sondern soll für Transparenz sorgen und Reportingfunktionen wahrnehmen.

Einen methodischen Ansatz zur Steuerung des Innovationsmanagements bietet der „Innovation Betting Pyramid"-Ansatz von Rosabeth Kanter (Kanter 2006).

Der Konzeptansatz beschreibt den systematischen Weg von der Ideengenerierung zur Projektierung bis hin zur Überführung in die jeweils geeignete, projektführende Organisationseinheit. Inhaltlich wird empfohlen, dass in einem innovationsaktiven Unternehmen zeitgleich nur einige wenige Großprojekte mit Top-Priorität geführt werden sollen, auf die auch die meisten Ressourcen konzentriert werden. Im mittleren Bereich wird stets eine Auswahl mittelfristig viel versprechender Projekte in der Test-/Entwicklungsphase verfolgt. Die Basis bildet ein Pool mit einer größeren Zahl von Ideenansätzen, die sich in einer frühen Beobachtungs-/Feinspezifizierungsphase befinden (vgl. Kanter 2004).

Abbildung 3-3: *Innovation Betting Pyramid (Quelle: Kanter 2006; Sørensen 2009)*

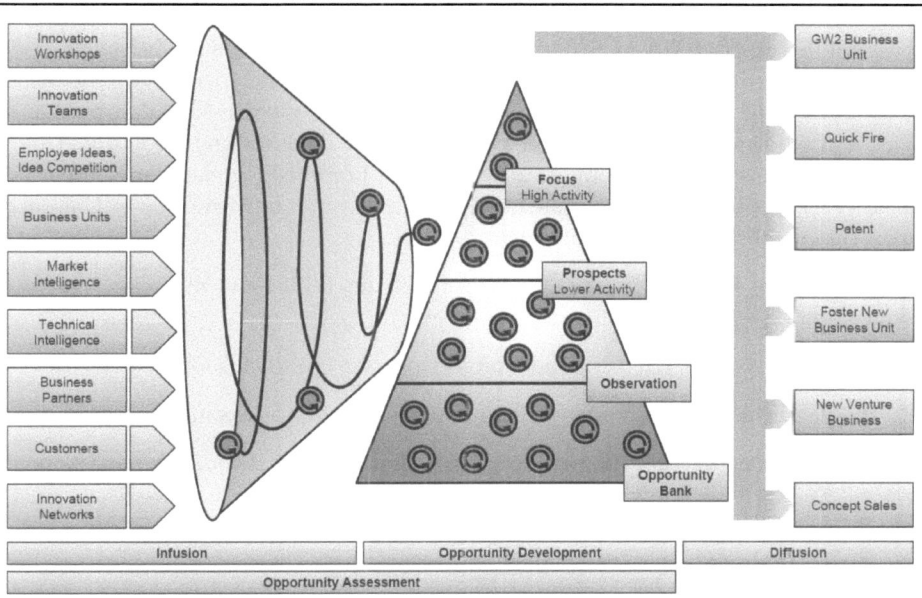

Das Konzept eignet sich auch für kleinere und mittlere Unternehmen, da bei gleichem Organisationsprinzip die Anzahl der Projekte an die spezifischen Möglichkeiten des Unternehmens angepasst werden kann. Unabhängig von der Größe des Unternehmens empfiehlt sich jedoch stets ein strukturierter Innovationsprozess, denn nur auf diese Weise können die operative Projektumsetzung und der Wissensaufbau mit maximaler Effizienz erfolgen.

4 Fazit: Schlüsselfaktoren für das Digital Business-Innovationsmanagement

Nachhaltiges Wachstum kann im E-Business nur sichergestellt werden, wenn Unternehmen kontinuierlich eine genügende Zahl zukunftsträchtiger Innovationen für ihre Geschäftsaktivitäten erschließen. Um im Unternehmen die für E-Business-Innovationen erforderliche „E-Readiness" zu etablieren, müssen bei der Organisation, den Prozessen und vor allem in der Unternehmenskultur innovationsfähige Grundlagen geschaffen werden. Hinsichtlich der Unternehmensprozesse ist eine Flexibilisierung, Entbürokratisierung sowie Adaption der Vorgaben und Verfahren erforderlich; zumindest insoweit, als dass die konkreten Innovationsinitiativen tangiert sind (z.B. Planungs-, Controlling-, Budgetallokations- und Entscheidungsprozesse). Ein erheblicher Anpassungsbedarf im organisatorischen Bereich besteht bei etablierten Unternehmen, die ihre Innovationsinitiativen ausschließlich in ihre gewachsene Organisationsstruktur integriert haben. Je nach strategischer Ausgangssituation, Zielstellung und Vorgehensweise benötigen Innovationsinitiativen veränderte, neuartige Organisationsmodelle. Die Open Source-Bewegung, Erkenntnisse aus den Funktionsmechanismen sozialer Systeme (z.B. Schwarm-Intelligenz) und die Notwendigkeit, dass Unternehmen sich als gleichberechtigte Partner um die Erschließung externer Kompetenz-Netzwerke bemühen müssen, stellen die Organisationsverantwortlichen in Unternehmen vor erhebliche Herausforderungen.

Ein Innovation förderndes Organisationsmodell im E-Business muss so konzipiert sein, dass es

- eine große Anzahl von Innovationsprojekten unterschiedlicher Größe und Art,

- mit parallelisierten, skalierbaren Beurteilungs- und Management-Prozessen,

- in dezentraler, der spezifischen Aufgabenstellung entsprechender Organisation,

- unter Einbeziehung von externen Partnern bzw. Netzwerken,

- flexibel und mit hoher Transparenz

umsetzen und die Entwicklung einer innovationsfördernden Kultur im Unternehmen unterstützen kann.

Erfolgskritisch für den Erhalt der Innovationsfähigkeit ist eine für Veränderungen offene Unternehmenskultur, die u.a. in der Personalführung sowie dem Management- und Kommunikationsstil den gewachsenen Anforderungen und gewandelten Wertebildern entspricht. Die Maxime für die Zusammenarbeit auch mit externen Partnern lautet: Leistung und Ideen gegen Sinn und Anerkennung. Innovative Organisationen haben begriffen, dass Wissen, das man teilt, wächst. Für Mitarbeiter und insbesondere Führungskräfte gilt: „If you can't share results, you can't be here". Durch Eigeninteressen gesteuertes Machtstreben beeinträchtigt die konsequente Verfolgung gemeinsamer Ziele und verträgt sich nicht mit Innovationsfähigkeit. Gilt auch für Innovationen der Leitsatz, dass Erfolg eine Funktion der Konsequenz ist, mit der etwas betrieben wird, so müssen Unternehmen in diesem Sinne ihre internen Führungsstrukturen ausrichten und ggf. Anpassungen vornehmen. Dabei muss ein Unternehmensklima herrschen, dass Leistung und Bemühen honoriert. Dazu gehört auch der Umgang mit Risiken: „Test & Learn" sowie „Try often and if you fail, fail fast" müssen gelebte Unternehmenspraxis sein.

Innovationsfähigkeit im E-Business ist die Fähigkeit, sich als Unternehmen kontinuierlich neu zu erfinden.

Literaturverzeichnis

Castells, Manuel (2005): Die Internet-Galaxie – Internet, Wirtschaft und Gesellschaft; VS Verlag.

Chandler, A. D. (1962): Strategy and Structure. Cambridge, MA: MIT Press

Drusenthal, S. (2003): Innovationsmanagement als Herausforderung an die interne Unternehmenskommunikation, Hamburg: Diplomica Verlag.

Hansen, M. T. ; Birkinshaw, J. (2007): The Innovation Value Chain, in: Harvard Business Review June 2007: Verfügbar unter: https://blog.itu.dk/KMP-E2008/files/2008/08/theinnovationvaluechain3.pdf [11.01.2010; 14:45 Uhr MEZ].

Kanter, Rosabeth M. (2007): Der sichere Pfad zu Innovationen, Harvard Business manager, Februar 2007, S. 44-63

Kanter, Rosabeth M. (1989): When Giants Learn to Dance: Mastering the Challenges of Strategy, Management, and Careers in the 1990s. New York: Simon & Schuster, 1989 / Innovation betting pyramid.

Kanter, Rosabeth M. (2006): Confidence: How Winning Streaks and Losing Streaks Begin and End. New York: Three Rivers Press, 2006.

Klotz, U. (2004): Die betrieblichen Innovationspotenziale besser nutzen: Vom Taylorismus zur „Open Innovation" * Vortrag Ulrich Klotz, IG Metall, Vorstand, FB Wirtschaft-Technologie-Umwelt / Innovation, in: MATERIALIEN und ARGUMENTE NR. 9: Gewerkschaften als Motor und Partner für Innovation, S. 31.

Majaro, S. (1992): Strategy Search and Creativity: The Key to Corporate Renewal, in: European Management Journal Vol. 10, No 2 June 1992.

Miller, P. (2007): Schwarmintelligenz, in: National Geographic Deutschland 08/2007. Verfügbar unter: http://www.nationalgeographic.de/reportagen/topthemen/2007/schwarmintelligenz [05.01.2010; 06.01.2010; 19:00 Uhr MEZ].

Röper, B. (2004): Corporate Venture Capital: Eine empirische Untersuchung des Beteiligungsmanagements deutscher und US-amerikanischer Corporate Venture Capital-Investoren, Bad Soden/Ts., Uhlenbruch.

Shirky, C. (2007): Wie Open Source in Firmen funktioniert, S.21, in: Harvard Business manager.

Smith, D.; Alexander, R. (1988): Fumbling the Future: How Xerox Invented, Then Ignored, the First Personal Computer. New York.

Scholl, W. (2004): Innovation und Information: Wie in Unternehmen Wissen generiert wird, Göttingen, Hogrefe.

Schumpeter, J. A. (1993): Theorie der wirtschaftlichen Entwicklung. Eine Untersuchung über Unternehmergewinn, Kapital, Kredit, Zins und den Konjunkturzyklus. München 1911, 2., neubearb. Aufl. 1926, 8. Aufl. 1993.

Sørensen, J. (2009): The innovation Pyramid, in: Jacob-S.NET, S. 1. Verfügbar unter: http://jacob-s.net/download/files/Models/Jacob-SNET_InnovationPyramid_2009Apr.pdf [04.01.2010; 11:00 Uhr MEZ].

Toffler, A. (1983): Die dritte Welle, Zukunftschance. Perspektiven für die Gesellschaft des 21. Jahrhunderts. (Übers., The third wave, 1980), München, Goldmann.

Teil B:
Erschließung neuer
Kundenpotenziale im
E-Commerce

Christian Heitmeyer, Sanjeevan Naveenthirarajah

Online Customer Segmentation in Shopping-Clubs

Auf dem Weg zur ultimativen Kundenorientierung bei brands4friends

1 Ausgangssituation und Vorstellung von brands4friends

Dem von der Private Sale GmbH betriebenen E-Commerce-Unternehmen brands4friends ist es gelungen, sich seit Gründung im September 2007 mit nunmehr über zwei Millionen registrierten Mitgliedern als Deutschlands führender Online-Shopping-Club als Marktführer zu etablieren. Bei bis zu 120.000 neuen Mitgliedern pro Monat ist das Unternehmen darüber hinaus eines der am schnellsten wachsenden E-Commerce Communities (Gemeinschaft aus Internet-Nutzern) weltweit. Mitglied des geschlossenen Online-Shopping-Clubs kann jeder werden, der entweder viral weiterempfohlen wurde und eine Einladung eines bereits registrierten Mitglieds erhalten hat oder sich auf die brands4friends.de-Warteliste eingetragen hat. Auch kann eine Mitgliedschaft über Kooperationspartner erlangt werden. Mitglieder erhalten dabei die Möglichkeit, Originalware von renommierten Mode- und Lifestyle-Marken zu einem stark reduzierten Angebot von bis zu 70 Prozent unter dem empfohlenen Verkaufspreis des Herstellers zu erwerben. In täglich wechselnden, limitierten Verkaufsaktionen werden dem Mitglied Artikel von rund 400 Markenherstellern angeboten. Darunter befinden sich viele aktuelle Kollektionen aus Over-Stocks (Überhang), „Off-Season"-Ware (Ware außerhalb der Saison) sowie Sonderkollektionen. In dem Markenportfolio von brands4friends sind hauptsächlich namenhafte Marken wie zum Beispiel Nike, Puma, Oakley oder Levi's vertreten. Von diesen stehen hochwertige Artikel sowohl für Damen als auch für Herren und Kinder zum Verkauf. Die Angebotsvielfalt erstreckt sich dabei von Spielwaren und Sportbekleidung über Schuhe und Accessoires bis hin zu Home&Living-Produkten. Neben etablierten Marken und bekannten Designern bietet brands4friends seinen Mitgliedern auch ständig neue und vielversprechende Labels an. So zum Beispiel das Berliner Modelabel German Garment, das im Juli 2009 erstmals auf der Berliner Fashion Week der Öffentlichkeit präsentiert wurde und nach nur einem Monat exklusiv vorab bei brands4friends erhältlich war. Damit die Mitglieder den Verkauf derartiger Produkte nicht verpassen, werden sie nach der Anmeldung regelmäßig von brands4friends über die kommenden Verkaufskampagnen per E-Mail in Kenntnis gesetzt. Zudem erfährt die Community neben vielen anderen Service- oder Zusatzleistungen auch einen Mehrwert durch das Mode-Blog und das Online-Modemagazin, das die Mitglieder mit Informationen über die Verkaufsaktionen und die aktuelle Mode versorgen soll. Derartige Leistungen beweisen, dass brands4friends großen Wert auf Innovation und Interaktivität mit dem Kunden legt. Die dadurch erzielte Kundenzufriedenheit spiegelt sich letztlich auch in den Verkaufszahlen wider: Im ersten vollen Geschäftsjahr 2008 konnte das Unternehmen bereits rund 25 Millionen Euro Umsatz vermelden. Mit aktuell bis zu 30.000 verkauften Teilen am Tag an bis zu 220.000 Unique Visitors (Einzelne Besucher) pro Tag sowie bei bis zu 100 Aktionen pro Monat wächst brands4friends nach wie vor rasant. Es konnte sich so innerhalb von zwei Jahren von einem Start-Up-Unternehmen bis zum „Online-Shopping-Club Nr. 1" entwickeln und stellt mittlerweile das am schnellsten wachsende E-Commerce-Unternehmen der Welt dar. Um das Umsatzziel in Höhe von 80 Millionen Euro für 2009 zu erreichen, beschäftigt brands4friends derzeit bereits rund 200 Mitarbeiter mit steigender Tendenz am Standort Berlin-Mitte, die auf drei Etagen auf einer gesamten Büro- und Produktionsfläche von 10.000 qm verteilt zu diesem Erfolg beitragen.

Dabei kann brands4friends für innovatives, kreatives und erfolgreiches unternehmerisches Handeln bereits zahlreiche Auszeichnungen vorweisen: Finalist im Wettbewerb zum „Entrepreneur des Jahres 09" von Ernst & Young, Trusted Shop-Gütesiegel als einziger Online-Shopping-Club für Mode und Lifestyle, Computer Bild-Testsieger in der Ausgabe vom Oktober 2009, Der Deutsche Unternehmenspreis der Harvard Business School Association, Internet World Business-Idee 2008, sowie den Innovationspreis der Jury Online-Shop des Jahres 2008.

Die Köpfe dahinter, die brands4friends ins Leben gerufen haben, sind Christian Heitmeyer, der ehemals Vorstand bei dem französischen Gepäckhersteller Delsey Group in Paris war und nun Vorsitzender der Geschäftsführung ist, sowie Constantin Bisanz, der zuvor bereits als Gründer und CEO von Truckscout24.com Erfahrungen im E-Commerce sammeln konnte und nun als Geschäftsführer fungiert. Mitbegründer sind ebenfalls Mario Zimmermann, der von Spreadshirts Business Development kam und nun im Corporate Development tätig ist, sowie Nicolas Speeck, früherer Marketingleiter bei ProMarkt Online und Electronicscout24, der heute der Head of Marketing ist. Des Weiteren wird das Unternehmen von großen, bekannten Investoren der Venture Capital-Szene wie Partech International, Beteiligungsgesellschaften wie Mangrove Capital Partners und Holtzbrinck Ventures sowie weiteren privaten Investoren unterstützt.

Abbildung 1-1:   *brands4friends Logo mit Slogan*

Die hier im Zusammenhang mit der Firma brands4friends erwähnten Zahlen und Fakten sind nach dem Stand vom 01. Dezember 2009.

2 Geschäftsmodell von brands4friends

2.1 Online-Shopping-Club-Konzept: „Marken zum Freundschaftspreis"

Trotz der erst kurzen Unternehmensgeschichte konnte brand4friends bereits im zweiten Geschäftsjahr den Break-Even erreichen. Dieses ist in erster Linie auf das innovative Geschäftsmodell zurückzuführen, das sich in dem Slogan von brands4friends wiederfindet: „Marken zum Freundschaftspreis" (vgl. Abbildung 1-1). Die Implementierung dieses Konzeptes, dem Kunden Originalprodukte von begehrten Mode- und Lifestyle-Marken zu stark reduzierten Preisen anzubieten, soll im Folgenden näher beschrieben werden.

Heutzutage sind acht Kollektionen im Jahr in der Modebranche keine Seltenheit mehr, wodurch Überkapazitäten bei den Markenherstellern zu erwarten sind. An diesem Punkt setzt brands4friends an. Das E-Commerce-Unternehmen baut in erster Linie diese Überkapazitäten für die Hersteller ab, bei denen es sich zum Teil um Over-Stocks aktueller Kollektionen und um „Off-Season"-Ware handelt. Dieses Konzept wird zwar kontinuierlich beibehalten, aber die Anfangsidee ist nun um einige weitere Facetten reicher geworden. So werden den Mitgliedern mitunter auch Produkte aus Sonderkollektionen angeboten. Brands4friends wird sogar von manchen Modelabels, wie vom Berliner Fashion Label German Garment, zur Markteinführung benutzt, die sich der breiten Plattform bedienen, um in wenigen Tagen Millionen von Menschen zu erreichen. Es wurden darüber hinaus auch schon exklusive Sondereditionen eigens für brands4friends entworfen, wie zum Beispiel von dem Designerlabel Scherer González, das weder im Einzelhandel noch andernorts online verfügbar war. Mit Spitzenwerten von über 220.000 Tagesbesuchern hat sich brands4friends innerhalb kürzester Zeit vom attraktiven Zweit-Absatzkanal für Lagerüberhänge hin zu einem veritablen Handelspartner entwickelt. Brands4friends ist bereits in der Lage, Artikel von derzeit 400 Markenherstellern in großer Bandbreite anzubieten. Die Mitglieder können nicht nur Taschen, Schuhe, T-Shirts oder Jeans aus den Bereichen Luxus, Sportswear oder Streetwear erwerben, sondern darüber hinaus auch CDs, Home&Living-Produkte, Waschmaschinen oder Reisen. Die Verkaufsware wird dabei in zeit- und volumenlimitierten Aktionen nach dem „One-brand-per-sale"-Prinzip um bis zu 70 Prozent günstiger als die unverbindlichen Preisempfehlungen des Herstellers angeboten. Entsprechend dem „One-brand-per-sale"-Prinzip enthalten die jeweiligen Aktionen nur Produkte einer Marke, wobei mehrere Verkaufskampagnen zur gleichen Zeit laufen. Um bei diesen Verkaufskampagnen die Markenware zu so hohen Rabatten verkaufen zu können, sind die Aktionen in dreierlei Hinsicht limitiert. Zum einen sind diese Aktionen zeitlich begrenzt. Dieses bedeutet, dass die jeweilige Marke nur wenige Male mit einem Maximum von fünf Tagen offeriert wird. Zum anderen sind die Artikel einer Marke im Verkaufsvolumen limitiert, da nur gewisse Stückzahlen als Verkaufsmenge zur Verfügung stehen. Schließlich besteht auch noch dahingehend eine Limitierung, dass nur registrierte Mitglieder an den Verkaufsaktionen teilnehmen können. Mitgliedschaften können nur durch persönliche Einladungen von Mitgliedern, über die brands4friends.de-Warteliste oder über Kooperationspartner erlangt werden. Diese Restriktionen wurden aus zwei Gründen eingeführt. Auf der einen Seite soll eine gewisse Exklusivität kreiert werden, um dem Kunden ein aufregendes Einkaufserlebnis zu verschaffen. Auf der anderen Seite soll dem Markenhersteller ein relativ schneller und „geräuschloser" Abverkauf gewährleistet werden, so dass der Hersteller seine Ware ohne große Öffentlichkeit verwerten kann, um dabei nicht in Konflikt mit den traditionellen Verkaufskanälen zu geraten. Daher tauchen die Aktionspreise zum Beispiel auch nicht in den üblichen Preissuchmaschinen auf, womit das öffentliche Image der Marke unberührt bleibt.

Bevor eine Verkaufsaktion gestartet wird, werden einige Wochen im Voraus alle Vorbereitungen getroffen, um einen reibungslosen Verkauf zu garantieren, der sowohl die Kunden als vor allem auch den Hersteller in hohem Grade zufrieden stellen soll. Diese Vorbereitungsphase beginnt mit der Sortimentsauswahl durch den Einkäufer. Es werden sowohl die Breite, die Anzahl der unterschiedlichen Styles pro Aktion, als auch die Tiefe, die Anzahl der Größen pro Style, und auch die Produktgruppe, ob HAKA (Herrenoberbekleidung), DOB (Damenoberbekleidung), Accessoires etc., bestimmt. Im nächsten Schritt werden dann die Abwicklungsmodalitäten geklärt, ob die Abnahme der Ware in Form von Option, Kommission, Kauf oder Mindestabnahme stattfinden soll. Erst im Anschluss hierzu wird die Preis- und die Produktpolitik definiert. Dann wird der Aktionszeitraum festgelegt und die Ware bzw. die Musterteile brands4friends zugesendet. In der anschließenden Produktionsphase wird sich als Nächstes um eine Bewerbung der Marke im erwünschten Marken-„Look&Feel" bemüht. Die Musterteile werden im hausinternen Fotostudio fotografiert und Banner und der Trailer von Grafikern, Webdesignern und Motiondesignern angefertigt, um letztlich die Marke mitsamt ihrer Ware in hochwertiger Qualität im Internetshop präsentieren zu können. Vor Aktionsbeginn werden die Mitglieder dann in einem täglichen E-Mail-Newsletter über die Aktion benachrichtigt. Sobald die Durchführungsphase abgeschlossen ist und Ware in dem vereinbarten Verkaufszeitraum verkauft wurde, werden die Bestellungen je nach beschlossener Abwicklungsmodalität an den Hersteller weitergeleitet, um die Ware innerhalb von wenigen Werktagen im Lagerstandort in Großbeeren in Berlin empfangen zu können und sie direkt innerhalb von 14 Werktagen an den Endkunden weiter zu schicken. Zuletzt wird in der Nachbereitungsphase unter anderem Retourenmanagement betrieben, sich um die Kunden im Rahmen des Kundenservices gekümmert und eine Rückmeldung an den Hersteller abgegeben, welche ihn über den Ablauf der Verkaufsaktion informieren soll.

Um bis zu 100 Aktionen pro Monat durchführen zu können und dabei bis zu 30.000 Teile einer Marke pro Verkaufsaktion verkaufen zu können, bedarf es einer stetig wachsenden Mitgliederzahl. Aktuell verfügt brands4friends über zwei Millionen Mitglieder. Trotz der geschlossenen Community gelingt es dem Unternehmen stetig in Mitgliedern zu wachsen. Anfänglich war dies größtenteils der erfolgreichen Integration von Online-Netzwerken wie StudiVZ zu verdanken, die zu den meistgenutzten deutschen Websites gehören (vgl. Marktforschungsinstitut comScore 2009). Inzwischen ist jedoch ein enormer Mitgliederzulauf dem viralen Wachstum zuzuordnen. Brands4friends fördert obendrein diese Weiterempfehlungsbereitschaft und zugleich die Kaufwilligkeit der Mitglieder mit einer Belohnung in Form eines Einkaufgutscheins bei jeder gelungenen Weiterempfehlung.

Wie man bereits dem Unternehmensnamen oder auch dem Slogan entnehmen kann, betrachtet brands4friends jedes Mitglied als einen Freund, dem man „Marken zu Freundschaftspreisen" anbieten möchte. Mit diesem Freundschaftsgedanken bemüht sich das Unternehmen, den Kunden zu binden und ihm mit einer großen Angebotsvielfalt, einer ansprechenden Umgebung und reizvollen Preisen ein aufregendes Einkaufserlebnis zu bereiten. Dabei gelingt es brands4friends, nicht nur dem Kunden, sondern auch dem Hersteller Vorteile zu bringen und somit eine Win-Win-Situation zu schaffen.

2.2 Geschäftsmodell mit hohem Wachstumspotenzial

Nielsen Online, die Online-Forschungsdivision des globalen Informations- und Medienunternehmen Nielsen Company, betitelte das E-Commerce-Unternehmen brands4friends als Deutschlands meistgenutzten Online-Shopping-Club, welches mit großem Abstand vor allen anderen Online-Shopping-Clubs führt. Laut Frank Sültman, Verkaufsleiter bei Nielsen Online, liegen Online-Shopping-Clubs bei deutschen Internet-Nutzern zunehmend im Trend. Bereits knapp sechs Prozent der deutschen Internet-Nutzer sind Mitglied bei einem Online-Shopping-Club (vgl. Nielsen Online 2009). Der Grund hierfür liegt unter anderem an der derzeitigen Wirtschaftslage. Besonders in Zeiten wirtschaftlicher Abkühlung spielt der Preis eine immer wichtigere Rolle bei der Kaufentscheidung der Verbraucher. Dennoch möchte keiner auf Qualität verzichten. Deshalb wenden sich viele den Online-Shopping-Clubs zu, da diese den Nutzern beides anbieten können: Hochwertige Markenware zu günstigen Preisen. Dies ist an dem starken Wachstum des E-Commerce-Bereiches deutlich zu sehen. Wohingegen die deutschen Konsumenten im Jahr 2008 für rund 13,6 Milliarden Euro Waren im Internet gekauft haben, kann der E-Commerce-Bereich im Jahr 2009 eine Umsatzsteigerung von 19 Prozent zum Vorjahr verbuchen. Besonders der Bereich Mode ist Wachstumstreiber im E-Commerce mit einem Umsatzzuwachs von 24 Prozent, wie Ergebnisse aus der GfK WebScope-Studie zum Kaufverhalten der Deutschen im Internet konstatieren (vgl. GfK WebScope-Studie 2009). Bei dieser enormen Progression, die der E-Commerce-Bereich in den letzten Jahren zurückgelegt hat und in der Zukunft zurücklegen wird, lässt sich antizipieren, welches Wachstumspotenzial in diesem

Unternehmen steckt. Der Beweis hierfür wird durch das äquivalente, starke Wachstum von brands4friends zu dem des E-Commerce-Bereiches geliefert. Dabei ist die Partizipation an diesem E-Commerce-Wachstum so groß, dass das Unternehmen brands4friends auf allen drei Ebenen Unique Visitors, Umsätze und Mitarbeiter in den knapp zwei Geschäftsjahren enorme Steigerung erfahren hat. Auf der Ebene der Unique Visitors registrierte brands4friends einen Besucherrekord von 1,6 Millionen Unique Visitors in dem sogar online-schwachen August des Jahres 2009. Dieser Rekord, trotz Sommerloch und Wirtschaftsflaute, belegt, dass brands4friends Profiteure der Wirtschaftskrise sind und noch sehr hohes Wachstumspotenzial besitzen. Nach einem Umsatz von 25 Millionen Euro im ersten Geschäftsjahr 2008 möchte das Unternehmen im zweiten vollen Geschäftsjahr 2009 nunmehr 80 Millionen Euro umsetzen und somit den Umsatz vom Vorjahr mehr als verdreifachen. Dies soll unter anderem durch den Ausbau der Marktführerschaft in Deutschland und durch internationale Expansionspläne verwirklicht werden. Brands4friends sieht die Erschließung neuer Märkte, Zielgruppen und Produktsegmente vor. In Zukunft soll zum Beispiel die Aktivität in Österreich verstärkt werden. Zudem soll die Einkaufsabteilung mit weiteren Einkäufern vergrößert werden, um das Angebotsspektrum um Segmente wie Elektronik oder Ticketing zu erweitern. Damit diese Entwicklung bewerkstelligt werden kann, soll im Jahr 2010 die Belegschaft mitunter in den Bereichen IT, Einkauf, Produktion, Kundendienst und Marketing verstärkt und insgesamt auf 400 Mitarbeiter verdoppelt werden. Sowohl die stetig größer werdende Mitarbeiterzahl also auch die rasant steigenden Mitgliederzahlen und Umsätze bestätigen das innovative Geschäftsmodell von brands4friends und dessen großes Wachstumspotenzial.

3 Upgrade des Konzeptes: Von „Markenware zum Freundschaftspreis" zu?

3.1 Kundenorientierung mithilfe der vier brands4friends-Blätter

Damit brands4friends das zuvor genannte Wachstumspotenzial ausschöpfen kann, werden Angebotserweiterungen oder sogar internationale Expansionen allein nicht ausreichen. Solches unternehmerische Handeln konzentriert sich in erster Linie nur auf die Kundengewinnung. Mit dem Eintritt in neue Märkte im Ausland möchte man zum Beispiel die dortigen potenziellen Kunden gewinnen. Jedoch ist mit Bemühungen, den Kundenstamm zu erweitern, allein nicht Genüge getan. Dies ist zwar unabdingbar, um zu wachsen. Jedoch bedarf es einer höheren Wertschöpfung des Kunden, um dieses angestrebte Wachstum profitabel zu gestalten. Denn in vielen Unternehmen werden nur selten die Potenziale der Kunden in hohem Grade ausgeschöpft. Entweder übersehen sie die Potenziale, die in ihren Kunden noch ungenutzt sind oder es werden Bemühungen gescheut, diese noch auszunutzen. Da noch Potenziale brachliegen und der Erwerb von einem neuen Kunden fünf Mal mehr Kosten verursacht als die Pflege existierender Kundenbeziehungen, hat sich brands4friends auch zur Aufgabe gemacht, die Potenziale der Kunden besser auszuschöpfen. Um dies erreichen zu können, ist eine höhere Kundenorientierung in einem Unternehmen notwendig. Es sollen die Wünsche, Bedürfnisse und Erwartungen der Kunden regelmäßig und systematisch erfasst und analysiert werden, damit sie in Produkte, Dienstleistungen und interaktive Prozesse umgesetzt werden können. Mit einer solchen Kundenorientierung kann brands4friends zum Beispiel das Produktangebot den Wünschen und Bedürfnissen des Kunden entsprechend gestalten. Dies ist jedoch nicht nur auf die Produkte beschränkt, sondern bezieht sich auf den kompletten Marketing-Mix. Hierbei stehen für brands4friends besonders die Produkt-, Preis- und die Kommunikationspolitik im Vordergrund. Somit kann dem Kunden das richtige Produkt mit dem richtigen Preis in der richtigen Ansprache angeboten werden. Um dies implementieren zu können, wird eine Kundensegmentierung, auf die in dem folgenden Kapitel näher eingegangen wird, angewendet. Mit einem solchen Vorgehen kann das Unternehmen auf allen drei Ebenen Produkt, Preis und Kommunikation die Zielgenauigkeit erhöhen und der Kundenorientierung Effizienz verleihen. Nun ist zwar eine Antwort zu der Frage, wie wir die Potenziale der Kunden besser ausschöpfen können, gefunden worden. Gleichwohl bleibt die Frage offen, welche Kunden überhaupt ein attraktives Potenzial für das Unternehmen besitzen, das sich lohnt besser ausgeschöpft zu werden. Um diese Frage zu beantworten, müssen diese attraktiven Kunden lokalisiert werden.

Hierbei hilft die Kundenwertberechnung, womit ermittelt werden kann, welche Kunden für das Unternehmen wertvoll sind. Somit können die abgeleiteten Aktivitäten aus der Kundensegmentierung auf diese profitablen Kunden eingesetzt werden. Mit dieser Vorgehensweise wird der Kundenorientierung neben der Effizienz auch noch die notwendige Effektivität verliehen. Die Komponenten dieses Konzeptes, welches brands4friends verhelfen soll, profitabel zu wachsen, soll in der folgenden Abbildung 3-1 veranschaulicht werden:

Abbildung 3-1:   *Komponenten des Optimierungskonzeptes*

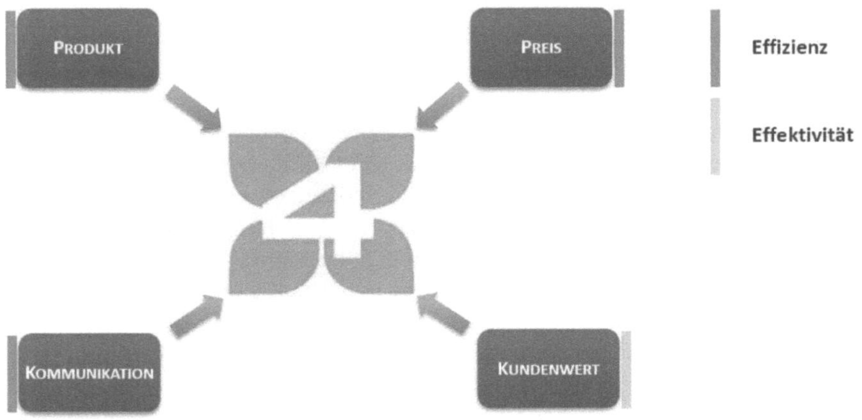

Durch die Implementierung dieses Konzeptes, das in den nachfolgenden Kapiteln näher beschrieben wird, kann das Unternehmen durch eine höhere Ausschöpfung der attraktiven Kundenpotenziale nicht nur eine Umsatz- und Gewinnsteigerung und somit ein besseres Marketing-ROI (Return on Investment bezeichnend für die Gesamtkapitalrentabilität einer Unternehmung) erzielen, sondern auch die Kundenzufriedenheit und dadurch die Kundenbindung steigern. Zudem ist brands4friends hierdurch auch in der Lage Wettbewerbsvorteile zu erreichen und die Marktführerschaft auszubauen.

3.2   Mehr Kundenorientierung durch Customer Segmentation

Da die Kunden in der Gesamtheit äußerst heterogen sind, ist es bei der gewöhnlichen Betrachtungsweise des gesamten Kundenstammes für ein Unternehmen wie brands4friends schwierig zu erkennen, welche Produkte oder Dienstleistungen die

Kunden erwarten und welche Ansprüche sie an diese stellen. Dadurch misslingt es auch in den meisten Fällen, ein Produkt bzw. eine Dienstleistung erfolgreich an alle zu kommunizieren und zu vertreiben, da jeder Kunde individuelle Charakteristika aufweist und anders angesprochen werden möchte. Infolgedessen müssen die Unternehmen zum Teil mit hohen Streuverlusten der Marketingmaßnahmen und niedriger Vertriebseffizienz rechnen. Dieses führt dazu, dass manche Kunden enttäuscht und unzufrieden sind, falls Produkte ihren Bedürfnissen nicht entsprechen, der Preis zu hoch ist oder die Kommunikation zu ihnen scheitert. An dieser Stelle kommt die so genannte Kundensegmentierung, unter anderem auch Customer Segmentation genannt, zu Hilfe, welche für diese Problematik eine prädestinierte Lösung darstellt. Bei der Kundensegmentierung wird der Kundenstamm in homogene Kundengruppen aufgeteilt, bei denen die Individuen innerhalb einer Gruppe die gleichen Merkmale und die Gruppen untereinander aber sehr unterschiedliche Merkmale aufweisen. Mit einer solchen Strukturierung des Kundenstammes wird dem Unternehmen ermöglicht, das Vertriebsmanagement und die Marketingaktionen segmentspezifisch auszurichten, um die Kunden effektiver und effizienter anzusprechen, zu betreuen und sie entsprechend ihren Bedürfnissen zu behandeln. Eine Ausrichtung kann besonders hinsichtlich der vier Komponenten des Marketing-Mix Produkt-, Preis-, Kommunikations- und Distributionspolitik erfolgen, wobei letztere geringe Signifikanz für brands4friends darstellt. Somit würde bei brands4friends für die jeweils einzelne Kundengruppe die Produkt-, Preis- und Kommunikationspolitik segmentspezifisch definiert werden. Mit einer solchen Kundenorientierung kann das Unternehmen wichtige Faktoren wie Kundenzufriedenheit, Kosteneinsparungen und Potenzialausschöpfung erheblich optimieren. Dies wurde auch von der Wirtschaftsprüfungsgesellschaft Deloitte in der Studie „Segmentierung: Kunden besser kennen und bedienen" festgestellt, für die 50 Unternehmen aus verschiedenen Branchen (Investitionsgüter, Automobil, Energie, Chemie und Finanzdienstleister) befragt wurden. Sie kommt zu dem Ergebnis: Kundensegmentierung hilft Unternehmen, bedürfnisgerecht mit Kunden zu kommunizieren und diese besser zu binden. So steigt die Vertriebseffizienz und damit auch der Marketing-ROI. Neue Absatzpotenziale werden erschlossen und Kosten gesenkt.

Um diese Ziele zu erreichen, setzen Unternehmen unterschiedliche Segmentierungskonzepte ein. Dies hängt von der Komplexität der Produkte bzw. der Dienstleistungen sowie von der Heterogenität des Kundenstammes ab. Sind die Produkte und die Bedürfnisse nicht so komplex, können so genannte a-priori-Segmentierungen ausreichen, bei denen im Voraus eine bestimmte Zahl von Segmentierungskriterien (zum Beispiel geographische, demographische oder sozioökonomische) selektiert werden. Falls jedoch eine optimale Bearbeitung gewisser Kundengruppen angestrebt wird, sollte man so genannte Post-hoc-Segmentierungen verwenden, bei denen eine Kundentypologie durch statistische Clusteranalysen auf der Basis empirisch erfasster kaufrelevanter Merkmale (zum Beispiel Verwendungshäufigkeit, Produktnutzung, Psychographie, Einstellungen, Nutzenerwartungen etc.) entwickelt wird. Post-hoc-Segmentierungen bzw. Kundentypologien besitzen in der Regel eine höhere Kaufverhaltensrelevanz und Aussagefähigkeit für den gezielten Einsatz der Marketinginstrumente. Sie sind nutzbringender für die Maßnahmenplanung zur Kundenakquisition, Kundenbindung und Kundenrückgewinnung, da sie ein tieferes Verständnis der Kundenmotivationen vorweisen und somit wichtige Hinweise für eine optimale Ausschöpfung der Kundenpotenziale geben können. Jedoch müssen in manchen Fällen Hindernisse, wie die Erfassung einiger qualitativer, kaufrelevanter Merkmale, überwunden werden, um die Vorteile einer Post-hoc-Segmentierung komplett ausnutzen zu können. Im Folgenden wird ein praxiserprobtes Post-hoc-Segmentierungsverfahren der GfK TrustMark, ein Marktforschungsinstitut mit Research und Consultingleistungen für Kunden- und Personalmanagement, vorgestellt. Dieses Segmentierungsverfahren hat sich mehrfach als ein sehr geeignetes Verfahren bewiesen, besonders weil es psychografischer Natur ist und auf einem umfassenden Verständnis der Motivationen für Kauf- und Nutzungsverhalten der Kunden aufbaut. Bei dieser Post-hoc-Segmentierung auf der Basis einer psychographischen Kundentypologie werden die folgenden wichtigen Anforderungen in der Regel berücksichtigt, die eine gute Segmentierung erfüllen sollte. Diese sollten dennoch stets überprüft werden:

- **Kaufverhaltensrelevanz:** Als Kriterien sind Indikatoren zu wählen, die einen Bezug zum Käuferverhalten aufweisen.

- **Zugänglichkeit:** Die Kriterien sollten so gewählt werden, dass das Segment adressierbar ist.

- **Messbarkeit:** Die Kriterien sollten mit gängigen Marktforschungsmethoden zu ermitteln sein.

- **Zeitliche Stabilität:** Die statistisch ermittelten Segmentierungsmerkmale haben längerfristige Gültigkeit.

- **Wirtschaftlichkeit:** Bei der Erhebung der Kriterien sollte der Segmentierungsnutzen die hierfür anfallenden Kosten überkompensieren.

Der Post-hoc-Segmentierungsprozess verläuft in folgenden drei Schritten ab:

1. Empirische Erfassung aller relevanten Kundenmerkmale, die mit dem Kauf bzw. der Nutzung von Produkten zusammenhängen, mit der anschließenden statistischen Ermittlung der Segmente über eine Clusteranalyse und der Erstellung der segmentspezifischen Kundenprofile.

2. Entwicklung der Typisierungswerkzeuge (Typing Tools) für die Zuordnung von Kunden zu Segmenten.

3. Entwicklung clusterspezifischer Produktangebote, Kommunikationskonzepte, Marketingkampagnen und Serviceprozesse.

Diese einzelnen Arbeitsschritte sollen nun im Folgenden im Detail erklärt werden.

Arbeitsschritt 1:

Um ein besseres Verständnis von der Produktnutzung und vom Kaufverhalten der Kunden zu schaffen, werden zuerst Informationen zu rationalen und emotionalen Bedürfnissen, Einstellungen und Verhaltenspräferenzen von Kunden systematisch gesammelt. Nur in seltenen Fällen sind solche Kundeninformationen im Data-Warehouse (zentrale Datenbank) des Unternehmens vorhanden. Daher müssen sie über eine repräsentative Kundenerhebung gewonnen werden. Auf Basis dieser Erhebungsdaten werden mithilfe eines hochentwickelten Clusteralgorithmus in sich homogene Kundengruppen identifiziert. Eine homogene Kundengruppe bzw. ein Kundensegment enthält Kunden, die sich in ihren Einstellungen, Wünschen und Bedürfnissen sehr ähnlich sind und sich gleichzeitig sehr deutlich von allen übrigen Gruppen unterscheiden. Diese Kundensegmente werden dann noch mit verschiedenen Merkmalen wie beispielsweise demographischen oder zusätzlichen Verhaltens- und Nutzungsmerkmalen aus dem Data-Warehouse angereichert und zu detaillierten Kundenprofilen zusammengefasst.

Arbeitsschritt 2:

Durch die hohe Trennschärfe der Clusterlösung ist es nun möglich, in einem nächsten Schritt Typingwerkzeuge zu entwickeln, die es ermöglichen, dass Kunden zu Segmenten zugeordnet werden können. Hierbei muss zwischen dem primären und dem sekundären Typingwerkzeug unterschieden werden. Das primäre Typingwerkzeug besteht aus einem Scoringalgorithmus und aus ausgewählten Fragen, den so genannten Power Questions. Auf Basis der Antworten auf diese einstellungsbezogenen Fragen wird ein Kunde dann eindeutig einem Segment zugeordnet. Dieses Typingwerkzeug wird bei Marketingaktivitäten bzw. Kontaktpunkten eingesetzt, wo diese Fragen einem Kunden oder Neukunden gestellt werden können, wie zum Beispiel im Verkaufsgespräch. Falls jedoch kein Dialog mit dem Kunden möglich ist, wie dies bei brands4friends der Fall ist, muss das sekundäre Typingwerkzeug verwendet werden. Dies entsteht durch die Abbildung der Segmentierung bzw. Kundentypologien in das Data-Warehouse. Die notwendige Rückabbildung der Kundentypologie auf die Kunden ist jedoch nur dann durchführbar, wenn genügend Daten zu jedem einzelnen Kunden im Data-Warehouse abgelegt sind und ein Zusammenhang zwischen den psychographischen Kundentypen und den im Data-Warehouse abgelegten Verhaltens- und Nutzungsdaten bestehen. Wenn diese Rückabbildung gelingt, kann jeder Kunde einem Segment zugeordnet werden, womit die Möglichkeit geschaffen wird, eine segmentspezifische Auswahl von Kunden für Verkaufsmaßnahmen und Marketingkampagnen zu treffen.

Arbeitsschritt 3:

Basierend auf den detaillierten Segmentprofilen werden segmentspezifische Marketingkonzepte entwickelt. Diese beinhalten Festlegungen und Informationen für segmentspezifische Marketing- und Vertriebsprogramme. So können zum Beispiel für eine segmentspezifische Ausrichtung des Produktangebotes die bestehenden Produkte neu gebündelt werden, um die Bedürfnisse der Kunden in den einzelnen Segmenten besser bedienen zu können. Bei brands4friends könnten Produkte in den täglich wechselnden Verkaufskampagnen so angeboten werden, dass die Bedürfnisse der verschiedenen Kundentypen abwechselnd in zeitlichen Intervallen befriedigt werden. Diese Angebotsbündelung oder allgemein die Anpassungen werden systematisch iterativ getestet und optimiert, um eine hohe Akzeptanz bei den Kunden zu gewährleisten. Durch die segmentspezifische Konzeption einer Kampagne, des rigorosen Testens von Alternativen und der Optimierung von Inhalten und Kundenansprache werden Verbesserungen der Effektivität von Marketingaktionen erzielt. Dasselbe gilt für die Optimierung der Kommunikation, bei der durch die Vermeidung von Streuverlusten und einem höheren Response Werbeausgaben (Verhältnis zwischen Reaktion und ausgegebenen Exemplaren einer Werbemaßnahme) eingespart werden können.

Es soll abschließend noch darauf hingewiesen werden, dass den Unternehmen verschiedene Segmentierungskonzepte zur Verfügung stehen. Doch nur wenige bauen auf den grundlegenden Motivationen für Kaufverhalten auf und unterstützen damit eine optimale Bearbeitung sowie Ausschöpfung von Kundenpotenzialen. Es hat sich klar gezeigt, dass durch eine Ausrichtung des Marketing-Mix mit segmentspezifischer Produkt-, Preis- und Kommunikationspolitik auf psychographisch-geprägte Kundensegmente die Marketingeffizienz um ein Vielfaches gesteigert werden kann. Eine solche Kundensegmentierung verhilft dem Unternehmen die Kundenpotenziale zu einem wesentlich höheren Grade auszuschöpfen, womit sich die gesteigerte Kundenorientierung auszahlen würde.

Unter Einsatz dieser Kundensegmentierung müsste der Slogan von brands4friends wie folgt verändert werden: „Die richtige Markenware zum richtigen Freundschaftspreis in der richtigen Ansprache!".

3.3 Fokussierung auf attraktive Kunden über Customer Value

Kundensegmentierung verhilft brands4friends zwar kundenorientiert zu handeln und den Marketing-Mix so optimal anzuwenden, dass dem Kunden mit der richtigen Ansprache die richtigen Produkte zu den richtigen Preisen angeboten werden. Jedoch ist dies nur ein Teil des „Erfolgsrezeptes". Um letztlich eine Steigerung sowohl des Umsatzes als auch der Profitabilität nachhaltig garantieren zu können, müssen die Marketingaktivitäten auf die richtigen Kunden fokussiert werden. Diese „richtigen", erfolgsversprechenden Kunden können lokalisiert werden, indem man deren Werte für das Unternehmen, die so genannten Customer Values oder Kundenwerte, bestimmt. Für die Berechnung des Kundenwertes gibt es verschiedene Verfahren. In vielen Unternehmen werden die vier folgenden Verfahren häufig eingesetzt: Kundendeckungsbei-tragsrechnungen, ABC-Kundenanalysen, Scoring-Modelle und Kunden-Portfolios. Diese Methoden sind weit verbreitet, da hiermit der Kundenwert vergleichsweise einfach ermittelt werden kann. Unter dieser Einfachheit leidet jedoch die Genauigkeit, weshalb alle diese Verfahren die folgenden Schwächen aufweisen:

- Monetär - Nichtberücksichtigung der nicht-monetären Faktoren des Kundenwertes

- Statisch - Nichtberücksichtigung der zukünftigen Entwicklung des Kundenwertes

Vielmehr sollte man die quantitativen und qualitativen Bestimmungsgrößen des Kun-denwertes in Verbindung mit einer dynamischen Ansicht über den gesamten Kunden-lebenszyklus hinweg betrachten, womit wir zu dem Ansatz des Customer Lifetime Value (CLV) kommen, der über diese Schwächen nicht verfügt, dafür aber eine höhere Komplexität, insbesondere in der Erfassbarkeit, besitzt. Dieser Ansatz des CLV wird in erster Linie definiert als der Überschuss des gesamten Zahlungsstroms vom Kunden während der Dauer einer Kundenbeziehung an das Unternehmen im Vergleich zum Kostenstrom des Unternehmens für seine Akquisition und laufende Bedienung, dis-kontiert auf einen gemeinsamen Zeitpunkt. Die Kundenbeziehung bekommt dadurch den Rang einer Investition. Es sollen langfristige positive Rückflüsse auf eine Auszah-lung folgen. Wie jedoch zuvor angedeutet setzt sich der Kundenwert nicht nur aus monetären Komponenten zusammen. Neben der ökonomischen Bedeutung eines Kunden, gemessen am heutigen und zukünftigen Ertrag, spielen weitere Potenziale eines Kunden eine wichtige Rolle, um den realen Wert des Kunden für das Unterneh-men adäquat zu bestimmen. Daher existieren neben den quantitativen auch noch qualitative Bestimmungsgrößen, die den CLV positiv beeinflussen können. Die fol-gende Abbildung gibt eine Übersicht über diese Größen und die Komplexität des Kundenwertes. Wie man der Abbildung entnehmen kann, setzt sich das Gesamtpoten-zial eines Kunden aus den direkten ökonomischen und vorherrschend quantitativen Kriterien, dem Marktpotenzial, und aus einer Reihe von qualitativen Kriterien, dem Ressourcenpotenzial, zusammen. Zum Marktpotenzial eines Kunden zählt das Er-tragspotenzial, das Entwicklungspotenzial, das Cross-/Up-Selling-Potenzial sowie das Loyalitätspotenzial, womit die dynamischen Komponenten einer Kundenbeziehung aufgegriffen werden.

Abbildung 3-2: *Bestimmungsfaktoren des Customer-Lifetime-Value eines Kunden*

Quelle: In Anlehnung an Thelen/Wilkens (2000) und Rudolf-Sipötz/Tomczak (2001)

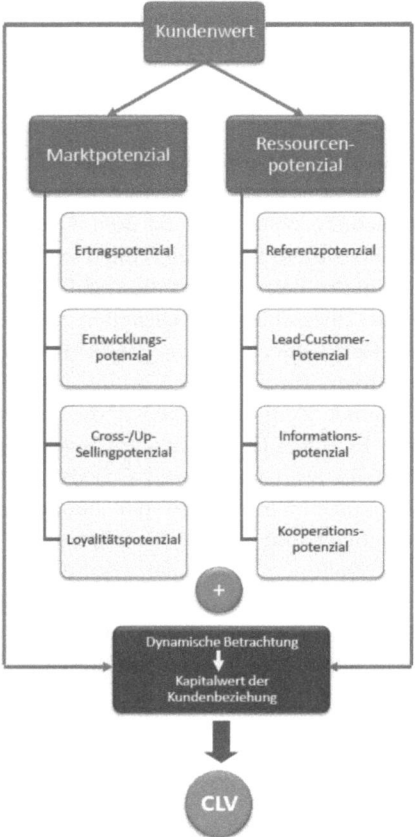

Im Vergleich hierzu setzt das Ressourcenpotenzial an der neuen Denkweise an, dass der Kunde ein Bestandteil der Unternehmens-Assets, ein immaterieller Vermögenswert, ist und indirekt zum Unternehmenserfolg beisteuert, indem er aktiv oder passiv als Unternehmensressource dient. Als Faktoren des Ressourcenpotenzials eines Kunden sind zu nennen: Das Referenzpotenzial, das Lead-Customer-Potenzial, das Informationspotenzial und das Kooperationspotenzial. Ein sehr relevantes Potenzial, was in vielen Fällen jedoch vernachlässigt wird und für das Unternehmen brands4friends aufgrund seines starken, viralen Marketings sehr bedeutsam ist, ist das Referenzpotenzial. Unter diesem Potenzial eines Kunden versteht man die Anzahl potenzieller weiterer Kunden, die aufgrund seines Weiterempfehlungsverhaltens beeinflusst werden können. Von einer näheren Betrachtung jedes einzelnen Kundenpotenzials soll hier jedoch abgesehen werden. Es bleibt aber festzuhalten, dass insbesondere das Ressourcenpotenzial nicht exakt zu bestimmen ist. Zur Bestimmung dieser Potenzial-werte sollten einige Erfahrungsdaten vorliegen, um die Schätzungen zu validieren. Dennoch stellt die Customer Lifetime Value Berechnung ein sehr geeignetes Verfahren dar, da es den Wert des Kunden für das Unternehmen durch die Berücksichtigung der sowohl prospektiven als auch qualitativen Komponenten am umfassendsten be-schreibt.

Mit einer kundenorientierten Unternehmensführung, basierend auf einer entsprechen-den Kundenwertberechnung, sowie zuvor betriebenen Kundensegmentierung kann ein Unternehmen wie brands4friends nachhaltig profitabel wachsen. Um dieses Kon-zept zu verdeutlichen, könnte der Slogan von brands4friends nach einem „Upgrade" wie folgt lauten: „Die richtige Markenware zu den richtigen Freundschaftspreisen in den richtigen Ansprachen an die richtigen Kunden!"

3.4 brands4friends-Käufertypologie zur höheren Kundenorientierung

Im ersten Schritt des Projektes „Online Customer Segmentation" wurde der Versuch unternommen, mit der zunächst verfügbaren Datengrundlage eine einfache Segmen-tierung der Kunden vorzunehmen, um vorab ein Bild von den brands4friends-Käufertypen zu erhalten. Eine psychografische Segmentierung, die zuvor in Kapitel 0 im Detail beschrieben wurde, konnte in diesem ersten Schritt noch nicht umgesetzt werden. Es standen nur demografische Daten und Daten aus der Kaufhistorie zur Verfügung. Psychografische Informationen zu Einstellungen, Wünschen und Bedürf-nissen der Kunden waren zu Beginn nicht verfügbar.

Für die Segmentierung des Kundenstammes wurde eine Post-hoc-Segmentierung mithilfe der statistischen Clusteranalyse „Two-Step-Clusteranalyse" angewendet, die speziell für große Datenmengen mit sowohl metrischen als auch kategoriellen Merk-malen entwickelt wurde. Als Datengrundlage dienten hierfür 57.224 Kunden mit ihren kaufrelevanten und demografischen Merkmalen aus einem Zeitraum von sieben Mo-naten. Hierbei wurden die Roh-Daten der Kunden mit den verfügbaren Merkmalen zusammengetragen, in verarbeitbare Werte konvertiert, von Datenfehlern bereinigt und auf Erfüllung der Anforderungen der „Two-Step-Clusteranalyse" geprüft. Denn um diese anwenden zu können, muss die Datengrundlage verschiedene Anforderun-gen wie die Unabhängigkeit der Attribute untereinander erfüllen. Diese aufbereitete Datengrundlage wurde dann mit dieser Clusteranalyse unter Anwendung der statisti-schen Software PASW (Predictive Analytics SoftWare) analysiert, wobei die folgenden Kundensegmente identifiziert wurden:

Abbildung 3-3: *Auszug aus der Käufertypologie von brands4friends*

Aktiver, wohlhabender Käufer

- durchschnittlich 35 Jahre alt
- berufstätig
- mit Familie
- sehr hohes Referenzpotenzial - fasziniert vom Shopping-Erlebnis und möchte dies weiterempfehlen
- Nutzung von Gutscheinen falls vorhanden, aber keine Orientierung am Gutschein
- geringe Preissensibilität
- hohe Kaufkraft
- schreckt nicht vor einer Stornierung oder Retoure zurück
- höchste Umsatzklasse
- mittlere Profitabilitätsklasse

Sicherer, beständiger Käufer

- durchschnittlich 33 Jahre alt
- wohlhabend
- sicher und vorsichtig - achtet sehr auf Style, Fitting, Preis, etc.
- storniert und retourniert nicht
- "kein Bedarf" an Gutscheinen
- keine Neigung zur Weiterempfehlung
- kauft Produkt aus der mittleren Preisklasse
- höchste Umsatzklasse
- höchste Profitabilitätsklasse

Junger, sparsamer Käufer

- durchschnittlich 30 Jahre alt
- Student oder Berufseinsteiger
- geringe Kaufkraft
- sehr sparsam
- hohe Abhängigkeit und Orientierung am Gutschein
- sehr hohes Referenzpotenzial aufgrund des ständigen Bedarfs an Gutscheinen
- Erwerb von Produkten aus der untersten Preisklasse
- storniert und retourniert , wenn unzufrieden, um Geld zurückzuerlangen
- niedrigste Umsatzklasse
- niedrigste Profitabilitätsklasse

Wie man sehen kann, ist es trotz der eingeschränkten Datengrundlage gelungen, eine sehr differenzierte und realitätsnahe Typologie zu erstellen. Sie gibt vorab einen guten Einblick in die vorherrschende Struktur des Kundenstammes. Um jedoch Marketing-maßnahmen optimal davon ableiten zu können, bedarf es, wie bereits in Kapitel 0 erwähnt wurde, einer Anreicherung der Kundendaten mit psychografischen Informa-tionen. Auf die Optimierung der Datengrundlage wird im nachfolgenden Kapitel näher eingegangen.

Aus datenschutzrechtlichen Gründen wird hier nur ein Auszug aus dem Projekt „On-line Customer Segmentation" preisgegeben. Dieses zeigt aber bereits deutlich, dass man wertvolles Wissen aus den zu häufig ungenutzten Daten über den Kundenstamm extrahieren und diese sich zu Nutze machen kann, um daraus Vorteile für das Unternehmen zu ziehen.

4 Resümee und Ausblick

4.1 Schaffung einer optimalen Grundlage für Customer Segmentation

Bereits in der zuvor beschriebenen Segmentierung, welche nur auf einer eingeschränkten Datengrundlage basiert, ist es brands4friends gelungen, unterschiedliche Kundentypen herauszuarbeiten. Zugleich hat dieser erste Schritt des Projektes aber auch Optimierungsmöglichkeiten aufgezeigt. In den folgenden Schritten sollen diese dann genutzt werden, die im Wesentlichen die Erweiterung der Kundendaten beinhalten. Der Schwerpunkt dieser Datenerfassung liegt hierbei bei den psychografischen Merkmalen wie Bedürfnisse, Verhalten und Einstellungen. Merkmale dieser Art sind von Nöten, um ein ganzheitliches Verständnis der komplexen Einstellungs- und Denkstrukturen von Kunden zu erhalten, die den Kauf von Produkten bzw. Dienstleistungen beeinflussen. Die Komplexität und der Aufwand solcher Datensammlungen, insbesondere von qualitativen Merkmalen, sind zwar meistens hoch, aber man sollte in der Regel solche Bemühungen nicht scheuen. Dies gilt aber nur unter der Prämisse, dass der Nutzen eines solchen Aufwandes die hierbei entstehenden Kosten übersteigt. Zur Gewinnung solcher psychografischen Informationen hat brands4friends zum Beispiel eine Rubrik „Mein Profil" in die Internet-Seite integriert, das dem Kunden die Möglichkeit bieten soll, Informationen wie Kleidungsstil und Lieblingsmarken anzugeben. Durch diese zusätzlichen Informationen über den Kundenstamm ist es erst möglich, eine psychografische Post-hoc-Segmentierung, ähnlich die der GfK Trust-Mark, vorzunehmen und psychografisch-geprägte Segmentprofile zu erstellen. Diese müssen dann auf ihre Plausibilität und Aussagekraft hin geprüft werden und gegebenenfalls nachjustiert oder sogar neu erstellt werden. Wie diese Segmentprofile einem Unternehmen nun dienen sollen, wird im Folgenden näher erläutert.

4.2 Utilisierung der Customer Segmentation

Nach diesem Schritt der Segmentprofilbildung müssen auf deren Basis Typisierungswerkzeuge entwickelt werden, die dabei helfen, weitere Kunden eindeutig in Segmente einzuordnen. Hierbei stehen sowohl primäre als auch sekundäre Typingwerkzeuge zur Verfügung, die bereits in dem vorherigen Kapitel 0 detailliert beschrieben wurden.

Darauffolgend müssen clusterspezifische Produktangebote, Preise und Kommunikationskonzepte entwickelt werden, wodurch das Wissen aus der Kundensegmentierung in unternehmerisches Handeln umgesetzt wird. Diese Konzepte bzw. Aktivitäten, die auf der Basis der psychografisch-geprägten Segmentprofile konzipiert werden, sind besonders effektiv, da sie direkt auf die Motive der Kunden ausgerichtet sind. Diese abgeleiteten Aktivitäten müssen dann durch weitere Tests validiert werden. Dies kann zum Beispiel in Fokusgruppen geschehen, wo Vertreter der einzelnen Segmente selektiert werden und isoliert mit den Anpassungen bearbeitet werden. Hieraus können die gewonnen Eindrücke und Ergebnisse verwendet werden, um eine Optimierung vorzunehmen. Im Anschluss hierzu sollen letztlich die Werte der Kunden für das Unternehmen über die Kundenwertberechnung ermittelt werden, um die herausgearbeiteten Aktivitäten auf die attraktiven Kunden zu konzentrieren. Dieser Prozess zu mehr Kundenorientierung kann nicht nach der Implementierung und Validierung abgeschlossen werden, sondern es ist ein iteratives Vorgehen. Sowohl die Segmentprofile als auch die abgeleiteten Konzepte müssen ständig in bestimmten zeitlichen Intervallen aktualisiert werden, um den auftretenden Marktänderungen gerecht zu werden. Nur bei regelmäßiger Adaption und Optimierung kann die Effektivität und die Effizienz der Kundensegmentierung und der Kundenwertberechnung gewährleistet werden und kann nur dann zur Umsatz- und Gewinnsteigerung eines Unternehmens wie brands4friends beitragen.

In Zukunft wird brands4friends anstreben, diese Segmentierung weiter zu verfeinern. Es sollen weitere Segmente bzw. Untersegmente identifiziert werden, wodurch die Kunden mit noch schärferen Abgrenzungen besser bedient werden können. Bei dieser Segmentierungsverfeinerung sollten und werden allerdings die folgenden Punkte beachtet: Der Schwellenwert der Effektivität sowie das Kosten-Nutzen-Verhältnis. Der Schwellenwert der Effektivität ist ein Punkt, nach dem eine weitere Verfeinerung die Effektivität der Marketingmaßnahmen nicht mehr positiv beeinflusst und es somit keinen Sinn macht, das Vorgehen fortzusetzen. Falls eine Effektivitätssteigerung durch das Fortsetzen der Segmentierungsverfeinerung zu erwarten ist, muss man dennoch im nächsten Schritt überprüfen, ob der Nutzen hieraus den Aufwand, beispielsweise die Kosten, angemessen übersteigt. Wenn dies erfüllt ist, können die Ergebnisse wie Kundenzufriedenheit oder Gewinn durch die Verfeinerung weiter erhöht werden, da Produkte, Preise und Kommunikation noch genauer auf kleinere Kundengruppen angepasst werden.

Mit dem nun ausführlich beschriebenen Weg der Online Customer Segmentation und der Customer Value-Berechnung kann brands4friends ein Optimierungskonzept aufstellen, das dem Unternehmen verhilft, die richtige Markenware zum richtigen Freundschaftspreis in der richtigen Ansprache an den richtigen Kunden anzubieten. Mit der errungenen Steigerung der Kundenorientierung und der daraus resultierenden Kundenzufriedenheit kann brands4friends nachhaltig profitabel wachsen, seinen Marktanteil im E-Commerce steigern sowie seinem Wachstumspotenzial gerecht werden.

Literaturverzeichnis

GfK WebScope-Studie (2009): Umsatzentwicklung E-Commerce 2003-2008

Jeker, K.; Schweiger, W.; Vossnack, O. (2005): Erhöhung der Marketingeffizienz durch one-to-one-umsetzbare, psychografische Kurdentypologien, Schwerpunkt – Planung & Analyse 4/2005

Marktforschungsinstitut comScore (2009): comScore World Metrics, www.comscore .com

Nielsen Online (2009): Nielsen-Panel „Home", August 2009

Rudolf-Sipötz, E.; Tomczak, T. (2001); Kundenwert in Forschung und Praxis, Fachbericht für Marketing, Nr. 5, St. Gallen, S. 3

Thelen, K.; Wilkens, C. (2000): CLV-M basiertes Kundenmonitoring als innovatives Controlling-Instrument in Marketing und Vertrieb, in: Hofmann, M.; Mertens, M. (Hrsg.): Customer-Lifetime-Value-Management, Wiesbaden, S. 143-153

Wirtschaftsprüfungsgesellschaft Deloitte (2008): Segmentierung – Kunden besser kennen und bedienen, Studie (12/2008)

Marcus Krekeler

Suchmaschinen als zentrale Traffic-Quelle im digitalen Zeitalter

Erfolgreich durch gesucht, gefunden und gekauft im „Google-Age"

1 Suchmaschinen im digitalen Zeitalter

Das rasante Wachstum des Internets mit seinem vielfältigen Informationsreichtum hat schon frühzeitig die Notwendigkeit strukturierter und strukturierender Suchmaschinen erkennen lassen. Allein bei Google, dem Marktführer, sind im Januar 2010 weltweit über 14 Mrd. Webseiten indiziert (vgl. WorldWideWebSize 2010).

Während in klassischen Medien wie Radio oder TV die Werbeausgaben stetig sinken, verzeichnet der Online-Werbemarkt auch weiterhin ein kontinuierliches Wachstum. Mit einem prognostizierten Gesamtvolumen in Deutschland von 4 Mrd. Euro und einem Anteil von gut 37 Prozent im Bruttomediamix ist der Online-Werbemarkt heute nicht mehr wegzudenken. Schätzungsweise 40 Prozent (ca. 1,6 Mrd. Euro) entfallen dabei allein auf Suchmaschinenaktivitäten, so dass sich eine nähere Betrachtung anbietet, um zukünftig effektiver und effizienter werben zu können (vgl. Mudter 2009).

Unlängst ist die Suchmaschine nicht mehr nur eine Schnittstelle, mit deren Hilfe sich Dokumente möglichst einfach im Internet recherchieren lassen (vgl. NielsenNetratings, Forrester Research, DTI, Jupiter Media Matrix – 2008/2009):

- 94 Prozent der Internet-User nutzen das Internet für den Kaufentscheidungsprozess.

- 91 Prozent der Internet-User nutzen zumindest gelegentlich Suchmaschinen.

- 79 Prozent der Internet-User sehen in Suchmaschinen die übergeordnete Anlaufstelle für Produkt- und Servicesuchen im Online-Bereich.

- 50 Prozent der Suchanfragen haben einen kommerziellen Hintergrund.

- 42 Prozent aller Online-Einkäufe starten mit einer Suchanfrage.

Gerade im E-Commerce und in wirtschaftlichen Krisenzeiten, in denen Performance in Bezug auf Werbeaktivitäten im Vordergrund steht, genießt die Suchmaschine als Plattform einen zunehmend steigenden Stellenwert.

1.1 Status quo und Entwicklung des Suchmaschinenmarktes

Mit Beginn der 1990er Jahre entstanden die ersten Suchmaschinen, die vorwiegend technisch geprägt waren und ausschließlich öffentliche Directory Listings auf FTP-Servern durchsuchen konnten. Die Suchmaschinen entwickelten sich jedoch zügig, so dass sich bereits Mitte des Jahrzehnts mit Lycos, Alta Vista, Yahoo oder auch Netscape die ersten Vorreiter der heutigen Technologien herauskristallisierten. Zur Jahrtausendwende begann jedoch die Transformation der Suchmaschinen hin zu kommerziellen Instrumenten in der Online-Vermarktung. Mit diesem Wandel und der revolutionären Einführung des PageRank–Algorithmus bei Google, der eine Menge verlinkter Dokumente innerhalb des World Wide Web im Wesentlichen anhand ihrer Backlinks bewertet bzw. gewichtet, haben sich neben Google vor allem Yahoo und Microsoft als global führende Suchmaschinenanbieter in diesem lukrativen, aber hart umkämpften Geschäftsfeld etabliert. Neben lokalen Anbietern (Baidu – China, NHN – Korea oder auch Yandex – Russland) dominieren Google, Yahoo und Microsoft seit Jahren den weltweiten Suchmaschinenmarkt. Mit ca. 62 Prozent Anteil an allen Suchanfragen ist Google weltweit der übergeordnete Big Player im Markt (vgl. Bitkom 2009). In Deutschland wird Google sogar ein Marktanteil von inzwischen über 90 Prozent attestiert, so dass diese Suchmaschine gerne als absolute Referenz für Suchmaschinen-Vermarktungsaktivitäten angesehen wird (vgl. Internet World Business 2009).

Abbildung 1-1:   *Anteil der weltweiten Suchanfragen (vgl. Bitkom (2009).*

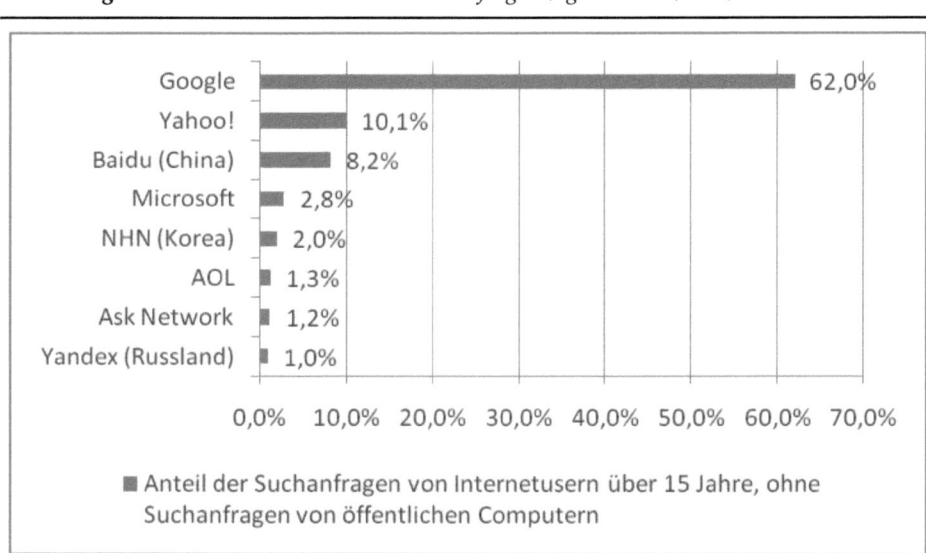

Gerade in jüngster Zeit ist viel Bewegung in den Suchmaschinenmarkt gekommen. Mit der neuen, engen Kooperation der beiden großen Google-Verfolger Yahoo und Microsoft sowie dem Start der neuen Microsoft-Suchmaschine Bing könnten sich die Marktanteile auf dem Suchmaschinenmarkt zu Gunsten eines höheren Wettbewerbs wieder ein wenig verschieben. So ermittelten unterschiedliche Studien bereits im ersten Monat seit dem Bing-Launch einen Marktanteil von 6-8 Prozent bei gleichzeitigen Einbußen der übrigen Mitbewerber, so dass Bing mittlerweile als Google-Konkurrent Nr. 1 betrachtet wird (vgl. Patalong 2009). Es zeigt sich, dass bereits jetzt vor der Einführung der nächsten Generation von Suchmaschinen, die durch die Berücksichtigung semantischer Zusammenhänge zwischen den Keywords intelligenter sein soll, erheblich Bewegung in den Markt gekommen ist. Die Zukunft wird zeigen, ob diese nächste Entwicklungsstufe der Suchmaschinen mit relevanten sowie semantisch eingeordneten Ergebnissen auf dem Markt erfolgreich und konkurrenzfähig werden kann.

1.2 Möglichkeiten des Suchmaschinen-Marketing um Kunden zu gewinnen und zu binden

Die Art und Weise in der Umsetzung des Suchmaschinen-Marketing sind vielfältig. Zum besseren Verständnis und um Fehlinterpretationen bei den Begrifflichkeiten vorzubeugen, sollten die beiden großen Bestandteile SEM (Search Engine Marketing) und SEO (Search Engine Optimization) jedoch klar voneinander getrennt werden.

Abbildung 1-2:   *Unterschied SEM und SEO (Screenshot von Google.de 11/2009)*

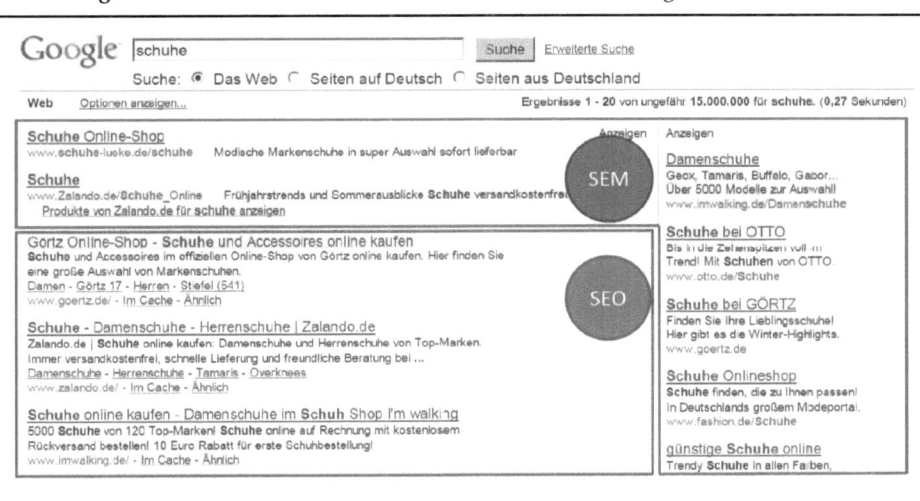

Generell gibt es zurzeit zwei verschiedene Arten, sich in den Suchergebnissen von Google zu platzieren. Die erste Option, das SEO, beinhaltet eine Optimierung der eigenen Website und der externen Struktur, bis die eigene Seite möglichst auf den vorderen Rängen der organischen Suchergebnisse auf der linken Seite zu finden ist (siehe Abb. 1-2). Bei der zweiten Variante, dem SEM, wird ein so genanntes Keyword-Advertising betrieben. Gegen Zahlung eines gewissen Betrags, der bei Klick eines Users auf eine solche Anzeige fällig wird (CPC – Cost Per Click), wird eine Werbeanzeige geschaltet, die im Idealfall oberhalb oder rechts neben den organischen Suchergebnissen angezeigt wird.

Fälschlicherweise werden die Begriffe Suchmaschinen-Marketing und SEM im deutschen Sprachgebrauch synonym verwendet. Vielmehr – und so soll das Schlagwort auch an dieser Stelle verstanden werden – wird das Suchmaschinen-Marketing jedoch als Oberbegriff für beide Disziplinen, SEM und SEO, verwendet.

Ähnlich dem Offline-Marketing-Mix lassen sich auch im Online-Segment grundsätzlich unterschiedliche Strategien verfolgen, je nachdem, ob ein Unternehmen SEM als Vertriebskanal oder zur Weiterentwicklung der Marke nutzt. In beiden Bereichen eignet sich SEM sowohl zur Akquise von Neukunden, als auch zur Bindung bzw. Reaktivierung von Kunden.

2 SEM – Search Engine Marketing

Das SEM hat sich seit seiner Einführung als das gängigste Geschäftsmodell für Suchmaschinen etabliert und nimmt somit die dominante Position bei den Online-Werbeformaten ein.

2.1 Was ist Search Engine Marketing?

Suchmaschinenwerbung oder Keyword Advertising ist darauf ausgelegt, die Zahl der Besuche (Visits) auf der eigenen Internet-Präsenz durch die gezielte Ansprache von potenziellen Kunden über die Schaltung von Anzeigen (Ads) zu erhöhen. Dabei lässt sich die Suchmaschinenwerbung generell in Keyword Advertising direkt auf der Website der Suchmaschine (z.B. Google AdWords) und die Anzeigenwerbung auf anderen Websites (z.B. Google AdSense/Google Searchnetwork) untergliedern. Die Herausforderung besteht darin, eine Kombination von Anzeigen zu entwickeln, die möglichst alle wahrscheinlichen Suchanfragen des Kunden abdeckt und möglichst relevant für den Werbetreibenden ist.

Generell muss für die Anzeigenschaltung zunächst (mindestens) ein kostenloses Kundenkonto (z.B. Google AdWords-Konto) errichtet werden, in das die Anzeigen (Ads) gebucht werden. Innerhalb dieses Kontos findet sich eine dreistufige Struktur, in der die Anzeigen platziert werden: die oberste Ebene stellt die Kampagne dar. Häufig wird suggeriert, dass die Anzahl der Kampagnen begrenzt sei, doch bei hochfrequentierter Anzeigenschaltung des Advertisers lässt sich die Anzahl auf Nachfrage erweitern. Unterhalb der Kampagne finden sich die Anzeigengruppen, die wiederum eine oder mehrere Anzeigen enthalten. Auf Anzeigengruppenebene werden gleichzeitig die Anzeigentexte festgelegt, die einzelnen oder auch einem Satz von Keywords (unterste Ebene) zugeordnet sein können. Der Advertiser kann nun entscheiden, ob er auf Anzeigengruppen- oder Keyword-Ebene ein Preisgebot festlegen möchte, das angewendet wird, wenn eine Anzeige durch die Keywords oder Placements in der Anzeigengruppe ausgelöst wird. Dieses Gebot wird entweder performanceorientiert als CPC-Gebot (Cost-per-Click) oder als reichweitenorientiertes CPM-Gebot (Cost-per-1000-Impressions) bezeichnet.

Um mit dem eingesetzten Budget möglichst effizient zu werben, bietet beispielsweise Google vier Arten an, Keywords zu hinterlegen (siehe Tabelle 2-1). Wenn nicht anders spezifiziert, ist „weitgehend passende Worte" die vorbelegte Keyword-Einstellung. Sie ist die Konfiguration, die am wenigsten Arbeit bedarf, da sie Singular und Plural sowie Reihenfolge und andere relevanten Formen der Suchbegriffe automatisch berücksichtigt. Gleichzeitig stellt sie jedoch auch die größte wirtschaftliche Gefahr dar, weil wenig Kontrolle besteht und – angelehnt an das Beispiel aus Tabelle 2-1 – Anzeigen auch bei Suchanfragen wie Deutschland oder Deutschland Urlaub geschaltet würden. Die Suche nach „passenden Wortgruppen" bietet die Möglichkeit, Anzeigen gezielter und besser zu steuern. Durch den Einsatz von Anführungszeichen muss die gesamte Wortgruppe in der Suchanfrage erscheinen, um ein Auslösen der Anzeige zu bewirken. „Exakt" eingebuchte Keywords stellen die bestmögliche Eingrenzung dar und werden über eckige Klammern indiziert. Die Anzeige wird tatsächlich ausschließlich dann dargestellt, wenn Suchanfrage und eingebuchtes Keyword absolut übereinstimmen. Die letzte Variante beschreibt „ausschließende Keywords", die durch ein vorangestelltes Minuszeichen vor dem Keyword gekennzeichnet sind: z.B. -billiges. Dies kann z.B. dann sinnvoll sein, wenn ein Shop zwar qualitativ hochwertiges, deutsches Bier anbietet, aber eben kein billiges Gebräu, da die Ad bei einer Anfrage billiges Bier Deutschland dann nicht geschaltet wird.

Tabelle 2-1: *Arten der Keyword-Einbuchung*

Keyword-Art	Eingebuchtes Keyword	Erfolgreiche Suchergebnisse
Weitgehend	Bier Deutschland	Bier aus Deutschland, deutsches Bier, deutsches Weißbier, Bier Deutschland, Urlaub Deutschland
Wortgruppe	"Bier Deutschland"	"Bier Deutschland", "günstiges Bier Deutschland", "Bier Deutschland Niederlande England"
Exakt	[Bier Deutschland]	[Bier Deutschland]
Ausschließend	-billiges	Bier Deutschland, **ABER NICHT:** billiges Bier Deutschland

Insgesamt steht das Unternehmen vor der Herausforderung, zum einen die Kundensicht anzunehmen und zum anderen innerhalb der bestehenden Struktur über die Auswahl der „richtigen" Keywords sowie deren Einbuchungsart die Ads optimal zu platzieren. Was auf den ersten Blick recht einfach wirkt, ist tatsächlich ein hochkomplizierter Prozess, da sowohl ein ansprechender Anzeigentitel und -text als auch eine adäquate Zielseite (Landing Page) zu den entsprechenden Keywords mit stimmigen Gebotspreisen hinterlegt sein müssen, um den größtmöglichen Erfolg zu erzielen. Bei Unternehmen, die SEM sehr intensiv nutzen, können gleichzeitig mehr als 1 Mio. Keywords eingebucht sein, die idealerweise täglich mit Hilfe von so genannten Bidmanagement-Tools optimiert werden.

2.2   Potenziale SEM

Da es sich beim SEM auf den zweiten Blick doch um eine Disziplin handelt, die einer sehr strategischen Vorgehensweise bedarf und nicht auf Anhieb x-beliebig umgesetzt werden kann, ergeben sich erhebliche Potenziale in diesem Bereich. Ziel jedes SEM-Vermarkters ist es, die eigene Anzeige zu einem ausgewählten Keyword mit überschaubarem Budget-Einsatz möglichst weit vorne zu platzieren. Damit dies gelingt ist nicht nur die Höhe des maximalen Gebotspreises (sehr ähnlich dem eBay-Auktionsformat) entscheidend, sondern vor allem der so genannte Qualitätsfaktor. Dieser setzt sich in erster Linie aus folgenden Elementen zusammen:

- Klickrate – wie häufig wird die Anzeige im Vergleich zu Mitbewerbern geklickt.

- Historische Leistung – Aussage über bisherige Kampagnenperformance.

- Qualität der Landing Page – ist die Anzeige tatsächlich mit einer relevanten Zielseite verlinkt.

- Reaktionsgeschwindigkeit des Webservers.

- Weitere Faktoren, die von Google geheim gehalten werden.

Abbildung 2-1: *Berechnung des tatsächlichen Klickpreises*

Unter-nehmen	Maximales Klickgebot	Qualitäts-faktor	Rang-wertziffer	Tatsächlicher Rang	Tatsächlicher Klickpreis
asics	0,20	1	0,20	5	0,01 €
Nike	0,20	2	0,40	4	0,11 €
Hummel	0,50	3	1,50	1	0,31 €
Puma	0,80	1	0,8	3	0,41 €
adidas	1,00	1	1,00	2	0,81 €

x   *   y   =   z

$$\frac{1,00}{3,00} = 0,33 + 0,01$$

$$CPC = max\ [(\ \frac{Rangwertziffer\ Nachfolger}{eigener\ Qualitätsfaktor}\ + 0,01\ €),\ Mindestgebot]$$

Exemplarische Unternehmen mit fiktiven Kennzahlen

Das maximale Klickgebot wird mit dem Qualitätsfaktor multipliziert und ergibt so die Rangwertziffer. Die höchste Rangwertziffer entspricht dabei Position 1 bevor die übrigen in absteigender Reihenfolge folgen. Der endgültige Klickpreis errechnet sich, in dem die Rangwertziffer des Nachfolgers durch den eigenen Qualitätsfaktor dividiert wird und zu dem Ergebnis das Mindestgebot (zumeist 0,01 Euro) addiert wird. Es zeigt sich, dass nicht notgedrungen das höchste Gebot automatisch zur besten Platzierung führt. Vielmehr sollte Zeit und Cleverness in den Qualitätsfaktor investiert werden, um Budget zu sparen und dennoch die optimale Position zu erreichen.

Unter anderem durch den Umstand begründet, dass der Qualitätsfaktor oftmals (durch zu hohe Gebote, ungenaue Anzeigentexte oder falsche Landing Pages) noch nicht optimal ausgereizt ist und viele Kampagnen bisher dem Pareto-Prinzip folgen, besteht ein erheblicher Optimierungsbedarf. Die Zielgröße für jeden Online-Shop, der Keyword Advertising betreibt, ist dabei nicht die reine Klickanzahl, obwohl bisher auf dieser Basis gezahlt wird, sondern vielmehr die Konversion, die sich zumeist durch den tatsächlichen Verkauf eines Artikels auszeichnet. Die Kennzahl, die den Vermarkter im Endeffekt am meisten interessiert, ist der so genannte CPO, also der Preis, der für eine Konversion gezahlt werden muss. Er errechnet sich, indem die Kosten eines Klicks mit der Anzahl aller Klicks multipliziert werden und das Ergebnis durch die Anzahl der Bestellungen dividiert wird. Somit stellt der CPO eine wertvolle Steuerungsgröße dar. In ähnlicher Weise kann dies auch für die so genannte Kosten-Nachfrage-Relation (KNR) gesehen werden. Bei der KNR werden über das gesamte Sortiment die Kosten in Beziehung zu der erzielten Nachfrage gesetzt. Anhand des Mittelwerts lässt sich bestimmen, welche Kampagnen oder auch Anzeigegruppen oberhalb bzw. unterhalb dieses Wertes liegen. Mit dieser Erkenntnis wird eine wertvolle Steuerungsgröße gewonnen, so dass sich Gebote über Erhöhung oder Reduzierung detaillierter steuern lassen, was letztendlich in effektiverem Kosteneinsatz und somit einer attraktiveren KNR resultiert.

Zusätzlich spielt auch der Detaillierungsgrad bei der Einbuchung der Keywords eine nicht zu unterschätzende Rolle. Da dem Vermarkter sofort Kosten entstehen, sobald eine Anzeige angeklickt wird, ist er sehr bestrebt, möglichst die „richtigen" Suchbegriffe bzw. Kombinationen von Suchbegriffen zu buchen. Dafür stehen im Internet eine Reihe von wertvollen Tools zur Verfügung, jedoch ist die Wahrscheinlichkeit sehr gering, dass er auf Anhieb die besten Keywords für sein Vorhaben findet und effektiv platziert. Somit beginnt der Optimierungskreislauf, der sich durch konsequentes und kontinuierliches Keyword Development auszeichnet. Im Idealfall wird die Selektion an Suchbegriffen mit der Zeit immer granularer, so dass sich am Ende nur noch ein großer Teil von „exact" eingebuchten Keywords in den Anzeigegruppen findet, auf speziell angelegte Landing Pages verweist und über einen treffenden Anzeigentext und -titel verfügen. Gelingt es dem Marketer, dieses Ziel zu erreichen, kann er das Potenzial der bezahlten Suchmaschinenwerbung vollständig ausnutzen.

2.3 Erfolgsfaktoren für SEM - Best Practice-Beispiele

Das Suchmaschinen-Marketing birgt relativ große Herausforderungen, da es auf der einen Seite die Verlockung beinhaltet, performancebasiert schnell großes Wachstum des Online-Shops zu erzielen. Andererseits kann bei Missachtung oder falscher Einschätzung einzelner Parameter der Erfolg auch zum Misserfolg werden und unnötig Budget verbrauchen. Aus diesem Spannungsfeld heraus, gilt es, einige wichtige Schritte zu beachten, um die Resultate der eigenen SEM-Kampagnen zu optimieren.

a. Keyword-Recherche und Entwicklung: Um die richtigen Keywords für die eigene Kampagne zu finden, lohnt es sich, mehrere Quellen zu berücksichtigen. Zu diesen gehören: der eigene bereits existierende Website-Content, Wettbewerberseiten, branchenbezogene Fachpublikationen, relevante Blogs und nicht zuletzt Keyword Suggestion Tools (wie z.B. unter Keyword Tool/Google „Traffic Estimator" zu finden). Es kann sich lohnen, zunächst eine sehr lange Keyword-Liste zu erstellen und diese sukzessive zu verkleinern. Die Kosten sind dabei überschaubar, weil nur für tatsächliche Klicks gezahlt werden muss (CPC) und Keywords mit wenig Impressions und Conversions auch im Verlauf noch gelöscht werden können. Nach dieser Analyse ist es möglich abzuschätzen, was die relevanten Begriffe inkl. Suchvolumina sind und eine erste Indikation dafür zu bekommen, welche Kosten für die Einbuchung der Keywords anfallen.

b. Ableitung SEM-Potenzial und Festlegung eines sinnvollen Budgets: Bevor eine SEM-Kampagne realisiert werden kann, muss zunächst das Budget auf Basis der unter (a) beschriebenen Keyword-Analyse festgelegt werden. Zwar gibt es keine Faustregel für den Kapitaleinsatz zur Optimierung der SEM-Resultate, jedoch hat dieser einen erheblichen Einfluss auf wesentliche Kampagnen-Parameter: Anzahl der Keywords; Tageszeit und Tage, an denen die Kampagne geschaltet ist; geografischer Darstellungsbereich der Anzeigen (global vs. lokal); reines Suchmaschinen-Advertising oder parallele Darstellung im Content-Segment (z.B. AdSense); Typ des angebotenen Produkts oder Service sowie die daraus resultierenden geeigneten Marketingstrategien (taktisch vs. strategisch bzw. Impuls vs. unregelmäßiger Konsum); und nicht zuletzt die eigenen unternehmerischen Ziele. Grundsätzlich gilt bei allen Parametern, dass mit dem Budget auch die Reichweite, der Detaillierungsgrad sowie die Reife der Strategie steigen und somit höhere Ziele realisiert werden können.

c. Unterteilen der Keywords in logische Gruppen: Die Anzahl dieser Gruppen sollte überschaubar gehalten werden. Erfahrungswerte zeigen, dass je nach Umfeld nicht mehr als 30-60 Keywords in einer solchen Gruppe enthalten sein sollten. In Einzelfällen kann es für ein Unternehmen sogar Sinn machen, pro Anzeigengruppe nur ein Keyword zu haben.

d. Verfassen der Ads: Sowohl Google als auch Yahoo haben Restriktionen für Anzeigentexte. So sind Abkürzungen, exzessive Interpunktion und Superlative grundsätzlich untersagt. Daher sollten diese Einschränkungen berücksichtigt und dennoch aussagekräftige Texte gefunden werden wie z.B. „die preisgünstige Alternative" oder Ähnliches.

e. Setzen der Kampagnen-Parameter: Auf den Parameterseiten von Google und Yahoo müssen die oben erwähnten Einstellungen spezifiziert werden (Geografie, Zeit/Tag, Suche/Content). Die erste Frage, die hier beantwortet werden muss, ist, ob die Anzeigen global oder auf bestimmte Regionen beschränkt (z.B. nur NRW) ausgeliefert werden sollen. Anschließend muss festgelegt werden, ob die Anzeigen im 24/7-Rhythmus geschaltet werden müssen oder ob die Zielgruppe nur an bestimmten Tagen zu absehbaren Zeiten am besten angesprochen wird. Im letzten Schritt wird bestimmt, ob die Anzeigen lediglich auf Suchmaschinen- oder auch auf Partnerseiten innerhalb des jeweiligen Netzwerks geschaltet werden. Die Click-Through-Rate (CTR) auf Content-Seiten ist verhältnismäßig geringer, jedoch können sie gerade bei aggressiv ausgerichteten Kampagnen sehr wertvoll sein. Unabhängig davon, welche Einstellung hier zunächst gewählt wird, kann diese während der gesamten Kampagnenlaufzeit – wenn bereits mehr Analysedaten vorliegen – in beide Richtungen verändert werden.

f. Entwicklung spezieller SEM Landing Pages: Landing Pages beschreiben die Zielseiten, auf die eine Ad hin verlinkt. Diese sollten möglichst individualisiert gestaltet werden, da eine Anzeige z.B. für Schuhe effektiver ist, wenn sie auf das Schuhsortiment statt auf die Startseite verlinkt. Individualisierte und selbsterklärende Landing Pages stellen somit die beste Lösung dar, weil sie zum einen meist einen klaren Aktionsaufruf enthalten und zum anderen erheblich zur Berechnung des erwähnten Qualitätsfaktors beitragen.

g. Implementierung eines Trackings: Um umfassend die SEM-Kampagne bewerten zu können, muss in der Regel auf unterschiedliche Datenquellen zurückgegriffen werden.

- Tracking von Google z.B. Anzahl PI/CTR/Clicks pro Keyword

- Tracking des Unternehmens mit Hilfe von z.B. externen Traffic-Tools wie etracker, econda: z.B. Anzahl der Bestellungen, Neukunden, idealerweise im Handelsbereich Retouren pro Keyword, Anzahl Leads für Gewinnspiele

Das ultimative Ziel des SEM ist es, nicht nur Klicks zu generieren, sondern den Kunden zu einer bestimmten Aktion (häufig auch incentivierter Natur z.B. Gewinnspiel) oder einem Kauf auf der Zielseite zu bewegen.

h. Starten einer Kampagne und Analysieren der Resultate: Weder Google noch Yahoo bieten Echtzeitstatistiken; es besteht eine mehrstündige Verzögerung im Reporting, so dass erst nach einigen Tagen ein repräsentatives Bild zum Kampagnenverlauf entsteht. Es empfiehlt sich über einen Zeitraum von 6-8 Wochen wöchentliche Reportings für die Analyse heranzuziehen. Dabei sollte einerseits beachtet werden, welche Keywords die höchsten Klickzahlen und andererseits welche die beste Conversion Rate aufweisen. Dabei sollte stets das Pareto-Prinzip (80/20 Regel) berücksichtigt werden, nach dem ca. 20 Prozent der Keywords für 80 Prozent der Klicks sorgen. Zu allererst sollten daher diese hochwertigen Keywords optimiert werden, bevor die Analyse bei den weniger häufig gesuchten ansetzt.

i. Optimierung der Gebote: Es ist wahrscheinlich, dass die drei bestplatzierten Ads über die beste CTR verfügen, gleichzeitig aber auch mehr Kosten verursachen. In gleicher Weise werden die weiter unten platzierten Keywords weniger Kosten, aber auch eine schlechtere CTR aufweisen. Um das Budget zu optimieren, sollte für die Top-Platzierungen nur (mehr) geboten werden, wenn eine Aussicht nicht nur auf Klicks sondern auch Conversions besteht. Sollte dies nicht möglich sein, muss der SEM-Manager bestrebt sein, den eigenen Qualitätsfaktor zu optimieren und die Keywords in dem Raum (dem so genannten Gap) zwischen Top-Platzierung und niedrigstem Rang zu positionieren. Somit wird zunächst nicht unnötig Geld ausgegeben und gleichermaßen kann die Anzeige über den Qualitätsfaktor in dieser Nische bei gleichem Budget-Einsatz kontinuierlich steigen.

j. Testen und kontinuierliche Optimierung:

Die Performance der SEM-Kampagne hängt von unternehmensinternen Faktoren (z.B. Qualität der Landing Page für das jeweilige Keyword, Checkout-Prozess für Neukunden) und externen Faktoren, z.B. Attraktivität des Angebotes bei Händlern, Wettbewerbsintensivität, Wetter (z.B. erhöhte Suchanfragen nach Regenjacken, wenn es regnet), Suchketten, ab. Um diese Zusammenhänge besser für die eigene Kampagne nutzen zu können, bietet sich in diesem Umfeld die hervorragende Möglichkeit u.a. A/B, multivariate und sequenzielle Tests zur Optimierung aufzusetzen. Eine adäquate Testmethode zur Überprüfung der Anzeigeneffektivität ist der A/B-Test. Dabei referenzieren zwei ähnliche, aber nicht gleiche, Anzeigen auf die gleiche Landing Page bzw. im zweiten Schritt werden unterschiedlich aufgebaute oder designte Landing Pages gegeneinander getestet. Weitere Testansätze können sein z.B. Steuerung nach KNR; Ersetzen von Phrase durch Exact Keywords; Optimierung Anzeigentexte nach CTR/CRO; Regio-Targeting; kein SEM an einem Tag; strategischer Keywordpool zur Markenführung für z.B. 4 Wochen auf Position 1 buchen und sehen, welche Effekte das auf die gesamte Kampagne hat.

k. SEM Insourcing vs. Outsourcing:

Vielfach wird SEM insbesondere bei größeren Unternehmen zur Zeit durch Outsourcing-Partner betrieben. Abhängig von dem Nachfragevolumen – nach unserer Erfahrung ab einer Nachfrage pro Jahr im einstelligen Millionen-Bereich – kann es besser sein, die SEM-Kampagne inhouse zu betreiben, um intern das Know-how zu haben und noch granularer diesen wichtigen Kanal steuern zu können. In Analysen haben wir in der Beratungspraxis gesehen, dass es hier teilweise gegenüber der Outsourcing-Lösung ein Kosteneinsparungspotenzial von mehr als 1 Mio. Euro pro Jahr geben kann und somit die Möglichkeiten des Insourcing stets geprüft werden sollten.

3 SEO – Search Engine Optimization

Neben kommerziellen Keyword-Advertisements, die auf den entsprechenden Suchergebnisseiten (SERP) geschaltet werden, bieten vor allem hohe Platzierungen im organischen Bereich (SEO) eine gute Möglichkeit, Aufmerksamkeit in Suchmaschinen auf sich zu lenken. Expertenschätzungen gehen davon aus, dass insbesondere bei den Positionen 1 bis 3, SEO-Einträge 3-4 Mal so häufig geklickt werden wie SEM-Anzeigen.

3.1 Was ist Search Engine Optimization?

Suchmaschinenoptimierung (SEO) beschreibt im Gegensatz zum SEM vorwiegend nicht-kommerzielle Maßnahmen, die realisiert werden, um einer Website für ausgesuchte Keywords eine gute Positionierung in den organischen Suchergebnissen zu verschaffen. Dabei wird der Schwerpunkt auf die Evaluation der Suchmaschinen-Crawler sowie deren Such- und Sortieralgorithmen gelegt. Eine zu hundert Prozent zielgerichtete Optimierung ist jedoch nicht möglich, da viele Feinheiten des Crawlings und Sortierens von den Suchmaschinenbetreibern bewusst geheim gehalten werden, um einer möglichen Manipulation vorzubeugen und tatsächlich relevante Suchergebnisse zu liefern. Jedoch wird über so genanntes Reverse Engineering anhand der Suchergebnisse versucht, Regelmäßigkeiten und Kriterien zu ermitteln, die für die Indizierung von Inhalten und das Ranking in den Suchmaschinen von Bedeutung sind.

Grundsätzlich kann bei der Suchmaschinenoptimierung zwischen Maßnahmen, die direkt auf der eigenen Website „on page" umgesetzt werden, und denen, die vorwiegend über Verlinkung anderer relevanter Websites „off page" geschehen, unterschieden werden. Während anfänglich nur der OnPage-Optimierung ein sehr hoher Stellenwert beigemessen wurde, genießt mittlerweile auch die OffPage-Optimierung eine verhältnismäßig hohe Bedeutung, da diese weniger leicht manipuliert werden kann.

Abbildung 3-1:   *Die SEO-Pyramide (McGee, M. 2008)*

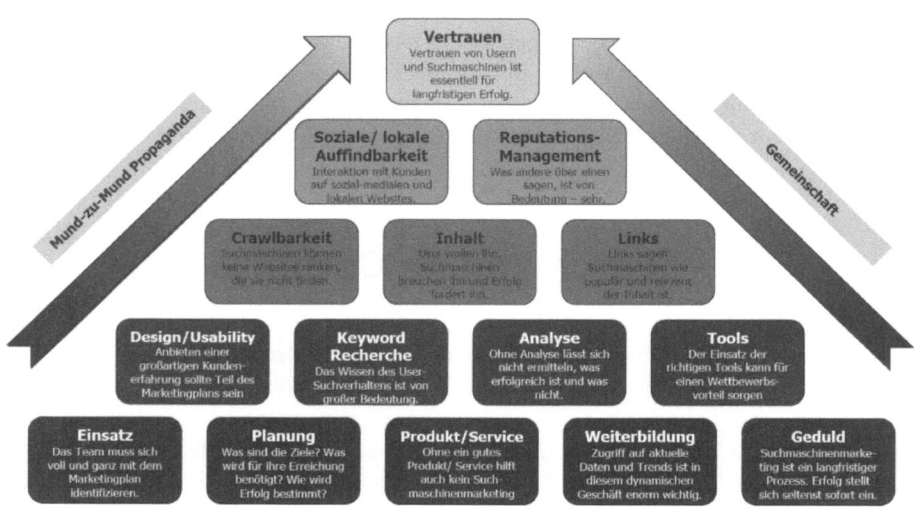

Direkt auf der Website ist es sowohl für den Suchmaschinen-Crawler als auch den Internetuser wichtig, dass sie eine klare Struktur und relevante Seiteninhalte vorfinden, die idealerweise einzigartig sind („Unique Content"). Es gilt, relevante Keywords – die häufig z.B. von Usern bei Google gesucht werden – in einer gewissen Häufigkeit zu nennen, um ihre Relevanz sowohl inhaltlich als auch über Formatierungen (z.B. URL, Seitentitel, HTML-Überschriften, Textlinks, Fettdruck, Absätze etc.) hervorzuheben. Auf diese Weise lässt sich bereits über minimale Veränderungen – auch in weiteren Bereichen – auf der Website die Relevanz für ausgewählte Keywords erheblich erhöhen. Des Weiteren muss bei der technischen Umsetzung darauf geachtet werden, dass die Webseite gut von den Suchmaschinen „gelesen" werden kann (z.B. idealerweise nur HTML und kein Flash, gut strukturiertes URL-Konzept).

In gleichem Maße gilt dies auch für OffPage-Optimierung, denn nicht nur die Inhalte auf einer Website, sondern auch die Quantität und Qualität eingehender Links hin zu einer Website, so genannte Backlinks, tragen in entscheidendem Maße zur Steigerung der Relevanz und Sichtbarkeit in Suchmaschinen bei.

Für eine Gewinn bringende Suchmaschinenoptimierung sollten daher beide Komponenten in gleichem Maße beachtet werden, da sie in einem interdependenten Verhältnis zueinander stehen und nur eine ganzheitliche Berücksichtigung der beiden Bereiche zum bestmöglichen Erfolg führt.

3.2   Potenziale SEO

Dass im SEO ein sehr hohes Potenzial liegt, ist unter Experten längst unumstritten und wird durch entsprechende Marktstudien vielfach belegt, da z.B. 50 Prozent der Suchanfragen bei Google – täglich alleine in Deutschland 100 Mio. Suchanfragen – einen kommerziellen Hintergrund haben (vgl. Comscore 2008). Bei Best-in-Class-Webseiten ist der SEO-Traffic-Anteil am Gesamt-Traffic zum Teil über 30 Prozent.

Anhand dieser Daten lässt sich leicht erkennen, dass Suchmaschinen bereits zum jetzigen Zeitpunkt ein sehr hoher Stellenwert zukommt, der sich kontinuierlich vergrößert. Gleichzeitig muss jedoch beachtet werden, dass das volle Potenzial des SEO in erheblichem Maße an die Position gebunden ist, auf der sich das jeweilige Unternehmen zu einem bestimmten Keyword auf der Suchergebnisseite befindet. Häufig greifen User nicht einmal auf Suchergebnisse zurück, die nicht sofort unter den TOP-10 auf der ersten Seite platziert sind, so dass der Wettbewerb um die besten Positionen im Regelfall sehr stark ist. Dementsprechend belegen zahlreiche Studien mit Hilfe von so genannten Heat Maps, dass die konkrete Position auf der Suchergebnisseite darüber entscheidet, ob ein User einem Suchergebnis Beachtung schenkt oder es bewusst bzw. unbewusst ignoriert (vgl. M wie Marketing 2009).

Es gilt dabei die Faustregel, dass einem Suchtreffer in der organischen Suche umso mehr Aufmerksamkeit zuteil wird, je weiter oben der Eintrag positioniert ist. So entfallen auf die ersten drei Suchergebnisse 100 Prozent der Aufmerksamkeit, auf Platz 5 sind es nur noch 60 Prozent und Position 10 kann nur noch 20 Prozent des User-Interesses auf sich ziehen. Der starke Abfall des User-Interesses resultiert gleichzeitig in einer entsprechenden Klickrate oder Click-Through-Rate (CTR) und im weiteren Verlauf einer geringeren Zeit, die der User auf der Ziel-Website verbringt (vgl. BVDW 2008).

Dementsprechend sollten Vermarkter bestrebt sein, über das SEO bei den für sie entscheidenden Keywords möglichst weit vorne im Ranking der Suchmaschine aufzutauchen, damit das gesamte Besucherpotenzial optimal ausgeschöpft wird. Zudem stellt sich die Suchmaschine als sehr attraktiv für das gesamte Marketing eines Unternehmens dar, weil sie den nahezu optimalen Markt repräsentiert, auf dem User und Firmen zusammenkommen. Über die Charakteristik der Suchmaschine und die Intention des Internet-Users gezielt nach Produkten und Services zu suchen, können beide Parteien mit vergleichsweise geringen Streuverlusten direkt miteinander in Kontakt treten.

3.3 Erfolgsfaktoren SEO - Best Practice Beispiele

Für die Umsetzung des optimalen SEO-Konzepts lässt sich kein Pauschalrezept auf jedes Unternehmen gleichermaßen anwenden. So kann es z.B. für einen Webshop sinnvoll sein, dass die SEO-Optimierung im ersten Schritt auf die Keywords ausgerichtet wird, die einen möglichst großen Umsatz erzielen („Top 50"), während für ein Unternehmen, dessen primäres Ziel Branding ist, das Umsatzpotenzial der Keywords von vergleichsweise geringer Bedeutung für die SEO-Strategie ist. Jedoch finden sich bei der Umsetzung von SEO-Maßnahmen immer wiederkehrende Schritte, die bei der Optimierung in jedem Fall berücksichtigt werden sollten:

Content – u.a.:

a. Aussagekräftige Dateinamen, Verzeichnisse und Domains: Alle Entitäten sollten idealerweise einen Bezug zu den angebotenen Produkten oder den Kategorien herstellen. Beim Verkauf von Sportartikeln bietet sich daher ein Domainname an, der das Wort „Sport" oder „Sportartikel" enthält. Gleiches gilt für Dateinamen und Verzeichnisse, die direkt erkennen lassen, um was es sich handelt – wie beispielsweise *„www.sport-krekeler.de/baelle/fussball-modell-55b"*. Viele der umfangreicheren Websites basieren inzwischen auf Content-Management-Systemen (CMS), welche die Websites und URLs erst bei einer User-Anfrage dynamisch erstellen. Durch die Verwendung dynamischer Parameter sind die URLs für Suchmaschinen schwer zu lesen, so dass die Verwendung von statischen URLs nach innen und außen vorgezogen werden sollte. Dabei ist es zudem von Vorteil komplett auf Dateiendungen wie „.htm", „.html" oder Ähnliches zu verzichten.

b. Bearbeitung der robots.txt: Die robots.txt im Rootverzeichnis der eigenen Internet-Präsenz hilft, den automatischen Zugriff der Suchmaschinen-Crawler zu steuern, indem hier festgelegt wird, welche Seiten der Website indiziert und in den Suchmaschinenindex aufgenommen werden sollen bzw. welche unter Umständen auch nicht.

c. Vermeidung doppelter Inhalte: Bei Verwendung statischer URLs sollte darauf geachtet werden, dass sich keine gleichen Inhalte („Duplicate Content") weder Website-intern noch Website-extern (z.B. bei zentral von einem Anbieter zur Verfügung gestellten Produkttexten) wiederfinden lassen. Andernfalls wird die Suchmaschine die Relevanz der Website aufgrund des fehlenden Alleinstellungsmerkmals abstufen.

d. Aussagekräftiger Seitentitel: Der Seitentitel einer Website, der im Title-Tag festgelegt wird, stellt eine der essenziell wichtigen Stellschrauben der Suchmaschinenoptimierung dar. Dieser Titel ist auf allen Suchergebnisseiten sofort sichtbar, so dass eine Steigerung der Aussagekraft dieses Titels einen erheblichen Einfluss auf die User-Resonanz haben kann. Im Seitentitel sollte sich daher bei Produktdetailseiten neben dem entscheidenden Keyword im Idealfall auch eine Einordnung in eine Produktkategorie befinden. Bezogen auf das vorherige Beispiel könnte der Titel wie folgt aussehen: *„adidas Fevernova 2002 – Fussball – exklusiv bei www.sport-krekeler.de".*

e. Berücksichtigung der Keyword-Dichte: Die Erwähnung der zentralen Keywords ist nicht nur für den Seitentitel, sondern auch für die ersten 400 Zeichen z.B. in einem Produkttext von Bedeutung. Die Wiederholung dieser Keywords bzw. die Quote ihres Vorkommens (Keyword-Dichte) sollte im besten Fall erfahrungsgemäß zwischen 2 und 5 Prozent liegen. Neben der Keyword-Dichte findet jedoch auch verstärkt die direkte Formatierung des Texts (z.B. Fettdruck) Berücksichtigung.

f. Vermeidung von übermäßigen Meta-Informationen: Anfänglich bezog sich das SEO sehr stark auf die Meta-Tags, bei denen im Header-Bereich sehr viele Informationen zu einer Website hinterlegt werden können. Dadurch, dass sich die Meta-Tags jedoch leicht bearbeiten und manipulieren lassen, haben sie inzwischen an Bedeutung verloren. Die Hinterlegung von Meta-Keywords und Meta-Description ist vollkommen ausreichend; weitere Meta-Angaben stellen hingegen eher eine Zeitverschwendung dar.

g. Alternativtexte erstellen: Nicht nur Produkt- oder Informationstexte, sondern auch Alternativtexte von Bildern fließen in die Bewertung von Websites ein. Aus diesem Grund sollte nicht nur bei Darstellungsproblemen eines Bildes unbedingt immer ein aussagekräftiger Alternativtext hinterlegt werden.

Sitestruktur – u. a.:

h. Fehlerfreier HTML-Code: An sich eine Selbstverständlichkeit, jedoch kommt es in der Praxis häufig vor, dass bei der Programmierung von Websites falscher HTML-Code geschrieben wird. Dieser beeinträchtigt nicht nur die Geschwindigkeit der Website, sondern wird von den Suchmaschinen-Crawlern negativ bewertet.

i. Aufbau einer Seitenstruktur: Suchmaschinen gewichten ebenfalls die Seitenstruktur anhand von HTML-Überschriften und -Aufzählungen verhältnismäßig hoch. Jedoch sollte maximal eine <h1> Überschrift pro Seite verwendet werden. Außerdem werden aus ähnlichen Gründen wie bei den Meta-Tags inzwischen Überschriften des Formats <h2> bis <h6> wesentlich stärker in das Ranking einbezogen als die Überschriften erster Ordnung.

Backlinks – u. a.:

j. Verlinkung themenrelevanter Websites: Über die Verlinkung von und zu themenrelevanten Websites lässt sich die Relevanz von Websites erhöhen, da Suchmaschinen die Relation zwischen Websites für das Ranking heranziehen. Aus diesem Grund bietet sich ein Linktausch mit relevanten <u>und</u> seriösen Partnern durchaus an. Jedoch sollten Linkverkäufer und Spammer vermieden werden, da dies eine negative Wirkung bzw. sogar Abstrafung zur Folge haben könnte.

Organisation:

k. Insourcing vs. Outsourcing: SEO ist ein langwieriger Prozess, bei dem gerade zu Anfang und durch den immer stärker werdenden Wettbewerb bei Keywords kurz- und mittelfristig die Zusammenarbeit mit einem spezialisierten Partner Sinn machen kann. In der Regel kann mit einem externen Partner in 4-6 Wochen ein detailliertes auf das Unternehmen zugeschnittenes SEO-Konzept erarbeitet werden. Dieses Konzept muss dann von der zuständigen internen IT-Abteilung umgesetzt und ständig bei der Weiterentwicklung der Webseite (z.B. Launch einer neuen Suchfunktion kann zu einer veränderten URL-Struktur führen) beachtet werden. Somit ist zur Konzeptarbeit, zum kontinuierlichen Monitoring und zur (Suchmaschinen-)Optimierung des Contents in diesem dynamischem Umfeld Outsourcing sinnvoll. Es muss allerdings im Unternehmen sichergestellt sein, dass zur Umsetzung der technischen Anforderungen und Anforderungen an die Content-Aufbereitung genügend Ressourcen bereitgestellt werden. Sollten diese Ressourcen intern nicht zur Verfügung stehen, kann z.B. die Content-Aufbereitung auch outgesourct werden.

4 Handlungsempfehlungen und Ausblick für erfolgreiches SEM und SEO

Grundsätzlich sollte nicht entweder SEM oder SEO betrieben werden, vielmehr gilt es, das richtige Verhältnis zwischen beiden Instrumenten zu finden (siehe Abbildung 4-1).

Gerade beim Aufbau von Suchmaschinen-Vermarktung sollte zur kurzfristigen Steigerung der (Marken-)Bekanntheit das SEM Vorrang erhalten, da über die Platzierung von Werbeanzeigen gerade bei generischen Suchbegriffen (wie z.B. Schuhe oder Notebook) eine Assoziation zum jeweiligen Online-Shop aufgebaut werden kann. Zur Bindung von bestehenden Kunden bieten sich neben den generischen Suchbegriffen in erster Linie markenbezogene Keywords an, um den Nutzer zu einem Wiederkauf zu animieren. Im Idealfall gelingt es dem Vermarkter jedoch anhand von SEO-Maßnahmen sowohl zu den generischen wie auch markenbezogenen Suchbegriffen bei den organischen Suchergebnissen gelistet zu werden. Da es sich dabei jedoch um einen langfristigen Prozess handelt, der anders als beim SEM selten einen sofortigen Erfolg zeigt, sollte das SEO erst sorgfältig aufgebaut werden, so dass es im Laufe der Zeit in der Bedeutung an die erste Stelle treten kann und nur noch im geringen Maße SEM betrieben werden muss.

Kurzfristig betrachtet, mögen dem Advertiser dabei zunächst höhere Kosten entstehen. Da jedoch langfristig die organischen Suchergebnisse durch ihre inhaltliche Relevanz einen höheren Erfolg versprechen und die Ausgaben für SEM erheblich reduziert werden können, handelt es sich um eine gute Investition.

Abbildung 4-1:   *Strategieansätze SEM vs. SEC*

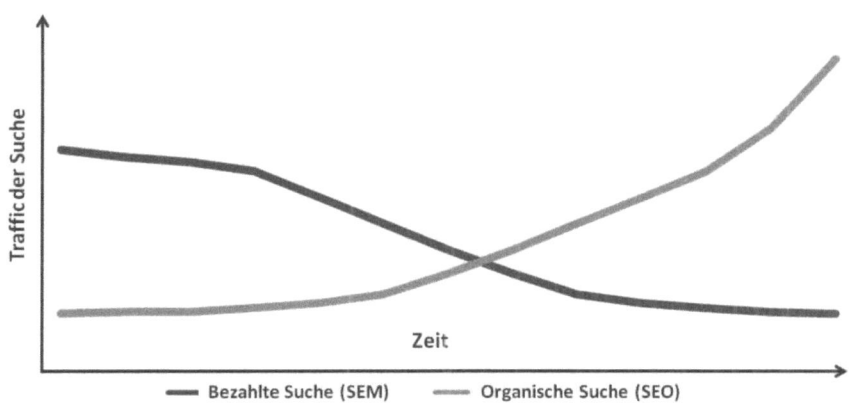

Neben dieser ersten Philosophie, bei der das SEO langfristig das SEM weitestgehend ersetzt, gibt es zunehmend einen weiteren Ansatz. Aktuelle Studien zeigen, dass durch die interdependente Beziehung der beiden Disziplinen und die Forderung, über Suchmaschinen sowohl Marketing- als auch Vertriebsziele zu erreichen, auch bei erfolgreichem SEO weiterhin ein gewisses Maß an SEM zu Markenführungszwecken betrieben werden sollte. Anstatt auf Keyword-Advertising zu verzichten, sobald das Unternehmen in der organischen Suche weit oben gerankt ist, sollte gerade bei strategisch wichtigen Suchbegriffen auch weiterhin eine Anzeige geschaltet werden, um die Brand Awareness noch weiter zu erhöhen. Allein durch die Darstellung der Anzeige kann nach aktuellen Studien somit eine erhöhte ungestützte Markenbekanntheit von bis zu 11 Prozent erreicht werden, bei einem Klick sogar bis zu 21 Prozent (vgl. Google Germany 2008). In vielen Fällen kann es sehr sinnvoll sein, dass z.B. OEM's einen Teil ihres klassischen Bannerbudgets auf Portalen wie mobile.de in die Markenführung bei Suchmaschinen umverteilen.

Die Entscheidung, welchem Weg ein Unternehmen folgen sollte, hängt dabei ganz stark vom einzusetzenden Budget ab und wie es sich verteilt. Anhand der jeweiligen Anforderung, ob Marketing- oder Vertriebsziele vornehmlich erreicht werden sollen, richtet sich die Buchung unterschiedlicher Keywords und entsprechend die Erfolgsmessung. Eine Pauschallösung, die sich auf jede Firma anwenden lässt, gibt es leider nicht. Vielmehr wird deutlich, dass das gesamte Suchmaschinenmarketing in seiner Ausrichtung sehr flexibel ist und mit Hilfe von einem professionellen, seriösen Partner oder auch in Eigenregie mit Bedacht realisiert werden sollte.

Literaturverzeichnis

Bitkom (2009): Bewegung bei Internet – Suchmaschinen. Verfügbar unter: http://www .bitkom.org/de/presse/30739_59404.aspx, [06.01.2010; 13:00 Uhr MEZ].

BVDW (2008): BVDW EyeTracking Studie 2008. Verfügbar unter: http://www.bvdw .org/medien/bvdw-eyetracking-studie-2008?media=49, [11.01.2010; 12:45 Uhr MEZ].

Comscore (2008): Top German Search Engines. Verfügbar unter: http://www .comscore.com/Press_Events/Press_Releases/2008/07/Top_German_Search_Engines, [11.01.2010; 12:30 Uhr MEZ].

Google Germany (2008): Markenbildung mit AdWords – Eine Studie zur Wirkung von Google AdWords auf Markenaufbau und Markenpflege. Verfügbar unter: http://www.full-value-of-search.de/pdf/Markenbildung%20mit%20AdWords%20-%20Eine%20Studie%20zur%20Wirkung%20von%20Google%20AdWords%20auf%20M arkenaufbau%20und%20Markenpflege.pdf?1254243756, [08.01.2010; 12:00 Uhr MEZ].

Internet World Business (2009): Zahlen und Fakten: Suchmaschinen in Deutschland. Verfügbar unter: http://www.internetworld.de/Nachrichten/Praxistipps/SEO-Grund-lagen-Die-optimierte-Suche-Teil-1/Zahlen-und-Fakten-Suchmaschinenmarkt-in-Deutschland, [05.01.2010; 10:00 Uhr MEZ].

M wie Marketing (2009): Regionales Suchmaschinenmarketing. Verfügbar unter: http://www.m-wie-marketing.com/2009/11/20/regionales-suchmaschinenmarketing/, [11.01.2010; 15:30 Uhr MEZ].

McGee, M. (2008): The SEO Success Pyramid. Verfügbar unter: http://www .smallbusinesssem.com/the-seo-success-pyramid/971/, [08.01.2010; 11:45 Uhr MEZ].

Mudter, P. (2009), OVK Online-Report 2009/01. Verfügbar unter: http://www.ovk.de/fileadmin/downloads/fachgruppen/Online-Vermarkterkreis/OVK _Online-Report/OVK_Online-Report_200901_Webversion.pdf, [04.01.2010; 13:00 Uhr MEZ].

Patalong, F. (2009): Suchmaschinenmarkt: Microsoft auf dem Weg zur Nummer zwei, in: Spiegel Online. Verfügbar unter: http://www.spiegel.de/netzwelt/web/ 0,1518,629028,00.html, [07.06.2009; 10:30 Uhr MEZ].

WorldWideWebSize (2010): The Size oft the World Wide Web. Verfügbar unter: http://www.worldwidewebsize.com/, [04.01.2010; 16:00 Uhr MEZ].

Kathrin Haug, Jérémy Küper

Das Potenzial von Kundenbeteiligung im Web-2.0-Online-Shop

Produktbewertungen als Kernfaktor des „Consumer-Generated-Marketing"

1 Neue Relevanz des Kunden

1.1 Transparenz als Herausforderung

Kommunikationsprozesse haben sich verändert. Früher hatte jeder Mensch Kontakt zu seiner Familie und Freunden sowie einer erweiterten Gruppe von Bekannten. Jede Erfahrung – Orte, die besucht, Produkte, die gekauft, oder Services, die erfahren wurden – konnte an diese Gruppe weitergegeben werden. Somit tauschte man sich über eine überschaubare Menge von Gegebenheiten aus und musste ansonsten Produkt- und Werbeversprechen einfach glauben. Durch das Internet und die Vernetzung von Millionen von Menschen auf der ganzen Welt gibt es nunmehr für jede Gegebenheit konkrete Erfahrungen. Jeder Ort wurde schon einmal besucht, jedes Produkt von jemandem gekauft, jeder positive oder negative Service von jemandem erfahren. Das Stichwort der Internet-Neuzeit heißt „Global Brain". In dieser Welt haben Werbeversprechen keine Glaubwürdigkeit mehr. „Nur was gut ist, wird gut genannt". Genau dies muss die Strategie von Unternehmen sein, nämlich mithilfe des Kunden, gute Produkte und Services mit Mehrwert anzubieten und Kunden dazu zu motivieren, glaubwürdig darüber zu berichten. Es geht um Kundenempfehlungen und Produktbewertungen.

1.2 Kundenbewertung als Chance

Wurde noch in den 70er Jahren jeder Konsument mit täglich 500 Werbebotschaften konfrontiert, so sind es heute eher 3.000-5.000 (vgl. Portmann 2009). Da jedem Menschen nur ein beschränktes Zeitbudget zur Verfügung steht, ist es somit notwendig, sehr schnell die relevanten Inhalte herauszufiltern. Dieser Entscheidungsdruck lässt Kunden schnelle, zuverlässige Selektionsmechanismen entwickeln. Hinzu kommen grundlegende Bedürfnisse von Kunden. Es geht darum, glaubwürdigen Rat zu bekommen, Kontrolle zu behalten und Fehler und Enttäuschungen zu vermeiden (vgl. TRENDWATCHING 2009A). Da der Rat eines anderen Konsumenten wesentlich glaubwürdiger ist, als ein Werbeversprechen von Unternehmen, liegt es nahe, dass dieser als wichtiger erachtet wird. Kunden hören auf andere Kunden. Produktbewertungen und Kundeneinbindung sind daher eine Form des viralen Marketings, welche die natürlichen Beziehungen und Kommunikationswege in menschlichen Netzwerken nutzt.

2 Kundeneinbindung und -interaktion

2.1 Paradigmenwechsel im Marketing

Das veränderte Verhältnis zwischen Unternehmen und ihren Kunden ist gekennzeichnet durch die Verschiebung von der eindimensionalen Kommunikation – vom Unternehmen zum Kunden – hin zu einer Interaktion zwischen den Kunden untereinander und mit dem Unternehmen. Diese Situation empfinden viele Unternehmen als Bedrohung, da die Prozesse zur Markenbildung nicht mehr alleine durch die Unternehmen selbst planbar sind, sondern eine Variable – der Kunde – aufgetaucht ist, die das Markenimage und den Marketingerfolg wesentlich beeinflusst. Neben der Tatsache, dass es aufgrund der Transparenz und Vernetzung im Internet keine Möglichkeit gibt, diesen Einfluss zu vermeiden, sollte vielmehr das positive Potenzial des Kundenwissens erkannt und für die eigenen Geschäftsprozesse genutzt werden. Nur Unternehmen, die ihre Geschäftsprozesse vollständig auf den Kunden ausrichten (siehe Abbildung 2-1) und Kunden aktiv bei Produktentwicklung, -auswahl und -vertrieb mit einbeziehen, werden auf lange Sicht erfolgreich im Markt bestehen können.

Abbildung 2-1: *Kundeneinbindung und -interaktion über alle Phasen der Geschäftsprozesse*

Quelle: mindwyse 2009

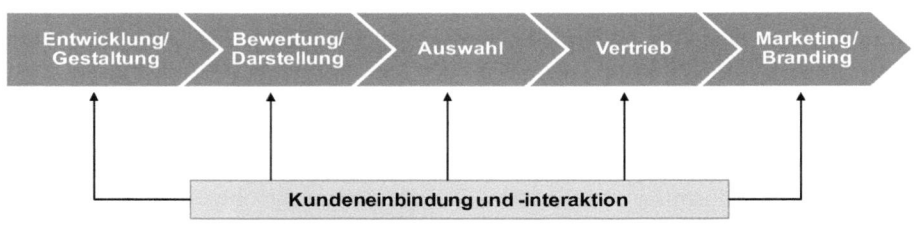

Der Paradigmenwechsel zeigt sich in der Tatsache, dass nicht die beste Kommunikation den Markterfolg ausmacht, sondern die beste „reale Leistung". Somit sollte jedes Mittel genutzt werden, um Kundenwünsche besser zu verstehen und die Qualität der Produkte, Services und Mehrwerte zu optimieren. Die Konkurrenz ist im Netz nur „einen Klick" entfernt, wodurch die Anforderungen der Kunden an Unternehmen zunehmend steigen. „Marken müssen die Theorie vom souveränen Konsumenten akzeptieren. Sie müssen den Kunden auf Augenhöhe begegnen und lernen ihn nahezu in den gesamten Wertschöpfungsprozess zu integrieren" (Berger 2009, S.32-33).

2.2 Einsatzbereiche und Beispiele

Die Einbindung der Kunden wird von Best-in-Class-Unternehmen in diversen Bereichen praktiziert. Neben der klassischen Produktbewertung durch Käufer integrieren viele Online-Shops nutzergenerierte Produktbilder und -videos, die Kunden geliefert haben. Ein weiteres Beispiel ist das Thema „Passform", welches im Distanzhandel, durch die fehlende Möglichkeit etwas vorab anzuprobieren oder zu testen, ein Problem für Kunden darstellt. Um eine hohe Retourenquote zu vermeiden, ist es sinnvoll möglichst viele Informationen zur Größenberatung aufzubauen. Sehr wirkungsvoll sind konkrete Erfahrungen von Kunden, wie: „Ich trage normalerweise Größe 36 aber bei diesem T-Shirt ist 38 besser, da es sehr klein geschnitten ist".

Tabelle 2-1:   *Einsatzbereiche für User Generated Content im Online-Shop*

Quelle: mindwyse 2009

Einsatzbereiche für UGC	Best-in-Class-Beispiele
Produktentwicklung	mystarbucksidea.com, ideastorm.com, designbyme.lego.com
Produktbewertung	amazon.com, americanapparel.com, tripadvisor.de, globetrotter.de
Produktdarstellung	zazzle.co.uk, spreadshirt.net, expotv.com
Passform	shoes.com, revolveclothing.com
Marketing	
Werbung	ikea.com, burgerking.com
Empfehlung	polyvore.com, mydeco.com
Vertrieb	
Widgets	lemonade.com, cartfly.com
eShops	shopify.com, zlio.ce, astore.amazon.de
Kommunikation/Branding	nikeplus.com, blogs.zappos.com
Sortimentsauswahl	myfab.com, threadless.com
Personalisierbarkeit	tastebook.com, cafepress.com, mymuesli.de, chocri.de

Wenn es gelingt, viele Daten dieser Art zu sammeln und anderen Kunden zur Verfügung zu stellen, dann erhöht sich die Konversionsrate, also der Anteil der Kunden, die einen Kauf tätigen. Auch die Retourenquote wird substantiell reduziert. Es lohnt sich daher, ein solides Motivationskonzept für Kundenfeedbacks zu etablieren. Vielfach werden Kunden auch in Werbe- und Marketingaktionen integriert. Über Facebook z.B. wurden Kunden von Burger King in einer großen viralen Kampagne („Whopper Sacrifice") aufgerufen, zehn Facebook-Freunde zu löschen und als Belohnung einen Burger zu erhalten. Die Nutzer „opferten" über 230.000 Freunde, bevor Facebook die Aktion vorzeitig stoppte. Zusätzlich stellen Unternehmen ihren Kunden ganze Verkaufsshops oder Widgets zur Verfügung, so dass Kunden als Vertriebsmitarbeiter für die Unternehmen tätig werden und die Produkte ihrem Freundes- und Bekanntenkreis anbieten. In Tabelle 2-1 werden verschiedene Beispiele für Kundenintegration aufgeführt.

2.3 Anreizsysteme und Motivationsmechanismen

Da Kundenpartizipation einen großen Wert für Online-Shops darstellt, ist es notwendig, Anreizsysteme zur Förderung von Bewertung und Beteiligung zu etablieren. Online-Shop-Betreiber müssen Kunden einen echten Mehrwert bieten und diese zum Mitmachen einladen, damit die Quote derer, die sich beteiligen, steigt. Die Grundvoraussetzung für jede Interaktion mit den Kunden ist: Authentizität, Glaubwürdigkeit und Relevanz. Das Internet ist ein sehr demokratisches, revolutionäres Medium und jede Form von Manipulation oder Verkaufsabsichten versteckt hinter fadenscheinigen Unterhaltungs- oder Freundschaftsangeboten wird sofort demaskiert und verurteilt. Die Masse der Internet-Nutzer ist sehr rational und fair, solange die Dinge ehrlich beim Namen genannt werden. Die Firma Frosta beispielsweise diskutiert in ihrem Blog ganz offen die Problematik höherer Gemüsepreise und somit die zwei Alternativen für ihre Tiefkühlprodukte: kleinere Portionen oder höhere Preise. Eine große Menge an Nutzern beteiligt sich sehr konstruktiv und verständnisvoll an dieser Diskussion.

Neben den Basis-Kommunikationsregeln fördern nachfolgende Motivationsmechanismen die Beteiligungsquote (vgl. mindwyse 2009):

- **Verantwortung** (Beispiel: eBay, TripAdvisor): Die Kundenbewertung wird als wichtige Voraussetzung für das Funktionieren des Gesamtablaufs erkannt. Kunden orientieren sich selbst an den Bewertungen und empfinden es als Pflicht ihre Einschätzung mitzuteilen, um die Community besser und sicherer zu gestalten. Diese Form von Motivation funktioniert nur, wenn nicht der Anbieter oder eine Marke im Mittelpunkt steht, sondern der Kunde sich als Teil einer demokratischen Gesamtheit empfindet. Das Unternehmen muss hier sehr in den Hintergrund treten und sich gleichberechtigt mit den Kunden aufstellen.

- **Status** (Beispiel: ThisNext, JAKO-O, laFraise): Aufgrund seiner Beteiligung an der Produktbewertung erhält der Kunde einen besonderen Status. Der Kunde wird Experte, präferierter Produkttester oder wird auf der Webseite als besonders relevanter Ratgeber gekennzeichnet. Zum Teil erlangen diese Nutzer auch finanzielle Vorteile (z.B. Rabatte, Prämien), wobei auf keinen Fall ein Mechanismus gefördert werden darf, der die Qualität der Produktbewertung verzerrt, da ansonsten die Glaubwürdigkeit verloren geht. Die direkte Bezahlung von Produktbewertungen durch Sammelpunkte oder Rabatte lenkt von dem Profilierungsbedürfnis und der intrinsischen Motivation der Kunden, Rat zu geben, ab und führt zu reduzierter Qualität und Umfang der Bewertung. Die Etablierung eines Expertenstatus mit kostenlosen Testprodukten für eine aktive Tester-Gruppe hingegen, induziert Engagement und Originalität.

- **Dankbarkeit** (Beispiel: Amazon, Zappos, Notebooksbilliger.de): Nach einem rundum positiven Kauferlebnis ist der Kunde bereit, auch etwas „zurückzugeben" und eine Bewertung oder Idee beizusteuern. Im E-Commerce wird das Kauferlebnis durch vielfältige Attribute optimiert. Als Beispiel lassen sich gute Produkte, attraktiver Preis, nutzerfreundlich gestaltete Webseite mit bedarfsdeckenden und bedarfsweckenden Suchmethoden, Beratungs- und Auswahlhilfen, schnelle übersichtliche Abläufe, gute Erreichbarkeit, schnelle Lieferung, sowie vollständige kulante Problemlösung nennen. Ziel muss es daher sein, den Kunden positiv zu überraschen („WOW-Effekt") und somit seine Bereitschaft zur Beteiligung zu erhöhen.

- **Unterhaltung/Kommunikation** (Beispiel: Edelight, Kaboodle, Loritan, Polyvore): Kundenbewertungen entstehen in diesem Fall durch inspirierende, nützliche, emotionale und/oder kreative Anwendungen, bei denen Produkte in einen neuen Sinnzusammenhang gebracht werden und somit eine besondere Bedeutung erhalten (z.B. Trendempfehlung, Styles zusammenstellen, Produkte für einen Anlass empfehlen, Produkte mit Emotionen verbinden). Das vorrangige Ziel der Kunden ist hier nicht die Produktempfehlung, sondern vielmehr der kreative Spaß und die Selbstverwirklichung. Bei Polyvore z.B. wird den Kunden ein Grafik-Tool zur Verfügung gestellt, mit dem eine Stylecollage schnell und intuitiv gebaut werden kann. Die erstellte Collage wird von den Nutzern über soziale Netzwerke und andere Kommunikationswege mit Stolz ihrer Community präsentiert (z.B. Facebook, E-Mail, Homepage, etc.). Hierdurch erfolgt indirekt eine wirkungsvolle Produktempfehlung.

Tabelle 2-2: *Einfluss von Produktbewertungen in verschiedenen Dimensionen*

Quelle: Bazaarvoice 2010; PowerReviews 2010

Dimensionen	Einflussfaktoren
Traffic	• 90 Prozent der Internet-Nutzer glauben den Empfehlungen aus dem Bekanntenkreis, 70 Prozent dieser Nutzer vertrauen der Meinung unbekannter Onliner. (Econsultancy 2009) • 25 Prozent der Suchergebnisse der weltweit Top-20-Marken sind Verlinkungen zu nutzergenerierten Inhalten. (Socialnomics, 2009) • Empfehlung ist der wichtigste Grund für den Besuch einer Internet-Seite. (Royal Mail's Home Shopping Tracker Study 2007) • 69 Prozent der Konsumenten, die Produktbewertungen lesen, teilen diese mit Freunden, Familie oder Kollegen und verstärken somit deren Einfluss. (Deloitte & Touche 2007)
Umsatz	• Nutzerbewertungen haben den größten Einfluss für die Kaufentscheidung für elektronische Produkte, 43,7 Prozent der Online-Einkäufe werden dabei durch Mund-Propaganda beeinflusst. (BIGresearch 2009) • Fast 49 Prozent der Online-Shopper kaufen auf Basis einer Empfehlung von sozialen Online-Diensten; die Befragten vertrauen bei der Kaufentscheidung dabei vorwiegend auf folgende Quellen: 60,53 Prozent Kundenbewertungen, 20,48 Prozent Preisvergleichsseiten, 15,41 Prozent redaktionelle Bewertungen, 3,58 Prozent gemeinsame Warenkorblisten. (Razorfish 2008) • Abhängig von der Produktkategorie, sind Konsumenten bereit für ein mit 5-Sternen bewertetes Produkt zwischen 20-99 Prozent mehr zu bezahlen als für Produkte mit nur 4-Sternen. (comScore/Kelsey 2007)
Kunden-zufriedenheit	• Produktbewertungen erhöhen die Wahrscheinlichkeit ein ähnliches Produkt beim gleichen Online-Shop zu kaufen um 10 Prozent und die Wahrscheinlichkeit den Online-Shop weiterzuempfehlen um 11 Prozent. (30 UK Online Retail Satisfaction Index, ForeSee Results 2008) • Hauptgründe für Online-Shops zur Einführung von Produktbewertungen: Verbesserung der Kundenerfahrung (58 Prozent), Aufbau von Kundenloyalität (47 Prozent), Umsatzsteigerung (42 Prozent) sowie die Aufrechterhaltung von Wettbewerbsvorteilen. (eTailing Group 2008) • Internet-Händler in UK konnten durch die Einführung von Kundenbewertungen ihre Kundenbindung und -loyalität um 73 Prozent steigern. (eMarketer 2007)

3 Produktbewertungen als neue Form des Marketing

3.1 Potenzial und Nutzen

Das Einkaufsverhalten der Deutschen hat sich durch das Internet wesentlich verändert. Bereits 2008 nutzen 98 Prozent der über 43 Millionen deutschen Internet-Nutzer (vgl. Van Eimeren; Frees 2009, S. 334ff.) das Internet für Produktrecherchen. Fast die Hälfte dieser Internet-Nutzer berücksichtigt dabei für ihre Kaufentscheidung Produktbewertungen und Kommentare anderer Nutzer. Interessant ist dabei die Wechselwirkung. Je häufiger online eingekauft wird, desto mehr gewinnen Produktbewertungen bei der Kaufentscheidung an Bedeutung (vgl. Schneller 2009). Durch die Einbindung von User Generated Content in Form von nutzergenerierten Produktbewertungen können Online-Shop-Betreiber den Erfolg ihrer Plattform signifikant steigern (z.B. Retourensenkung, höhere Konversionsraten). Kundenbewertungen sind somit eines der wichtigsten WEB 2.0 Features für Online-Shops. *„Positive Bewertungen sind die beste, authentischste und kostengünstigste Empfehlung für ein Geschäft"* (Mosel 2009).

3.2 Bewertungskriterien

Der erfolgreiche Einsatz von Produktbewertungen für den Kaufprozess ist abhängig von vier verschiedenen Bewertungskriterien: Glaubwürdigkeit, Relevanz, Darstellung und Suchmaschinenoptimierung (vgl. mindwyse 2009):

■ **Glaubwürdigkeit:** Die hohe Glaubwürdigkeit von Produktbewertungen ist ein entscheidendes Kriterium für Online-Shop-Besucher, wenn es darum geht, Bewertungen für ihre Kaufentscheidung zu berücksichtigen. Um die Glaubwürdigkeit von Produktbewertungen in Online-Shops zu steigern, sollten Kunden die Möglichkeit erhalten, sich während der Bewertung zu verifizieren. Bei positiver Überprüfung der Echtheit eines Users (z.B. durch einen Abgleich mit den Kreditkarteninformationen) wird automatisch ein entsprechender Hinweis in die Produktbewertungen integriert. Bei Amazon können Kunden beispielsweise den Status „Real Name" oder „TOP Rezensent" in ihre Produktbewertung hinzufügen (vgl. Amazon 2010). Außerdem ist es empfehlenswert, Produktbewertungen regelmäßig auf negatives Kundenfeedback zu überprüfen. Nicht etwa um negative Bewertungen zu entfernen, denn dies wäre für die Glaubwürdigkeit eher kontraproduktiv, sondern um die Kundenzufriedenheit durch geeignete Gegenmaßnahmen zu steigern. So sollten Online-Shop-Betreiber bei negativer Kritik die direkte Kommunikation mit dem Kunden suchen und möglichst zeitnah auf die Kundenbewertung antworten. Ein solches Vorgehen ermöglicht beispielsweise das „Management Response Feature" von TripAdvisor, mit dessen Hilfe Unternehmen direktes Feedback auf Kundenbewertungen geben können (vgl. TripAdvisor 2010). Bazaarvoice und PowerReviews, die führenden Anbieter von Produktbewertungslösungen für Online-Shops, bieten ebenfalls solche „Merchant Response Features" an (vgl. PowerReviews 2009).

■ **Relevanz:** Produktbewertungen sind nicht allgemeingültig, sondern hängen stark von der jeweiligen Zielgruppe ab. Ein Beispiel: Während die Hotelbewertung von einer Familie mit Kindern für die Reiseplanung einer anderen jungen Familie durchaus relevant sein kann, ist dieselbe Bewertung für eine Gruppe Jugendlicher, die ein Hotel für ein wildes Party-Wochenende sucht, wahrscheinlich unpassend und wenig hilfreich. Die Aussagekraft von Produktbewertungen wird somit stark davon beeinflusst, ob die Erwartungen an das Produkt sowie die Interessen von Autor und Leser übereinstimmen. Produktbewertungen sollten daher u.a. auch nach verschiedenen Zielgruppen gefiltert werden können. Generell kann die Relevanz von Kundenbewertungen anhand unterschiedlicher Attribute bewertet werden, wie z.B. Qualität, Größe, Nutzungsanlass, Profil des Bewertenden, sowie prozentuale Relevanz bei allen Anwendern (vgl. Boersma 2008).

Abbildung 3-1: *Steigende Relevanz durch Multidimensionalität der Produktbewertungen*

Quelle: mindwyse 2009

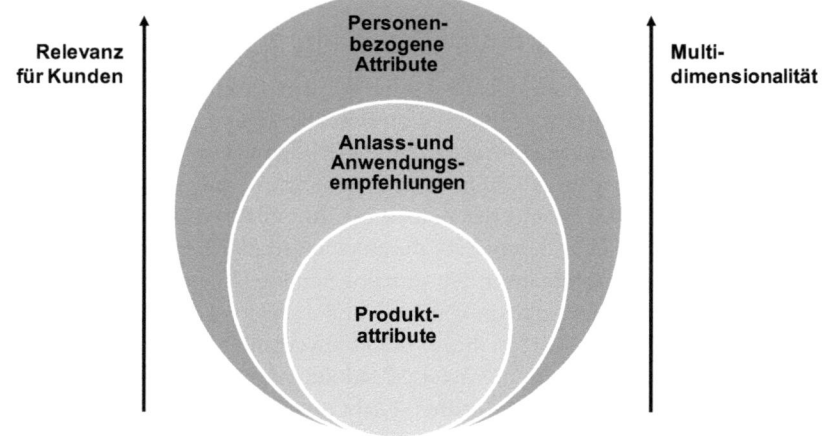

Ein gutes Beispiel für multidimensionale Produktbewertungen ist das Hotel- und Reiseportal HolidayCheck. Neben der Selektion nach verschiedenen Zielgruppen (nach Paaren, Familien, Singles & Freunden), erhalten Nutzer auch interessante Trend-Auswertungen der vergangenen zwölf Monate mit folgenden Kriterien:

- Weiterempfehlungsrate.

- Bewertungsdurchschnitt der neuesten Hotelbewertungen.

- Anzahl der Hotelbewertungen.

- Bewertungen nach Altersgruppen.

- Bewertungen nach Reiseart.

Die übersichtliche und einfache Gestaltung von Produktbewertungen hat erheblichen Einfluss darauf, wie häufig und wie intensiv Online-Shop-Besucher die Bewertungen anderer Kunden für ihre Kaufentscheidung berücksichtigen. Obwohl multidimensionale Produktbewertungen viele unterschiedliche Informationen beinhalten, dürfen Kunden von deren Datenmenge nicht erschlagen werden. Um die Convenience von Produktbewertungen zu steigern, eignet sich eine klar strukturierte Übersicht mit den wichtigsten Informationen (z.B. Gesamtbewertung, Vorteile, Nachteile). Über Suchfilter können dann die verschiedenen Attribute vom Kunden individuell ausgewählt werden (z.B. Produktqualität, Passform, Nutzungsmöglichkeit, Zielgruppen, Beliebtheit, Aktualität, Anzahl, Produktfotos und -videos).

Eine attraktive Herangehensweise bei der Darstellung von Produktbewertungen zeigt Buzzillions.com. Die von PowerReviews betriebene Plattform für Kundenbewertungen bündelt Produktbewertungen von zahlreichen Online-Shops und stellt diese auf praktische und innovative Art und Weise dar. Inzwischen besitzt Buzzillions.com mehr als 8,5 Mio. Produktbewertungen von über 3.000 Webseiten, wobei führende amerikanische Online-Shops wie Toys"R"Us, Staples und Zappos ihre Kundendaten ebenfalls an Buzzillions.com senden. Einige Darstellungsbeispiele für Produktbewertungen auf Buzzillions.com (vgl. Buzzillions 2010):

- Einfach gehaltene, aber aussagekräftige Übersicht der Produktbewertungen als „Review Snapshot" (z.B. Gesamtbewertung, Anzahl an Bewertungen, Ranking in der jeweiligen Kategorie, Preis, Vorteile, Nachteile, Nutzungsmöglichkeiten, Produktfotos).

- Kategorie- und produktspezifische Filtermöglichkeiten (z.B. Unterkategorie, Marke, Geschlecht, Lebensstil, Nutzung, Preis, Vorteile, Beliebtheit, Anzahl, Aktualität).

◾ Kundenauszeichnungen von Produkten innerhalb von Produktkategorien ("Reviewers Choice Award"), aber auch anhand der Zielgruppe („Awards by User Personality").

◾ Top-Listen pro Kategorie mit den höchst- und meistbewerteten Produkten.

◾ Gegenüberstellung von hilfreichster positiver und hilfreichster negativer Produktbewertung (anhand der Bewertung anderer Nutzer als hilfreich).

◾ Hervorhebung von aktuellen Produktbewertungen als „Review of the Day".

◾ Einbindung eines „Frage-und-Antwort"-Moduls, um direkten Kontakt zum Kunden herzustellen und auch um auf individuelle Probleme eine Lösung zu geben.

◾ Gesamtanzahl an Produktbewertungen auf Buzzillions.com wird in Echtzeit aktualisiert und in allen Hierarchie-Ebenen prominent dargestellt.

Ein großer Teil der Internet-Nutzer greift auf Suchmaschinen zurück, wenn es darum geht, das geeignete Produkt im Internet zu finden: „81 Prozent der Internet-Nutzer finden Webseiten, die sie suchen, über Suchmaschinen und 54 Prozent der erfahrenen Internet-Käufer vertrauen auf Suchmaschinen, wenn sie Produkte online suchen und kaufen möchten" (PowerReviews 2010). Produktbewertungen können aktiv dazu beitragen, dass Artikeldetailseiten von Online-Shops höher bei Suchmaschinen wie Google oder Bing gelistet werden. Der üblicherweise produktbezogene Text in Produktbewertungen enthält für Suchmaschinen nämlich hochgradig relevante Schlüsselbegriffe (so genannte „Keywords") und wirkt sich aufgrund seiner Einzigartigkeit („Unique Content") positiv auf die Suchmaschinenplatzierung aus. Die Keywords dieser nutzergenerierten Bewertungen haben ebenfalls einen erheblichen Einfluss auf den Umsatz eines Online-Shops. So können diese Begriffe sogar mehr als 20-30 Prozent des Gesamtumsatzes ausmachen und weisen häufig höhere Konversionsraten als generische Wörter wie z.B. in Produktbeschreibungen von Herstellern auf (vgl. PowerReviews 2010). Außerdem entstehen durch Produktbewertungen fortwährend neue Inhalte auf einer Webseite, was zu einer häufigeren Reindexierung durch Suchmaschinen-Crawler führt und sich positiv auf die Sichtbarkeit im Suchmaschinenindex auswirken kann. Die hohe Sichtbarkeit in den Ergebnislisten bei Google & Co. trifft leider auch auf negative Produktbewertungen oder Unternehmenskritik zu. Produktbewertungen und Informationen mit vielen Suchanfragen und hoher Bedeutung für Nutzer verlieren nur sehr langsam an Relevanz und stehen in den Ergebnislisten von Suchmaschinen sehr lange oben, auch wenn das negative Ereignis schon lange her ist oder das Produkt längst verbessert wurde.

4 Entwicklungen und Trends

Das große Potenzial und der Erfolg von Produktbewertungen resultieren aus der Tatsache, dass grundlegende Bedürfnisse von Menschen durch neue Kommunikationskanäle noch besser befriedigt werden können. Menschen sind darauf angewiesen ihr Wissen zu teilen, um Fehler zu vermeiden und somit werden auch zukünftig technische Entwicklungen und neue Kommunikationsanwendungen zur Optimierung von Informationsbedürfnissen genutzt werden. Die Herausforderung für Unternehmen liegt in der erforderlichen Flexibilität und Änderungsnotwendigkeit von etablierten Unternehmensstrukturen. Den Kunden auf Augenhöhe zu begegnen, den Machtverlust zu akzeptieren und die Geschäftskonzepte auf neue Entwicklungen anzupassen, bietet die Chance, Nutznießer von innovativen viralen Prozessen zu sein. Folgende Entwicklungen sind hier insbesondere zu beobachten:

4.1 Omnipräsenz

Das Internet hat sich verändert und ist nicht mehr bloß eine Sammlung von statischen HTML-Seiten. Ob freiwillig oder unfreiwillig, bereits heute besitzt nahezu jeder Mensch auf der Welt einen digitalen „Informationsschatten" im Internet. Die steigende Zahl der Internet-Nutzer sowie deren zunehmende Bereitschaft, Informationen online auszutauschen, führen dazu, dass die Bedeutung des Mediums Internet exponentiell wächst. Durch diese Verschmelzung des Internets mit der realen Welt werden immer mehr Lebensbereiche des Menschen online abgebildet (vgl. O'Reilly; Battelle 2009). Produktbewertungen beschränken sich somit nicht mehr nur auf einige wenige handelsbezogene Branchen, sondern umfassen zukünftig alle Wirtschafts- und Lebensbereiche. Bereits heute werden diverse Branchen, Dienstleistungen, Orte und Produkte bewertet (siehe Tabelle 4-1).

4.2 Echtzeit

Das auf Echtzeit basierte „Twitter-Konzept" sowie weitere Chat- und Messenger-Dienste beeinflussen momentan die Produkte und Strategien fast aller führenden Internet-Unternehmen, wie z.B. Google, Facebook, Delicious und Wordpress (vgl. MacManus 2009a). Echtzeit-Anwendungen ermöglichen Internet-Nutzern auf Momentaufnahmen im Internet zurückzugreifen, um relevantere, da aktuellere Informationen zu erhalten. Jede Sekunde werden Millionen von Menschen, Produkten oder Situationen im Internet beschrieben und dabei häufig gleichzeitig bewertet. Mithilfe von leistungsstarken Anwendungen können diese zunächst unstrukturierten Daten zu strukturierten Datensätzen gebündelt und in Form von Produktbewertungen zur Verfügung gestellt werden.

Tabelle 4-1: *Einsatz von Produktbewertungen in unterschiedlichen Branchen*

Quelle: Trendwatching 2009a; mindwyse 2009

Branche	Anbieter	Bewertungsdimension
Beruf	glassdoor.com, bizzwatch.de	Unternehmen, Gehalt, Geschäftsführung
Bildung	ratemyteachers.com, spickmich.de	Lehrer
Erziehung	playspacefinder.kaboom.org	Kinderspielplätze
Gesundheit	vimo.com, zocdoc.com, patientslike-me.com, imedo.de, docinsider.de	Krankenversicherungen, Ärzte, Patienten, Therapien
Film	flixster.com, moviepilot.de	Spielfilme
Handwerk	my-hammer.de	Handwerker/Dienstleister
Internet	sitejabber.com	Webseiten, Internet-Unternehmen
Literatur	shelfari.com, lovelybooks.de	Bücher
Printmedien	printer.com, druckerzubehoer.de	Drucker, Druckerpatronen
Recht	avvo.com, anwaltsnote.de	Rechtsanwälte
Reise	couchsurfing.org, seatguru.com, sleep-inginairports.net, airlinetest.com	Gastgeber, Flugzeugplätze, Flug-häfen, Fluggesellschaften
Restaurants	dishola.com, qype.de	Essensgerichte, Restaurants
Schönheitspflege	makeupalley.com	Pflegemittel, Parfüm
Technik	fixya.com	Elektronische Geräte

Beispielsweise bündelt Skinni Popcorn Nutzerkommentare auf Twitter über neu ange-laufene Kinofilme sowie über die erfolgreichsten und meistbesprochenen Top-10-Blockbuster. Die Analyse und Aufbereitung von Echtzeitdaten stellt eine große Her-ausforderung für Unternehmen dar, da die erforderliche Reaktionsgeschwindigkeit eine substanzielle Veränderung der bestehenden Unternehmensabläufe bedeutet. So müssen beispielsweise Regeln und Zuständigkeiten festgelegt werden, wie auf negati-ve Twitter-Beiträge zeitnah zu reagieren ist. Auch der Kundenservice sollte in der Lage sein, Echtzeitanfragen innerhalb von wenigen Minuten beantworten zu können. Auf der anderen Seite gibt es diverse potenzialträchtige Geschäftsmodelle, die auf Echtzeit-

Kommunikationsmöglichkeiten aufbauen (vgl. MacManus 2009b). Ein direkter kontinuierlicher Kanal zu den Kunden kann u.a. für die Optimierung der Produktentwicklung, Ressourcenallokation oder auch der Kundenbetreuung genutzt werden

4.3 Ortsunabhängigkeit

Die zunehmende Verbreitung von internetfähigen mobilen Endgeräten, wie Smartphones oder Netbooks, sowie die Entwicklung innovativer mobiler Applikationen ermöglichen den Zugriff auf Produktinformationen, sowie die Abgabe von Bewertungen zu jeder Zeit und an jedem Ort. Ob Produktbewertung, Preisvergleich oder anlassbezogene Produktempfehlung, jedes Kundenbedürfnis kann durch eine passende mobile Anwendung befriedigt werden. Über das Einscannen des Barcodes eines Produktes vergleicht Shopsavvy zum Beispiel den Preis des eingescannten Produktes mit dem von über 20.000 Online-Shops und lokalen Händlern. Sobald das preisgünstigste Produkt gefunden ist, kann entweder online gekauft oder über Google Maps der nächste stationäre Händler gesucht werden. Bei SnapTell, eine weitere mobile Applikation, reicht bereits ein Produktfoto aus. Durch einfaches Hochladen des Produktbildes auf den SnapTell-Server, erhalten Nutzer zahlreiche nützliche Produktinformationen wie Bewertungen, Preise, sowie von Nutzern generierte Inhalte über Wikipedia oder YouTube (vgl. Trendwatching 2009b).

4.4 Personalisierung

Durch zunehmende Relevanz der Produktbewertung für den Einzelnen erhöht sich der Nutzen für den Kunden und somit der Erfolg für das Unternehmen. Es sind eine große Anzahl von Entwicklungen zu beobachten, die in Richtung einer zunehmenden Personalisierung der Produktbewertung wirken. Attribute wie Lebenssituation, Alter, Geschlecht, Anlass, Stilrichtung, Interessen, Einkommen, etc. führen alle zu einer spezifischen Erwartungshaltung und Interessenlage, die im besten Fall bei der Beschreibung/Einschätzung eines Produktes berücksichtigt werden können. Folgende Ansatzpunkte bieten die Möglichkeit, Relevanz zu erhöhen:

1. **Freunde und Bekannte als Ratgeber**

    Der einzelne Kunde greift nur auf Produktbewertungen zurück, die von seiner sozialen Referenzgruppe abgegeben wurden, da hier eine Übereinstimmung in der Lebenssituation, Stilrichtung, etc. angenommen wird. Möglich wird dies durch Open Social-Anwendungen, wie beispielsweise Facebook oder Google Friend Connect, die eine Verbindung von Social Network-Profilen zu E-Commerce-Seiten herstellen. Über Filter können ausschließlich Produktbewertung angezeigt werden, die von Freunden des Kunden stammen (Integration von Facebook Connect z.B. bei redbullusa.com, citysearch.com, etsy.com).

2. Profil

Von jedem Kunden wird ein Profil abgefragt, das eine Personalisierung der späteren Empfehlung möglich macht. Die Herausforderung liegt hierbei in einem ausgewogenen Verhältnis des Aufwands für die Datenabgabe zum konkreten Nutzen. Es ist nicht ratsam, Daten abzufragen, die nicht sofort zu einem erkennbaren positiven Ergebnis für den Kunden führen. Ein lobenswertes Beispiel ist hier die Plattform Moviepilot, die ihren Nutzern eine lange Liste mit Filmen präsentiert, die von ihnen vorab beurteilt werden sollen. Wenn diese Liste ausgefüllt wurde, erhält der Nutzer für jeden neuen Film einen „Wird-dir-wahrscheinlich-gefallen-Index", der aus den abgegebenen Daten in Verbindung mit ähnlichen Nutzerprofilen errechnet wird. Die Private Shopping-Plattform Vente-Privée stellt ihren Kunden jedes Mal beim Verlassen der Plattform nur eine Profilfrage (z.B. Interessen, Modegeschmack, Alter). Die Geduld der Nutzer wird somit nicht überbeansprucht und mit der Zeit entsteht eine umfangreiche Profildatenbank für jeden Kunden, die für personalisierte Angebote und Empfehlungen genutzt werden kann.

3. Verhalten

Die passive Profilabfrage ist eine weitere Möglichkeit, Daten über die Kunden zu sammeln und erfolgt durch die Auswertung des Kundenverhaltens. Als einer der Vorreiter und Best-in-Class-Anbieter ist hier der Online-Shop Amazon zu nennen, der schon sehr frühzeitig Produktempfehlungen auf Basis bereits getätigter Einkäufe erfolgreich abgegeben hat. Inzwischen leitet Amazon aus dem Verhalten der Kunden vielfache Erkenntnisse ab, die als Entscheidungsunterstützung dienen: „Kunden, die dieses Produkt angesehen haben, haben später zu 40 Prozent dieses Produkt gekauft, zu 50 Prozent jedoch dieses andere und zu 10 Prozent ein drittes mögliches Produkt". Hier wirkt die „Weisheit der Massen" indirekt und führt zu wertvollem Rat. Im Aufsetzen jedes Online-Shops ist es ratsam, diese „Empfehlungsprozesse", die aus dem Verhalten der Kunden abzuleiten sind, zu berücksichtigen, um spätere detaillierte Auswertungen und diverse Empfehlungen zu ermöglichen.

Zur Umsetzung von mehrdimensionaler innovativer Produktberatung empfiehlt sich eine frühzeitige Planung der Art der Kundenintegration sowie der technischen Anwendungsmodule. Hierbei gilt es auf folgende Aspekte besonders zu achten:

- Erhebung der Nutzerdaten durch aktive Einbeziehung oder passive Analyse während des gesamten Aufenthaltes im Online-Shop.

▪ Analytische, sinnvolle und innovative Verknüpfung mit anderen Nutzerprofilen zur Ermittlung von Empfehlungsdaten.

▪ Schaffung von technischen und grafischen Voraussetzungen, um diese Daten in attraktiver Form im Online-Shop zur Verfügung zu stellen.

5 Fazit

▪ Das Internet verändert die Art der Kommunikation zwischen Unternehmen und Kunden, indem Interaktionen zwischen beiden Parteien und den Kunden untereinander zunehmend ermöglicht werden. Um in Zukunft erfolgreich zu sein, müssen Unternehmen das positive Potenzial des Kundenwissens nutzen und ihre Kunden konsequent und transparent in allen Phasen des Wertschöpfungsprozesses einbinden. Die Beteiligungsbereitschaft der Kunden sollte von Unternehmen durch die Etablierung von Motivationsmechanismen aktiv gefördert werden.

▪ Kundenbeteiligung im Online-Shop in Form von Produktbewertungen ist eines der effektivsten und kostengünstigsten Instrumente für Internet-Händler, um Traffic, Umsatz und Kundenzufriedenheit nachhaltig zu steigern. Kundenbewertungen gewinnen für die Kaufentscheidung von Internet-Nutzern dabei zunehmend an Bedeutung, da sie grundlegende Bedürfnisse des Menschen befriedigen: ehrlichen Rat bekommen, Kontrolle behalten sowie Fehler und Enttäuschungen vermeiden. Das höchste Erfolgspotenzial für Online-Shops haben Kundenbewertungen, die Internet-Nutzern den größten Mehrwert bieten und folgende Attribute aufweisen: glaubwürdig, für die Zielgruppe relevant, übersichtlich und ansprechend dargestellt sowie für Suchmaschinen optimiert.

▪ Mobile Anwendungen und Echtzeit-Dienste, die seit 2009 gigantische Wachstumsraten verzeichnen, ermöglichen Bewertungen – any time, any place – und bilden immer mehr Lebensbereiche des Menschen online ab. Das Internet verschmilzt zunehmend mit der realen Welt. Fast jeder Mensch besitzt aufgrund der eigenständigen Veröffentlichung persönlicher Informationen, der passiven Analyse des Nutzungsverhaltens oder über den Verweis von Dritten (z.B. Freunde, Bekannte) einen digitalen „Informationsschatten" im Internet. Immer leistungsstärkere digitale Anwendungen analysieren, strukturieren und bewerten diese Daten in Echtzeit, um Internet-Nutzern zunehmend relevante personalisierte Empfehlungen auszusprechen. Dies gilt es bei der Unternehmens- und Marketingstrategie zu berücksichtigen.

Literaturverzeichnis

Amazon (2010): Die Real Name - Plakette. Verfügbar unter: http://www.amazon.de/gp/help/customer/display.html?nodeId=200108020, [06.01.2010; 15:30 Uhr MEZ].

Bazaarvoice (2010): Industry Statistics. Verfügbar unter: http://www.bazaarvoice.com/resources/stats, [06.01.2010; 15:00 Uhr MEZ].

Berger, M. (2009): Social Media: Netzwerke und herrsche!, in: ONEtoONE 1/10, S.32-33.

Boersma, T. (2008): Mit multidimensionalen Produktbewertungen beim Kunden punkten und Retouren senken, 22.10.2008. Verfügbar unter: http://boersmazwischendurch.blogspot.com/2008/10/mit-multidimensionalen.html, [14.12.2009; 16:30 Uhr MEZ].

Buzzillions (2010): Product reviews from people like you. Verfügbar unter: http://www.buzzillions.com/about, [06.01.2010; 15:00 Uhr MEZ].

MacManus, R. (2009a): Top 5 web trends of 2009: The real-time web, in: ReadWriteWeb, 08.09.2009. Verfügbar unter: http://www.readwriteweb.com/archives/top_5_web_trends_of_2009_the_real-time_web.php, [06.01.2010; 17:00 Uhr MEZ].

MacManus, R. (2009b): Top 50 Real-Time Web Companies, in: ReadWriteWeb, 28.09.2009. Verfügbar unter: http://www.readwriteweb.com/archives/top_50_real-time_web_companies.php, [06.01.2010; 18:30 Uhr MEZ].

mindwyse (2009): Analysen und Best-in-Class Benchmarking. Verfügbar unter: http://www.mindwyse.de/, [30.12.2009; 13:00 Uhr MEZ].

Mosel, S. (2009): Bewertungsportale effektiv als Unternehmer nutzen. Verfügbar unter: http://de.blog.qype.com/2009/07/01/bewertungsportale-effektiv-als-unternehmer-nutzen/, [06.01.2010; 13:00 Uhr MEZ].

O'Reilly, T.; Battelle, J. (2009): Web Squared: Web 2.0 Five Years On. Verfügbar unter: http://www.web2summit.com/web2009/public/schedule/detail/10194, [06.01.2010; 17:00 Uhr MEZ].

Portmann, C. (2009): Score Marketing. Verfügbar unter: http://www.scoremarketing.ch/, [14.12.2009; 11:00 Uhr MEZ].

PowerReviews (2010): Industry Statistics. Verfügbar unter: http://www.powerreviews.com/social-shopping/learning/industry-stats.html, [06.01.2010; 15:00 Uhr MEZ].

PowerReviews (2009): Business advantage. Customer reviews that are more profitable for you. Verfügbar unter: http://www.powerreviews.com/social-shopping/solutions/business-advantage.html, [06.12.2009; 15:00 Uhr MEZ].

Schneller, J. (2009): ACTA 2009. Zentrale Trends der Internet-Nutzung in den Bereichen Information, Kommunikation und E-Commerce. Verfügbar unter: http://www.acta-online.de/praesentationen/acta_2009/acta_2009_Trends_Internet-Nutzung.pdf, [06.01.2010; 12:50 Uhr MEZ].

TRENDWATCHING (2009A): TRANSPARENCY TRIUMPH. REVIEWING IS THE NEW ADVERTISING. Verfügbar unter: http://trendwatching.com/trends/transparencytriumph/, [14.12.2009; 11:30 Uhr MEZ].

TRENDWATCHING (2009B): NOWISM. WHY CURRENCY IS THE NEW CURRENCY. Verfügbar unter: http://trendwatching.com/trends/nowism/, [16.12.2009; 15:30 Uhr MEZ].

TripAdvisor (2010): Submitting a management response. Verfügbar unter: http://www.tripadvisor.com/pages/management_response.html, [06.01.2010; 16:00 Uhr MEZ].

Van Eimeren, F.; Frees, B. (2009): Der Internet-Nutzer in 2009 – multimedial und total vernetzt? Ergebnisse der ARD/ZDF-Onlinestudie 2009, in: Media Perspektiven 7/2009, S. 334-348.

Tim E. Fischer

Twitter - What's happening?

Herausforderungen des Microblogging für das Web-Marketing

1   Mikroblogging ist mehr als ein Hype

Mikroblogging ist eines der gegenwärtig am stärksten diskutierten Themen im Internet. Die zunehmende Verbreitung von Diensten wie z.B. Twitter zur Teilung von Informationen mit anderen Anwendern, lässt die Frage aufkommen, welchen Herausforderungen Unternehmen gegenüberstehen und welchen potenziellen Nutzen sie daraus ziehen können. Die Frage „What's happening" ist entscheidend. Erst zum Ende des Jahres 2009 stellte Twitter den Eingangsspruch von „What are you doing" auf „What's happening" um, damit eine weniger user-zentrierte Aussage im Claim von Twitter steht und der Fokus mehr auf Aktualität und spontane Aussagen gesetzt wird. „What`s happening" ist seither die Eingangsfrage bei dem Internet-Dienst Twitter und stellt den neuen Leitspruch der digitalen Gesellschaft dar. Millionen Nutzer teilen täglich der Welt über diesen Dienst in maximal 140 Zeichen ihre Gedanken, spontanen Erlebnisse und Geschehnisse per Email oder SMS mit und verbreiten diese viral über das World Wide Web. Weltweit bekannt wurde der Mikroblogging-Dienst Twitter durch den Präsidentschaftswahlkampf 2009 in den USA sowie durch das Flugzeugunglück im Hudson River bei New York. Nutzer des Dienstes Twitter waren in der Lage schneller als die traditionellen Medien mittels Kurznachrichten, die über das Internet verbreitet wurden, über das aktuelle Geschehen zu berichten. Das Technologieforschungsunternehmen Gartner setzte Twitter 2009 auf die eigene Trend Watch-List und kommt mittlerweile zu dem Urteil „... Microblogging, in general, and Twitter, in particular, have exploded in popularity during 2009 to the extent that the inevitable disillusionment around "channel pollution" is beginning. As Microblogging becomes a standard feature in enterprise social software platforms, it is earning its place alongside other channels (for example, e-mail, blogging and wikis), enabling new kinds of fast, witty, easy-to-assimilate exchanges." Die vorliegende Abbildung von Gartner zeigt, dass sich Microblogging inzwischen über den Hypecycle zu einem festen technologischen Bestandteil der Web-2.0-Welt entwickelt hat. Dies bestätigen auch aktuelle Zahlen.

Im April 2007 lag die Anzahl der registrierten Twitter-Nutzer bei ca. 94.000 (vgl. Java et al 2007). Knapp ein Jahr später sind bereits ca. 1,4 Mio. Nutzer registriert (vgl. Krishnamirthy et al. 2008) und seit August 2009 mehr 50 Mio. registrierte Accounts weltweit verzeichnet (vgl. Moore 2009). Anderen Schätzungen zufolge nutzen rund 19 Prozent der gesamten Internet-Population regelmäßig Mikroblogs oder ähnliche Dienste zur Informationsaufnahme (vgl. Lenhart/Fox 2009); in Deutschland immerhin bereits ca. 5,5 Prozent der deutschen Internet-Population. Laut dem Marktforschungsinstitut Nielsen besuchten im Juni 2009 mehr als 1,8 Mio. Deutsche die Site Twitter.com auf und damit doppelt so viele wie im April des gleichen Jahres (vgl. Nielsen 2009). Neben dem enormen Wachstum des Dienstes besteht auch ein wirtschaftliches Interesse, so bot Facebook im November 2008 mehr als 500 Mio. US-Dollar für den Dienst Twitter, um diesen zu erwerben. Doch was bedeutet dieses hohe Interesse und rasante Wachstum für Unternehmen? Binnen der letzten vier bis fünf Jahre haben sich Unternehmen mehr und mehr Web-2.0-Diensten wie Instant Messaging, Weblogs u.a. geöffnet und stehen hier erst am Anfang der Implementierung. Stellt Twitter etwas grundsätzlich Neues dar? Welchen Einfluss hat Twitter auf die Marketingprozesse eines Unternehmens? Stellt dieser Dienst damit eine neue Herausforderung an das Marketing?

Abbildung 1-1: *Microblogging etabliert sich als feste Größe im Web 2.0*

Quelle: Gartner 2009

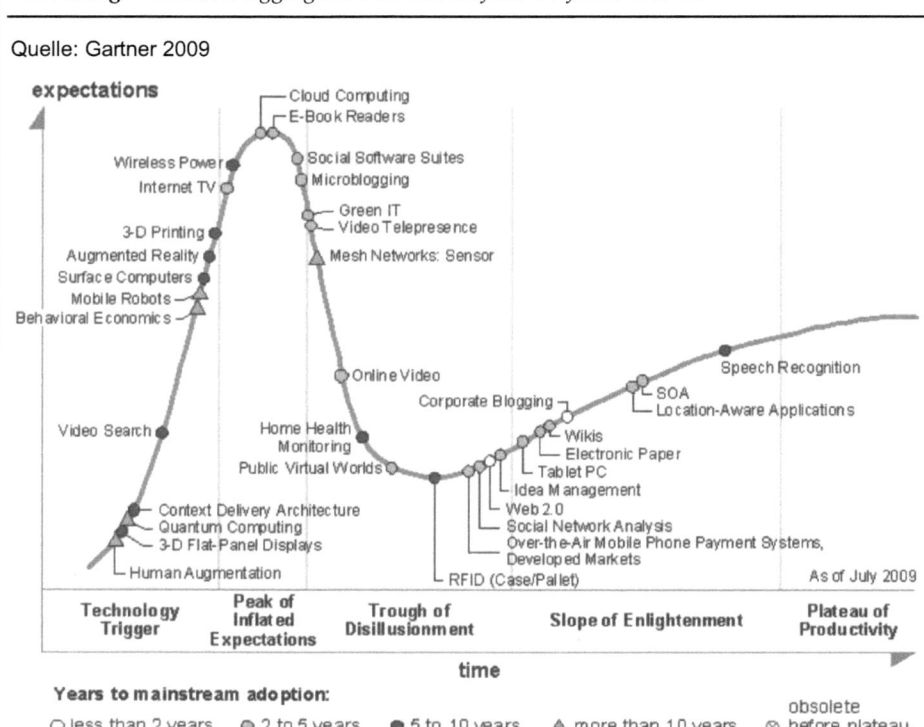

Der vorliegende Beitrag wird versuchen zu erläutern, worum es sich bei Mikroblogging handelt und inwiefern sich Microblogging von anderen Diensten wie Instant Messaging, Blogging, SMS oder Social Networks unterscheidet. Im weiteren Verlauf wird geklärt, welche Gründe für die offensichtliche Beliebtheit von Microblogging-Diensten vorliegen, um im Anschluss daran Herausforderungen und Möglichkeiten für das Marketing von Unternehmen mit Microblogging-Diensten abzuleiten bzw. einige erfolgreiche Beispiele dafür zu liefern.

2 Grundlagen

2.1 Interaktivitätspotenzial als Abgrenzungskriterium von Internet-Diensten

Zunächst soll der Frage nachgegangen werden, inwieweit sich Mikroblogging von anderen Internet-Diensten wie Instant Messaging oder Weblogs unterscheidet. Um sich dem Phänomen Twitter bzw. Mikroblogging im Allgemeinen zu nähern, ist dazu ein Bewertungsmaßstab zu entwickeln und dann eine Abgrenzung der Dienste untereinander anhand gängiger Definitionen vorzunehmen. Zur Bewertung von Medien bzw. Internet-Diensten wird auf ein eigens entwickeltes Framework des Interaktivitätspotenzials von Medien zurückgegriffen, das an dieser Stelle nur verkürzt dargestellt wird. Dieses Framework zur Einordnung von Diensten im Internet ist notwendig, da Beispiele wie das World Wide Web oder neue Formen des Digitalen Fernsehens zeigen, dass die Kommunikation nicht zwingend einseitig erfolgt und damit auf klassische Abgrenzungskriterien wie bspw. Bandbreite, Kanalqualität bzw. Informationsdichte, Transfermodus, Rückkanalfähigkeit, Reichweite, Synchronizität der Übertragung u.a. (vgl. Fischer 2006, S. 75 f.) nicht mehr ausreichen. Insbesondere bei den Neuen und Elektronischen Medien ist keine klare Trennung mehr zwischen interpersonaler und massenmedialer Kommunikation erkennbar. Eine Unterscheidung ist nur noch anhand ihres Interaktivitätspotenzials sinnvoll lösbar. Daher werden drei Bewertungsdimensionen zur Beurteilung herangezogen, die dieses Interaktivitätspotenzial erklären. Dazu gehören das Merkmal der zweiseitigen (dialogorientierten) Kommunikation; die Kontroll- und Einflussmöglichkeiten des Rezipienten auf das Medium, bzw. seine Möglichkeiten, in den Kommunikationsprozess einzugreifen; die Geschwindigkeit der Informationsverarbeitung des Mediums, bzw. die Feedbackgeschwindigkeit. Diese drei Elemente dienen zur Einordnung der unterschiedlichen Medien:

1. Dimension: Zweiseitige Kommunikation

Kommunikation kann als ein zweiseitiger und damit interaktiver Prozess angesehen werden, der durch den Grad der Interaktion unterschiedlich ausgestaltet sein kann. Man unterscheidet die Art des Kommunikationsprozesses in monologische und dialogorientierte Kommunikation. Monologische Kommunikationsprozesse werden weitgehend von einer Seite der Kommunikationspartner geführt, wie bspw. Vorträge, das Betrachten einer Fernsehsendung, aber auch die Präsentation einer Webseite. Dialogorientierte Kommunikationsprozesse erlauben einen Rollenwechsel zwischen Empfänger und Sender.

2. Dimension: Interaktivität/Inhaltliche Gestaltungsmöglichkeit

Je größer das Zielpublikum (Reichweite) ist, desto geringer sind die Aussichten der einzelnen Teilnehmer, sich gleichzeitig (Interaktivität) am Kommunikationsprozess zu beteiligen. Durch Digitalisierung und neue technische Möglichkeiten können Quasi-Interaktivitäten, bzw. simultane Interaktivitäten mit den Rezipienten auch bei großer Reichweite geschaffen werden. Abhängig von dem jeweils zum Einsatz kommenden Medium kann daher zwischen Scheininteraktivitäten, wie dem Durchblättern einer Katalog-CD-ROM, instrumenteller Interaktivität, wie bei der Ausführung einer Online-Bestellung, die weitgehend vorstrukturiert ist, aber Auswahlmöglichkeiten lässt, und interpersonaler Interaktivität, wie bspw. ein Online-Dialog oder eine Videokonferenz, unterschieden werden (vgl. Fischer 2006, S. 84). Darüber hinaus kann ein Zusammenhang zwischen Inhaltsgestaltung und Interaktivität festgestellt werden. Ein Mehr oder Minder an Interaktivität korreliert gegenläufig zu einem Mehr oder Minder an bereits gestaltetem Inhalt. Je höher der Interaktivitätsgrad, desto geringer ist der Inhalt bereits vorab gestaltet und umgekehrt. Als Beispiel dient das TV-Vollprogramm. Es bietet ein Maximum an gestaltetem Inhalt bei einem Minimum an Interaktivität, während Telefonie ein Maximum an Interaktivität, bei einem Minimum an vorab gestaltetem Inhalt bietet. Der Interaktivitätsgrad wird mit den vier Ausprägungen Passivität, Scheininteraktivität, instrumentelle Interaktivität und interpersonelle Interaktivität bezeichnet werden. Der Interaktivitätsgrad beschreibt nur die potenziellen Möglichkeiten eines Mediums und nicht ob, die Nutzer diese auch tatsächlich ausnutzen.

3. Dimension: Geschwindigkeit der Informationsverarbeitung/Feedback

Die Geschwindigkeit der Informationsverarbeitung bzw. die Feedbackmöglichkeiten eines Mediums werden durch dessen technische Eigenschaften bestimmt. Dazu gehören die Bandbreite, die als Maß für die physikalischen Übertragungsmöglichkeiten, die Informationsdichte, als ein Maß für die semiotischen Übertragungsmöglichkeiten und die Synchronizität, als ein Maß dafür, wie schnell der Rezipient reagieren kann. Je größer die jeweilige Ausprägung, desto größer sind die entsprechenden Feedback- und Kontrollmöglichkeiten des Rezipienten. Man kann hier zwischen keinem, mittlerem und hohem Feedback unterscheiden.

Aus den drei Dimensionen lässt sich nun eine dreidimensionale Darstellung gewinnen, durch die sich eine Kurve ziehen lässt. Diese Kurve stellt das jeweilige Interaktivitätspotenzial (nicht verwechseln mit Interaktivitätsgrad) dar. Je höher das Interaktivitätspotenzial, desto reichhaltiger ist der jeweilige Dienst in Bezug auf die oben beschriebenen Dimensionen.

Abbildung 2-1: *Das Interaktivitätspotenzial zur Beurteilung von Web- 2.0-Anwendungen*

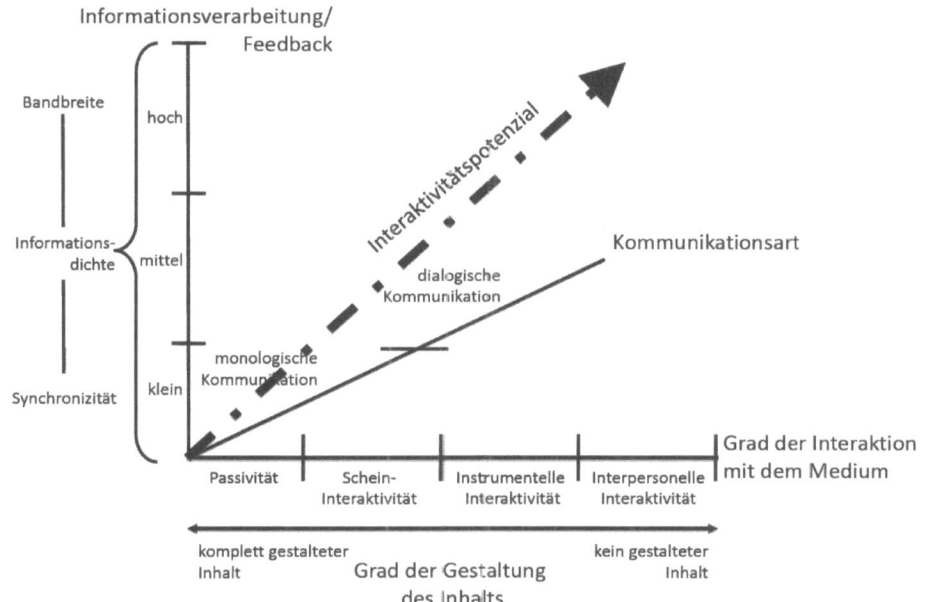

2.2 Abgrenzung Mikroblogging von anderen Internet-Diensten

Man kann nun mittels des Interaktivitätspotenzials unterschiedliche Dienste wie bspw. Mikroblogging von anderen Web-2.0-Diensten wie Weblogs oder Instant Messaging abgrenzen. Greift man auf die Definition von Wikipedia zurück, so wird Mikroblogging eine „Form des Bloggens, bei der die Benutzer kurze, SMS-ähnliche Textnachrichten veröffentlichen können. Die Länge dieser Nachrichten beträgt meist weniger als 200 Zeichen. Die einzelnen Postings sind entweder privat oder öffentlich zugänglich und werden wie in einem Blog chronologisch dargestellt. Die Nachrichten können meist über verschiedene Kanäle wie SMS, E-Mail, Instant Messaging oder das Web erstellt und abonniert werden.", dargestellt (vgl. Wikipedia 2010a). Mikroblogging wird als eine neue, leichte und einfache Kommunikationsform, die es den Usern ermöglicht, sich über ihren aktuellen Status, über Meinungen oder Gedanken auszutauschen und Informationen zu veröffentlichen (vgl. Java et al. 2007), verstanden. Weblogs werden als persönliche oder thematische Nachrichtendienste gekennzeichnet, die mit Hilfe einfacher Content-Management-Systeme als Website im Internet publiziert und in regelmäßigen Abständen um neue Einträge ergänzt und in vielfältiger

Weise mit anderen Blogs und Websites verlinkt werden. Konstitutive Elemente sind die chronologisch angeordneten Beiträge, sowie die Möglichkeit der Kommentierung durch andere Nutzer. Auf Basis von Standardsoftware können weitere Informationen (Töne, Bilder, Videos, Text) eingebunden und über ein Standardsyndizierungsformat an andere Nutzer verschickt werden. Die Gesamtheit aller Weblogs ist die Blogosphäre, die einen eigenen kommunikativen Raum darstellt; ihre Betreiber werden als Blogger bezeichnet (vgl. Fischer 2006, S. 167). Instant Messaging (kurz IM) ist eine Kommunikationsmethode, bei der sich zwei oder mehr Teilnehmer per Textnachrichten unterhalten. Dabei geschieht die Übertragung im Push-Verfahren, so dass die Nachrichten unmittelbar beim Empfänger ankommen. Die Teilnehmer müssen dazu mit einem Computerprogramm (genannt Client) über ein Netzwerk wie das Internet direkt oder über einen Server miteinander verbunden sein. Viele Clients unterstützen zusätzlich die Übertragung von Dateien und Audio- und Video-Streams (vgl. Wikipedia 2010b). IM ist aber auch über andere mobile Anwendungen bspw. Mobiltelefone und mobile IM Clients möglich.

Abbildung2-2: *Einordnung von Microblogging anhand des Interaktivitätspotenzials*

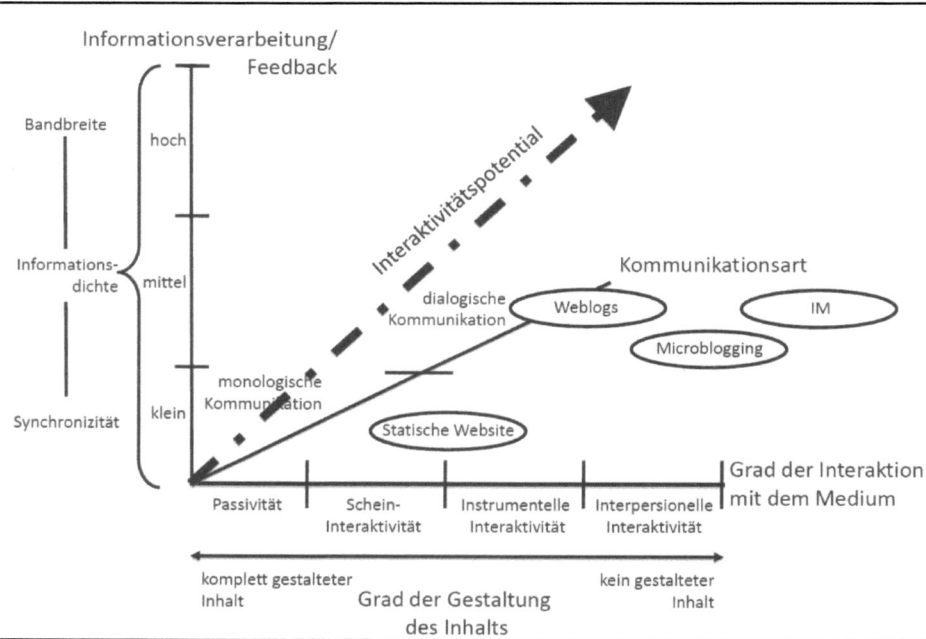

Beim Blick auf die Definitionen wird deutlich, dass Mikroblogging von der technischen Seite zwischen IM und Weblogs angesiedelt ist und von beiden Dienstarten eine Vermischung darstellt. Mittels des Interaktionspotenzials kann eine bessere Differenzierung des Dienstes und Einordnung ermöglicht werden, wie die folgende Tabelle zusammenfasst.

Tabelle 2-1: Weblogs, Instant Messaging und Mikroblogging im Vergleich

	Weblogs	**Instant Messaging**	**Mikroblogging**
Kommunikationsart	Monologisch	Dialogisch	Dialogisch
Grad der Interaktion	Instrumentelle Interaktion	Interpersonelle Interaktion	Interpersonelle Interaktion
Informationsverarbeitung	Mittel	Klein	Klein
Bandbreite	Hoch	Niedrig	Niedrig
Informationsdichte	Hoch	Niedrig	Niedrig
Synchronizität	Asynchron	Quasi synchron	Quasi synchron
Interaktivitätspotenzial	Niedrig - Mittel	Mittel - Hoch	Mittel

Im Grunde basiert Mikroblogging darauf, kurze, blog-ähnliche Textnachrichten öffentlich im Web zu posten. Mikroblogs können als kleinere Ausgaben von Weblogs gesehen werden, die es den Nutzern darüber hinaus möglich machen, sich zu vernetzen. Meldungen anderer Mitglieder können ‚verfolgt' werden, indem sie zu den Kontakten des persönlichen Netzwerks hinzugefügt werden. Wie bei einem Weblog erscheinen die Nachrichten in zeitlicher Reihenfolge auf der Startseite des Benutzers. Man verzichtet dabei weitestgehend auf ein Content-Management-System zu Gunsten schneller, kürzerer Beiträge und eingeschränkter multimedialer Darstellungen. Kleinste Informationen über Meinungen, Ansichten und Aktivitäten werden hier ausgetauscht und mit interessierten Beobachtern geteilt. Die Meldungen, so genannte Tweets, können beispielsweise per SMS, Desktop Client oder über zahlreiche andere Programme von Drittanbietern, wie etwa Tweetdeck (www.Tweetdeck.com), verschickt werden. In Abgrenzung zu Weblogs liegt der Nutzen von Mikroblogs besonders auf der fast synchronen Kommunikation. Man könnte auch von einer Art Massen-SMS (aufgrund der Zeichenbegrenzung) sprechen, die an jeden gerichtet ist, der sie empfangen möchte. Neben der Kürze setzt Mikroblogging auch auf Mobilität und Flexibilität wie beim Instant Messaging. Das gilt sowohl für das Posten als auch für das Lesen der Nachrichten. Um schnell, einfach und flexibel schreiben und lesen zu können, sind Mikroblogs in der Regel nicht an ein Portal gebunden. Zusätzlich zum Web stehen eine Vielzahl an Programmen, Plattformen und Geräten zur Verfügung, über die Updates gesendet und abgerufen werden können. Auch die größeren sozialen Netzwerke wie Facebook, MySpace oder Xing nutzen inzwischen Mikroblogging in Form der Statusmeldungen oder der „Buschfunk" von StudiVZ, um Mikroblogging in deren Service zu integrieren. Der größte unabhängige Mikroblogging-Dienst mit dem derzeit stärksten Wachstum bleibt aber nach wie vor Twitter.

2.3 Twitter als Mikroblog-Dienst

Im März 2006 wurde Twitter in San Francisco von Jack Dorsey, Biz Stone und Evan Williams entwickelt. Seit dem Launch im August des Jahres konnte die Plattform stetig wachsen. Bis heute hat sich Twitter zu einem Kurzmitteilungsservice in Echtzeit entwickelt, der über viele Netzwerke und Geräte funktioniert, wie das Unternehmen über sein eigenes Angebot schreibt. Als Kurzmitteilungsdienst bezeichnen es die Macher selbst wohl deshalb, weil Twitter seine Nachrichten auf eine SMS-ähnliche Länge von 140 Zeichen begrenzt. Im Gegensatz zu YouTube, bei dem relativ große Dateien hochgeladen werden können, ist Twitter ein „micro-content Online Social Network", das nur das Publizieren kleinster Inhalte erlaube (vgl. Krishnamurthy et al. 2008). Rund um Twitter ist bereits jetzt ein eigenes Vokabular entstanden. Die Status-Updates heißen hier Tweets, das Schreiben und Posten derselben wird als twittern oder tweeten bezeichnet. Indem man die Tweets anderer Nutzer abonniert, wird man zu deren Follower. Dadurch kann man sich mit Freunden und Bekannten vernetzen, aber auch die Updates von völlig Fremden verfolgen, von Nutzern, die ähnliche Interessen haben oder einfach nur einen interessanten Namen. Und sollte man das Interesse an einem User verlieren, kann man stets aufhören, ihm zu folgen, ihm also „entfolgen" (oder defollow). (vgl. Geitner 2009 S. 4)

3 Entstehung der Aufmerksamkeits-ökonomie als Grundlage für Mikroblogging

Hervorgerufen durch die Informationsflut haben sich die Rahmenbedingungen unserer Gesellschaft verändert. Der verstärkte Anteil an Freizeit hat zu einer subjektiv empfundenen Zeitknappheit durch die Vielzahl der Freizeit- und Informationsangebote geführt. Dieses Empfinden hat auch ökonomische Auswirkungen. Aus der Fülle von Erklärungsansätzen für diese Veränderungen ragt seit einigen Jahren die Aufmerksamkeitsökonomie heraus, in welcher die Aufmerksamkeit als knappe Ressource, ökonomisches Gut und Währung interpretiert wird (vgl. Fischer 2006, S. 148). Der

Ansatz kann hier nur verkürzt wiedergegeben werden. In seinem als „Entwurf" gekennzeichnetem Buch begreift Franck den Begriff der Aufmerksamkeit als eine Eigenschaft der Menschen, die eine zwingende Voraussetzung für Kommunikation und ökonomischen Erfolg ist. Diese als im englischen bezeichnete „Awareness" meint den Zustand der wachen Achtsamkeit, die die Voraussetzung für Wahrnehmung, Selektion und Rezeption ist. Aufmerksamkeit im Sinne der „Awareness" findet bereits vor der Selektion (und der Rezeption) statt. Franck argumentiert, dass die Zahl der Reize zur Wahrnehmung durch den Einsatz technischer Medien zwar erhöht werden kann, nicht aber die menschliche Aufmerksamkeit, die als Voraussetzung für die Konstruktion von Information begrenzt ist. Diese ist grundsätzlich organisch und energetisch begrenzt. Die Verwendungsmöglichkeiten für Aufmerksamkeit steigen stetig in unserer Informationsgesellschaft aufgrund des ständig wachsenden Medien- und Informationsangebotes. Es ist eben diese Verwendungsvielfalt, die die Knappheit von Aufmerksamkeit ausmacht. Knappheit darf nicht mit Mangel verwechselt werden. Die Verwendungsmöglichkeiten – in diesem Fall Information – vermehren sich; je höher die Datenflut, umso mehr muss man mit Aufmerksamkeit haushalten. Im Internet im Besonderen herrscht aufgrund der Datenflut und Medienangebote nicht Knappheit an Vermittlungskapazitäten, sondern an Aufmerksamkeits- und Urteilsvermögen seitens der Rezipienten. In dieser Knappheit von Aufmerksamkeit kann ein Gut gesehen werden, das sich tauschen lässt. Dies begründet damit eine post-pekuniäre Wirtschaftsweise, in der Aufmerksamkeit die Währungs- und Kapitalfunktionen des Geldes übernimmt. Aufmerksamkeit erhält einen Tauschwert, da man sie gegenüber Dritten als eine Art Referenzwert einsetzen kann. Zuteil gewordene Aufmerksamkeit (= Beachtung) kann eingesetzt werden, um weitere Aufmerksamkeit auf sich zu ziehen. Medien bieten hier ein Potenzial zur Schaffung von Aufmerksamkeitsreferenzen. Bisher haben Massenmedien wie TV und Zeitung eine herausragende Bedeutung bei der Akkumulation von Aufmerksamkeitspotenzialen. Insbesondere das Internet und dessen Informationsverbreitungsmöglichkeiten haben dazu geführt, dass die Globalisierung des Informationsangebotes einen Engpass in der Informationsverarbeitung überwunden hat, mit der Folge, dass das Angebot in gigantischem Umfang wächst. Die Kombination von globalisierter Echtzeitkommunikation mit globalisiertem Informationsangebot verwandelt „örtliche" Märkte auf einen Schlag zu Weltmärkten. Aufgrund dieses Überflusses findet nicht mehr ein Austausch von Information, sondern von Aufmerksamkeit statt.

Fast alle Anwendungen im Bereich Web 2.0 und damit auch das Mikroblogging folgen diesem Prinzip des Aufmerksamkeitstausches. Anstatt extrinsisch motiviert zu sein, d.h. durch Zahlung von Geld bestimmte Inhalte zu erstellen, folgen Nutzer und Anbieter von Web-2.0-Diensten dem Prinzip der Aufmerksamkeitsökonomie und sind intrinsisch motiviert und stellen Inhalte, Informationen ohne eine direkte Zahlung zur Verfügung. Diese freiwillige Beteiligung der Nutzer am Internet ist das zentrale Merkmal des Web 2.0. Wie aktuelle Studien zeigen, tragen Internet-Nutzer ihr Wissen

in Web-2.0-Anwendungen wie Wikis, Weblogs und Mikroblogs bei, ohne direkte An-
reize zu haben (vgl. Böhringer et al. 2009).

Abbildung 3-1: *Transformation von Aufmerksamkeit in Aufmerksamkeitskapital*

Quelle: In Anlehnung an Theis-Berglmaier 2000, S.326

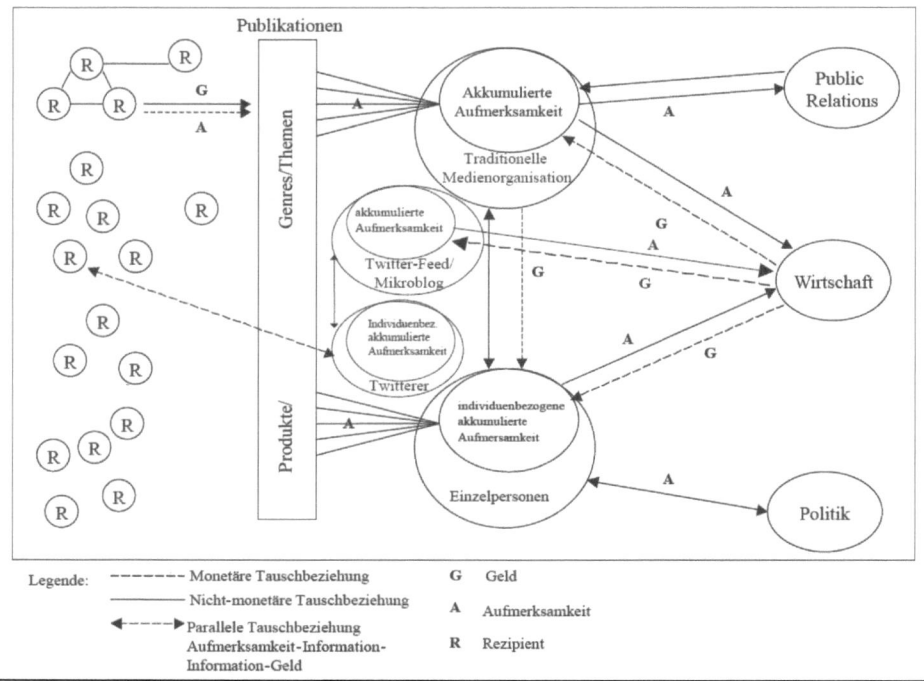

Der Treiber für das Engagement der Nutzer ist dabei oft die intrinsische Motivation.
Im Vordergrund stehen die Bedeutsamkeit der Aufgabe (für andere Benutzer), die
Vielfalt der Anforderungen und die Rückmeldungen von anderen Benutzern (vgl.
Schroer/Hertel 2009). Insbesondere im Fall von Mikroblogging/Twitter lässt sich diese
Tendenz beobachten. Durch die Aufnahme von Followern wird ein bestimmter Twitte-
rer bekannter, da sich sein Netzwerk mit dem Netzwerk seiner Follower potenziert. Je
mehr Follower er bekommt, desto schneller und weiter verbreiten sich seine Tweets im
Twitterversum (in Analogie zur Blogosphäre). Dies steigert wiederum die Aufmerk-
samkeit von anderen auf die ursprünglichen Tweets und erhöht somit das Aufmerksamkeitskapital des Twitterers. Eine Aufmerksamkeitsakkumulation bzw. Kapitalbil-
dung findet zunächst rein auf der Ebene der Mikroblogs bzw. Twitterfeeds statt. Ein
Twitterer sammelt die Aufmerksamkeit seiner Follower, ohne dass es zu einer direkten
Monetarisierung des Services kommt. Die so erhaltene Aufmerksamkeit kann er in

Form von Reichweite erst später monetarisieren oder anderweitig für Dienstleistungen, Markenbildung etc. nutzen. Damit umgehen Mikroblogs die traditionellen Medien bzw. stellen ein Ergänzungsmedium dar, das für immer mehr Unternehmen relevant wird. Durch die Anhäufung von Aufmerksamkeit wird ein interessantes Reichweitenkapital geschaffen, das man nutzen kann. Genau dieses Aufmerksamkeitspotenzial stellt zugleich Chance und Risiko für Unternehmen und deren Marketingaktivitäten im Web 2.0 dar, auf die im folgenden Kapitel eingegangen werden soll.

4 Herausforderungen und abgeleitete Einsatzmöglichkeiten von Mikroblogging

4.1 Herausforderungen für das Marketing durch Mikroblogging

Zusammenfassend lässt sich festhalten, dass Mikroblogs und insbesondere Twitter eine deutlich schnellere Vernetzung untereinander ermöglichen, als dies bisher mit anderen Internet-Diensten möglich war. Die einfache Handhabung des Twitter-Dienstes und der schnelle Zugang senken die Kommunikationsbarrieren und -kosten von Endkunden und anderen Multiplikatoren im Netz. Damit ermöglicht Twitter den Kunden ein neues Sprachforum, das eine interaktive und schnelle Kommunikation ermöglicht. Durch die zahlreichen verfügbaren Schnittstellen und Applikationen zu Twitter kann praktisch über jedes andere Medium ein Twitter-Feed erstellt und die schnelle Vernetzung mit Gleichgesinnten ermöglicht werden. Daraus folgt ein hoher viraler Effekt der Kommunikation. Tweets können mit geringen Kosten und geringem technischen Aufwand an die Follower eines Twitterers übermittelt werden. Damit erhöht sich wiederum der Druck schnell auf Tweets zu reagieren. Ein Beispiel dazu: Ein unzufriedener Kunde kann seinen Unmut über ein Produkt oder eine Dienstleistung mit wenigen Klicks im Internet äußern und sich über entsprechende Suchmaschinen im Twitterversum mit anderen Gleichgesinnten vernetzen. Durch die Vernetzung verbreiten sich seine Äußerungen sehr schnell und können unter Umständen auch schnell andere motivieren auf der Tweet zu verweisen. Entscheidend ist daher für das Marketing neben dem reinen Monitoring der Twitteraktivitäten auch die Bereitstellung von Ressourcen für eine mögliche Reaktion oder die direkte, aktive Beteiligung mit anderen Twitterern. Neben dem Monitoring der Multiplikatoren kann das Durchforsten des Twitterversum auch genutzt werden, um Lead User zu entdecken oder mit diesen in Kontakt zu treten. Twitter eignet sich aufgrund der schnellen, kurzen Tweets und der Spontaneität der Einträge für ereignisorientierte Kommunikation bzw. Verkauf, bspw. bei Marketing-Events oder aber im Abverkauf bei Rabatt-Aktionen, die auf einen bestimmten Zeitpunkt abzielen. Daraus erwächst eine weitere Herausforderung an das Marketing, die internen Kommunikationsprozesse und Abteilungsabläufe so zu steuern, dass sehr schnell agiert und reagiert werden kann, um auf aktuelle Ereignisse punktgenau reagieren zu können.

4.2 Einsatzmöglichkeiten von Mikroblogging im Marketing

Einige Unternehmen haben bereits Twitter oder ähnliche Mikroblogs in der Unternehmenspraxis eingesetzt, um Kunden anzubahnen, Produkte und Dienstleistungen zu verkaufen oder Kundenbindungsmaßnahmen durchzuführen. Im Folgenden sollen einige Praxisbeispiele den Einsatz von Mikroblogs/Twitter für das Marketing näher erläutern. Marketing wird in diesem Artikel als ein kundenorientierter Managementprozess von Kundentransaktionen verstanden, der grundsätzlich vier Prozessstufen durchläuft: Die Vorbereitung, die Anbahnung, den Abschluss und die Realisierung (vgl. Mattmüller 2006). Innerhalb der Vorbereitung werden alle Marketingmaßnahmen getroffen, die mit der Vorbereitung des Angebotes/Sortiments, sowie der Kundenidentifikation und Marktstrategie im Zusammenhang stehen. Dies umfasst sowohl die Marktforschung als auch die Erstellung des Marktprogrammes mit allen damit verbundenen Aufgaben wie der Segmentierung etc.

Abbildung 4-1: *Einfache Suchmöglichkeit über search.Twitter.com*

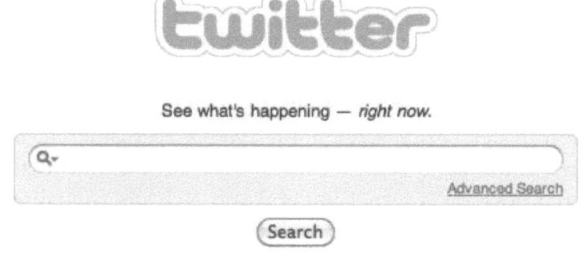

In der Stufe der Anbahnung geht es um die konkrete Kundenansprache bzw. Marktkommunikation mit all ihren Ausprägungen wie PR, Werbung, Sponsoring etc. In der Stufe des Abschlusses geht es um den konkreten Verkaufsabschluss, die Einigung über Mengen, Preise, Konditionen, Lieferbedingungen, etc. die für die konkrete Produkt-/Serviceausgestaltung notwendig ist.

Abbildung 4-2: *Aktuelle Statistiken zum Twitterversum über Tweetstats.com*

Schließlich umfasst die Stufe der Realisierung die konkrete Leistungslieferung, After-Sales-Management und Customer Relationship Management Aktivitäten im Rahmen des Marketing. In allen vier Stufen ist der Einsatz von Mikroblogging konkret vorstellbar.

4.2.1 Marktforschung mit Twitter

Mit Twitter lässt sich relativ leicht mit drei einfachen Mitteln Marktforschung betreiben. Erstens kann man einfach über search.Twitter.com einfache Wettbewerbsbeobachtung betreiben, indem man die gewünschten Suchbegriffe in die Suchzeile eingibt und live verfolgen kann, was im Twitterversum derzeit über die Marke oder das Unternehmen diskutiert wird. Zweitens kann man mit dem Dienst twellow.com wie in Gelben Seiten nach Spezialisten, Autoren, Twitteren zu einer bestimmten Branche, Industrie oder Aktivität suchen und sich dort die aktuellsten Tweets in der jeweiligen Rubrik anzeigen lassen. Dadurch kann man sehr viel genauer nach möglichen Lead Usern und Interessenten Ausschau halten. Drittens kann man mit Tweetstats.com/trends die aktuellen Top-10-Diskussionspunkte in Twitter verfolgen und sich einen aktuellen Überblick über das Geschehen bei Twitter verschaffen.

4.2.2 JetBlue Airways - Anbahnung / Brand Building

Der Airline Carrier JetBlue Airways bietet einen Twitter Feed an. Derzeit verfolgen mehr als 1,5 Mio. Followers die Tweets von JetBlue über Twitter. JetBlue nutzt Twitter zur Unterstützung der Markenbildung in dem es die Tweets mit Links zum JetBlue Blog verbindet und aktiv das Twitterversum screent. Kunden, die sich auf Twitter zu JetBlue äußern, werden gescreent und deren Geschichten auf JetBlue verlinkt. Darüber hinaus werden aktuelle Informationen zur Airline veröffentlicht. Dies dient der Unterstützung der Marke und nutzt vor allem die viralen Effekte der Nutzer als Multiplikatoren, um die Marke JetBlue im Internet noch bekannter zu machen.

4.2.3 The New York Times - Anbahnung / Reichweite generieren

Die New York Times nutzt Twitter vor allem, um auf den Premium Content der eigentlichen Website hinzuweisen und so zusätzliche Aufmerksamkeit für das Internetangebot zu schaffen. In sehr kurzen Beiträgen, wird so auf den digitalen Content der New York Times hingewiesen und zusätzlicher Traffic auf der Webseite generiert. Dieser zusätzliche Traffic kann wiederum den Werbekunden der New York Times angeboten werden. Die NYT veröffentlicht täglich zwischen 30 und 40 Tweets und hat durch die regelmäßigen Updates und den aktuellen Inhalt der Tweets bereits mehr als 2,2 Mio. Follower generiert.

Abbildung 4-3: *Der Twitter Feed der New York Times*

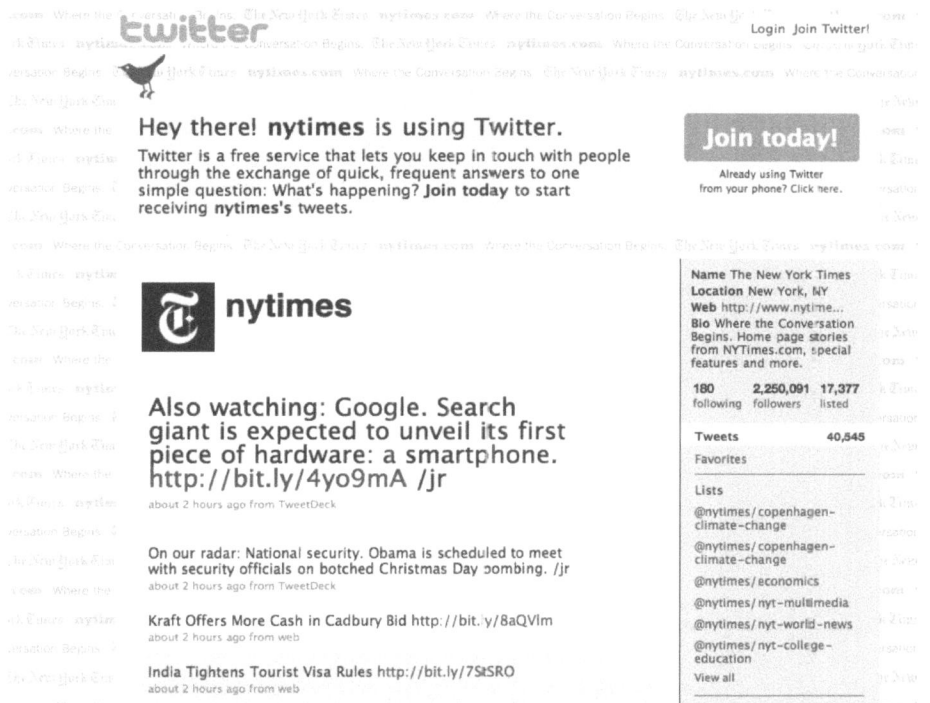

4.2.4 Dell Outlet - Abschluss / Rabattaktionen

Eines der derzeit bekanntesten Beispiele eines auf Twitter.com erfolgreich agierenden Unternehmens ist Dell. Der Computerhändler Dell hat bereits relativ früh damit begonnen Web-2.0-Anwendungen wie Weblogs für sich zu nutzen. Das Unternehmen nutzt verschiedene Twitter Accounts, um mit seinen Zielgruppen in Kontakt zu treten. Der bekannteste Twitter Account ist das Dell Outlet. Hier werden in unregelmäßigen Abständen besondere Rabattaktionen, Gutscheine etc. veröffentlicht und damit den potenziellen Kunden ein zusätzlicher Anreiz gegeben, bei Dell vergünstigt Waren zu erwerben. Durch diese Incentivierung ist das Dell Outlet inzwischen auf ca. 1,5 Mio. Followers angewachsen. Nach eigenen Unternehmensaussagen konnte Dell durch diesen Twitter-Kanal einen Mehrumsatz von immerhin 6,5 Mio. US-Dollar im Jahre 2009 erzielen. Insgesamt werden auf diesem Kanal gerade mal nur zwei Tweets pro

Tag veröffentlicht – dies zeigt, dass man auch mit relativ geringem Kommunikations-aufwand erfolgreich Umsätze mit Twitter erzielen kann (vgl. The Big Money 2009).

Abbildung 4-4: Das Dell Outlet auf Twitter.com

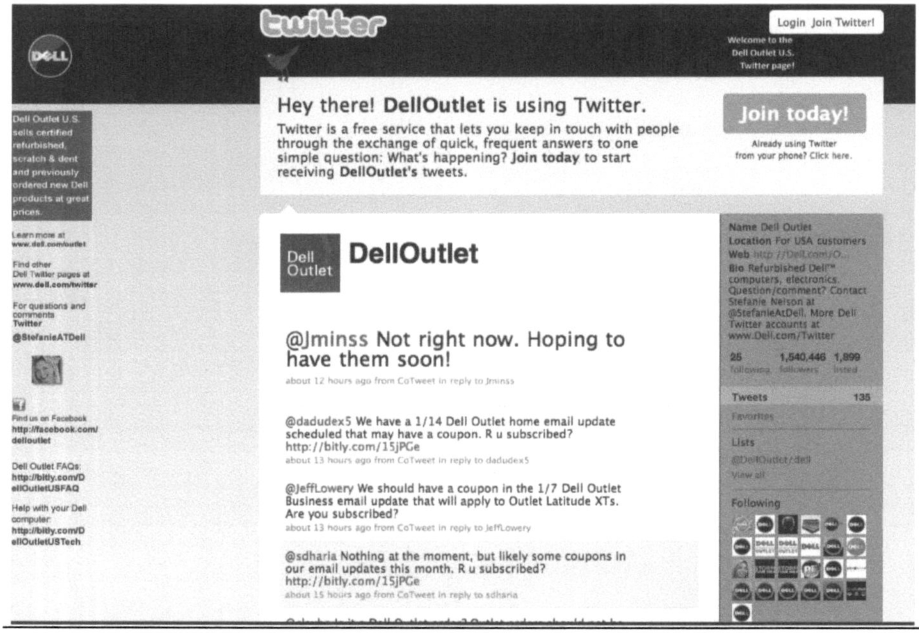

4.2.5 Whole Foods - Realisierung / CRM

Einen anderen Ansatz zur Nutzung von Twitter nimmt die Kette „WholeFoodsMar-ket" vor. Sie nutzt Twitter als kostengünstiges Kundenbindungselement. Auf den täglich aktualisierten Tweets berichtet das Unternehmen über neue Produkte im Sortiment, fragt seine Kunden, was sie gerne lesen oder im TV sehen und verweist auf die anderen „WholeFoods"-Medien wie den eigenen Podcast oder Blog und informiert über bevorstehende Ereignisse. Das besondere an diesem Twitter Account ist, dass auch die aktiven Mitarbeiter am Twitter Feed sichtbar sind, so dass die Kunden in einen direkten Kontakt mit den Mitarbeitern treten können und sich so über Twitter mit „WholeFoods" auseinandersetzen können. Derzeit hat WholeFoods auf diese Weise ca. 1,6 Mio. Follower generieren können.

4.3 Abschließende Bemerkungen

Die Forschung im Bereich Mikroblogs ist erst im Jahre 2009 richtig ins Rollen gekommen, so dass mit großzahligen empirischen Ergebnissen erst im Jahre 2010 zu rechnen sein wird. Auf der konzeptionellen Seite gibt es bisher einige interessante Ansätze und einige Unternehmen wagen die ersten Schritte zur Nutzung von Twitter im Rahmen der Marketingprozesse. Die aufgeführten Beispiele und die theoretischen Überlegungen können zum jetzigen Zeitpunkt nur ein Hinweis auf das hohe Potenzial von Mikroblogging sein. Täglich entstehen neue Dienste und Applikationen rund um Twitter.com, die dabei helfen sollen, verbesserte Marktforschung, Kundenanalysen und Kommunikation auf dem Dienst zu ermöglichen. Wenn sich Unternehmen entschließen mit Twitter zu arbeiten, müssen die Unternehmensprozesse an die Erfordernisse dieser offenen, spontanen und aktuellen Kommunikationsplattform angepasst werden. Es wird empfohlen – unabhängig vom aktiven Beteiligungsinteresse an Twitter – dieses neue Kommunikationsphänomen auf die unternehmenseigene Watch-List zu setzen und mittels der in Kapitel 4.2.1 genannten Basis-Marktforschungsinstrumente die Konversationen im Bereich Twitter zu beobachten, denn die Entscheidung, ob oder ob nicht über ein Unternehmen, eine Marke oder ein Produkt im Internet diskutiert wird, liegt nicht mehr in der Hand der Kommunikationsverantwortlichen des Unternehmens, sondern in der Hand der Twitterer und deren Follower.

Literaturverzeichnis

Böhringer, M.; Richter, A.; Koch, M. (2009): Awareness 2.0 – Ein Anwenderbeispiel von Microblogging im Unternehmen, in: Information, Heft 60, S. 275 - 279.

Fischer, T. (2006): Unternehmenskommunikation und Neue Medien – Weblogs als emergierendes neues Medien und deren Bedeutung für die PR Arbeit, S. 75 ff.

Gartner (2009): Gartner's 2009 Hype Cycle Special Repor Evaluates Maturity of 1,650 Technologies. Verfügbar unter: http://www.gartner.com/it/page.jsp?id=1124212 [04.01.2010; 16:00 Uhr MEZ].

Geitner, L. (2009): Faszination Twitter – Der Mikrobloggin-Dienst und die Nutzungsmotive seiner User im Kontext Social Web, Bachelorarbeit Uni München. Verfügbar unter: http://webevangelisten.de/wp-content/uploads/2009/10/BachelorarbeitLeaGeitlinger.pdf [04.01.2010; 18:00 Uhr MEZ].

Java, A.; Song, X.; Finin, T. & Tseng, B. (2007): Why we Twitter. Understanding. Microblogging Usage And Communities. In: Proceedings of the 9th WebKDD and 1. SNA-KDD 2007 Workshop on Web Mining and Social Network Analysis, S. 56-65.

Krishnamurthy, B.; Gill, P. & Arlitt, M. (2008): A Few Chirps About Twitter. In: Proceedings of the First Workshop on Online Social Networks 2009, S. 19-24.

Lenhart, A.; Fox, S. (2009): Twitter And Status Updatin: Pew Internet & American Life Project. 12. 02.2009. Verfügbar unter: http://www.pewinternet.org/~/media//Files/Reports/2009/PIP%20Twitter%20Memo%20FINAL.pdf [04.01.2010; 16:30 Uhr MEZ].

Mattmüller, R. (2006): Integrativ-Prossuales Marketing – Eine Einführung, 3. Auflage, 2006

The Big Money: Twitter. Verfügbar unter: http://www.thebigmoney.com/slideshow/big-money-twitter-12 [04.01.2010; 16:40 Uhr MEZ].

Moore, R. J. (2009): Twitter Data Analysis. An Investor's Perspective. [Blogpost, 05.10.2009]. Verfügbar unter: http://www.techcrunch.com/2009/10/05/twitter-data-analysis-an-investorsperspective [04.01.2010; 17:00 Uhr MEZ].

Nielsen (2009): Das Phänomen Twitter: Pressemitteilung vom 04. 08.2009. Verfügbar unter: http://www.nielsen-media.de/pages/download.aspx?mode=0&doc=645/090804_Twitter.pdf [04.01.2010; 17:45 Uhr MEZ].

Schroer, J.; Hertel, G. (2009). Voluntary engagement in an open web-based encyclopedia: Wikipedians, and why they do it. Media Psychology.

Thesis-Berglmair, A. M. (2000): Aufmerksamkeit und Geld, schenken und zahlen – Zum Verhältnis von Publizistik und Wirtschaft in einer Kommunikationsgesellschaft – Konsequenzen für die Medienökonomie, in: Publizistik, 45. Jg., Nr. 3, S. 310–329.

Wikipedia (2010a): Mikroblogging. Verfügbar unter: http://de.wikipedia.org/wiki/Microblogging [04.01.2010; 16:10 Uhr MEZ].

Wikipedia (2010b): Instant Messaging. Verfügbar unter: http://de.wikipedia.org/wiki/Instant_Messaging [04.01.2010; 16:20 Uhr MEZ].

Teil C:

Web-Exzellenz in der

Strategie

Jan-Dieter Schaap

Handel mit Herz und Verstand
Die Online-Strategie der Parfümerie Douglas GmbH

1   Ausgangssituation und Vorstellung der Douglas-Gruppe

Hinter dem Namen Douglas verbirgt sich weit mehr als die bei über 90 Prozent der deutschen Verbraucher bekannten Parfümerien. Zwar sind die Douglas-Parfümerien aktuell in 22 Ländern präsent und stehen als europäische Marktführer für Qualität und Kompetenz in den Bereichen Duft, Pflege und Kosmetik. Die Douglas-Gruppe ist jedoch als europäisches Handelsunternehmen neben dem Geschäftsbereich Parfümerien noch in vier weiteren Fachgeschäftssegmenten vertreten, die alle in ihrem jeweiligen Segment zu den Marktführern zählen. Eine führende Marktposition in Deutschland, Österreich und der Schweiz nehmen die Thalia-Buchhandlungen mit ihren umfangreichen und anspruchsvollen Sortimenten ein. Auch die zur Douglas-Gruppe gehörigen Christ-Juweliere sind im mittleren bis gehobenen Preissegment Marktführer in Deutschland. Ebenfalls deutscher Marktführer in seinem Segment Süßwarenhandel und darüber hinaus in Österreich präsent ist der Confiserie-Spezialist Hussel. Derzeit beschäftigt die Douglas-Gruppe mehr als 24.000 Mitarbeiterinnen und Mitarbeiter und ist mit nahezu 2000 Fachgeschäften in Innenstädten und Einkaufszentren mit innenstadtähnlichem Einzelhandelsangebot vertreten. Der Jahresumsatz belief sich im Geschäftsjahr 2007/08 auf eine Summe von rund 3,1 Milliarden Euro (Stand 30. September 2008). In Abbildung 1-1 sind die Geschäftsbereiche der Douglas Holding dargestellt.

Abbildung 1-1:   *Geschäftsbereiche der Douglas-Gruppe 2008*

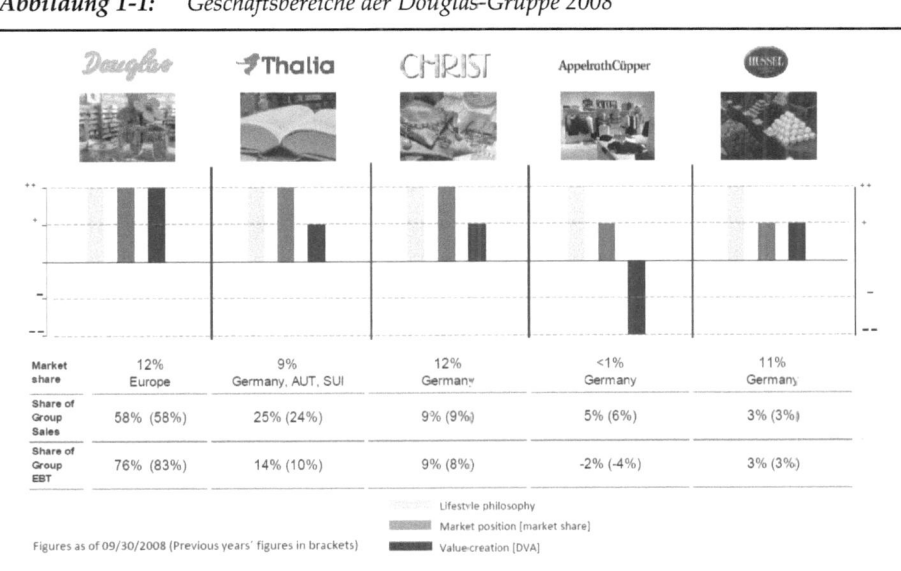

	Douglas	Thalia	CHRIST	AppelrathCüpper	HUSSEL
Market share	12% Europe	9% Germany, AUT, SUI	12% Germany	<1% Germany	11% Germany
Share of Group Sales	58% (58%)	25% (24%)	9% (9%)	5% (6%)	3% (3%)
Share of Group EBT	76% (83%)	14% (10%)	9% (8%)	-2% (-4%)	3% (3%)

Lifestyle philosophy
Market position [market share]
Value-creation [DVA]

Figures as of 09/30/2008 (Previous years' figures in brackets)

Gemeinsames Markenzeichen aller Geschäftsbereiche der Douglas-Gruppe ist die Ausrichtung auf eine komfortorientierte Lifestyle-Philosophie. Wichtigstes Unternehmensziel ist die Zufriedenheit des Kunden. Die grundlegenden Komponenten des klar definierten Facheinzelhandelskonzeptes lauten daher:

- Herausragender Service

- Hohe Qualität

- Erlebnisorientiertes Ambiente.

Gut ausgebildete und motivierte Mitarbeiter bilden die Basis für den „herausragenden Service". Freundlichkeit, Engagement und gegenseitiger Respekt gelten als Grundvoraussetzung. Kompetente Beratungen und vielfältige Serviceleistungen gehören ebenfalls zu den obersten Prioritäten. Die Komponente „hohe Qualität" wird gesichert durch erstklassige und umfangreiche Sortimente, zu denen nationale und internationale Top-Marken sowie Douglas-exklusive Herstellermarken und Eigenmarken zählen. Ziel ist es, dem Kunden die größtmögliche Produktauswahl im jeweiligen Markensegment zu bieten. Hinter der Bezeichnung „erlebnisorientiertes Ambiente" steht der Anspruch, eine einladende und angenehme Einkaufsatmosphäre zu schaffen, in der der Kunde sich rundherum wohl fühlt und die den Besuch eines der Douglas-Fachgeschäfte zu etwas Besonderem macht. Durch die konsequente Verfolgung dieser Lifestyle-Philosophie stellt sich die Douglas-Gruppe bewusst gegen den allgegenwärtigen Trend der anonymen Discount-Mentalität und hebt sich damit von seinen Mitbewerbern ab. Der Name Douglas soll im Bewusstsein der Kunden für faszinierende Einkaufserlebnisse und „Handel mit Herz und Verstand" stehen.

Dass das von der Douglas-Gruppe konsequent verfolgte, auf Qualität, Service und gehobenen Lifestyle ausgelegte Handelskonzept auch international zum Erfolg führt, lässt sich insbesondere an den Parfümerien erkennen. Im zweiten Kapitel soll das Markenkonzept der Douglas-Gruppe daher exemplarisch an den Parfümerien als dem in der Öffentlichkeit bekanntesten Geschäftsbereich beleuchtet werden. Kapitel 3 und 4 beschäftigen sich mit dem Internet-Vertriebskanal www.douglas.de als relativ neuem Baustein des Betriebstypenkonzepts, mit dem die Douglas-Gruppe erfolgreich den Schritt in den Online-Markt vollzogen hat. Genauer betrachtet werden sollen hier die Gründe für die Notwendigkeit der Realisierung eines Internet-Shops sowie die der Umsetzung zugrunde liegenden Konzepte und Zielsetzungen. Der Artikel schließt mit einem Resümee in Bezug auf das bereits Erreichte und wirft einen Blick auf die zukünftige Entwicklung des Bausteines www.douglas.de.

2 Betriebstypenkonzept der Douglas-Parfümerien

2.1 Rahmenbedingungen des Markenkonzeptes von Douglas

Der selektive Kosmetikmarkt in Deutschland ist durch spezifische Strukturen gekennzeichnet. Marktteilnehmer sind dabei zum einen die Fachparfümerien, die sich durch Qualitätsware und eine starke, lokale Kundenbindung auszeichnen. Neben den in der Regel kleinen, inhabergeführten Fachparfümerien gibt es die (Weltstadt-)Warenhäuser mit ihren Parfümerieabteilungen sowie Fachdrogerien und Drogeriemärkte. Grundsätzlich gilt der deutsche Kosmetikmarkt als hart umkämpft. Der Wettbewerbsdruck auf der Vertriebskanalebene wird dabei vor allem durch die Betriebsformen „Drogerie" und Drogeriemarkt" ausgeübt. Drogerien und Drogeriemärkte sind in den letzten Jahren für die klassischen Fachparfümerien zu ernstzunehmenden Konkurrenten geworden. Der Grund dafür ist, dass sie das seit Jahren praktizierte Trading-up ihrer Sortimente immer stärker ausweiten und so aus Verbrauchersicht zunehmend zu einer attraktiven Alternative zur traditionellen Fachparfümerie avancieren. Zusätzlich verschärft wird der Konkurrenzdruck durch starke Konzentrationsprozesse im Kosmetikeinzelhandel.

Neben dem steigenden Wettbewerbsdruck lässt sich eine weitere Tendenz deutlich erkennen, die vor allem die Fachparfümerien betrifft. Es handelt sich hierbei um eine durch die Hersteller forcierte, optische und qualitative Aufwertung ihrer Sortimente. Produkte und Marken, die bislang zweifelsfrei als Artikel der Drogerie- oder Discountmärkte erkennbar waren, werden in Auftritt und Qualität immer hochwertiger. Der bisherige Massenmarkt entwickelt sich dadurch immer mehr zu einem „semiselektiven" Bereich, was zu einer Substitution der selektiven Kosmetik der Fachparfümerien durch Produkte des breit distribuierten Drogeriemarktes führt. Um diesem Trend wirkungsvoll zu begegnen, sind vor allem die Hersteller der hochwertigen, selektiv vertriebenen Kosmetikartikel gefordert. Ihre Aufgabe ist es, sich durch eine eindeutige und angemessene Gestaltung, Platzierung und Kommunikation ihrer Produkte entsprechend zu positionieren.

2.2   Unternehmensphilosophie als Markenkern

Der Name „Douglas" geht zurück auf eine Parfümerie- und Seifenfabrik, die der schottische Einwanderer John Sharp Douglas 1821 in Hamburg gründete. Im Jahr 1910 eröffnete die erste Parfümerie unter dem Namen „Douglas" in Hamburg ihre Türen. Nach und nach entstanden in Hamburg weitere Filialen. 1969 übernahm die damalige Hussel AG unter Führung ihres Vorstandsvorsitzenden Dr. Jörn Kreke die Hamburger Douglas-Parfümerien. Die Übernahme markierte den Eintritt der Hussel AG in den Parfümerieeinzelhandel und den Beginn einer Diversifikation des Unternehmens, das bislang ausschließlich mit Hussel-Fachgeschäften auf dem Markt vertreten war. Die Motivation für diesen Schritt war das Bestreben, sich von der Branchenkonjunktur des Süßwareneinzelhandels unabhängiger zu machen und ein gleichermaßen lukratives wie zukunftsträchtiges Marktsegment zu besetzen. Der Leitsatz „Handel mit Herz und Verstand" prägt bereits seit dieser Zeit die Werte des Unternehmens und bildet bis heute die Basis des Erfolgs der Douglas-Gruppe. Das „Herz" steht hier stellvertretend für die Liebe zum Verkauf, während der „Verstand" für ein erfolgsorientiertes Arbeiten zur nachhaltigen Steigerung des Unternehmenswertes steht.

An allen Douglas-Standorten im In- und Ausland bilden ein Höchstmaß an Service und Kundenorientierung die Grundlage für das positive Image und den wirtschaftlichen Erfolg des Unternehmens. Die komfortorientierte Lifestyle-Philosophie mit ihren bereits erwähnten drei Eckpfeilern „hervorragender Service", „hohe Qualität" und „erlebnisorientiertes Ambiente" bestimmt das Handeln aller Mitarbeiter und Mitarbeiterinnen. Der Anspruch an Service, Qualität und Ambiente wird im Hause Douglas ganzheitlich gesehen. Er bezieht sich auf die Vielfältigkeit des Sortiments, das über 50.000 Artikel aus den Bereichen Beauty, Wellness und Lifestyle umfasst und von topaktuellen Innovationen bis zu Traditions- und Liebhaber-Artikeln reicht, auf die Hochwertigkeit der angebotenen Produkte, die attraktive Gestaltung der Ladenlokale und die profunde Aus- und Weiterbildung der Mitarbeiter. Im Detail wird dieser Anspruch deutlich durch Serviceleistungen wie der Douglas Card, einer der erfolgreichsten Kundenkarten im deutschen Einzelhandel, den aufwändigen, kostenlosen Geschenkverpackungen, Angeboten wie individuellen Make-up- und Typberatungen sowie der Etablierung von Haarsalons & Haar-Competence-Centern und Nagelstudios. Abgerundet wird das Bild durch ein hohes Maß an Dezentralität. Gemäß dem Grundsatz „So viel Dezentralität wie möglich, so viel Zentralität wie nötig" werden alle Entscheidungen so nah wie möglich an den Kunden und ihren individuellen Wünschen getroffen. Dieser Grundsatz trägt nicht nur den Bedürfnissen der Kunden Rechnung, er wirkt sich auch positiv auf das Erreichen der Unternehmensziele aus. Konkret heißt das: Ausbau der Marktpositionen durch renditeorientiertes Wachstum, Fortsetzen des Internationalisierungsprozesses und Festigung der führenden Stellung in den Bereichen Qualität und Service.

2.3 Strategie der Markenbildung von Douglas

Um sich vom Massenmarkt der Discount-Anbieter abzuheben und eine deutliche Profilschärfe der eigenen Betriebstypenmarke in der Wahrnehmung der Kunden zu erzeugen, verfolgt Douglas eine Doppelstrategie. Diese zeigt sich einerseits in der konsequenten Pflege und Optimierung des aus Marken und Produkten der hochwertigen selektiven und internationalen Kosmetik bestehenden Sortiments. Hierzu zählen Marken wie Chanel, Lancôme, Estée Lauder, Lancaster oder Clarins. Auf der anderen Seite wird die auf dem Kosmetikmarkt so wichtige Profilschärfe und der Anspruch auf eine dauerhafte Marktführerschaft gestärkt durch die Aufnahme exklusiv nur bei Douglas erhältlicher Marken, die das Sortiment gleichsam erweitern und bereichern. Zu den sogenannten Douglas-Exklusivmarken gehören unter anderem Frédéric Fekkai, True Religion, Juicy Couture oder Ed Hardy. Neben den in Deutschland ausschließlich und exklusiv bei Douglas erhältlichen Herstellermarken sorgen auch die für den Verbraucher attraktiven Douglas-Eigenmarken vor allem im Pflegebereich für ein wichtiges Alleinstellungsmerkmal und eine Stärkung der Kundenbindung.

Neben den „klassischen Sortimenten und Produkten" trägt auch die für Douglas typische Innovationsfreude zum Unternehmenserfolg bei. So sorgt ein umfangreiches Trendsortiment, vor allem im Bereich der Dekorative und Accessoires dafür, dass Douglas in der Lage ist, immer wieder neue, junge Kunden zu gewinnen. Darüber hinaus zeichnet sich Douglas durch den Mut aus, konsequent neue Ideen und Konzepte in die Tat umzusetzen. Der Eintritt in das Geschäftsfeld der Friseurdienstleistungen und die damit einhergehende Aufnahme von bis dahin friseurexklusiven Marken und Produkten in das eigene Sortiment wurde durch die Einrichtung professioneller Haarsalons in ausgewählten Parfümerien realisiert. Das Konzept konnte erfolgreich auf dem Markt platziert werden und in mittlerweile acht Filialen umgesetzt werden. Ergänzend zu den Haarsalons wurden im Jahr 2006 die so genannten „Hair-Competence-Center" ins Leben gerufen. Diese werden in Douglas-Filialen etabliert, die aus Platzgründen nicht für einen Haarsalon geeignet sind. Hier werden die Dienstleistungen von „Douglas Hairdesign" wie Schnitt, Styling und Beratung an ein bis zwei Schnittplätzen angeboten.

3 Douglas.de als Baustein des Betriebstypenkonzeptes

3.1 Konzept und Zielsetzung des Online-Shops (Phase 0)

Die Zeit kurz vor dem Jahrtausendwechsel war weltweit gekennzeichnet durch einen wahren Internet Hype, Schlagwörter wie „New Economy" und „Start-Up-Unternehmen" waren in aller Munde. Auch innerhalb der Douglas-Gruppe kam man nicht umhin, sich mit diesem Thema auseinanderzusetzen. Bereits 1996 wurde im Führungskreis die Frage „Douglas online?" diskutiert. Die Meinungen in Bezug auf die Realisierung eines Online-Shops als völlig neuem Baustein des herkömmlichen Betriebstypenkonzeptes gingen zunächst auseinander. Befürworter der neuen Technologie sahen sich mit Skeptikern konfrontiert, die E-Commerce als kontraproduktiv zum stationären Geschäft von Douglas ansahen. Auch im Hinblick auf die Industriepartner musste Überzeugungsarbeit geleistet werden. Nach diesen anfänglichen z.T kontroversen Diskussionen war jedoch schnell klar, dass das ebenso faszinierende wie facettenreiche Medium Internet ein großes Potenzial als neuer Kommunikations- und Vertriebskanal in sich barg. Auch als Ergänzung der traditionellen Parfümerien wurde der elektronische Kanal schließlich positiv gewertet. Die Möglichkeit, an 7 Tagen pro Woche und an jedem Ort der Welt Beauty-Erlebnisse in exklusivem Ambiente zu genießen, machten damals genauso wie heute die Faszination Online-Einkauf aus, die schließlich zu dem Entschluss führte, einen Douglas-Online-Shop einzurichten.

Die Ansprüche an die Entwicklung des neuen Internet-Angebots lauteten:

- Erreichen eines wertorientierten Wachstums

- Etablierung als Marktführer im Bereich der selektiven Kosmetik auch im Internet

- Schaffung eines einzigartigen, komfortorientierten Einkaufserlebnisses aus Kundensicht

- Realisierung eines effizienten Kommunikations- und Marketing-Tools

- Ausschöpfung bestehender Kundenpotenziale sowie die Gewinnung von Neukunden für die Marke Douglas

- Maximierung der Kundenorientierung und des Servicecharakters der Marke Douglas

Als große Herausforderung galt der Imagetransfer der Marke Douglas auf den Online-Kanal. Eine weitere Herausforderung in der Planungs- und Konzeptionsphase lag in der Tatsache, dass im Bereich der selektiven Kosmetik zum damaligen Zeitpunkt die rechtlichen Grundlagen für Versandhandel nicht vorlagen. Insofern ging es mit der Entscheidung für den Internet-Verkauf auch darum das Thema Versandhandel für selektive Kosmetik neu zu definieren.

In Bezug auf die konzeptionelle Umsetzung verfolgte Douglas von Beginn an eine Multi-Channel Strategie, die als Geschäftsmodell auf eine erfolgreiche Erweiterung der bestehenden Vertriebs- und Kommunikationskanäle um das Internet setzt. Ein großer Erfolgsfaktor von Douglas liegt hier in der konsequenten Kundenorientierung und der Fähigkeit, langfristige Kundenbeziehungen aufzubauen. Qualität, Service, Kompetenz und Freundlichkeit sind die Säulen des stationären Erfolgs. Genau hier setzt die Multi-Channel-Strategie an. Internet-Auftritt und Shop sind als Bestandteil der Multi-Channel-Strategie darauf ausgerichtet, einen Mehrwert für den Kunden zu schaffen und somit ein Mehr an Service, Vertriebsmöglichkeiten und letztlich auch an Kunden-bindung zu realisieren. Dabei galt es dem Anspruch gerecht zu werden, Douglas als Marke über alle Kanäle auf gleichem Qualitätsniveau zu präsentieren.

3.2 Gründung und organisatorische Einbindung des Online-Shops (Phase 1)

Die Phase der Gründung und organisatorischen Einbindung des neuen Online-Shops in die Strukturen des bestehenden Unternehmens war von vielen konzeptionellen und organisatorischen Herausforderungen geprägt. Um diesen optimal begegnen zu kön-nen, stellte man sich wie ein Start-Up-Unternehmen auf und gründete eine eigene Gesellschaft mit flexiblen Strukturen. Die Internet-Abteilung positionierte sich im Unternehmen als neuer Bereich mit eigenem Managementteam, eigenem Budget und flexiblen Strukturen. Eine direkte Anbindung an den Vorstand und eine enge Verzah-nung mit dem zentralen Marketing und dem Zentraleinkauf stellten eine funktionie-rende Zusammenarbeit sicher, die durch kurze Kommunikationswege gekennzeichnet war. Der Aufbau des Online-Shops und des dafür notwendigen Distanzhandels erfolg-te in Zusammenarbeit mit starken Partnern. Douglas konzentrierte sich auf seine Kernkompetenzen. Logistik sowie technische und optische Umsetzungen wurden von strategischen Partnern wie Arvato und der Agentur d´SIRE umgesetzt, mit denen man auch heute noch erfolgreich zusammenarbeitet. Auch der Sortimentsaufbau stellte die Beteiligten aufgrund der Depotverträge bzw. des selektiven Vertriebs und der damit verbundenen Unsicherheiten auf Seiten der Lieferanten vor einige Probleme. So war in den derzeitigen Depotverträgen ein Versandhandel mit den entsprechenden Produk-ten und Marken nicht vorgesehen. Diese Schwierigkeiten konnten im Dialog zwischen Herstellern und Douglas jedoch relativ schnell aus der Welt geschafft werden.

Der Online-Shop startete 1999 zunächst als reine Informationsseite unter dem Namen douglasbeauty.com. Innerhalb weniger Monate vollzog sich der Wandel der Douglas-Website vom reinen Marketingmedium hin zu einem Online-Shop, der damit erster Internet-Händler für Depot-Kosmetik in Deutschland wurde. Am 14. März 2000 war Douglas erstmals mit seinem Internet-Shop und einem „bescheidenen" Sortiment aus 740 Artikeln online. Nun galt es, die Vorreiterrolle auszubauen und sich auf dem neuen Markt zu etablieren. Ein einheitliches Markenmagagement, eine konsequente Kommunikation des Multi-Channel-Angebotes und die vertriebskanalübergreifende Integration des Leistungsangebotes gehörten ebenfalls zu den großen Herausforderungen der zweiten Phase.

3.3 Markteinführung und Aufbau des Online-Shops (Phase 2)

Der gelungenen Gründung des neuen Online-Shops folgte die Phase des auf Nachhaltigkeit ausgelegten Aufbaus des Internet-Kanals. Ein Grund, der wesentlich zur erfolgreichen Etablierung von douglas.de beigetragen hat, liegt in der hohen Markenbekanntheit der Parfümerie Douglas. Alleine in Deutschland gibt es derzeit über 450 Parfümerie-Filialen, die jedes Jahr von etwa 14 Millionen Kunden besucht werden. Eben diese hohe Markenbekanntheit sorgte auch im Online-Handel für einen Vertrauensbonus und damit für einen entscheidenden Wettbewerbsvorteil, der die Phasen der Markteinführung und des Aufbaus so erfolgreich verlaufen ließen. Gerade in Hinblick auf die intensivierten Datenschutzdebatten gilt der Name Douglas aus Kundensicht als Garant für Seriosität und Sicherheit, zwei Komponenten, die für die Kunden in vielen Fällen kaufentscheidend sind. Die von Beginn an verfolgte und forcierte Multi-Channel-Strategie zahlte sich vor allem in Phase zwei aus. So konnten bisher z.B. Akquisitionskosten für das Internet-Geschäft durch die Ausnutzung von Cross-Promotion und Cross-Selling-Potenzialen deutlich verringert werden.

Das einheitliche Markenmanagement, die konsequente Kommunikation des Multi-Channel-Angebotes sowie die Einbettung in das übergreifende Marketing-Konzept der Parfümerie Douglas bildeten die Basis für eine erfolgreiche Positionierung auf dem neuen Markt. Wesentlicher Erfolgsfaktor war dabei, die Besonderheiten des Geschäftssystems Online-Handel mit ganz eigenen Gesetzen, Gefahren und Potenzialen zu durchdringen. Es ging darum, das Internet als vielschichtiges, facettenreiches, flexibles und vor allem schnelllebiges Medium zu verstehen und offensiv anzuwenden.

So mussten insbesondere in der Startphase Optik, Funktionalität und Logistik des Shops genauestens beobachtet, analysiert und den sich permanent ändernden Gegebenheiten angepasst werden. Nur so waren die klar definierten Zielvorstellungen in Bezug auf Effizienz, Wachstum und Kundenkomfort dauerhaft zu realisieren. Dabei mussten nicht nur die steigenden Ansprüche der Kunden in Hinblick auf Komfort beim Einkauf, sondern ebenfalls die Erwartungen hinsichtlich einer schnellen und sicheren Lieferung – möglichst innerhalb eines Werktages – erfüllt werden. Darüber hinaus waren im Rahmen des Online-Auftritts eigene Marketingangebote zu etablieren wie zum Beispiel in Form des „Geschenks der Woche", Gratis-Proben oder regelmäßig angebotener Aktionen und Gewinnspielen. Wichtiger Stützpfeiler und grundlegend für die erfolgreiche Entwicklung des Online-Shops ist damals wie heute der Customer Service als persönliche Schnittstelle zwischen Mitarbeitern und Kunden. Wichtigste Aufgabe auf Seiten des Customer Service ist es, im persönlichen Gespräch alle Fragen und Probleme des Kunden innerhalb kürzester Zeit im Rahmen der lifestyle- und serviceorientierten Philosophie von Douglas zu bearbeiten und im Sinne des Kunden zu lösen.

Abbildung 3-1:   *Internationale Verteilung der Douglas Card*

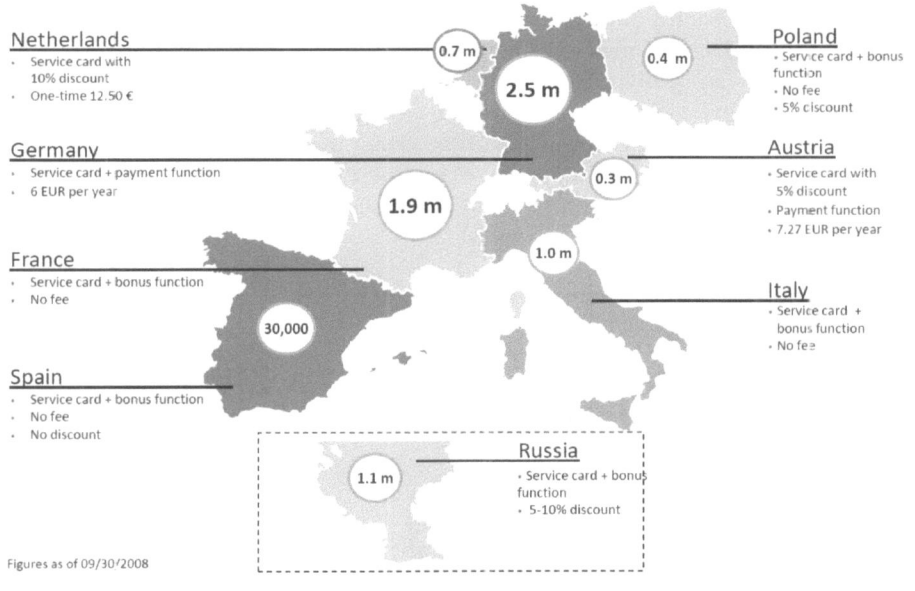

Insgesamt profilierte sich douglas.de innerhalb der zweiten Phase im Wesentlichen durch ein stetig erweitertes Sortiment, herausragenden Service, Sicherheit und operative Exzellenz. Klarer Maßstab für den Erfolg sind dabei die hohe Kundenloyalität und die überdurchschnittliche Wiederkaufsrate bestehender Kunden. Der Erfolg von douglas.de hängt dabei auch entscheidend davon ab, aus Erstkunden zufriedene Wiederkäufer zu machen. Als erfolgreiches Kundenbindungs-Tool erwies sich in der zweiten Phase auch die Integration der Douglas Card mit derzeit etwa 2,5 Millionen Kartenbesitzern in Deutschland. Durch die Möglichkeit, die Douglas Card auch im Internet als Zahlungsmittel einzusetzen, konnte ein kanalübergreifendes CRM-System aufgebaut werden. Sie hilft auch, die weitere Internationalisierung des Online-Kanals voranzutreiben. In Abbildung 3-1 ist die internationale Verteilung der Douglas Card dargestellt.

3.4 Ausbau und Internationalisierung des Online-Shops (Phase 3)

Das Internet ist und bleibt ein außerordentlich schnelllebiges Medium, bei dem ein Ausruhen auf bisher erreichten Erfolgen schnell mit Misserfolgen bestraft wird. Für douglas.de bedeutet das in der aktuellen Phase 3, sich durch Ausbau und Internationalisierung die europäische Marktposition zu sichern. Dank der konsequenten Umsetzung der Multi-Channel-Strategie und der Realisierung innovativer und internetspezifischer Marketingmaßnahmen ist es douglas.de gelungen, sich von Beginn an als Online-Marktführer zu positionieren, der einen signifikanten Vorsprung gegenüber Wettbewerbern im wichtigen Heimatmarkt Deutschland besitzt. Um diese Position dauerhaft zu sichern, entschloss man sich zu einem umfassenden Relaunch des Online-Shops auf technischer und optischer Ebene. Seit 24. Oktober 2008 präsentiert sich douglas.de in neuem, übersichtlichen und modernen Design. Auch wurden viele neue Funktionen und Service-Angebote ergänzt.

Abbildung 3-2:   *Douglas Online TV*

Als herausragende Beispiele für die Umsetzung innovativer, internetspezifischer Konzepte ist die Einführung des Douglas Online TV anzusehen. Abgestimmt auf die Multi-Channel-Strategie sind die wöchentlich ausgestrahlten Sendungen ein hocheffektives Kommunikations-Tool und tragen dazu bei, die Verkäufe sowohl im Internet als auch in den Filialen signifikant zu steigern. Bislang wurden die Sendungen bereits über eine Million Mal angeschaut.

Seit 2007 verfolgt man bei douglas.de neben der Konzentration auf dem deutschsprachigen Heimatmarkt eine europäische Expansionsstrategie. Ziel ist es, unter Nutzung der bestehenden operativen Strukturen und substantieller Skaleneffekte in diversen europäischen Ländern zu expandieren und dabei einen überlegenen Service anzubieten. Basis der Leistungsfähigkeit von douglas.de sind dabei die operativen Back-End-Strukturen des Unternehmens. Diese umfassen eine leistungsstarke, europäische Zentrallogistik, eine paneuropäisch integrierte IT-Plattform sowie eine zentrale Steuerung der einzelnen Ländermärkte. So werden Marketing, Kundenakquisiton sowie Sortiments- und Preissteuerung in den verschiedenen Ländern direkt von der Zentrale in Köln aus gesteuert. Diese Strukturen ermöglichen die Realisierung eines dynamischen Unternehmenswachstums und schaffen gleichzeitig die Grundlage für weitere, nachhaltige Umsatzsteigerungen in der Zukunft. In Bezug auf das internationale Marketing liegt eine große Herausforderung darin, den unterschiedlichen Ansprüchen der Kunden und ihren Verhaltensweisen in den jeweiligen Ländern gerecht zu werden. Die Wahl der Marketingstrategien wird nach länderspezifischen Gesichtspunkten getroffen, da nur so eine Umsetzung der beabsichtigten hohen Kundenorientierung gewährleistet werden kann.

4 Ergebnis und Ausblick

4.1 Aktuelle Situation: Zahlen und Fakten von Douglas.de

Douglas.de ist heute Europas führender Online-Händler im Parfümerie-Segment und zeichnet sich durch das größte Sortiment im Bereich der selektiven Kosmetik sowie exzellenten Service und größtmögliche Sicherheit bei der Bestellabwicklung aus. Seit dem Eintritt in das Online-Geschäft steht für Douglas.de das Erreichen eines nachhaltigen Wachstums bei gleichzeitiger, kontinuierlicher Steigerung der Profitabilität im Vordergrund. Die aktuellen Zahlen und Fakten zeigen, dass dieser Weg mit Erfolg beschritten wird. So beläuft sich die Zahl der Kunden mittlerweile auf über 1 Million. Die Zahl der Newsletter-Abonnenten liegt mit ca. 1,2 Millionen sogar noch darüber. Über 50.000 Besucher kommen täglich auf die Seite von Douglas.de. Drei objektive

Gradmesser belegen die erfolgreiche Entwicklung von Douglas.de zum führenden Online-Händler im Parfümerie-Bereich. Zum einen gehört Douglas.de zu den von offizieller Seite geprüften Online-Shops mit Gütesiegel. Dieses ist angesichts der nicht abklingenden Diskussionen um gefälschte Produkte im Internet von größter Bedeutung. Das Gütesiegel garantiert dem Verbraucher bei Douglas.de ausschließlich hochwertige Originalprodukte zu erhalten und sich auf eine sichere Bestellabwicklung unter Berücksichtigung aller gesetzlich vorgeschriebenen, datenschutzrelevanten Belange verlassen zu können. Das Vertrauen in die Seriosität und die Servicebereitschaft von Douglas kam unlängst in den Ergebnissen einer in der Zeitschrift WirtschaftsWoche veröffentlichten Studie (Ausgabe 14/2009) zum Ausdruck. In der von der Unternehmensberatung Dr. Wieselhuber & Partner, der Werbeagenturgruppe Serviceplan und des Marktforschungsunternehmens Facit durchgeführten Studie wurde Douglas zum beliebtesten Handelsunternehmen Deutschlands gewählt und ließ damit viele namhafte Unternehmen hinter sich. In einer anderen, von der Firma „meditime consulting" durchgeführten Studie zum Thema „Markenimage im Internet", erreichte Douglas.de den zweiten Platz.

4.2   Resümee und Lessons Learnd von Douglas.de

Der Blick auf die aktuelle Situation zeigt, dass es gelungen ist, die Marken-Equity von Douglas erfolgreich in den Internet-Kanal zu transferieren. Douglas hat es geschafft, den Spagat zwischen optimaler Markenpräsenz für hochwertige Kosmetikprodukte einerseits und der notwendigen Usability im Internet andererseits erfolgreich zu bewältigen. Dabei hat sich für Douglas die von Beginn an verfolgte Multi-Channel-Strategie ausgezahlt. Sie ist und bleibt das favorisierte Geschäftsmodell, auf dessen Basis sich das Potenzial der unterschiedlichen Kommunikations- und Vertriebskanäle auf bestmögliche Weise nutzen lässt. So wird der Online-Shop bei Douglas nicht als Konkurrenz, sondern als sinnvolle Ergänzung der Parfümerien angesehen. Das Motto heißt hier „Gemeinsam erfolgreich". Dabei werden gezielt alle Möglichkeiten des gegenseitigen Cross-Marketing auf bestmögliche Weise genutzt. So bewirbt Douglas.de z.B. die Douglas Card und bietet stationäre Service-Funktionen wie z.B. den Filialfinder an, über den sich die Kunden schnell und komfortabel alle Douglas-Filialen in ihrer Nähe anzeigen lassen können. Darüber hinaus steht der Online-Shop den Parfümerien als Servicelager zur Verfügung. Produkte, die in den Parfümerien nicht vorrätig sind, können bei Douglas.de bestellt werden. Der Kunde kann sich seine Ware dann entweder zum Abholen in die Filiale oder aber direkt nach Hause schicken lassen. Auch nutzen viele Kunden Douglas.de als Informationsmedium, um sich über die aktuellsten Trends und neuesten Produktinnovationen zu informieren, bevor sie dann in einer stationären Parfümerie einkaufen. Mit dem Online-Kanal lassen sich auch junge Zielgruppen besser erschließen, denn gerade bei jüngeren Kunden lassen sich durchaus Schwellenängste im stationären Bereich feststellen, die beim Online-

Kauf so nicht bestehen. Trotz der positiven Synergieeffekte durch die enge Verzahnung des stationären und elektronischen Vertriebskanals hat sich die eigenständige Organisation für den Online-Shop bewährt, da er in seinen Strukturen ungleich flexibler agieren können muss als ein klassisches Handelsunternehmen.

Rückblickend auf das erste Jahrzehnt der Marke Douglas im Internet lässt sich schlussfolgern, dass ein professionell geführter Online-Shop kein Geschäft ist, das „nebenbei" betrieben werden kann. Durchgehende Optimierungs- und Marktanpassungsmaßnahmen gehören hier zum täglichen Geschäft. Darüber hinaus ist von allen Beteiligten ein hohes Maß an Flexibilität gefragt, um den Ansprüchen des schnelllebigen Mediums Internet gerecht werden zu können. Die Mitarbeiter sind daher ein wesentlicher Erfolgsfaktor für die bisherige Entwicklung von Douglas.de. Trotz des verhältnismäßig hohen Aufwandes, der mit der Etablierung eines Internet-Versandhandels in der Größenordnung von douglas.de einhergeht, konnte bewiesen werden, dass sich ein derartiges Geschäftsmodell rechnet. Douglas.de ist heute eine der ertragreichsten Filialen der Parfümerie Douglas, aber auch zugleich in der Lage, zugleich die traditionellen Segmente des Unternehmens zu stärken. Von zentraler Wichtigkeit ist dabei jedoch die regelmäßige Überprüfung der eigenen Aktivitäten sowie die Einleitung notwendiger Anpassungen an die sich stetig ändernden Rahmenbedingungen des Internets. Allerdings besteht aus Sicht der Parfümerie Douglas eine Reihe von Eintrittsbarrieren für potenzielle neue Wettbewerber. Diese existieren vor allem aufgrund eigenentwickelter, anspruchsvoller Systeme in den Bereichen Logistik, Fulfillment, Kundenakquisition und Webtechnologie. Derartige Systeme stellen die Grundvoraussetzung der mittel- und langfristigen Profitabilität von Douglas.de dar und sind nur unter hohem Aufwand replizierbar.

4.3 Ausblick und Zukunftsplanung von Douglas.de

Ziel der kommenden Jahre ist es, die Markführerschaft in Deutschland weiter zu festigen und die jeweiligen Marktpräsenzen in den Auslandsmärkten, vor allem in Frankreich, Holland und Polen auszubauen. Die Dynamik und damit verbundenen Veränderungen im Internet, erfordern eine strategische Offenheit für neue Geschäftsmodelle. So verbergen sich unter dem Schlagwort Web 2.0 unterschiedliche Themen, die auch von Douglas aufgegriffen wurden. Dabei handelt es sich z.B. um Themen wie „Social Media Marketing", „Blogs" und „Vernetzung mit Communities", die von Douglas weiterverfolgt werden. Weiterhin ist es das Bestreben von Douglas.de, immer wieder innovative Service-Funktionen im Online-Shop anzubieten. Eine der in diesem Zusammenhang geplanten Erweiterungen ist die Integration von Kundenbewertungen. Dadurch werden Produktbeschreibungen authentischer, wodurch das Vertrauen der Verbraucher in Douglas.de wiederum steigt. Durch dieses höhere Maß an Transparenz auf Basis von Kundenbewertungen wird es Douglas möglich, die Angebote künftig noch weiter zu optimieren und noch besser auf die individuellen Wünsche der Kunden auszurichten.

Olaf Rotax

Neue Internet-Service-Geschäftsmodelle revolutionieren den E-Commerce-Markt

Zappos war nur der Anfang

1 Wie Zappos mit einem Service-Geschäftsmodell Marktführer wurde

1.1 Die Geschichte von Zappos

Zappos wurde nach Firmenangaben im Jahr 1999 von Nick Swinmurn als shoesite.com gegründet. Frustrierendes erfolgloses Suchen nach gewünschten Schuhen in der richtigen Größe in verschiedenen Läden sollten durch die Vision eines nur online möglichen Schuh-Megastores ersetzt werden. Der amerikanische Schuhmarkt mit einem jährlichen Umsatzvolumen von ca. 40 Mrd. US-Dollar bot dabei besonderes Potenzial. Den Lagerbeschränkungen des Stationärhandels und den bis dato nur kleinen stark fragmentierten Online-Angeboten sollte ein konsolidierender Online-Shop mit allen Schuhen in jeder Größe und immer sofort verfügbar gegenüberstehen. Anfängliche Schwierigkeiten beim Aufbau des Sortiments aufgrund einer dem E-Commerce noch sehr konservativ gegenüberstehenden Schuhindustrie führten schon nach sehr kurzer Zeit zu einer Neuausrichtung. In Verbindung mit dem Einstieg des heutigen CEO Tony Hsieh und einer substanziellen Investitionssumme von über 1 Mio. US-Dollar in 2000 wurde das Unternehmen (an das spanische Wort für Schuhe „zapatos" angelehnt) in zappos.com umbenannt und alternativ positioniert. Da eine hinreichend große Auswahl für einen Megastore kurzfristig nicht realistisch war, wurde Service zum Alleinstellungsmerkmal und Schuhe lediglich als Startsortiment definiert. Konsequent wurde das Geschäftsmodell unter der Maxime „We are a service company that happens to sell shoes" in jeder Hinsicht auf Service ausgerichtet. Parallel wurde das Sortiment zum größten Schuhsortiment mit heute über 65.000 Schuhen und ca. 1.000 Marken ausgeweitet. Später wurden auch weitere zunächst arrondierende Sortimente wie Handtaschen und Accessoires aufgenommen. Heute stehen Schuhe nur noch für eine von 11 Hauptkategorien auf Zappos.com und bilden ca. 50 Prozent des Sortiments von z.B. auch Mode, Schmuck, Kosmetik und Haushaltswaren. Die Maxime lautet heute entsprechend: „We are a service company that happens to sell _____ [blank]". Glaubt man den Interviews von Tony Hsieh, dann sieht er in Zukunft sogar das Potenzial für eine Airline unter der Zappos-Marke. Zappos soll neutral beim Konsumenten als Synonym für freundlichen und zuvorkommenden Service stehen und kann Basis für fast jedes Angebot sein.

Die zentralen Service-Elemente von Zappos beim bisher ausschließlichen physischen Produktvertrieb über das Internet sind seit der Neuausrichtung mit nur leichten Adaptionen:

- 100 Prozent physische Verfügbarkeit aller Produkte im eigenen Lager unter Verzicht auf Streckengeschäft,

- schneller kostenfreier Versand, im Idealfall am nächsten Tag,

■ 365 Tage kostenloses und hochkulantes Rückgaberecht,

■ 24h telefonische kompetente Beratung und Betreuung durch hochmotiviertes und freundliches Servicepersonal.

Die nachgewiesen überragende Servicequalität von Zappos wird dabei durch eine einzigartige Unternehmenskultur getragen und im wahrsten Sinne des Wortes vom CEO bis zum Service-Agent „sichtbar gelebt" (vgl. z.B. www.zappos.tv). Die Kultur ist zugleich Stütze, Kopierschutz und Barriere des Geschäftsmodells. Sie kann nicht durch technische Systeme erzeugt werden, nicht ohne Adaptionen international übertragen werden, sondern wahrscheinlich nur durch Menschen organisch entwickelt werden.

Neben dem enormen wirtschaftlichem Erfolg von über 1 Mrd.-US-Dollar Nachfrage, bei nach eigenen Angaben über 5 Prozent Rendite nach weniger als zehn Unternehmensjahren, ist so auch die Akquisition von Zappos im Juli 2009 durch Amazon.com für ca. 850 Mio. US-Dollar aus beiden Perspektiven her konsequent. Steht Amazon für international standardisierte und vollkommen automatisierte Convenience (Ratio und Maschine) ist Zappos Prototyp für ein persönliches individuelles Einkaufserlebnis (Emotion und Mensch). Nun kann Zappos die internationalen Strukturen von Amazon für die schnellere Expansion nutzen, während Amazon die Chance erhält, die nachgewiesene Kundenbindung durch Kundenbegeisterung mit individuellen Service von Zappos mindestens als Portfolio-Alternative der nach weiter steigenden Anzahl von Online-Käufern anzubieten.

1.2 Kundenbegeisterung durch Service

Online-Geschäftsmodelle basieren aus der Beratungspraxis vereinfacht auf drei zentralen Erfolgsfaktoren:

■ Überlegene Auswahl.

■ Überlegenes Kundenerlebnis.

■ Überlegenes Kundenmanagement.

Kundenerlebnis und Kundenmanagement können dabei überlegene Auswahl verstärken, aber nicht ersetzen. Anders herum ausgedrückt: Auch über das Internet lässt sich kein Angebot ohne echten Kundenmehrwert profitabel verkaufen, da entsprechende Angebote, infolge existierender bestehender Alternativen, wenn überhaupt eigentlich nur mit hohen Rabatten über Preis ohne Kundenbindungseffekt jedes Mal wieder neu durch Marketing „verkaufbar" sind.

Spannend werden Internet-Geschäftsmodelle dementsprechend erst dann, wenn Kunden infolge eines überlegenen, exklusiven Angebots ohne Marketingkosten stetig

„organisch" wiederkommen. Der Anbieter steht dann in den Köpfen der Kunden synonym z.B. für eine Produktkategorie (Frage an den Leser: An wen denken Sie, wenn Sie an Bücher denken?). Die im klassischen Distanzhandel bekannte Regel, dass eine hohe Aktivquote bzw. Wiederkaufquote des Bestandskundenstamms maßgeblich zum Erfolg beiträgt, gilt natürlich umso mehr für den Online-Handel. Dieser skaliert bei Grenzkosten nahe „Null" für den zusätzlichen Kunden, bei Reduktion des Marketings direkt profitabel im Ergebnis. Daher stellt sich die Frage, warum viele Start-Ups noch ausschließlich dem Neukundenpfad folgen, statt von Anfang an parallel Bestandskundenmanagement erfolgskritisch zu etablieren und auf Kundenbindung zu setzen. Die Kür stellt zweifelsohne die Kundenbegeisterung dar. Dass Internet-Geschäftsmodelle höchst erfolgreich sein können, wenn diese echte Kundenbegeisterung auslösen, hat Zappos eindrucksvoll aufgezeigt: Der begeisterte Zappos-Kunde übernimmt für das Unternehmen auch die Neukundengewinnung durch aktive Mund-zu-Mund-Empfehlung. Er sorgt dadurch nicht nur für einen profitableren Bestandskundenstamm, sondern auch noch für eine „kostenfreie" Neukundengewinnung, wenn man die für die Kundenbegeisterung notwendigen Aufwendungen für Kundenservice zunächst vernachlässigt. Aber auch unter Berücksichtigung dieser Kosten bleibt bei professionellem Vorgehen ein positiver Saldo im Vergleich zu klassischen Akquisitionsmaßnahmen. Investitionen in Service sind in diesem Fall am besten mit Investitionen in Marken zu vergleichen, die sich spätestens periodenverzögert positiv auszahlen sollten. Bei Zappos werden entsprechend vergleichsweise nur 15 Prozent in Marketing und dafür vergleichsweise besonders viel mit 15 Prozent in Service investiert. Wichtig: Service ist bei Zappos kein Cost-Center, sondern Teil des Marketings.

Im Fall von Zappos wird die Kundenbegeisterung durch eine Kombination aus klarem Erwartungsmanagement und überraschendem Extra-Service erreicht. Service wird dabei durch eine spezielle und über alle Ebenen gelebte Unternehmenskultur getragen.

Kundenbegeisterung lässt sich logisch als Differenz zwischen Erwartung und Erfüllung beschreiben. Trifft die Erfüllung die Erwartung sind wir zufrieden, liegt sie darunter sind wir unzufrieden. Liegt sie darüber sind wir positiv überrascht oder wenn dies mehrfach auftritt, auch mal einfach begeistert. Wenn Zappos also z.B. faktisch ca. 80 Prozent aller Bestellungen am nächsten Tag ausliefert, könnte man mit der Aussage „Wir liefern fast immer am nächsten Tag" ca. 20 Prozent Kunden enttäuschen und wie viele Unternehmen für negative Mund-zu-Mund-Propaganda sorgen. Man könnte mit der Aussage „In der Regel liefern wir zwischen ein und drei Tagen" allgemeine Zufriedenheit herstellen (und sollten dies auch immer mindestens tun). Oder man könnte wie Zappos nach der Bestellbestätigung mit – einer realistischen Aussage wie direkt vorstehend – mit der nachfolgenden Nachricht: „Sie erhalten heute kostenfrei unseren Premium-Service und werden als für uns wichtiger Kunde bereits am nächstem Tag beliefert" den Kunden positiv überraschen.

Abbildung 1-1:   *Stufen des Erfolges im Internet*

Drei Stufen des Erfolges: Gewinnen, Halten, Begeistern

Gelingt dies nun mehrfach, dann gibt es die Chance für echte Kundenbegeisterung mit positiver Mund-zu-Mund-Propaganda; zum Beispiel auch über extrem kulantes Rückgabeverhalten oder bei dem durch Zappos praktizierten Verweis auf einen lieferfähigen Konkurrenten, wenn ein nachgefragtes Produkt einmal nicht verfügbar sein sollte. Und Zappos wäre nicht Zappos, wenn sie es dem Zufall überließen, dass der Kunde sich entsprechend positiv über das Unternehmen äußert. Vielmehr überflutet Zappos regelrecht das Internet mit positiven Kundenfeedbacks. Die Feedbacks werden scheinbar durch Interviews und systematische Kundenbefragungen generiert und professionell veröffentlicht. Wie gut dieses „Positive Spamming" funktioniert, lässt sich feststellen, wenn man einmal über google oder YouTube negative Kundenmeinungen über Zappos zu finden versucht. Die schlichte Anzahl meist professionell SEO (Search-Engine-Optimization) unterstützter positiver Beiträge über Zappos spült realistisch definitiv vorhandene negative „Einzelmeinungen" in die Unfindbarkeit. Es sei aber ausdrücklich erwähnt, um jedes potenzielle Missverständnis auszuräumen, dass die meisten Kunden von Zappos zweifelsohne begeisterte Kunden sind.

Der individuell erlebte Service lässt sich nicht durch auf Kundenerwartungen ausgerichtete Standards erreichen. Starre Gesprächsleitfäden und Zeitvorgaben wie in herkömmlichen Call-Centern oder vollständige Automatisierung mögen zu garantierbar fehlerfreien Prozessketten wie bei Amazon nach dem Motto: „Best service is no service neccessary" führen. Individuell erlebter Service wird aber nur durch kontinuierliche exzellente Grundleistung und im individuellen Kontaktfall zwischen Kunde und Unternehmen möglich. Nur wenn der dem Kunden gegenübertretende Mitarbeiter spontan und flexibel auf die individuellen Erwartungen des Kunden eingehen kann und diese im Idealfall sogar übertrifft, kann Begeisterung entstehen. Dementsprechend gibt es bei Zappos weder Gesprächszeit- noch Umsatzvorgaben für das einzelne Telefonat. Dem Service-Agent werden weite Freiheitsgrade eingeräumt, die er im Interesse der Unternehmensziele anwendet. Ziel ist es vielmehr, den Kunden durch positive Erlebnisse zum Wiederkauf zu überzeugen. Der Service-Agent arbeitet auf Basis von zehn einfachen Regeln der Zappos-Firmenkultur, die er in einem fünfwöchigen Training zu Beginn seiner Tätigkeit bei Zappos verinnerlicht. Jeder Mitarbeiter, egal wo er später seine Aufgabe hat, durchläuft eine Schulung im Customer Service in der Zentrale in Las Vegas, dessen Aufgabenbereich fließend zwischen klassischem Service-Center und Produktmanagement erscheint. Jeder Kundenkontakt wird nicht als vermeidbares Übel, sondern als Chance zum Dialog mit dem Kunden verstanden und aktiv genutzt. Zusätzlich lernt jeder neue Mitarbeiter die Abläufe im Lager in Kentucky kennen und wird am Schluss in einer Zeremonie auf die zehn Firmenregeln eingeschworen. Er entscheidet sich dabei am Ende aktiv gegen kurzfristige persönliche Optimierung, in dem er ein Angebot von 2.000 Dollar für seine sofortige Kündigung nach dem Training ausschlägt und als „Teil eines größeren Ganzen" und sich für die Firmen-Mission sich und den Kunden „Glück zu bringen (Deliver Happyness)" entscheidet. Wer jetzt an eine Sekte denkt, geht allerdings in der Interpretation deutlich zu weit. In zahlreichen Videos und Beiträgen lässt sich die, für europäische Verhältnisse zunächst ein wenig befremdlich offen zur Schau gestellte Kultur, näher kennenlernen. Wenn ausgelassene Mitarbeiter bis zum CEO sich zum Beispiel am „Headshave day" die Köpfe gegenseitig kahlrasieren (vgl. „go balt at zappos!" auf Youtube.de), Maskeradeparaden einzelner Abteilungen wöchentlich durch die Büros ziehen oder jeder Besucher auf einem Thron fotografiert und an der Wand verewigt wird. Eine sehr gute Dokumentation ist für den Interessierten z.B. unter „Zappos on nighline" auf Youtube.de zu finden. Lässt man ein paar der typisch amerikanischen Übertreibungen weg, lässt sich eine werteorientierte Kultur erkennen, wie sie auch in vielen inhabergeführten Unternehmungen zu finden ist. Mitarbeiter können und sollen ihre persönlichen Stärken nutzen, um nachhaltige und faire Beziehungen zu den Kunden aufzubauen und zu pflegen. Sie sollen nicht auf eine Funktion reduziert werden, die ausschließlich kurzfristige Unternehmensziele optimiert. Im folgenden Kapitel sollen nun die Grundlagen für den Erfolg von Zappos durch Service aufgezeigt werden.

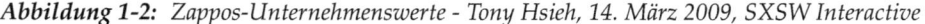

Abbildung 1-2: *Zappos-Unternehmenswerte - Tony Hsieh, 14. März 2009, SXSW Interactive*

Zappos Core Values

1. Deliver WOW Through Service
2. Embrace and Drive Change
3. Create Fun and a Little Weirdness
4. Be Adventurous, Creative, and Open-Minded
5. Pursue Growth and Learning
6. Build Open and Honest Relationships With Communication
7. Build a Positive Team and Family Spirit
8. Do More with Less
9. Be Passionate and Determined
10. Be Humble

Confidential
Slide 19

2 Potenziale von Service-Geschäftsmodellen im E-Commerce

2.1 Service hat dominierenden Einfluss auf Kundenzufriedenheit

Ein besonders guter Kundenservice hat in den USA bereits den höchsten Einfluss auf die Kundenzufriedenheit und ist der häufigste Grund für eine Weiterempfehlung eines Unternehmens. Günstige Preise oder andere Faktoren wie z.B. Produktqualität und Produktauswahl sind beim Spitzenreiter für Servicequalität im internationalen Vergleich für die Kundenbindung und Empfehlungsquote weniger relevant als gute Serviceleistungen.

Die Bereitschaft zum Anbieterwechsel und zur Verbreitung negativer Mundpropaganda nach einem schlechten Kundenerlebnis steigt nach dem U.S. Customer Experience Impact Report 2008 in den USA kontinuierlich (vgl. Haris Interactive 2008):

- In den USA steigt die Wechselbereitschaft nach schlechtem Serviceerlebnis kontinuierlich. Während in 2006 68 Prozent der amerikanischen Konsumenten aufgrund einer negativen Kundenerfahrung den Anbieter gewechselt haben, waren dies 80 Prozent in 2007 und 87 Prozent in 2008.

- Die Anzahl der Kunden, die eine schlechte Kundenerfahrung in ihrem Bekanntenkreis verbreiteten ist auf 84 Prozent gestiegen (von 67 Prozent in 2006 und 74 Prozent in 2007).

- Trotz der Finanzkrise gaben 58 Prozent der amerikanischen Konsumenten an, für eine bessere Customer Experience höhere Preise zu akzeptieren.

- Mit 58 Prozent war ein besonders guter Kundenservice der häufigste Grund für eine Weiterempfehlung des Anbieters, während günstige Preise nur für 44 Prozent der Kunden ein Grund zur Weiterempfehlung waren.

Deutschland ist nach der Accenture Studie „High Performance in the Age of Customer Centricity, Tuning in to today's consumer, Accenture 2008 Global Customer Satisfaction Report" aus dem Jahre 2008 im internationalen Vergleich Schlusslicht im Bereich Servicequalität, bei ebenfalls sehr hoher Wirkung des Kundenservice auf die Kundenzufriedenheit. Im internationalen Vergleich bleibt - isoliert gesehen - für die Deutschen 2008 der Preis noch der häufigste Grund für den Wechsel eines Anbieters. Der Kundenservice wird aber in einzelnen Gebieten mit bis zu 49 Prozent als Grund zum Wechsel angegeben.

Schlechter Service führt nach einer Statista-Umfrage aus 2008 auch in Deutschland zu folgenschweren Reaktionen seitens der Kunden:

- 68 Prozent der Deutschen reagieren mit Wechsel des Anbieters / Unternehmens,

- 83 Prozent der Deutschen warnen Bekannte vor dem Unternehmen,

- 72 Prozent beschweren sich sofort,

- 38 Prozent schreiben Beschwerdebrief/-Mail,

- 29 Prozent geben schlechtes Urteil auf Online-Plattform ab.

Weitere deutsche Studien zeigen, dass Service in vielen Branchen der wesentlichste Treiber für Kundenzufriedenheit, Kundenbindung und Weiterempfehlungen ist. Insbesondere in eher beratungsintensiven Branchen spielen Beratungsqualität sowie Produktkenntnis und Freundlichkeit der Mitarbeiter eine zentrale Rolle. Entscheidend ist künftig vielmehr die Servicequalität. Sie ist der wesentliche Treiber für die Kundenzufriedenheit, die wiederum wichtige Voraussetzung für anhaltende Kundenloyalität ist. Viele Bestandskunden sind bereit, für einen besseren Service auch höhere Preise zu bezahlen. Fast drei Viertel der Kundenzufriedenheit mit dem Service werden von den Faktoren Zuverlässigkeit und Schnelligkeit der Auftragsbearbeitung, Qualität der persönlichen Kontaktmöglichkeiten und Kompetenz der Servicemitarbeiter beeinflusst. (vgl. Oliver Wyman (Hrsg.) 2007).

2.2 Personal und Service treiben maßgeblich Kundenempfehlungen

Basierend auf tausenden von Kundenbefragungen wurde in den USA von Frederick Reichheld eine Messgröße entwickelt, mit deren Hilfe auf einfache Art und Weise die Kundenloyalität gemessen werden kann (vgl. Reichheld 2003/ Reichheld/Seidensticker 2006). Es wurde herausgefunden, dass diese Größe zudem das Unternehmenswachstum besonders gut erklären kann. Gemessen wird dabei der Anteil der Kunden eines Betriebes, die bereit sind das Unternehmen bzw. dessen Leistungen anderen zu empfehlen. Diese Kunden lassen sich auch als Promotoren ansehen. Gemessen werden kann diese Weiterempfehlungsbereitschaft durch eine einzige Frage: „Wie wahrscheinlich ist es, dass Sie uns an einen/eine Freund/Freundin oder Kollegen/Kollegin weiterempfehlen werden?". Die Auswertung einer auf diesem Hintergrund aufsetzenden Studie von Gutknecht (vgl. Gutknecht 2006) zeigt, signifikante Unterschiede von Betrieben in Hinblick auf die Weiterempfehlungsbereitschaft ihrer Kunden. Als ein wichtiger Indikator für die so genannte „Mund-zu-Mund-Werbung" der Konsumenten wird die Netto-Empfehlerquote (NEQ) zugleich als Treiber für Wachstum und Kundenloyalität definiert.

Aus den Detailfragen der Untersuchung zur Zufriedenheit der Kunden mit einzelnen Leistungsbereichen wurde ferner abgeleitet, welche Einflussgrößen die Weiterempfehlungsbereitschaft der befragten Kunden besonders geprägt haben: Personal und Service korrelieren relativ hoch mit der Netto-Empfehlerquote und zwar noch besser als Sortiment, Preise und Ladengestaltung bzw. Atmosphäre. Entsprechend resümiert die Studie gerade diese fachhandelstypischen Leistungsbereiche als Chance für Weiterempfehlungsbereitschaft der Kunden, wenn ein notwendiges Qualitätsniveau erreicht wird. Der Faktor Mensch als Differenziator und Chance zu Kundenbegeisterung ist also kein neues Online-Phänomen seit Zappos, sondern eine klassische Regel des Einzelhandels! Eine Studie der BBE aus dem Möbelbereich bestätigt die voran genannten Ergebnisse.

Einflussfaktoren auf Kundenloyalität und Weiterempfehlungsquote im stationären Möbelhandel (vgl. BBE Handelsberatung GmbH 2009):

- Top-10-Leistungselemente im stationären Möbelhandel: „Fachkundige Beratung" und „gute Produktkenntnis" scheinen den meisten wichtiger zu sein, als das „Preis/Leistungsverhältnis" (Rang 3). „Zeit für den Kunden" rangiert danach auf dem 4. Platz, „unaufdringliche Ansprache" (5. Platz) sowie „auf individuelle Bedürfnisse und Wünsche eingehen" (Rang 7) sind ebenso bedeutende Punkte auf der Prioritätenliste.

■ Äußere Faktoren wie Standort, Architektur, Innenraumgestaltung, Sortiment etc. seien zwar „Must-Haves", tragen aber nicht zur direkten Kaufentscheidung oder gar Kundenzufriedenheit bei. Ebenso wird die Rolle des Preises von vielen Marktteilnehmern überschätzt. „Preise werden immer in Relation zur Leistung beurteilt, doch sie dienen nicht als alleiniges Differenzierungsmerkmal, sondern werden vom Kunden als so genannter Hygienefaktor erwartet".

■ „Unternehmen mit einer hohen Kundenzufriedenheit zeichnen sich vor allem durch Mitarbeiter-Leistungen aus." Eine besonders vorbildliche Kundenbetreuung zahlt sich also aus. Der Kunde schätzt auf der einen Seite ganz persönliche Eigenschaften, wie die ihm gewidmete Zeit, Unaufdringlichkeit sowie Motivation und Spaß des Mitarbeiters an der Arbeit, so die Ergebnisse, die BBE dahin gehend interpretiert, dass Mitarbeiter- und Kundenzufriedenheit miteinander konform gehen. Auf der anderen Seite wird aber vor allem auch die Fachkompetenz sehr hoch bewertet.

2.3 Service im E-Commerce noch vergleichsweise „unterentwickelt"

Die Regeln im E-Commerce wurden bislang in Literatur- und Expertenkreisen stark aus den bekannten erfolgreichen E-Commerce-Geschäftsmodellen von z.B. Amazon und eBay abgeleitet. Nach dem Motto: „Was stark wächst und nachweisbar funktioniert ist richtig" folgen viele neue und etablierte Online-Shops der Servicephilosophie von Amazon, nach der reibungslose und schnelle Prozessketten keinen Service erfordern, dieser also eigentlich überflüssig ist. Sicher hat diese Sichtweise einen besonderen Reiz, da sich die auf technischen Systemen basierenden Prozessketten zu vernachlässigbaren Grenzkosten skalieren und absichern lassen. Ohne Zweifel hat ferner die besondere Exzellenz von Amazon bei der Definition und Optimierung seiner Prozesse auch den Mindeststandard für Kundenerlebnis im E-Commerce deutlich angehoben. Ursprünglich klassische Service-Champions wie Otto in Hamburg müssen sich in dessen Folge zum Teil neu erfinden: Vor wenigen Jahren war man noch Service-Pionier mit 24h Call-Center-Erreichbarkeit und optionalem für hohe Margen verkaufbaren Logistik-Innovationen wie einem 24h-Liefer-Service für ausgewählte Produkte. Mit dem eigenen Katalog war man Referenz für ganze Marktsegmente. Heute liefern mehr und mehr Online-Shops kostenfrei, teilweise schneller und zuverlässiger und mit höherer Aktualität und besseren Preisen. Im Weihnachtsgeschäft 2009 konnte man bei Amazon als Prime-Kunde am 23.12. bis 15 Uhr bestellen und wurde am nächsten Tag garantiert ohne Aufpreis beliefert! Systeme, die in der Vergangenheit die Stärken ermöglicht haben, sind zwischenzeitlich nicht mehr flexibel genug geworden und müssen aufwändig ersetzt werden.

Mit dem Erfolg von Zappos in den USA lässt sich aber auch nachweisen, dass Service und der Faktor Mensch Kunden nachhaltig begeistern können, und zwar stärker als dies z.B. Amazon mit seinem eigenen Schuh-Spezialisten endless.com allein je konnte. Der Kauf von Zappos durch Amazon ist damit getreu dem Motto: „If you can´t beat them, join them" nochmals konsequent.

In Europa sehen wir entsprechend bereits mehrere Unternehmen, die das Zappos-Geschäftsmodell fast unverändert kopieren oder zumindest stark adaptieren. Als Beispiele aus dem Schuhbereich seien exemplarisch Zalando in Deutschland, Sarenza.fr und Spartoo.com, beide aus Frankreich kommend, genannt. Man muss aber nicht ausschließlich auf Zappos oder seine Klone schauen, um exzellente Möglichkeiten zu finden, sich durch Serviceleistungen von der Konkurrenz zu differenzieren. Gerade die erschreckende Anzahl schlechter Praxisbeispiele für einfache Grundleistungen gibt schon demjenigen eine gute Chance, der einfach nur seine Basisleistungen exzellent erbringt.

Service als Basis für Kundenbegeisterung wird entsprechend in der Beratungspraxis z.B. in drei Ebenen betrachtet:

- Hygieneleistungen, die der Kunde als Mindeststandard erwartet.
- Funktionale Mehrwert-Services, die spezielle spezifische Kundenprobleme lösen.
- Emotionale Services, die Kunden in besonderer Weise positiv überraschen.

Während die erste Gruppe an Services insbesondere durch reine Online-Anbieter wie Amazon stetig vom Hygieneniveau her an Umfang und Bedeutung zunimmt, sind es die funktionalen Mehrwert-Services, die über den Erfolg für die Kundenbindung entscheiden. Emotionale Services schließlich können Begeisterung und Mund-zu-Mund-Propaganda auslösen. So hat z.B. die steigende Anzahl von Markenartiklern, die ihre Produkte ohne Versandkosten zu ihren Kunden schicken, der bisher üblichen Versandkostenpauschale die Akzeptanzgrundlage beim Kunden entzogen. Tommy Hilfiger oder Esprit sind Beispiele dafür.

Ähnlich verhält es sich mit der Verfügbarkeit von Produkten. War es noch vor wenigen Jahren ein besonderer Service von Kataloganbietern, wenn man telefonisch die Verfügbarkeit von Artikeln bei der Bestellabgabe erfahren konnte – und das Telefon so die bisher übliche schriftliche Bestellung mehr und mehr ersetzte – so hat insbesondere Amazon dafür gesorgt, dass alle in einem Online-Shop angezeigten Artikel entweder sofort oder mit klarer Zeitangabe kurzfristig lieferbar sein müssen. Aus einem empfundenen Mehrwert-Service ist ein Hygienefaktor geworden. Basis-Services sind es, die den Kunden dazu bringen, einen Anbieter zu wechseln und anderen von dessen Nutzung abzuraten. Die erste Aufgabe eines jeden Verantwortlichen für einen Online-Shop ist es folglich, die Frage zu beantworten, welche Services heute bei seinen

Kunden zwingend erwartet werden und insbesondere wie sich diese Erwartung in den nächsten Jahren verändern wird, um rechtzeitig reagieren zu können und Schaden abzuwenden. Bei der Frage nach relevanten Mehrwert-Services über die erwarteten Basisleistungen hinaus nennen Kunden vornehmlich faktische und funktionale Lösungen für spezifische Probleme. Differenzierende funktionale Mehrwert-Services sind entsprechend für die Mehrzahl aller Käufe und Käufer relevant. Das kann ein intuitiver Konfigurator für den Wunsch-PC bei Dell oder der Handyfinder bei Vodafone sein, der Kunden, über wenige für sie relevante Auswahlkriterien, die Wahl des für sie richtigen Mobiltelefons aus der in der Zwischenzeit nur noch von Experten überschaubaren und differenzierbaren Angebotsvielfalt ermöglicht. Funktionale Mehrwert-Services sind aber eben auch fachkompetente Beratung, per Online-Chat wie bei Fahrrad.de oder durch Kundenforen, Produktberatungsvideos und Kundenbewertungen auf Globetrotter.de. Diese Services sind es, die Kunden tatsächlich dazu veranlassen, einen Anbieter wiederholt aufzusuchen, also Kundenbindung zu erzeugen. Da diese funktionalen Mehrwert-Services im Detail vom jeweilig angebotenen Sortiment abhängen, ist es nach Sicherstellung der Basisleistungen im zweiten Schritt zwingend notwendig, die typischen Probleme der Kunden beim Kauf der angebotenen Sortimente zu erkennen und für diese intuitive Lösungen anzubieten. Eine gute Annäherung kann dabei auch die Analyse der Retourengründe der Kunden sein, da Kunden z.B. immer dann retournieren, wenn sie unzufrieden sind oder keine alternativen Lösungen für Auswahlbestellungen angeboten bekommen.

Unter emotionalen Services schließlich sollen solche Services verstanden werden, die faktisch keine hohe Relevanz für die Mehrheit der Käufe und Käufer haben müssen, aber Kunden in besonderer Weise positiv überraschen und so dafür sorgen, dass diese Ihren Freuenden und Bekannten darüber erzählen. Wenn Zappos im Falle der Nicht-Verfügbarkeit eines Produktes dem Kunden zwei bis drei Konkurrenz-Webseiten nennt, dann kann auch das die Kundenbindung steigern. Denn Zappos positioniert sich als Lösungsgeber und wird höchstwahrscheinlich vom Kunden auch das nächste Mal als erste Website aufgesucht werden, ohne dass dieser Angst haben muss, etwas zu verpassen. Durchaus ähnlich wirken auch die Google Adsense-Anzeigen, die auch Angebotsanzeigen der Konkurrenz mit darstellen, wie z.B. bei eBay praktiziert.

Auf der Suche nach aktuellen Service-Champions stößt man im deutschen Online-Handel insbesondere auf zwei Unternehmen, und zwar Globetrotter und Lands End. Beiden Unternehmen ist gemein, dass sie über eine hohe Fachkompetenz und Kundenorientierung bei Verkäufern verfügen. Auch geben ihre Call-Center-Mitarbeiter dem Kunden das Gefühl einer hohen Beratungsqualität und gehen gleichzeitig sehr kulant mit Retouren um.

Globetrotter kennzeichnen als Beispiel für einen Service-Champion im Outdoor-Markt folgende Eigenschaften:

- Die Läden sind aufgemacht wie ein Erlebnispark: mit Klettertunnel, künstlichem See, Kältekammer, Regenwalddusche und sogar einer Impfstation.

- Eigener Online-TV-Kanal mit 24 Stunden Live-Stream und neun Video-on-Demand-Channels zum Thema Outdoor und Reisen.

- Globetrotter stellt nur Mitarbeiter ein, die ihre Leidenschaft zum Beruf machen. Die Mitarbeiter könnten die besten Kunden ihres Geschäfts sein. Sie sind jeweils begeisterte Kanuten, Radfahrer und Bergsteiger. Vorher waren sie Schlosser oder Studenten und sind jetzt leidenschaftliche Verkäufer. Ein Verkaufsgespräch kann dann auch mal drei Stunden dauern, weil die Kunden noch viele kostenlose Tipps aus eigener Erfahrung „verpasst" bekommen. Vielleicht ist dadurch nicht jedes Verkaufsgespräch sofort „gewinnbringend", allerdings ist der Mundpropagandaeffekt enorm und unbezahlbar.

- Emotionales Ein- und Verkaufen: „Das Strahlen in den Augen des Verkäufers, der vom Produkt überzeugt ist, weil er es selbst getestet hat."

- Neben aller Innovationsfähigkeit gilt bei Globetrotter das Human Resource Management als das wichtigste Kapital. Keine Umsatzprovisionen, keine Verkaufsvorgaben für Produkte und Mengen. „Unsere Mitarbeiter entscheiden selbst, welche Produkte sie verkaufen." Mit dem Kunden in einem Boot. Das gilt nicht nur für organisierte Events, sondern auch, was die Kulanz angeht: „Keine Diskussion. Ein Kunde hat immer Recht."

Während Globetrotter dabei auch als Prototyp für ein erfolgreiches Multi-Channel-Geschäftsmodell gesehen werden kann, darf man Lands End, gegründet 1963, dabei als Prototyp für ein Service-Geschäftsmodell an sich ansehen.

Lands End kennzeichnen als Prototypen für ein serviceorientiertes Geschäftsmodell folgende Merkmale:

- Uneingeschränkte Garantie.

- Kostenlose Rücksendung: „Wir akzeptieren jede Rücksendung, aus jedem Grund, zu jeder Zeit. Kein Kleingedrucktes. Keine Diskussion."

- Ausführliche Beratung über eine kostenlose 24/7-Hotline. Die Berater und Beraterinnen der kostenlosen Hotline, sind speziell geschult, um am Telefon qualitative Auskünfte zu Größenermittlung und anderen Produktfragen zu geben. Sie erhalten keine Vorgaben, wie lange ein Gespräch dauern darf, sondern sind angehalten, sich so viel Zeit wie nötig zu nehmen.

- Zusätzliche Services: kostenloser Knopfersatz, Gratis-Stoffmuster, Hosen werden umsonst umsäumt etc.

- Service-Motto: „Den Kunden wie einen guten Freund mit Respekt und Großzügigkeit behandeln."

- Auch Online sehr fortschrittlich: „My Virtual Model" – Virtuelle Ankleidepuppe (seit 2001 online). „Shop with a friend" – Zwei Personen an unterschiedlichen

Computern können gleichzeitig und gemeinsam durch den Online-Katalog „bummeln" und denselben Einkaufskorb füllen.

3   Ausblick: Service-Geschäftsmodelle in allen Bereichen des Internets?

Fasst man die Erkenntnisse an dieser Stelle einmal zusammen, so lassen sich folgende Aussagen ableiten:

- Service ist das Management von Kundenerwartung.

- Kundenbegeisterung lässt sich logisch als Differenz zwischen Erwartung und Erfüllung beschreiben. Trifft die Erfüllung die Erwartung, sind wir zufrieden, liegt sie darunter, sind wir unzufrieden und liegt sie darüber sind wir positiv überrascht oder wenn dies mehrfach auftritt, dann irgendwann auch mal einfach begeistert.

- Service spielt im Handel in den USA und in Deutschland eine enorm kritische Rolle.

- Negative Serviceerlebnisse insbesondere bei erwarteten Grundleistungen haben nachhaltig negative Auswirkungen und führen zu einem Wechsel des Anbieters sowie aktivem Abraten vom Unternehmen.

- Positive Serviceerlebnisse binden Kunden und erzeugen kostenlose Empfehlungen.

- Ein besonders guter Service hat den höchsten Einfluss auf die Kundenzufriedenheit und ist der häufigste Grund für die Weiterempfehlung eines Unternehmens.

- Günstige Preise oder andere Faktoren wie Produktqualität und Produktauswahl sind für Kundenbindung und Empfehlungsquote weniger relevant.

- Durch Beherrschung einfacher Servicetugenden lässt sich in Deutschland eine Differenzierung von der Konkurrenz erreichen.

Service stellt eine weitere Evolutionsstufe im E-Commerce dar. Zu Beginn des Internets waren u.a. Amazon und eBay als First-Mover die größten Gewinner, als die etablierten Anbieter das Internet noch nahezu vollständig ignorierten. Sie haben mit ihren die Potenziale des Internet ausnutzenden Geschäftsmodellen in ihren Feldern wahrscheinlich uneinholbare Positionen aufgebaut. In der zweiten Welle haben etablierte Versandhandelsunternehmen wie Otto und Neckermann ihre bestehenden Strukturen nutzen können und durch Migration relevante Größenordnungen erreicht. Dass diese Positionen allerdings ohne parallele Adaption des gesamten Geschäftsmodells nicht nachhaltig sein müssen, hat der Fall von Quelle mehr als eindrucksvoll gezeigt. In der dritten Welle drängen aktuell die bisher ausschließlich stationär aktiven Marken ins Internet. Das Netz kann als Verkaufskanal nicht weiter ignoriert werden und wird in der Verkaufsanbahnung zunehmend auch für einen großen Teil des Stationärhandels wichtig. Bei dem steigenden Wettbewerbsdruck im Internet stellt sich so mehr und mehr die Frage nach einer für den Kunden relevanten und nachhaltigen Wettbewerbsdifferenzierung. Sind alle Produkte mehrfach im Internet verfügbar, verliert Auswahl, als Schlüsselkriterium seine Bedeutung. Steigen die Basisleistungen wie in den letzten Jahren weiter an, dann ist demnächst eine reibungslose und kostenfreie 24h-Lieferung selbstverständlich und Kundenerlebnis allein durch Basisleistungen nicht mehr möglich.

Wenn also Systeme z.B. durch hochprofessionelle Infrastrukturanbieter auf rein variabler Umsatzbasis keine Markteintrittsbarrieren oder Wettbewerbsfaktoren mehr darstellen, da sie jedermann gleich zur Verfügung stehen, dann könnte individueller, durch den Menschen erbrachter Service, wieder an Bedeutung gewinnen. In einer Welt, in der alle Produkte jederzeit verfügbar sind, machen wieder Menschen, die diese Vielfalt nahe bringen, den Unterschied. Die Zukunft digitaler Geschäftsmodelle liegt also im Analogen. Beim Menschen für den Menschen.

Literaturverzeichnis

Accenture (2008): High Performance in the Age of Customer Centricity: Tuning in to today's consumer: Accenture 2008 Global Customer Satisfaction Report. Verfügbar unter: http://www.accenture.com/NR/rdonlyres/8B2F24E2-B64D-4370-8CF1-8326C6 A19365/0/08_CustSatisfaction_Report_FINAL.pdf [07.01.2010; 10:00 Uhr MEZ].

BBE Handelsberatung GmbH (2009): Was Kunden wirklich wollen, in: Möbel Kultur, S.24ff. Verfügbar unter: http://www.bbe.de/presse/pressespiegel/download-presse-und-publikationen/mk-was-kunden-wirklich-wollen.pdf [07.01.2010; 11:05 Uhr MEZ].

Gutknecht, K. (2006): „Kundenloyalität messen und gestalten: Ergebnisse der Befragung von über 23.000 Kunden bei mehr als 120 Sporthändlern der Verbundgruppe INTERSPORT" durch die BBE Handelsberatung. Verfügbar unter: www.bbe.de/presse/pressespiegel/download-presse-und-publikationen/neq-aufsatz-gutknecht_ehe-v05-26-09-2006.pdf [07.01.2010; 11:00 Uhr MEZ].

Haris Interactive (2008): 3rd Annual Customer Experience Impact_Report. Verfügbar unter: http://bevan.net.au/PDF%27s/2008_harris_report.pdf [07.01.2010; 11:34 Uhr MEZ].

Oliver Wyman (Hrsg.) (2007): „Customer Excellence im Festnetz", in: Mercer Management Consulting. Verfügbar unter: http://www.oliverwyman.com/de/pdf_files/ OW_Spektrum1_2004.pdf [07.01.2010; 10:30 Uhr MEZ].

Reichheld, F. F. (2003): One Number You Need to Grow, in: Harvard Business Review. Verfügbar unter: http://hbr.org/product/one-number-you-need-to-grow/an/R0312C-PDF-ENG [07.01.2010; 10:40 Uhr MEZ].

Reichheld, F. F.; Seidensticker, F. J. (2006): Die ultimative Frage: Mit dem Net Promoter Score zu loyalen Kunden und profitablen Wachstum, Hanser Verlag, München.

Statista (2009): Wie reagieren Sie auf schlechten Service? Verfügbar unter: http:// de.statista.com/statistik/daten/studie/1669/umfrage/reaktionen-auf-schlechten-service/ [07.01.2010; 10:00 Uhr MEZ].Forsa Umfrage aus 2008.

Uly Wolters

E-Ventures in Osteuropa
Neugründung und Transformation von neuen Online-Geschäftskonzepten

1   E-Commerce in der Ukraine und in Russland

Während in Deutschland die Internet-Penetration nur noch degressiv zunimmt, steigt das Wachstum der Internet-Nutzer insbesondere in der Ukraine und in Russland exponentiell an. Der Ländervergleich zeigt, dass erst 32,3 Prozent der Russen und nur 22,7 Prozent der Ukrainer das Internet nutzen. Hierbei gilt es zu berücksichtigen, dass der relative Internet-Zugang in der Ukraine ca. 5-10 Prozentpunkte höher liegen dürfte, da Internet World Stats auf veraltete Daten zugreift und Internet-Cafés sowie die Büronutzung aufgrund spezieller Landesspezifika nicht richtig erfasst. Lokale Erhebungen der großen Internet-Portale in der Ukraine kommen dabei für Ende 2009 auf 15,3 Mio. Internet-Nutzer und eine Internet-Penetration von ca. 1/3 der ukrainischen Bevölkerung (vgl. Bigmir Report 2010). Demgegenüber bewegt sich die Internet-Penetrationsrate in Deutschland bei 67,1 Prozent und weist in diesem fortgeschrittenen Stadium nicht mehr so extrem hohe Internet-Potenziale wie die beiden osteuropäischen Staaten auf. Dementsprechend ist die Zahl der Internet-Nutzer zwischen 2000 und 2009 in Deutschland „nur" noch um gut 130 Prozent gewachsen. Dagegen haben diese im selben Zeitraum in Russland um das Zehnfache und in der Ukraine sogar um das Dreißigfache zugenommen.

Tabelle 1-1: *Internet-Nutzung in Deutschland, Russland, Ukraine (vgl. Internet World Stats 2009)*

Länder	Bevölkerung (2009) in Mio.	Internet-Nutzer in Mio. (2009)	In % der Bevölkerung (2009)	Nutzer Wachstum in % (2000-09)	Anteil an Internet-Nutzern in Europa in % (2009)
Deutschland	82.3	55,2	67,1 %	130 %	13,7 %
Russland	140.0	45,2	32,3 %	1.125 %	9,4 %
Ukraine	45.7	10,4-15,3	22,7-33,7 %	3.250-7.420 %	2,7 %-3,8 %

Insofern ist es nicht verwunderlich, dass Deutschland mittlerweile erheblich niedrigere Wachstumsraten als Russland und die Ukraine aufweist.

Beide osteuropäische Staaten können als „die Potenzialkandidaten" für das Internet-Geschäft angesehen werden. Es liegt daher auf der Hand, den Fokus einer osteuropäischen Markterschließung für Internet-Unternehmen auf die Ukraine und Russland zu legen. Allerdings besteht in westlichen Ländern eine weitgehende Unkenntnis über die Existenz und Beschaffenheit beider Märkte.

1.1 Ukrainischer Online-Markt

Die Internet-Penetration in der Ukraine beträgt ca. 1/4 bis 1/3 der Bevölkerung und liegt damit deutlich unter der Durchdringungsrate anderer europäischer Staaten. Sie weist jedoch im europäischen Ländervergleich mit das stärkste Wachstum auf und wird im Jahre 2010/11 das Niveau von Polen mit 20 Mio. Nutzern erreichen. In der Ukraine leben 85 Prozent der Internet-Nutzer in den acht größten Regionen des Landes, davon alleine die Hälfte in Kiew und den umliegenden Regionen. Dabei wächst die Internet-Nutzung derzeit überproportional stark in den anderen Regionen mit großen urbanen Zentren (wie z.B. Dnepropetrovsk, Donetsk etc.). Viele Erstnutzer nutzen zunächst den Internetzugang an ihren Arbeitsplätzen oder in Internetcafés. Der Trend geht aber eindeutig in Richtung Internet-Nutzung im eigenen Heim. So stieg die Zahl der privaten High-Speed-Internet-Nutzer seit Ende 2007 um 79 Prozent an. Zugleich erhöhte sich der Prozentsatz der Bevölkerung mit High-Speed-Breitband-Internet-Zugängen von 2,8 Prozent Anfang 2007 auf 6,4 Prozent per Ende 2008. Für Ende 2009 wird damit gerechnet, dass bereits über 10 Prozent der Bevölkerung einen Highspeed-Internetzugang haben. Bezogen auf die Internet-Nutzer verfügt damit rund jeder dritte Internet-Nutzer über einen High-Speed-Zugang. Bei anhaltend konstantem Wachstum wäre es möglich, dass die Ukraine bis 2012/2013 das deutsche Niveau an High-Speed-Internet-Zugängen erreicht. In der Ukraine nutzen mehr Männer als Frauen das Internet. Dabei handelt es sich vorwiegend um Jugendliche im Alter zwischen 16 und 25 Jahren sowie Top-Manager der mittleren Altersgruppe. Der B2C-Internet-Markt in der Ukraine und mit ihm der B2C-E-Commerce Markt, der ca. 80 Prozent dieses Marktes ausmacht, befindet sich noch in der Startphase, die Größe des Marktes ist noch recht überschaubar. Die Gründe dafür sind vielfältig. Vor allem das mangelnde Vertrauen in „virtuelle" Anbieter und Online-Bezahlsysteme, fehlendes E-Commerce-Know-how für das Shopmanagement und Online-Marketing, ungenügende Breitbandzugänge in den Regionen sowie der Mangel an vertrauenswürdigen, schnellen und flächendeckenden Lieferservices hat zu der eher schleppenden Entwicklung in den letzten Jahren beigetragen. Allerdings haben sich die Rahmenbedingungen für das E-Shopping in den letzten beiden Jahren dramatisch verbessert. Deswegen wächst der E-Commerce-Markt in der Ukraine aktuell um 50 Prozent auf US-Dollar Basis, und dies trotz einer sehr starken Währungsabwertung von ca. 50 Prozent in 2009. Der B2C Internet-Markt entwickelte sich so schnell, dass er bereits gegen Ende 2008 rund 600 Mio. US-Dollar und damit ca. ein Achtel des russischen B2C Internetmarktes von 2008 erreichte. Für 2010 wird das Überschreiten der 1 Mrd. US-Dollar Umsatzgrenze prognostiziert. Dies entspricht rund 2 bzw. 3 Prozent des deutschen

B2C-Internet-Marktes mit rund 26 Mrd. US-Dollar Umsatz in 2008 bzw. erwarteten 35-40 Mrd. US-Dollar in 2010.

Tabelle 1-2 gibt einen Einblick in die ukrainische B2C-Internet-Markt-Struktur. Anders als in Russland wird der ukrainische Suchmaschinenmarkt mit 72 Prozent von Google dominiert. Der restliche Markt wird von Yandex und einigen kleineren Suchmaschinen eingenommen.

Tabelle 1-2: *Die wichtigsten B2C-Internet-Marktsegmente in der Ukraine (diligenZ 2009a)*

Ukrainischer B2C Internetmarkt nach Segmenten				
Onlinemarkt-Segment	Einnahmequellen	Relevante Webseiten	Volumen 2008, Mio USD	Volumen 2010F, Mio USD
Online advertisement	Untenehmen zahlen für Kontext- und Bannerwerbung auf stark frequentierten Webseiten oder über Google Adwords und vergleichbare Services	• Suchseiten • Soziale Netzwerke, Blogs • Portale & Emailadress-Seiten • Presse & Entertainment	<25	>50
eCommerce (nur B2C)	Nutzer bezahlen für gekaufte nicht digitale Produkte von Webshops, die von diesen an die Nutzer ausgeliefert werden	• "Online only"-Shops (Bücher, DVDs, CDs, Elektronik, Foto,...) • Onlineshop von Einzelhandelsketten	475	>1.000
Paid Content	Nutzer bezahlen downloadbare, digitale Produkte (Music, Spiele, e-books, software etc.)	• Content stores	<50	>80
Paid Access	Nutzer bezahlen für Zugang zu exklusivem Resourcen/ Content (Jobseiten, Businessnetzwerke, Dating, Nutzerprofile etc.))	• Jobbörsen • Exklusive Netzwerke • Partnervermittlung	<10 <10	>15 >15
Electronic software services (nur B2C)	Nutzer bezahlen für Online-Zugang und Support für Software (als Miet-, Lease- oder SaaS-Modelle)	• SaaS Anbieter und Softwareleasing • Shareware Anbieter • Entwicklungen gegen Umsatzbeteiligung	n/a	√a
		Summe	>570	>1.080

Zum Vergleich: Der E-commerce Umsatz in Deutschland betrug 1998 ca. 500 Mio. USD, 1999 bereits mehr als 1 Mrd. USD

1.2 Russischer Online-Markt

Von 2003 bis 2008 ist die Anzahl der Internet-Nutzer in Russland um ca. 400 Prozent auf 38 Mio. Internet-Nutzer angestiegen (zum Vergleich Deutschland: 55 Mio.).

Die Nutzungsdauer steigt kontinuierlich an und ist heute mit 19 Stunden bis zu drei Stunden länger im Monat als noch 2007 (zum Vergleich Deutschland: 23 Stunden/ Monat). Dabei sind Nutzungsstunden über Internetcafé, am Arbeitsplatz und über mobilen Internetzugang nicht eingerechnet. Bei Einbeziehung dieser Zeiten ergeben sich nach Expertenmeinung mittlerweile längere Internet-Nutzungszeiten als im europäischen Durchschnitt (Europa 2008: 23 Stunden/Monat) (vgl. comScore 2008). Als Indiz hierfür, können auch die Anzahl der Page Impressions, die pro Unique Visitor generiert werden, herangezogen werden, diese erhöhen sich derzeit mit ca. 50 Prozent p.a. Zudem gehören die russischen Internet-Nutzer in sozialen Netzwerken zu den stärksten Nutzern weltweit. In keinem anderen Land sind so viele Internet-Nutzer Mitglieder in sozialen Netzwerken und verbringen mehr Zeit in sozialen Netzwerken als in Russland (6,6 Std. pro Monat pro registrierten Nutzer (FreshNetworksblog 2009).

Knapp 3/4 der Internet-User leben im europäischen Teil Russlands. Hier handelt es sich vorwiegend um gut ausgebildete, junge Leute mit einem mittleren bis hohen Einkommen. Diese Zielgruppe treibt die B2C-Internet-Marktumsätze, die bei weiterhin konstanter Entwicklung bis zum Jahre 2010 rund 15 Mrd. US-Dollar erreichen können. Das Umsatzvolumen des E-Commerce-Sektors wird dabei rund 8 Mrd. US-Dollar ausmachen.

Nachhaltige Auswirkungen auf die weitere E-Commerce-Entwicklung hat dabei allerdings das Spannungsfeld zwischen der stark internetaffinen Bevölkerung, die ein breites Warenangebot in allen Kategorien vorfindet und auf gute Lieferservices zugreifen kann – vor allem in den beiden großen Ballungsräumen St. Petersburg und Moskau – und der restlichen russischen Bevölkerung, die selbst in größeren Städten nur ein eingeschränktes Warenangebot bei schlechten Services vorfindet. Dieses hat zur Folge, dass sich vielfach nur regionale E-Commerce-Shops finden, die dann z.B. nur in die Region A oder nur in die Stadt B liefern. Den Spagat zwischen Angebots- und Nachfragemarkt zu managen sowie einen gleich guten Service & Support landesweit und über lange Distanzen sowie bis zu 9 Zeitzonen darzustellen, wird derzeit nur von wenigen Shops beherrscht. Gerade in 2009 sind jedoch mehrere Internet-Start-Ups erfolgreich gestartet, die landesweiten Lieferservice anbieten und damit extrem erfolgreich sind (z.B. Kupivip.ru). Gerade die zwischen 2006 und 2008 stark angestiegene Breitbandpenetration bietet dabei für die regionalen Bevölkerungsteile zusätzliches E-Commerce-Potenzial.

Die Internet-Anbieter in Russland lassen sich in die Segmente Online-Werbung, E-Commerce, Paid-Content sowie Paid-Access unterteilen:

Der **Online-Werbemarkt** ist dabei in Russland strukturell anders aufgebaut als z.B. in Deutschland, da Google / Google Adwords keine marktbeherrschende Stellung einnehmen, sondern Yandex die größte Suchmaschine und der größte Werbeflächenvermarkter ist. Dabei hat Yandex exklusive Verträge mit den besten und größten Mediaflächen (=attraktivsten Webseiten) geschlossen bzw. ist über ein enges Netzwerk mit vielen Webseiten direkt oder indirekt verknüpft. Da viele Werbetreibende zumeist ihren gesamten Online-Werbeetat durch Agenturen betreuen lassen, zieht Yandex mit einem sehr hohen Anteil an attraktiven Werbeflächen viele Agenturen an. Die dominante Stellung ermöglicht es Yandex als Engpass und Türhüter für Werbetreibende und Werbeflächenbereitstellende (=Webseiten) zu fungieren: Zum einen erzielt Yandex die höchsten CPC und ist so für Werbeflächenbereitstellende überaus attraktiv, zum anderen hat Yandex die besten Kontakte zu den großen Online-Werbeetat-Agenturen, da eine flächendeckende und zielgruppengenaue Onlinewerbung für Agenturen bei

Umgehung von Yandex sehr schwierig wäre. Des Weiteren erschwert diese Marktposition eine Direktvermarktung ihrer ungenutzten Werbeflächen für viele mittelgroße und große Seiten, da sie keinen Werbeetatzugang erhalten oder Yandex nicht verärgern wollen, um ihre sonstige Flächenvermarktung nicht zu gefährden.

Entfielen 2008 noch ca. 45 Prozent auf Bannerwerbung, so sinkt dieser Anteil bis 2010 auf ca. 1/3, während umgekehrt der Anteil von Kontextwerbung auf 2/3 in 2010 von 55 Prozent in 2008 ansteigt. Dabei erfolgt die CPC-Preisbildung bei allen großen Anbietern nach dem Auktionsprinzip. Neben Yandex sind bei den Kontextwerbeanbietern vor allem noch Begun und Google zu nennen. Darüber hinaus werden große Werbeflächen auch noch von den großen Portalen (rambler.ru, mail.ru) oder den großen sozialen Netzwerken (wie Odnoklassnik.ru, VKontakte.ru, die jeweils mehr als 25 Mio. registrierte Nutzer haben) direkt vermarktet.

Im Segment **E-Commerce** gilt Ozon.ru, ein Online-Shop für Bücher, Elektronik und u.a. Medien etc.), als größter Anbieter mit ca. 2,5 Mio Unique Visits und ca. 38 Mio Page Impressions pro Monat. Als sehr wachstumsstarke Shopping-Start-Ups konnten sich auch Kupivip.ru (Private Shopping) und bolero.ru (gleiche Ausrichtung wie ozon.ru) mit ca. 0,4-0,9 Mio Unique Visits und ca. 3,5-4,5 Mio. Page Impressions pro Monat (November 2009) etablieren.

Für das Segment **Paid-Content** finden sich die größten Anbieter im Bereich Gaming (apeha.ru, playground.ru, 11x11.ru, etc.) und Musikportale (wie musicmp3.spb.ru, lastfm.ru etc.), die jeweils 2,5-10 Mio. Unique Visits und zwischen 35-350 Mio. Page Impressions pro Monat erzielen.

Als Mitglied des **Paid-Access-Segmentes** lassen sich hh.ru und rabota.ru, jeweils Job- und Headhunter-Portale, sowie Mamba.ru und loveplanet.ru als Partnervermittlungsportale als Hauptplayer nennen. Diese Webseiten erreichen jeweils zwischen 5-7,5 Mio. Unique Visits und 100-300 Mio. Page Impressions pro Monat. Im weitesten lassen sich zu diesem Bereich außerdem Classified Seiten, vor allem im Bereich Auto, Immobilien, Hotels und Kleinanzeigen (wie drom.ru, cian.ru, tophotels.ru und irr.ru) rechnen, die monatlich zwischen 0,75- 7 Mio. Unique Visits und zwischen 20-250 Mio. Page Impressions je Seite erreichen.

Die Top-3-Player im russischen Internet-Geschäft sind zweifelsohne Yandex.ru, Mail.ru und Rambler.ru, die zusammen rund 4,2 Mrd. Page-Views pro Monat erreichen. Dabei sind Mail.ru und Yandex außerdem sehr erfolgreich mit der Expansion in Classified-Modelle, Paid-Content-Modelle, Preisvergleichs- und Empfehlungsseiten. So gehören zu den Top-100 russischen Internet-Seiten allein rund 20-25 Subdomains von Mail.ru und Yandex.ru wie market.yandex.ru, foto.mail.ru, games.mail.ru, news.mail.ru, news.yandex.ru, otvet.mail.ru, usw. Einzelne Subdomains wie market.yandex.ru oder foto.mail.ru erzielen dabei allein auf der Subdomain jeweils über 1 Mrd. Page Impressions pro Monat. Unter Berücksichtigung aller Subdomains in den Top-100 erzielen die drei Player allein zwischen 22-25 Mrd. Page Impressions pro Monat.

Russland wird nach Expertenmeinung ein rasantes Wachstum des Online-Marketing verzeichnen, was in folgenden Entwicklungen begründet liegt:

- Steigende kumulative Penetration des Internets russlandweit

- Stark steigende Nutzungsdauer

- Zunehmende E-Commerce- und Internet-Erfahrungen sowie Bereitschaft, sich online über Produkte zu informieren oder zu kaufen

- Steigende Werbebudgets und wachsende Umsätze russischer Firmen

- Geringere Kosten/höhere Werbeeffizienz der Internet-Werbung im Vergleich zu anderen Werbemedien (Print, Fernsehen etc.)

- Zunehmender Anteil an Internet-Werbung am gesamten Werbebudget (1,9 Prozent in Russland 2007, aktuell weltweit 4-5 Prozent)

Hauptfaktoren für die rasante Entwicklung des E-Commerce in Osteuropa sind neben der expandierenden Zahl an Internet-Nutzern insbesondere die steigenden Einkommen sowie die Zeitvorteile gegenüber einem Stationäreinkauf. Darüber hinaus gibt es in den meisten Regionen und Städten erhebliche Angebotslücken. Einzige Ausnahmen sind Moskau, St. Petersburg und Jekaterinburg. Die Möglichkeit diese Angebotslücken schnell zu schließen, offeriert für den Online-Handel eine besonders große Chance, insbesondere in den Regionen außerhalb dieser drei Städte.

Einen wesentlichen Hemmschuh stellt aber immer noch das mangelnde Vertrauen der Nutzer in die Internet-Shops dar. Hier können solche Faktoren wie „keine physischen Kontaktpersonen bzw. fehlender Standort" oder das „ Risiko der geringeren Qualität/ Fälschungen statt Marken" als besonders gravierend angesehen werden.

Weitere Barrieren kommen durch die Vielzahl an existierenden Zahlungskanälen bei zugleich geringer Verbreitung der Kreditkarten auf. „Cash on Delivery" ist als Zahlungsmethode bei Internet-Käufen immer noch weit verbreitet und birgt ein nicht unerhebliches Geschäftsrisiko sowie ein aufwändiges Management für jeden Internet-Anbieter. Zudem besteht in Russland generell eine große Angst vor Betrug. Neben diesen Risikofaktoren wirkt auch der Umstand hemmend für die Internet-Penetration, dass eine übergreifende Logistik in Russland schwer zu organisieren ist. Vor allem die großen geographischen Distanzen erschweren den Aufbau einer funktionierenden Logistikkette. Bis zu neun Zeitzonen stellen außerdem eine besondere Herausforderung an jeden Kundenservice.

Nicht nur die Internet-Nutzung nimmt stark zu, auch die Internet-Gewohnheiten ändern sich. So nutzen 65 Prozent der User das Internet, um ihre E-Mails zu lesen, 47 Prozent zur Pflege sozialer Netzwerke und nur 7 Prozent für das Online-Banking. Fast

14 Prozent der Internet-Nutzer kaufen mehrfach monatlich in Online-Shops ein. Top-Favoriten beim Online-Kauf sind Bücher, Elektronik, PC-Zubehör, Musik und Software. Wenig Online-Umsatz wird bisher mit Modeschmuck, Bekleidung, Schuhen und Brillen gemacht. Das ist allerdings normal für die Start-Phase, in der sich das russische Internet befindet. Zuerst wird immer durch die Bestellung von Commodities Erfahrung mit dem E-Commerce gesammelt. Erst wenn die Kunden erfolgreich Vertrauen gefasst haben, kaufen sie im nächsten Schritt Kleidung oder Schuhe. Trotzdem bietet der E-Markt vor allem in Russland Potenzial für luxuriöse und seltene Artikel. Dieses wird aus Kundensicht durch die Zeit- und Reisekostenersparnis unterstützt.

Zusammengenommen weist der E-Commerce-Markt in Russland folgende Besonderheiten auf:

- Sehr große Einkommensunterschiede zwischen den einzelnen Regionen

- Sehr große räumliche Distanzen, mehrere Zeitzonen

- Zum Teil Angebotsmarkt, zum Teil Nachfragemarkt sowie große Unterschiede bezüglich nachgefragten Produkten

- Sehr unterschiedlicher Entwicklungs- und Erfahrungsgrad je nach Region mit dem Internet und E-Commerce

- Andere Bezahlsysteme als in West-Europa, so ist die Bezahlung per Nachnahme („COD/Cash on delivery") dort sehr häufig anzutreffen, da die Kreditkarte und Debit-Karten nur eine geringe Verbreitung aufweisen. Umgekehrt gibt es allein Ende 2009 mehr als 30 etablierte Online-Bezahlsysteme.

Vor allem die großen räumlichen Distanzen stellen die Online-Shopanbieter vor große Herausforderungen. So muss die Besetzung des Call-Center acht bis neun Zeitzonen überwinden. Gleiches gilt für die Logistik, die dem Kunden trotz dieser Zeitzonen möglichst zeitnah seine Ware liefern muss. Lange Lieferzeiten von bis zu vier Wochen sind für manche Regionen Russlands durchaus normal. Diese Distanzen verursachen jedoch zum Teil erhebliche Versandkosten. Auch das Management von Retouren ist eine große Herausforderung, da diese selbst bei fristgerechter Rücksendung erst nach drei bis vier Monaten – und damit in einem gänzlich anderen Saisonzyklus - beim Händler wieder eintreffen.

Abschließend bleibt für den russischen Online-Markt festzuhalten, dass dieser sich stark von dem europäischen und auch dem amerikanischen E-Commerce unterscheidet. Anders als in Europa und Amerika dominieren hier regionale Player, die ihre Marktanteile gegenüber Globalplayern wie Google und Facebook behaupten und sogar ausbauen können. Hieraus resultieren auch die unterschiedlichen Voraussetzungen für Unternehmen, die im Internet Werbung betreiben. Die Umsätze des russischen Internet-Marktes nach Segmenten sind detailliert in Tabelle 1-3 dargestellt.

Tabelle 1-3: *Die wichtigsten B2- Internet-Marktsegmente in Russland (diligenZ 2009b)*

Russischer B2C Internetmarkt nach Segmenten				
Onlinemarkt-Segment	Einnahmequellen	Relevante Webseiten	Volumen 2008, Mio USD	Volumen 2010F, Mio USD
Online advertisement	Untenehmen zahlen für Kontext- und Bannerwerbung auf stark frequentierten Webseiten oder über Google Adwords und vergleichbare Services	• Suchseiten • Soziale Netzwerke, Blogs • Portale & Emailadress-Seiten • Presse & Entertainment	>350	1.000
eCommerce (nur B2C)	Nutzer bezahlen für gekaufte nicht digitale Produkte von Webshops, die von diesen an die Nutzer ausgeliefert werden	• "Online only"-Shops (Bücher, DVDs, CDs, Elektronik, Foto,...) • Onlineshop von Einzelhandelsketten	2.000 – 3.300	>8.000
Paid Content	Nutzer bezahlen downloadbare, digitale Produkte (Music, Spiele, e-books, software etc.)	• Content stores	2.000	4.800
Paid Access	Nutzer bezahlen für Zugang zu exklusivem Resourcen/ Content (Jobseiten, Businessnetzwerke, Dating, Nutzerprofile etc.))	• Jobbörsen • Exklusive Netzwerke • Partnervermittlung	80	1.100
Electronic software services (nur B2C)	Nutzer bezahlen für Online-Zugang und Support für Software (als Miet-, Lease- oder SaaS-Modelle)	• SaaS Anbieter und Softwareleasing • Shareware Anbieter • Entwicklungen gegen Umsatzbeteiligung	100-500	>500
		Summe	~5.000	~15.000 [1]

1) Unter Berücksichtigung der starken Auswirkungen der Wirtschaftskrise in Russland können die 2010er Umsätze bis zu 30% niedriger ausfallen

1.3   Zwischenfazit: Online-Märkte in Osteuropa

Für die beiden skizzierten osteuropäischen Märkte lässt sich folgern, dass sich die Penetration im russischen und ukrainischen Internet-Markt in den nächsten fünf Jahren an das deutsche Niveau annähern wird. In absoluten Nutzerzahlen wird der russische Markt den deutschen in Markt vermutlich in 2011 überholen, der ukrainische Markt wird in etwa die Nutzerzahlen des polnischen Marktes erreichen (20-25 Mio.). Umsatzseitig bietet der russische Online-Markt das Potenzial sich nochmals zu vervierfachen und in den nächsten fünf Jahren mit dem deutschen Markt aufzuschließen, während der ukrainische Internet-Markt in etwa das Potenzial von 15-20 Prozent des deutschen Marktes in den nächsten fünf Jahren bietet und damit auf das Niveau von Polen wird aufschließen können. Dabei wird der Anteil der Online-Shopper an den Internet-Nutzern in Russland und der Ukraine höher sein, als in den meisten mittel- und südeuropäischen Ländern, aber der Durchschnittsumsatz je Online-Kunde p.a. wird wegen des Einkommensniveaus bei maximal 50 Prozent des EU-Durchschnitts liegen. Für den ukrainischen E-Commerce-Sektor wird in den nächsten 5 Jahren ein noch stärkeres Wachstum als für den russischen Markt prognostiziert, allerdings von einer geringeren Ausgangsbasis.

Obwohl der ukrainische Markt das Marktpotenzial von Polen bietet und eines der bevölkerungsreichsten europäischen Länder ist, genießt er wegen der geringeren Größe im Vergleich zu Russland weniger Aufmerksamkeit als der russische Online-Markt. Viele europäische Internet-Firmen und -händler sind bereits auf den russischen Online-Markt expandiert oder spielen mit dem Gedanken, obgleich dieser Markt bereits hart umkämpft und gut finanziert ist. Hingegen haben bisher nur wenige westliche Unternehmen einen Fokus auf die Ukraine gelegt, obwohl das Chancen/Risiko-Verhältnis und die absolute Marktgröße attraktiv erscheinen. Sowohl für Russland als auch die Ukraine gilt, dass sich viele westliche Internet-Unternehmen bisher nicht ausreichend mit den länderspezifischen Eigenheiten auseinandergesetzt haben und vielfach sogar versuchen, viele Unternehmens- und Managementfunktionen zunächst von Westeuropa oder Amerika aus zu betreiben. Demzufolge wachsen viele dieser so gemanagten westlichen Start-Ups bei höheren Kosten oftmals unterdurchschnittlich. Selbst Google ist zwar auf dem russischen Markt vertreten, jedoch bei weitem nicht Marktführer und verliert gegenwärtig sogar Marktanteile an sein Pendant Yandex. Amazon, Ebay und Facebook sind überhaupt nicht auf den beiden Märkten vertreten, alle erfolgreichen westlichen Internet-Geschäftsmodelle sind aber mit einer russischen Kopie auf dem Online-Markt vertreten.

2 Erfolgsfaktoren beim Aufbau eines E-Commerce-Start-Up in Osteuropa

2.1 Businessmodell, Marktpositionierung und USP

Ein neu gegründetes E-Venture in Osteuropa sollte sich als erste Frage stellen, wie es sich in den komplexen E-Commerce-Märkten überhaupt behaupten kann. So liegen die Einkommens- und Infrastrukturunterschiede in den verschiedenen Regionen oft sehr weit auseinander. Deshalb ist es für ein Start-Up unabdingbar, sich vor dem Markteintritt hinreichend zu informieren und daraufhin zu entscheiden, welches Business-Modell es wählt.

Denn vor allem die Überwindung der physischen Distanzen in Russland sollte unbedingt berücksichtigt werden. Diese zwingen das Start-Up in Russland dazu, sich vor allem erst einmal mit der Distributionsstrategie zu befassen. Dabei ist unter anderem die Frage zu beantworten, ob nur die großen Städte in den Angebotsfokus gestellt oder aber auch andere Regionen beliefert werden sollen.

Auch sollte eine Lösung für die Retouren vorhanden sein. So werden bis zu 4 Wochen benötigt, um Ware bis an den Empfangsort zu transportieren. Dieses bedeutet im Umkehrschluss, dass Retouren nach Rücksendung erst bis zu 3 Monate nach der ursprünglichen Kunden-Order wieder beim Unternehmen eintreffen. Dann ist allerdings in der Regel die Verkaufssaison zumindest für saisonale Artikel vorbei.

Auch die Transporthandhabung und die Beeinflussung der Lieferzeit gestalten sich schwierig, da häufig kein verlässlicher Logistik-Dienstleister existiert, der landesweit und nach westeuropäischem Qualitätsstandard ausliefert. Deswegen bauen auch viele Unternehmen ihre eigene Distributionslogistik auf. Dieses schafft allerdings Markteintrittsbarrieren für neue Player. Sie treiben sowohl den möglichen Kapitaleinsatz als auch die Komplexität eines Start-Up beträchtlich in die Höhe. Sonst besteht immer das Risiko, dass ein Versandunternehmen die Waren auch dann bis nach Vladivostok ausliefern muss, wenn es nur ein Warenlager in St. Petersburg hat. Dadurch können Orders durch die hohen Distributionskosten schnell zu Verlustgeschäften werden. Andererseits wird den Unternehmen durch die großen Distanzen auch die Möglichkeit gegeben, verschiedene Preisschienen für die unterschiedlichen Regionen je nach Entfernung anzusetzen. Auch sind einige Regionen reicher als andere und weisen zudem weniger oder sogar keine Wettbewerber auf. Dadurch können dann jedoch schnell die Kosten für Unternehmen höher werden als in den übrigen Regionen, wodurch dann auch höhere Preise notwendig werden.

Insofern muss ein Start-Up vor dem Markteintritt nach Osteuropa zwingend entscheiden, ob es national, regional oder nur auf einem lokalen Level agieren möchte. Beschränkt sich das Unternehmen auf eine Region, wird das große Potenzial des übrigen Marktes verschenkt. Außerdem können andere Mitbewerber die Geschäftsidee dann kopieren und in den anderen Regionen umsetzen.

2.2 Gründung und Aufbau

Nach der Entscheidung für ein Geschäftsmodell kommen viele Ausgaben auf das neu gegründete E-Commerce-Unternehmen zu. Die Umsetzung des Geschäftsmodells kann auf legalem oder auf „unkonventionellem" Wege geschehen. Das legale Vorgehen ist zwar mühevoll und erfordert Zeit und Geld. Liegen aber erst alle notwendigen Dokumente vor und wurden alle rechtlichen Fallstricke und prozessualen Vorgaben richtig umgesetzt, hält es allen Überprüfungen der Behörden stand. Die erste Entscheidung des Start-Up besteht folglich darin, zwischen dem schnellen oder dem korrekten Weg zu wählen. Zwar ist es typisch für ein neu gegründetes Unternehmen, so schnell wie möglich zu handeln. Daraus können sich dann aber Umstände ergeben, die mitunter zu einer Geschäftsaufgabe führen.

Insbesondere Zoll- und Steuerbehörden sind dafür bekannt, jederzeit ohne Ankündigung ein Unternehmen überprüfen zu lassen, wobei der Prüfgrund im Rahmen der Vor-Ort-Untersuchung sogar abgeändert werden kann. Wurden Mängel festgestellt, muss der Geschäftsbetrieb häufig sogar sofort geschlossen werden oder kann nur durch weitere „unkonventionelle Methoden" aufrechterhalten werden, die dann weitere Abhängigkeiten mit sich bringen können. Ab wann von einem relevanten Mangel zu sprechen ist, unterscheidet sich zum Teil stark von westlichen Maßstäben, u.U.

kann schon das Fehlen eines Stempels ausreichen, um von einem Mangel zu sprechen. Dabei gibt es normalerweise keine Verwarnungen und das Unternehmen bekommt auch keine Zeit vorgegeben, in der ein Mangel behoben werden sollte.

Doch selbst bei absolut korrekter Gründung und vollumfänglicher Registrierung kann es durch Unaufmerksamkeiten schnell zu einer Prüfung kommen. In diesem Fall ist das „Dach" bzw. die „krysha" des Unternehmens von entscheidender Bedeutung. Dieses beschreibt das Netzwerk – in dem und mit dem sich das Unternehmen bewegt und das im Erfolgsfall hilft, die Sicherheit der Firmen-Aktiva zu beschützen. Das heißt die sorgfältig Auswahl der Partner gerade im Hinblick auf deren belastbares Netzwerk und deren Beziehungen ist bereits vor der Unternehmensgründung anzugehen. Denn im Guten wie im Schlechten ist man später an sein „Dach" gebunden.

Der rechtlich korrekte Weg ist zwar zeit- und kostenintensiv, zahlt sich jedoch letzten Endes durch vollständige Dokumente aus, die einer behördlichen Prüfung standhalten. Hat z.B. das Start-Up im Rahmen seiner Geschäftsidee eine große Anzahl an verschiedensten Waren anzubieten, so ist es dafür notwendig, eine große Anzahl verschiedener Lizenzen zu beantragen. Bei der Einfuhr von T-Shirts ist demnach nicht nur eine Lizenz für dieses Produkt erforderlich, sondern ebenfalls gesondert eine für jedes Logo und jeden T-Shirttyp – sei es V-Neck, Bottom- oder Rundkragen. Selbst ein anderes Muster kann wieder eine neue Lizenz erfordern. Zudem werden nicht selten zusätzliche Hygiene- oder sonstige Zertifikate benötigt wie z.B. bei Kinderkleidung. Dieses sollte nicht auf die leichte Schulter genommen werden. Denn sobald ein neues Unternehmen Erfolg hat, wird ihm auch viel Aufmerksamkeit zuteil. Dies wiederum wird häufig zum Anlass genommen, nach Wegen zu suchen, um ebenfalls „am Geschäft zu profitieren". Dies gelingt natürlich am ehesten, wenn ein Drohpotenzial aufgebaut werden kann, das Geschäft zum Erliegen zu bringen. Gerade deswegen sind korrekt beantragte Dokumente und vollumfängliche Registrierungen sowie umfangreiche Informationen existenziell wichtig, ebenso wie die sorgsame und geprüfte Auswahl seiner Partner und seiner „krysha". Unternehmensgründer sollten zudem stets daran denken, dass es zwar immer Wege gibt, schneller an die benötigten Formulare zu gelangen, dadurch aber später das komplexe Geschäft noch mehr verkompliziert wird. Denn mit jeder „Beschleunigungszahlung" steigt potenziell das Drohpotenzial und die Zahl stiller Beteiligungen am Geschäftsmodell. Auch bei rechtlich korrekten Transaktionen sollte immer vorher geklärt werden, mit welchen Personen zusammengearbeitet wird und mit welchen nicht.

Dabei helfen das russische und ukrainische Rechtssystem nicht immer. Man kann hier von einem Rechtssystem in Transformation sprechen, in dem die Angleichung von einzelnen Rechtsteilen/-gebieten an westliche Rechtssysteme und zwischen den Rechtsgebieten ungleich vorangeschritten ist. Dadurch ergibt sich allerdings ein Spannungsfeld, da es zu einem Tatbestand mehrere Rechtsauffassungen geben kann. Dadurch wird es möglich, dass Unternehmen schnell in Situationen geraten können, in denen sie sich – egal wie sie sich auch verhalten mögen – niemals rechtlich korrekt verhalten. Immer mehr Unternehmen gründen deshalb verschiedene Firmen aus, die jeweils unterschiedliche Geschäftsfunktionen erfüllen. Diese Firmen stehen in einer Auftraggeber-Agenten-Beziehung. Diese hat den Vorteil, dass ein Agent als Service-Provider behandelt wird und jederzeit durch einen anderen Service-Provider am Markt ersetzt werden kann. Ein russisches Kontrollorgan kann in diesem Fall bei möglichen Problemen in Hinblick auf Steuern, Zölle oder Lizenzierungen nicht die ganze Firma lahmlegen, sondern nur Teilbereiche. Dadurch ist dann auch das potenzielle Drohpotenzial dieser Organe wesentlich geringer als bei der Nichtausgliederung von Funktionen. Trotzdem sollte stets auch darauf geachtet werden, dass russische Kontrollbehörden selten nur den jeweils offiziell aufgeführten Besuchsgrund prüfen, sondern sehr schnell auch neue Gründe für weitere Prüfungen beibringen. Allerdings kommt es durch die sich teilweise widersprechenden Gesetzestexte nicht selten zu widersprüchlichen Aussagen. Diese Widersprüche in den Gesetzestexten geben den Richtern viele Interpretationsspielräume und zahlreiche Manipulationsmöglichkeiten. In solchen Fällen lässt sich das Thema manchmal nur noch durch eine ‚Einigung' mit dem jeweiligen Kontrollorgan lösen.

Dennoch gibt es für Unternehmen Mittel und Wege, sich gegen derartige Gebaren so gut wie möglich zu schützen. Grundsätzlich sollte die Gründung deswegen erst einmal solide und auf rechtlich korrekte Weise erfolgen. Sollte das Start-Up danach alle rechtlichen Dokumente vorweisen können, die notwendig sind, hängt die Entscheidung nicht selten vom Machteinfluss des Netzwerkes ab. Unternehmen mit starken, einflussreichen und großen Netzwerken im Hintergrund finden schneller und öfter Lösungen als solche mit schwachen Netzwerken. Zu beachten ist hier, dass je nach Landesregion die Netzwerke unterschiedliche Einflussmöglichkeiten haben. Insofern muss sich ein Start-Up schon beim Start der jeweiligen Kooperation darüber im Klaren sein, welcher Partner ihm in welcher Situation am besten behilflich sein kann. Darüber hinaus kann es auch gewisse Erwartungshaltungen geben, Aufträge zunächst an geeignete Partner im Netzwerk zu vergeben. Auch hierfür sollte berücksichtigt werden, ob der Partner geeignet ist.

Weiterhin ist von zentraler Wichtigkeit, die „Intellectual Property Rights" festzuschreiben. Dieses bedeutet vielfach, bei Unternehmensgründung in Osteuropa – insbesondere dann, wenn auch noch Partner beteiligt werden sollen – zeitgleich eine Holding-Gesellschaft in einem anderen Land mit holdingfreundlichem Rechtssystem zu gründen, wo dann die IP gesichert wird. Dem Holding-Unternehmen sollte dann die IP sowie auch die Lizenzen für die Unternehmen in der Ukraine und/oder Russland gehören, inklusive Hosting und Domain-Namen. Sollte aus irgendwelchen Gründen der Geschäftsbetrieb des Start-Ups in Osteuropa gestoppt werden müssen, lassen sich schnell neue Lizenznehmer vor Ort finden (oder eine andere assoziierte Firma), so dass die Operationen häufig nach kurzer Zeit weiterlaufen können.

Viele Unternehmen gründen ihre russischen oder ukrainischen Holding-Gesellschaften in Zypern. Zypern ist einer der größten Investoren und Exporteure nach

Russland. Hierbei handelt es sich häufig um repatriierte russische oder ukrainische Gelder, die über Zypern wieder reinvestiert werden. Dieses ist vor allem durch die Rechtssicherheit (EU-Recht), die unkomplizierten Gründungsmöglichkeiten für Offshore-Gesellschaften und niedrige Steuern für Holdinggesellschaften zu erklären. Zusätzlich gilt Zypern als Brücke zwischen West und Ost. Es kann insofern gut Brücken bauen zwischen westlichen Investoren und russischsprachigen Geschäftspartnern.

Neben den rechtlichen Aspekten existieren noch eine Vielzahl von Punkten, die bei Gründung eines Start-Up in der Ukraine oder in Russland zu berücksichtigen sind. Es geht z.B. auch um die Frage, wie nah die neue Firma die nationalen Belange berühren darf. Google hat z.B. ein Angebot für den russischen Suchmaschinenführer „Begun" abgegeben. Dieses wurde dann allerdings durch hohe staatliche Stellen geblockt, weil die Werbedominanz von Google befürchtet wurde, die den nationalen Interessen zuwidergelaufen wäre. In jedem Fall gilt es zu berücksichtigen, inwieweit durch das Geschäftsmodell die strategischen Interessen des russischen Staates berührt werden können. Bei „Begun" lag das Problem auch darin, dass unabhängige News-Seiten mit hohem Traffic schnell eine Kapitalisierungsbasis bekommen könnten. Damit wäre dann jedoch die Kontrollmöglichkeit des russischen Staates über die Massenmedien und deren Informationen eingeschränkt gewesen. So ist auch bei den russischen Firmen wie „Begun" und Yandex die „informelle" Einflussnahme des russischen Staates viel höher als der Staatseinfluss in den westeuropäischen Ländern.

Es gibt aber auch noch andere Hürden, die es zu überwinden gilt. Beispielhaft sei hier die an und für sich einfache Tätigkeit „Anmietung eines neuen Büros" benannt. So ist es nur möglich, an ein neues Büro zu gelangen oder sich diesbezüglich erst einmal Immobilien anzuschauen, wenn eine Firmenadresse vorhanden ist. Für eine Firmenadresse benötigt man allerdings einen Mietvertrag. Mietverträge erhält man aber nur als registrierte Firma, so dass sich ein typisches „Henne-und-Ei-Problem" ergibt, das bei Firmengründung häufiger auftreten kann. Daher ist ein Managing Director mit ausreichender Gründungserfahrung wesentlich wichtiger als in Deutschland. Denn sonst kann man schnell viel Zeit und Geld verlieren, das dann für teure Anwälte benötigt wird. Meistens kennt der einheimische Managing Director Lösungen für solche Probleme.

Des Weiteren sind auch organisatorische Besonderheiten zu beachten, so ist in Russland z.B. ein „Accountant" vorgeschrieben. Dieser stellt eine unabhängige Person dar, die sich um Buchhaltung sowie das Rechnungswesen kümmert und ab der Aufnahme des operativen Geschäftsbetriebs vom Unternehmen angestellt sein muss. Geschäftsführer und Accountant dürfen folglich nicht ein und dieselbe Person sein. Um deutlich zu machen, dass das Unternehmen über genügend Barmittel verfügt, um eingegangene Verpflichtungen erfüllen zu können, müssen Start-Ups bereits in der Gründungsphase finanzkräftig aufgestellt sein. So muss auch häufig schon vor Auslieferung eines Produktes bezahlt werden. Auch hierfür sind persönliche Netzwerke unabdingbar, um das Erfüllen der Vereinbarungen sicherzustellen.

Es ist schwierig, professionelle Accountants für Start-Ups zu gewinnen, da diese per Definition nicht unbedingt Entrepreneure sind und eher risikoscheu veranlagt sind. Auch hierfür sind gute Managing Directoren, die über ihre Netzwerke gute Accounts akquirieren können, unabdingbar. Mittlerweile verlangen erfahrene russische Online-Manager allerdings Gehälter, die mindestens auf Westniveau liegen. Hinzu kommen in der Regel Aktienoptionen und vierteljährliche Bonuszahlungen. Auch werden alle Gehälter in Russland netto verhandelt. Der Arbeitnehmer geht zumeist davon aus, dass die Firma ihm Steuern und Sozialabgaben komplett erstattet. Die tatsächlichen Gehaltskosten betragen noch einmal 30-50 Prozent mehr als die reinen Nettogehälter. Zu beachten sind in jedem Fall die starken Schwankungen in den Gehaltsbandbreiten. In Moskau muss man mit ca. 90-120 Prozent der vergleichbaren Personalkosten wie in Deutschland rechnen. In St. Petersburg, Kiew und anderen großen Metropolregionen mit etwa 50-80 Prozent. In anderen Orten kann es dann sehr stark abfallen bis auf 40 Prozent des deutschen Niveaus. Diese Angaben gelten aber nur für das Management. Operative Funktionen oder Programmierer sind zum Teil deutlich günstiger.

2.3 Marketing und Werbung

Ein wichtiger Eckpfeiler für ein neu gegründetes Unternehmen ist das Marketing. Gerade in diesem Feld gibt es in Russland und in der Ukraine jedoch keine vollständige Transparenz und nur wenig Erfahrung mit den komplexen Systemen für die effiziente Aussteuerung von Online-Marketingbudgets. So existieren u.a. verschiedene Preismodelle für die einzelnen Online-Werbesegmente (E-Mail-Marketing, SEO und SEM). Die Preise zwischen breitabdeckenden Anbietern wie Yandex und Seiten, die nur ihre Reichweite vermarkten, variieren sehr stark. Auch die angebotenen Kontrollsysteme zur Messung der Werbeeffizienz von Begun, Google und Yandex unterscheiden sich. Vielfach ist vielschichtig zu kalkulieren, ob sich CPM- oder CPC-Modelle besser rechnen, die dann aber wiederum nicht von jedem Unternehmen angeboten werden. Je nach Marktsituation kommt es darüber hinaus noch zu stark alternierenden Werbepreisen. Aufgrund dieser komplexen Marktsituation ist lokales Online-Werbe-Know-how wichtig, ebenso wie ein durchdachtes und flexibles Online-Werbekonzept

In diesem Zusammenhang sind folgende Erfahrungswerte wichtig:

■ Bannerwerbung ist in Russland und der Ukraine derzeit noch stark verbreitet und macht bis zu 40 Prozent des Online-Werbevolumens aus.

■ Der osteuropäische Online-Markt ist noch nicht sehr reif, d.h. verschiedene Online-Kanäle können sehr unterschiedliche CPOs bringen. Üblich sind CPM- und CPC-Modelle, „echte, performance-based" CPO- oder CPA-Modelle werden nur selten angeboten. Dabei rechnet sich je nach Marktsituation und Anbietersituation ein anderer Mix von SEO, SEM, E-Mail-Marketing oder sogar ein anderer Anbieter-CPM-CPC-Mix im SEM-Kanal.

■ Dies erfordert eigene Online-Werbeerfahrungen, um Werbeeffizienz richtig zu messen und die Arbitragemöglichkeiten des russischen Online-Werbemarktes effizient nutzen zu können. Yandex kann z.T. selbst bestimmen, welchen Traffic es monetarisiert und welche Rolle Werbeagenturen als Budgetverwalter spielen sollen. Oder der Monopolverwalter der Fernsehwerbevermarktung, der die Abnahme bestimmter Online-Werbekontingente verlangt, um bessere Sendeplätze oder Rückvergütungen zu erhalten, kann stark den Online-Werbemarkt beeinflussen. Dieses kann zu Marktverwerfungen führen.

■ Im russischen Markt gibt es noch viel ungenutztes „Online Inventory". So können Portale und soziale Communities derzeit nur einen Teil ihres Traffics mittels Werbung monetarisieren. Dieses liegt nicht an fehlender Nutzerakzeptanz, sondern an fehlenden Buchungen von Online-Werbekunden oder an der besonderen „Gatekeeper-Rolle" von Yandex. Manchmal lassen sich deshalb bei guten bilateralen Kontakten hervorragende Konditionen mit großen Einzelseiten abschließen. Hier spielen Zugang, Netzwerk, Preis, Know-how und Verhandlungsfähigkeit eine wichtige Rolle.

■ Aufgrund der hohen Bedeutung von Portalen und Suchmaschinen beim Internet-Einstieg hat SEO eine sehr hohe Bedeutung. Es gilt aber zu beachten, dass anders als z.B. in Deutschland die Seite nicht nur auf einen Anbieter (Google) optimiert werden muss, sondern auf mehrere (Yandex, Rambler, Google), die zudem unterschiedliche Klassifizierungssysteme einsetzen. Zudem kann es passieren, dass Yandex und Rambler ihre Ergebnislisten „aktiv managen" und Firmen des eigenen Netzwerkes oder die bei ihnen buchen, in den Suchergebnislisten präferieren. Diese strategische Komponente sollte ebenfalls nicht außer Acht gelassen werden.

■ Die fehlende Markttransparenz und die starken Preisschwankungen führen zu kurzfristigem Profitdenken und verhindern den Aufbau von langfristigen Partnerschaften.

■ Eine weitere Besonderheit des Marktes liegt darin, dass in schlechten Zeiten sehr genau auf die Einhaltung von Verträgen geachtet wird, diese aber bei verbesserter wirtschaftlicher Lage sofort mit dem Partner nachverhandelt werden müssen. Dieses gilt im Übrigen für alle Verträge und sollte nicht nur im Marketing behandelt werden.

Wichtig ist es hier, den Marktüberblick zu haben und entweder mit einem gut vernetzten, eigenen Online-Werbemanager zu arbeiten oder die richtige Agentur anzusprechen.

Die Einrichtung einer E-Commerce-Plattform in Russland oder in der Ukraine stellt kein Problem dar, da dort viele sehr gute Programmierer ansässig sind, die z.T. für renommierte internationale Firmen tätig sind. Der Fokus sollte auf das User Design gelegt werden. Ist ein Top-Design unerlässlich, so ist es wichtig, den Markt zu sondieren, um den richtigen Programmierer aufzuspüren bzw. aus dem Ausland zu engagieren. So kann sichergestellt werden, dass das richtige User-Interface bzw. die intuitive Navigation erstellt wird. Hier können vielfach „User Experience Data" aus anderen, reiferen Internet-Märkten übertragen oder entsprechende Testverfahren aufgesetzt werden. Eine Lokalisierung der Seite ist dringend geboten und sollte vor Ort erfolgen, insbesondere was Browseroptimierung (vollkommen anderer Mix als in Westeuropa) der Seite, die Farbwahl, die User Navigation, die Tonalität, die Einbindung von Bezahlsystemen, Blogs und Empfehlungssystemen und -seiten etc. angeht.

2.4   Fulfilment

Die Erfüllung des Slogan „Cash ist King" und die massive Größe von Russland stellt die Logistik von Start-Ups vor schwierige Herausforderungen. So ist die Bezahlung per Kreditkarte eher unüblich. Auch existieren Bezahlsysteme, wie z.B. Paypal, hier nicht. Es gibt zwar eine Vielzahl von Bezahlmöglichkeiten im Internet. Deren Nutzung ist zwar sehr stark steigend, deren Verbreitung jedoch noch gering. Dies liegt auch daran, dass viele Online-Nutzer immer noch wenig Erfahrung mit Online-Käufen haben. Mit jeder „guten" Erfahrungen steigt allerdings die Bereitschaft, zur Nutzung alternativer Zahlungsmethoden rapide an. Es existieren bereits mehrere Online-Zahlsysteme mit mehreren hunderttausend aktiven Kunden wie z.B. Liqpay, Yandexmoney, Webmoney, Portmone. Auch bieten etliche Zahlsysteme eine Offline-Schnittstelle, wobei selbst Systeme mit Cash-Maschinen verbreitet sind, über welche die Bezahlung von Online-Käufen erfolgen kann. Im Vergleich zu Russland verfügen in der Ukraine fast alle Online-Käufer über ein Bankkonto und eine Kreditkarte. In Russland ist die Durchdringungsrate von Debit- und Kreditkarten jedoch geringer. Es wird immer noch ein hohes Risiko beim Online-Kauf mit Kreditkarte in Verbindung gebracht. Dieses liegt auch daran, dass die Missbrauchsgefahr als sehr hoch angesehen wird und die kartenausgebenden Institute einen Schaden zumeist nicht abdecken. Deswegen offerieren Zahlsysteme wie Liqpay oder Yandexmoney die Möglichkeit, auch ohne Nennung der Kreditkartendaten zu bezahlen. Mehrere potenzielle Kunden – speziell in Russland – verfügen über kein Bankkonto. Darüber hinaus gilt auch in Russland und der Ukraine die Bezahlsystem-Regel: je mehr Bezahlsysteme angeboten werden, desto niedriger die Abbruchquote. Aus diesem Grund sollte immer ein Mix von Bezahlsystemen angeboten werden.

Die derzeit populärsten Bezahlsysteme, nach Relevanz sortiert, lauten:

1. Barzahlung

   a) Zahlung per Nachnahme („Cash on Delivery" an der Haustür)

b) Zahlung bei der Post (das Paket wird an die nächste Filiale geliefert)

2. Vorabbezahlung durch den Empfänger (via Webmoney oder Kreditkarte)

3. Zahlung bei Kauf (Kreditkarte, Yandexmoney, Webmoney, Liqpay, ...)

4. Seltener: Bezahlung per Cash-Maschine.

Viele Transaktionen werden durch Bezahlung per Nachnahme beglichen. Bei zum Teil drei bis vier Wochen Lieferzeit bis zum Empfänger ändern diese auch schon mal in der Zwischenzeit ihre Meinung oder haben das Geld bereits anderweitig ausgegeben. Das hat zur Folge, dass das Paket z.B. nach Eintreffen in der Poststation nicht abgeholt wird. Für ein Start-Up stellt sich deswegen die Frage, ob es separate Pickup-Points einrichten sollte, um das Working Capital und Retouren-Risiko zu verringern und die Servicequalität zu erhöhen. Oder es kann diesbezüglich zum Schluss kommen, seine Produkte gar nicht in schwer zu erreichende Regionen ausliefern zu lassen. Einige Start-Ups liefern bei Erstkauf nur gegen Vorkasse – dann liegt die Abbruchquote aber zumeist um mehr als 100 Prozent höher.

Neben dem Zahlungsverkehr sollten die Lieferbedingungen ebenfalls durchgeplant sein. Diese betreffen die einzelnen Anforderungen der länderspezifischen geografischen Gegebenheiten an das Distributionssystem. So kommen Retouren in der Regel erst mit großem Zeitverzug zurück, in vielen Fällen erst nach 2-3 Monaten ab Zeitpunkt der Auslieferung, wenn nicht nach Moskau, St. Petersburg oder Jekaterinburg geliefert wurde. Gerade dies ist bei saisonabhängigen Artikeln problematisch. Durch diese zeitliche Verschiebung ist es dann häufig nicht mehr möglich, den vollen Preis für das Gut zu erzielen. Hier sollten alternative Wege gesucht werden, Retouren zu vermeiden und z.B. ein individuelles Retourenmanagement einzurichten, das versucht, dem Kunden einen hohen Gutschein für seinen nächsten Kauf zu gewähren, wenn er dafür einen alternativen Abnehmer in seinem persönliche Umfeld für die eventuelle Retoure findet. Diese Methodik funktioniert v.a. in den Regionen zum Teil sehr gut.

3 „Lessons Learned" - Regeln für E-Commerce-Start-Ups in Osteuropa

Zusammenfassend lassen sich die Erfolgsfaktoren beim Aufbau eines E-Commerce-Start-Ups in Osteuropa in folgenden Regeln zusammenfassen:

a) Aneignung der Marktkenntnisse: Am wichtigsten erscheint die Kenntnis des lokalen Marktes, um das Geschäftsmodell vorab genauestens an den Marktgegebenheiten auszurichten.

b) Innovative Geschäftsidee: Das Geschäftsmodell muss im Vorfeld genauestens durchdacht werden, z.B. hinsichtlich der Gründungsform oder der Logistik- und Bezahlabwicklung. Dabei ist zu bedenken, dass bei Erfolg, das Geschäftsmodell schnellstmöglich dupliziert werden wird.

c) Genügend Zeit für Unternehmensgründung einplanen: Geschäftsgründungen sind deutlich komplizierter und langwieriger als in Westeuropa. Ohne gegründetes Unternehmen ist die Aufnahme der Geschäftstätigkeit sehr erschwert. Der Managing Director sollte idealerweise in die Gründung mit eingebunden werden. Die Beschäftigung internationaler Anwaltskanzleien nur im Notfall. Besser sind große lokale Anwaltskanzleien, hier die explizite Gründungserfahrung darlegen lassen und auf Gründung zu einem Festpreis bestehen. Bei Vergütung nach Stundenaufwand sind die Probleme regelmäßig „noch größer und noch komplizierter" als sie eh schon sind.

d) Geschäftsmodell auf Anbieter- und Nachfragermarkt ausgerichtet: Idealerweise sollten Produkt- und Preisdifferenzierungsstrategien je nach Region gefahren werden. Dabei gilt es auch noch sehr unterschiedliche Kundenerwartungen und -bedürfnisse zu managen.

e) Differenzierte Werbung: Pull-Strategien für Anbietermarkt und Push-Strategien für Nachfragermarkt.

f) Lokale Online-Werbekompetenz inhouse: Aufgrund der hohen Preis- und Performanceschwankungen der Online-Werbekanäle führt eine hohe Online-Werbekompetenz im eigenen Unternehmen zu starken Kosteneinsparungen bei gleicher Werbeleistung. Es sollte unbedingt ein solides Werbeeffizienzmesstool eingeführt werden, dass die Effizienz über alle Kanäle misst und mit flexiblen Budgets arbeitet.

g) Hoher Digitalisierungsgrad: Je mehr digital das verkaufte Produkt oder die verkaufte Leistung ist, umso besser die Absicherung. Physische Produkte haben einen deutlich höheren Managementaufwand (Bezahlung/Logistik/Kundenservice).

h) Ausgliederung von IPR: Die Gründung einer Holding außerhalb des Landes hat sich bewährt. In ihr können die Rechte an Domain, Software, IPR etc. ausgelagert werden und mittels Lizenzsystem der lokalen Start-Up zur Verfügung gestellt werden. Dies verringert das Drohpotenzial für eine Geschäftsschließung aber auch bei Partnerstreitigkeiten deutlich und erhöht die Rechtssicherheit und den Rechtsschutz.

i) Professionelle Führungsmannschaft und frühzeitige Suche eines Accountants: Ein lokaler Managing Direktor sowie ein „Accountant" sind unverzichtbar für den Unternehmenserfolg. Vertragsverhandlung im Lande sollten niemals ohne Landeskundigen geführt werden.

j) Die richtigen Gehälter: Das Gehalt liegt für Führungspositionen auf westlichem Niveau. Gehälter werden Netto verhandelt, unterscheiden sich jedoch stark nach Regionen und sind in den Metropolen Moskau und St. Petersburg mit Abstand am höchsten.

k) Funktionierende Netzwerke und Aufbau und Auswahl des richtigen „Dachs" (Kryscha): Der Einfluss der Netzwerke und „des richtigen Dachs" darf niemals unterschätzt werden. Insofern sind diese sorgfältig vor Unternehmensgründung auszuwählen. Sie können Schutz bieten, jedoch auch zu beträchtlichen Abhängigkeiten führen. Außerdem ist zu bedenken, dass kurzfristiger Erfolg in diesen Ländern oft mehr zählt als eine langfristige Partnerschaft. Die unternehmerische Beteiligung eines Partners am Start-Up sollte sehr sorgfältig geprüft werden und nach Möglichkeit vermieden werden.

l) Beachtung der infrastrukturellen Voraussetzungen: Es existieren unterschiedliche Zahlungssystematiken in den Ländern, da v.a. in Russland die Kreditkartenverbreitung in den Regionen noch geringer ist. Zudem sind unterschiedliche Herausforderungen an die Distributionslogistik durch geografische Gegebenheiten (Lieferzeiten und -kosten) zu bewältigen. Schließlich machen stark variierende Einkommensverhältnisse zwischen den Regionen den Vertrieb der Ware nicht in jeder Region möglich.

m) Professionelle Service-Provider und Fulfilment-Dienstleister: Aufgrund der landesspezifischen Besonderheiten, großen Distanzen sowie unterschiedlichen Entwicklungsstände, empfiehlt sich die Zusammenarbeit mit Service-Providern, die sich in den Märkten auskennen. Dadurch werden außerdem Investitionsrisiken vermieden und mögliche Exit-Entscheidungen erleichtert. Es ist unbedingt nötig, die Qualität des Service-Providers vor dem operativen Realbetrieb in „echten Testszenarien" zu prüfen. Vielfach stimmen Leistungsversprechen und Leistungsqualität nicht überein und können den Geschäftserfolg massiv gefährden.

Literaturverzeichnis

Bigmir report (2010): Bigmir report, 2010. Verfügbar unter: http://index.bigmir.net/ uanet [05.01.2010; 17:30 Uhr MEZ].

comScore (2008): Press Release: Russia has fastest Growing Internet Population in Europe, comScore, 2008. Verfügbar unter: http://www.comscore.com/Press_Events/ Press_Releases/2008/08/Russia_Internet_Growth [05.01.2010; 17:00 Uhr MEZ].

DiligenZ (2009a): Eigene Analyse unter Nutzung von Artikeln (u.a. Prostobiz, Kontrakty) und Interviews.

DiligenZ (2009b): Eigene Analyse unter der Nutzung von Artikeln (u.a. Vedomosti, National Association of Electronic Trade Participants, Cetelem Bank / BNP Paribas Group) und Interviews (u.a. im Rahmen des Internet Round Table Moscow 2009).

FreshNetworksblog (2009): Russia has world's most engaged social network users. Verfügbar unter: http://blog.freshnetworks.com/2009/08/russia-has-worlds-most-engaged-social-network-users/ [05.01.2010; 18:00 Uhr MEZ].

Internet World Stats (2009): Internet Usage in Europe: Internet User Statistics & Population for 53 European countries and regions. Verfügbar unter: http:// www.internetworldstats.com/stats4.htm#europe [05.01.2010; 16:00 Uhr MEZ].

Christian Leybold

Erfolgreiche Internationalisierung von Online Pure Plays

Konzeption und Umsetzung am Beispiel der Experteer GmbH

1   Einleitung

Gerade im Bereich der sogenannten Online Pure Plays (Firmen, die das Internet als einzigen Vertriebskanal nutzen) ist die Internationalisierung des Geschäfts eine Wachstumsoption, die häufig schon bei jungen Unternehmen diskutiert wird. Die scheinbare Grenzenlosigkeit des Internets legt den Schritt ins Ausland nahe, dennoch müssen dabei eine Vielzahl von Aspekten bedacht werden. Die Wahl des richtigen Zeitpunkts, der vielversprechendsten Zielmärkte und der optimalen Umsetzungsstrategie sind dabei nur einige der Entscheidungen, die in diesem Zusammenhang getroffen werden müssen. Das folgende Kapitel soll eine Übersicht der relevanten Faktoren darlegen und praxisorientiert die wesentlichen Optionen diskutieren.

2   Definition einer Internationalisierungsstrategie

2.1   Grundlegende Voraussetzungen

Um ein Geschäft im Online-Bereich erfolgreich ins Ausland expandieren zu können, muss eine Reihe von grundlegenden Voraussetzungen erfüllt sein. Dazu zählen insbesondere die folgenden Aspekte:

▪ Nachfrage im Zielmarkt: Wenngleich dem ersten Anschein nach ein triviales Kriterium, ist die erwartete internationale Nachfrage nach einem gewissen Angebot nicht einfach einzuschätzen. Als Leitlinie finden die üblichen Kriterien wie Marktgröße, Kaufkraft etc. Anwendung, sowie internetspezifische Kriterien wie Akzeptanz von Online-Bezahlsystemen und Anteil der Haushalte mit Breitbandanschluss. Dennoch birgt die internationale Expansion viele Risiken und Chancen, wenn ein gewisses Produkt aus vorher schwer einschätzbaren „weichen" Faktoren, die oft eher kultureller Natur sind, besonders gut oder schlecht in einem bestimmten Markt angenommen wird.

▪ Positive legale und regulative Rahmenbedingungen: Viele Geschäftsmodelle können Aspekte aufweisen, die in unterschiedlichen Ländern zu legalen oder regulativen Problemen und Konflikten führen. Dies sind meist Geschäftsmodelle, die in Verbindung mit stark regulierten Märkten stehen, wie z.B. Glücksspiel oder Wetten. Jedoch sind auch weniger offensichtliche Konflikte möglich, wie z.B. bei nationaler Gesetzgebung, die den Vertrieb gewisser Computerspiele einschränkt.

■ Trotz Harmonisierung in der EU gibt es auch weiterhin unterschiedliche Verbraucherschutzvorschriften, die ebenfalls überprüft werden müssen. So wies der Kundenservice eines aus Italien operierenden Modeversandes eine deutsche Kundenanfrage nach einer portofreien Rücksendung bei einem Bestellwert von über 100 Euro zurück, da eine derartige Händlerverpflichtung in Italien nicht existiere. Dies ist jedoch falsch, denn der deutsche Kunde ist auch bei Bestellungen im Ausland durch das deutsche Recht geschützt. Dieses sichert ihm eine portofreie Rücksendung ab einem Bestellwert von 40 Euro zu, was bei internationalem Versand zu erheblichen Kosten für den Händler führen kann. Die Anpassung des Geschäftsmodells und der Prozesse können daher erhebliche Ressourcen binden und zusätzliche Kosten verursachen, die gerade in Geschäften mit begrenzter Marge einen ganz wesentlichen negativen Einfluss haben können.

■ Ausreichende Online- und Offline-Infrastruktur: Was in den Märkten Westeuropas heute nur noch eine untergeordnete Rolle spielt, kann bei einer weitergreifenden Expansion in weniger entwickelte Märkte zum Problem werden: Zahlungssysteme mit einer ausreichenden Verbreitung oder eine effiziente Endlogistik im Falle von E-Commerce-Unternehmen müssen im jeweiligen Zielmarkt hinreichend entwickelt sein, um einen erfolgreichen Markteintritt überhaupt zu ermöglichen.

2.2 Festlegung der geografischen Expansion

Eine zentrale Frage ist die Reihenfolge, in der internationale Märkte angegangen werden sollen. Hierbei ist die Zielsetzung entscheidend, die sich typischerweise entlang der beiden folgenden Kategorien orientiert:

■ Strategisches Besetzen internationaler Kernmärkte: Wesentliche Märkte innerhalb eines Kontinents sollen besetzt werden, um dort die Marktführerschaft oder zumindest wesentliche Marktanteile zu erreichen. Diesen Kernmärkten – in Europa zählt man dazu üblicherweise Deutschland, Frankreich und das Vereinigte Königreich – wird eine hohe Bedeutung für die Entwicklung des expandierenden Unternehmens beigemessen. Dies liegt selbstverständlich daran, dass diese Märkte allein auf Grund ihrer Größe zu signifikantem Wachstum beitragen können und damit offensichtlich das höchste Potenzial bergen. Zum anderen ist gerade für Start-Ups die Maximierung des Unternehmenswerts ein wesentliches Ziel. Dies liegt an der Exit-Orientierung, also der Absicht, das Unternehmen in einem gewissen Zeitraum entweder durch Verkauf oder Börsengang zu veräußern. Gerade wenn es um die Attraktivität eines solchen Start-Up-Unternehmens für einen Käufer geht, ist die Präsenz in Kernmärkten ein wesentlicher Werttreiber. Schließlich dient ein Firmenkauf häufig zum Eintritt in neue Märkte oder Marktsegmente und ein breiter Brückenkopf ist daher essenziell. Der Eintritt in diese Kernmärkte ist jedoch typischerweise mit hohen Kosten verbunden, da hier zumeist das aggressivste Wettbewerbsumfeld vorgefunden wird.

- Taktische Erweiterung nach optimiertem Kosten-/Nutzenverhältnis: Hier ist weniger relevant, wie die Präsenz in einem gewissen Markt von Dritten beurteilt wird, vielmehr stehen rein betriebswirtschaftliche Überlegungen im Vordergrund. Es geht also darum, bei möglichst geringen Kosten und Aufwand relevante Umsätze im Ausland zu erschließen. Dies führt häufig zu einer Arrondierungsstrategie, bei der z.B. Märkte eines Sprachraums bevorzugt erschlossen werden. So führt die klassische Expansion von Deutschland zunächst in die Schweiz bzw. nach Österreich, um die Vorzüge eines gemeinsamen Sprachraums nutzen zu können. Aber auch eine Internationalisierung in Märkte wie Holland oder in skandinavische Einzelländer, die auf Grund ihrer hohen Internet-Durchdringung und Kaufkraft zu einer hohen Profitabilität führen können, fallen in diese Kategorie. Hingegen wird bei einem Börsengang oder Verkauf eine Präsenz in diesen Märkten von Dritten zwar durchaus positiv, auf Grund der beschränkten Größe der jeweiligen Einzelmärkte jedoch nur als begrenzt strategisch relevant angesehen.

In der Praxis entscheidet man sich typischerweise für eine Kombination der beiden Strategien. Häufig wird zunächst mit noch überschaubarem Aufwand in ein bis zwei kleinere Märkte expandiert, um bei möglichst geringen Markteintrittskosten die Internationalisierbarkeit des Geschäftsmodells zu überprüfen. Erst danach erfolgt der Schritt in größere internationale Märkte, der fast immer mit einem stärkeren Ressourceneinsatz verbunden ist.

2.3   Operative Ausgestaltung

Bei der Umsetzung einer internationalen Expansion gibt es eine Reihe von Möglichkeiten, die sich insbesondere in den Markteintrittskosten unterscheiden. Im Wesentlichen ermöglicht das Internet heute eine starke Zentralisierung von mehreren Länderorganisationen an einem Standort als weitere Alternative zur klassischen Zweigniederlassung mit physischen Büros im jeweiligen Land.

2.3.1   Roll-out aus zentralem Headquarter

Wenn der Roll-out in verschiedene Länder organisatorisch von einem Standort aus erfolgt, hat dies eine Reihe von Effizienzvorteilen, unterliegt aber natürlich ebenso gewissen Begrenzungen. Die folgenden Aspekte sollten dabei bedacht werden:

- Geringere Kosten durch Zentralisierung: Durch die Ansiedlung innerhalb eines Hauptquartiers werden vielfältige Kosten gespart, angefangen mit der geteilten Nutzung von Ressourcen aller Art wie Verwaltung, IT und anderer Funktionen.

Des Weiteren können bestehende Mitarbeiter leichter Teilaufgaben abdecken, die bei einer dezentralen Organisation erhöhten Koordinationsaufwand bedeuten würden. Somit können generell Ressourcen jeder Art besser ausgenutzt und damit Kosten eingespart werden.

- Enge Abstimmungsmöglichkeiten mit der Mutterorganisation: Durch die Nähe zu allen wesentlichen Funktionen des „Mutterlandes" können wichtige Prozesse und Funktionen gerade am Anfang leicht abgestimmt werden, da die entsprechende physische Nähe vorhanden ist. Gerade bei Produkten, bei denen eine umfangreiche Lokalisierung für den Zielmarkt erforderlich ist, ist eine enge Abstimmung mit dem Produkt- und Technikteam der Hauptorganisation üblicherweise unumgänglich und kann auf diese Weise effizient gestaltet werden.

- Schnelle Umsetzung bei gut steuerbarem Risiko: Durch die enge Anbindung an die bestehende Organisation kann das Aufsetzen neuer Prozesse üblicherweise zügig umgesetzt werden, da eng an die lokalen „Vorbilder" angeknüpft wird. Dabei können entstehende Probleme frühzeitig erkannt werden und es kann gegebenenfalls gegengesteuert werden. Damit kann auch eine gleichbleibend hohe Qualität der Prozesse in der gesamten Organisation sichergestellt werden.

- Guter Know-How-Transfer zwischen den Länderorganisationen: Da die Mitarbeiter alle an einem Standort zusammengefasst sind, können Erfahrungen aus den jeweils anderen Länderorganisationen schnell und unkompliziert ausgetauscht werden. Nicht nur der formalisierte Erfahrungsaustausch durch institutionalisierte Prozesse wird hierdurch erleichtert, auch der ungemein wichtige informelle, tägliche Informationsfluss kann innerhalb eines Büros entstehen.

- Erschwertes Recruiting erfahrener Kandidaten: Da für den Aufbau einer Länderorganisation tiefe Kenntnisse des jeweiligen lokalen Marktes notwendig sind, müssen üblicherweise neue Mitarbeiter mit dem jeweiligen Sprach- und Kulturhintergrund angeworben werden. Dieses gestaltet sich häufig schwierig, gerade wenn die expandierende Firma nicht in einer Großstadt mit einem entsprechenden internationalen Bevölkerungsanteil beheimatet ist. Müssen nämlich Mitarbeiter aus dem jeweiligen Zielland spezifisch für die zu füllende Position zum Umzug motiviert werden, so entstehen wiederum hohe Kosten oder zumindest Verzögerungen, die die Vorteile der zentralen Struktur zum Teil ad absurdum führen können.

- Marktferne: Durch die Ansiedlung in einem anderen Land als dem Zielland werden zwar die Kommunikationswege innerhalb der eigenen Organisation verkürzt, jedoch wird gleichermaßen auch die Abstimmung mit Partnern im Zielland erschwert. Dies führt zu einer erhöhten Reisetätigkeit und möglicherweise ineffizienteren Abstimmungswegen mit den lokalen Partnern. Hier muss insbesondere zwischen Geschäften mit rein digitalen Produkten (wie z. B. im Dating) und solchen mit physischen Gütern (z.B. E-Commerce) differenziert werden. Während im ersten Fall die Abstimmung mit lokalen Partnern meist auf Unternehmenskommunikation, Marketing und Zahlungsabwicklung beschränkt ist, sind beim Verkauf physischer Güter vor allem logistische Prozesse aufzusetzen. Diese sind oftmals fehleranfällig und erfordern meist Ressourcen vor Ort, um eine reibungsfreie Abwicklung zu gewährleisten.

2.3.2 Roll-out mit dezentralen Länderorganisationen

Bei der klassischen Strategie des Aufbaus dedizierter Länderorganisationen gelten die o.g. Argumente im Wesentlichen spiegelbildlich:

- Hoher Ressourcenaufwand: Der Aufbau einer eigenen Landesorganisation erfordert typischerweise die Gründung einer Untergesellschaft im jeweiligen Land. Die Eröffnung eines eigenen Büros und das Einstellen lokaler Mitarbeiter sind mit hohem Zeit- und Kostenaufwand verbunden.

- Komplexe Prozesse: Die Kommunikation mit der eventuell sogar über mehrere Zeitzonen entfernten Firmenzentrale führt zu längeren Abstimmungswegen. Gerade bei Themen, die beispielsweise in der Produktentwicklung zentrale Ressourcen erfordern, führen kulturelle Unterschiede und Sprachprobleme oft zu lang gezogenen Entscheidungsprozessen.

- Nutzung lokaler Kompetenz und Vernetzung: Durch die Einbettung der neuen Landesorganisation im jeweiligen lokalen Markt können aus dem dortigen Qualifikationspool optimale Mitarbeiter rekrutiert werden. Auf Grund der Nähe und bestehenden Vernetzung zu lokalen Partnern oder anderen Marktteilnehmern können diese wiederum den Geschäftsaufbau zügig vorantreiben.

Selbstverständlich ist es möglich, sich für unterschiedliche Länder oder zu verschiedenen Zeitpunkten in der Firmenentwicklung für die eine oder andere Strategie zu entscheiden. Die beiden genannten Ansätze können auch kombiniert werden. So kann es zum Beispiel Sinn machen, einen neuen Markt zunächst zentral mit begrenzten Ressourcen in einer Pilotphase aufzubauen und erst bei entsprechendem Geschäftserfolg oder dem Erreichen gewisser Ziele eine Zweigniederlassung zu eröffnen.

3 Case Study: Experteer GmbH, München

3.1 Ausgangssituation

Die Experteer GmbH betreibt ein internetbasiertes Endkundenangebot, das auf das Premiumsegment des Online-Stellenmarktes ausgerichtet ist. Internet-Nutzer, die nach offenen Stellen mit einem Jahresgehalt von 60.000 Euro und mehr suchen, finden bei Experteer eine umfassende Datenbank mit Stellenausschreibungen. Dabei sind die Jobangebote mit zusätzlichen Gehaltsbenchmarks zur besseren Einordnung ihrer Attraktivität ausgestattet. Des Weiteren können Nutzer ihr eigenes Profil anlegen, das nur von akkreditierten Headhuntern eingesehen werden kann. Damit erlaubt der Dienst auch den diskreten Zugang zu Headhuntern. Im Vergleich zu breit angelegten Stellenbörsen spricht Experteer damit eine sehr profilierte, zahlungskräftige Zielgruppe an. Gegenüber Business-Netzwerken wie LinkedIn oder Xing ist das Angebot dagegen stärker auf die reine Jobsuche fokussiert.

Abbildung 3-1:   *Positionierung von Experteer im Wettbewerbsumfeld*

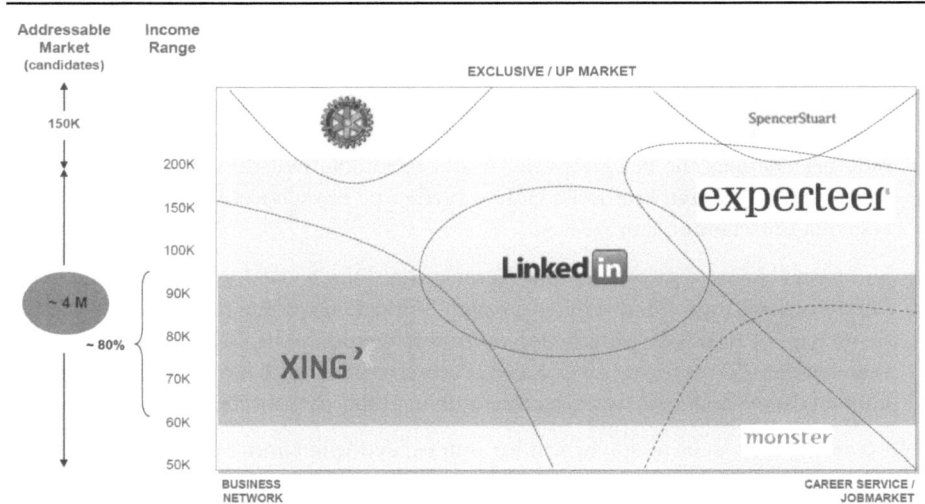

Während die Nutzung einer Version des Dienstes mit reduziertem Funktionsumfang kostenlos ist, muss für die Vollversion eine Abonnementgebühr entrichtet werden. Damit ist das Geschäftsmodell von Experteer auf die Monetarisierung des Endnutzers ausgerichtet, während bei Stellenbörsen klassischerweise der Ausschreibende für die Veröffentlichung der Stellenanzeige bezahlt. Dies führt jedoch dazu, dass Stellen an unterschiedlichen Stellen (Stellenbörsen, Firmenwebsites) ausgeschrieben werden, so dass der Endnutzer eine Vielzahl von Websites besuchen muss, um ein vollständiges Bild des bestehenden Angebots zu erhalten. Experteer nimmt gegen eine Abonnementgebühr dem Nutzer diese mühselige und zeitaufwendige Arbeit ab. Bei Experteer ist die Ausschreibung einer Stelle kostenlos und offene Stellen werden sogar von einem dedizierten Team in die Datenbank eingestellt, so dass der Nutzer auf einen Schlag einen umfassenden Marktüberblick bekommt.

Damit ist das Produkt von Experteer rein digital, es werden keinerlei physische Güter ausgeliefert oder hergestellt.

3.2 Vorbereitung der Internationalisierung

Der deutsche Service von Experteer ist seit Mai 2006 online. Nach einem sehr erfolgreichen Start und weiterer Ausbau des Dienstes stellte sich bald die Frage, ob und wie eine Internationalisierung des Angebots erfolgen sollte. Folgende Fragen wurden dabei aufgeworfen und mussten generell bzw. für die angedachten Länder im Speziellen diskutiert werden:

- Markt und Nachfrage: Das Geschäftsmodell von Experteer ist nur attraktiv in Märkten, in denen genügend Stellenangebote mit relativ hohen Gehältern vorhanden sind und eine Zahlungsbereitschaft des Endnutzers für deren Aggregation und den Zugang zu Headhuntern besteht. Dies ist in den wesentlichen mitteleuropäischen Märkten grundsätzlich gegeben, stellt aber beispielsweise für eine Erweiterung in einige Märkte Osteuropas ein Hindernis dar.

- Regulatives Umfeld: Auch wenn es auf den ersten Blick verwundert, so ist die Vermittlung von Arbeitsplätzen in einigen Ländern Europas durch eine Vielzahl von Gesetzen geregelt. Nicht selten ist es dabei Arbeitsvermittlern und damit im weiteren Sinne auch Experteer untersagt, Arbeitssuchende für die Vermittlung einer Stelle direkt zur Kasse zu bitten. Diese Gesetze entstammen oftmals der Zeit vor der Verbreitung des Internets und sind als Verbraucherschutz im Wesentlichen für Stellen im unteren Gehaltssegment entworfen worden. Dennoch musste auf Grund derartiger Gesetze eine ausführliche Vorprüfung erfolgen, die zum Teil zu längeren Diskussionen mit den zuständigen nationalen Behörden führte und für einige Zielmärkte eine Veränderung der angebotenen Funktionalität nach sich zog.

- Für die Internationalisierung des Produkts gibt es grundsätzlich fünf Bereiche, die abgedeckt werden müssen, um dem Kunden ein komplettes und attraktives Angebot im jeweiligen Land unterbreiten zu können. Zunächst muss das Produkt, also das Portal mit seiner gesamten Funktionalität, in die Landessprache übersetzt werden. Des Weiteren muss sichergestellt werden, dass die im jeweiligen Land am weitesten verbreiteten Bezahlsysteme angebunden sind. Genauso wie in Deutschland nämlich der Bankeinzug große Popularität genießt, ist beispielsweise in Frankreich ein Online-Angebot ohne Akzeptanz der sogenannten „Carte Bleue" quasi undenkbar. Ferner muss ein Team zusammengestellt werden, das sich sowohl mit der Einstellung einer ausreichenden Zahl an attraktiven Stellenangeboten in die Datenbank befasst, als auch Headhunter anspricht, um sie auf das neue Angebot aufmerksam zu machen. Diese nur indirekt Umsatz treibende Maßnahme ist enorm wichtig, da der Kontakt zu Headhuntern ein wesentliches Attraktivitätskriterium für den Endnutzer ist. Schließlich muss eine Marketingstrategie für den jeweiligen Markt entwickelt werden, mit der Endnutzer beworben werden. Hier verlässt man sich zunächst auf rein online-basierte Kundenakquisitionskanäle wie das Buchen von Google AdWords.

3.3 Umsetzung

Nach der Evaluierung der verschiedenen europäischen Märkte kam das Management zu dem Schluss, zunächst in das Vereinigte Königreich zu expandieren. Die Gründe hierfür lagen primär in dem großen Markt, der hohen Jobwechselrate und damit verbundenen häufigen Suche nach neuen Stellen. Auch die Verbreitung der für das Geschäftsmodell wichtigen Headhunter spielte eine Rolle. Auch ist das Vereinigte Königreich häufig der erste Internationalisierungsschritt für amerikanische Wettbewerber. So sollte gemäß der oben diskutierten Expansionsstrategie zügig eine Präsenz in Kernmärkten aufgebaut werden.

Bei der konkreten Umsetzungsstrategie entschied man sich für den Aufbau eines kleinen Büros vor Ort in London. Dort wurde ein Country-Manager eingestellt, der für den kompletten Auftritt im lokalen Markt verantwortlich zeichnet. Des Weiteren wurde vor Ort ein kleines Team aufgebaut, das die Zusammenstellung von offenen Stellenanzeigen sowie die Headhunteransprache übernahm. Damit wurde die Verantwortung für Marktauftritt, Content und Marketing in die lokalen Hände übertragen. Das Produkt sowie die gesamte technische Infrastruktur wurden jedoch auch für den englischen Markt von München aus entwickelt.

Entscheidend für den erfolgreichen Aufbau des Geschäfts vor Ort waren damit

- das Anwerben eines starken Country-Managers und dessen enge Einbindung in die bestehende Struktur durch insbesondere anfänglich ausgedehnte Aufenthalte in München,

- eine größtmögliche Übernahme bestehender Prozesse, gerade was die Produktqualität sowie die quantitative Erfolgskontrolle im Marketing betrifft,

- eine schlanke Struktur vor Ort mit – wo immer möglich – begrenzten Kosten. So wurde beispielsweise auf eigene repräsentative Büroräume verzichtet und verfügbare Arbeitsplätze in den bestehenden Büros einer befreundeten Firma angemietet.

In einem zweiten Schritt entschied sich das Management für die Entwicklung einer Pan-Europäischen Version, die zentral von München aus entwickelt und betreut werden sollte. Diese hatte den Zweck, eine attraktive Möglichkeit zur Stellensuche darzustellen. Gerade für international mobile Bewerber, die quer über europäische Ländergrenzen hinweg eine neue Herausforderung suchen, wurde dies als wichtig angesehen. Auf Grund des internationalen Kundenprofils wurde diese Version nur auf Englisch zur Verfügung gestellt. Zum Startzeitpunkt wurden neben der Übernahme der in Deutschland und UK verfügbaren Stellenausschreibungen eine Auswahl an für internationale Bewerber interessanten Top-Jobs in allen europäischen Ländern von einem Team in München in der Datenbank erfasst. Mit diesem Produkt wurde nicht nur ein weiteres internationales Standbein geschaffen. Es erlaubte auch die Nachfrage in verschiedenen Ländern zu „testen". Hierfür wurden gezielt kleinere Marketing-budgets in unterschiedlichen Kanälen (Google Werbung, Banner-Werbung etc.) in den einzelnen Ländern allokiert. Auf Grund der genauen Messbarkeit im Internet konnten die erreichten Ergebnisse sehr genau Land für Land miteinander verglichen werden. Im Wesentlichen handelte es sich dabei um die notwendigen Marketingkosten für die Gewinnung eines Neukundens (die sog. „Customer Acquisition Cost"). Auch wenn nur eine sehr spitze Zielgruppe angesprochen wurde, konnten hier umfassende Er-kenntnisse über die Marktakzeptanz des Produkts in weiteren Ländern gewonnen werden. Diese Erfahrungswerte bildeten die Basis für den nächsten Schritt der Interna-tionalisierung, den Roll-out weiterer Länder.

Nachdem nun erste Erfahrungen in den internationalen Märkten gesammelt werden konnten, sollten im Laufe des Jahres 2008 weitere Länder erschlossen werden. Nach den guten Erfahrungen mit dem zentral aus München gesteuerten Produkt für inter-nationale Bewerber sowie den vorliegenden Daten über die Akzeptanz in einzelnen Ländern, wurden später weitere Versionen eingeführt. Konkret wurden Österreich und die Schweiz (Arrondierung des Produkts mit naheliegenden Märkten), Frankreich und Belgien (wobei die belgische Version nur in Französisch zur Verfügung steht) sowie Italien als neue Landesversionen entwickelt und am Markt eingeführt. Spanien und Holland folgten dann in 2009.

Das Vorgehen für den Markteintritt aller in 2008 und 2009 neu erschlossenen Länder folgte demselben Muster: Idealerweise wurde das ganze Länderteam in München eingestellt, was sich auf Grund der ausreichenden Anzahl internationaler Bewerber in fast allen Fällen realisieren ließ. Diese Anforderung führte jedoch in Einzelfällen zu Verzögerungen, da der Einstellungsprozess durch die Anforderung des Wohnorts München oder eines entsprechenden Umzugs häufig erschwert wurde. Durch die in den ersten internationalen Versionen gesammelten Erfahrungen konnte das Erstellen einer weiteren Landesversion sowie die Markteintrittsstrategie stark optimiert werden und quasi „von der Stange" repliziert werden.

Abbildung 3-2: *Internationaler Roll-out der jeweiligen Landesversionen von experteer.de*

3.4 Kritische Erfolgsfaktoren im Rückblick

Während Experteer derzeit seine Internationalisierung in weitere Länder noch fort-setzt, können nach einer Präsenz von ein bis zwei Jahren in den verschiedenen interna-tionalen Märkten schon einige Zwischenergebnisse bewertet werden. Hier ist eine den Erwartungen entsprechende oder übertreffende Geschäftsentwicklung in den jeweili-gen Märkten festzustellen, so dass sicher von einer erfolgreichen Internationalisierung gesprochen werden kann. Im Rückblick erscheinen dabei die folgenden Faktoren als wesentliche Gründe für dieses positive Ergebnis:

▪ Schrittweises Vorgehen und Kostendisziplin: Durch die Fokussierung auf zunächst nur einen weiteren internationalen Markt und die Möglichkeit, vor Ort im Zielland in großer Nähe zu Partnern und Kunden die wesentlichsten „Kinderkrankheiten" aus internationaler Perspektive zu beheben, konnte eine erste Blaupause für die

weitere Internationalisierung geschaffen werden. So konnten Fehler in den Folge-
märkten vermieden werden.

▪ Realitätsnahe Einschätzung der Märkte durch Pilotversion: Die pan-europäisch
ausgelegte Version erlaubte es, frühzeitig und in guter Näherung, die Attraktivität
der internationalen Märkte einzuschätzen und den Roll-out entsprechend zu priorisieren.

▪ Robustes Produkt auf einer Plattform: Durch die zentrale Programmierung des
Produkts in München konnten alle Länderversionen ohne redundanten technischen Aufwand realisiert und die Daten auch über Länderversionen hinweg zugänglich gemacht werden.

▪ Standardisierte und wohl dokumentierte Prozesse für neue Länderversionen: Die
mit zunehmender Erfahrung weitestgehend standardisierten Prozesse führten zu
geringen Vorbereitungszeiten und überschaubaren Kosten für jede neue Markteinführung.

▪ Enge Verzahnung der Länderteams an einem Standort: Durch die Steuerung der
internationalen Versionen aus dem zentralen Büro in München sind die Kommunikationswege kurz und Verbesserungen können quer durch die Organisation zügig umgesetzt werden. Dies führt sogar dazu, dass auch der anfangs von London
aus gesteuerte englische Markt nun von München aus betreut werden kann, nachdem dort die ersten und damit sicher auch schwersten Schritte der Internationalisierung erfolgreich gegangen wurden.

Wie jedoch fast immer im Umfeld junger Unternehmen ist für eine erfolgreiche Expansion zuerst das Management verantwortlich, das der Vielzahl von neuen Aufgaben
und Herausforderungen gewachsen sein muss. Das hoch kompetente Führungsteam
von Experteer ist daher sicherlich der wichtigste Grund dafür, dass sich die Firma in
kurzer Zeit so stark international etablieren konnte.

Teil D:

Web-Exzellenz in der

Umsetzung

Torsten Spandl

Flagshipstore goes online
Am Beispiel des Küchenhandels der Otto Group

1   Flagshipstore goes online

Dem Stationärhandel ist in den letzten Jahren mit der Etablierung von E-Commerce-Anbietern ein mächtiger Mitbewerber entstanden, der mit neuen Geschäftsmodellen, Einbeziehung der Konsumenten und innovativen Features viele Konsumenten abwirbt. Eine angemessene Reaktion auf diese neuen Marktbegleiter wird von vielen traditionellen Handelsunternehmen und Verbundgruppen noch gesucht. Eine Internet- oder E-Commerce-Seite zu betreiben bedeutet heute mehr als die reine Bereitstellung von Informationen über das Unternehmen und die angebotenen Produkte. Der folgende Artikel beschäftigt sich mit einer exemplarischen Ausgestaltung einer E-Commerce-Strategie für die Küchenhandelsbranche, in der E-Commerce-Ansätze kaum verbreitet sind und auch klassische Online-Strategien noch in den Kinderschuhen stecken. Die Bedeutung eines attraktiven, leistungsfähigen und identitätsstiftenden Internet-Auftritts nimmt zu. Neben Chancen in der Umsatzgenerierung über E-Commerce ist in vielen Handelsbranchen auch eine Verschiebung bei der Informationssuche hin zu den elektronischen Medien zu erkennen. Das Internet ist demnach auch für die Handelsunternehmen ein sehr relevanter Informationskanal, die noch keine ausgeprägte E-Commerce-Strategie verfolgen.

In vielen Stationärhandelsunternehmen wird die Erfolgsrelevanz des Internet-Auftritts noch unterschätzt. Dabei kann ein moderner und attraktiver Internet-Auftritt deutlich mehr Konsumentenkontakte in der Vorkaufphase positiv beeinflussen, als dies bei einem einzelnen Standort mit Handelswerbung möglich ist. Hohe Investitionen in Brick-and-Mortar-Flagship-Standorte zahlen sich in der unmittelbaren regionalen Umgebung des Standorts aus. Vergleichbare und vielfach sogar geringere Investitionen in einen Flagshipstore im Netz hingegen wirken deutlich weiter, erreichen mehr Kundenkontakte und können mehr relevante Informationen bereitstellen, als dies bei einem einzelnen stationären Standort möglich ist. Der Flagshipstore im Netz wird die Umsatzbedeutung der stationären Standorte nicht mindern, sondern sie explizit stärken.

2   Küche&Co GmbH - Küchenhandel in der Otto Group

Die Küche&Co GmbH ist eine 100-Prozent-Tochterfirma von Otto (GmbH&Co KG) und Mitglied der multinationalen Otto Group, die mit 123 wesentlichen Gesellschaften in 20 Ländern als ein führender Handels- und Dienstleistungskonzern vertreten ist.

233

Küche&Co betreibt das deutschlandweit größte Franchisesystem im Einbauküchen-fachhandel. Der Vertrieb ist nach einem Multi-Channel-Ansatz aufgebaut: stationäre Geschäfte, Versandhandels-Medien mit Direktverkauf beim Kunden, E- und T-Commerce-Angebote. Unter dem einheitlichen Marktauftritt „Küche&Co – Die Küchen-fachleute" firmieren über 90 Küchenstudios in allen Regionen Deutschlands. Die Küchenstudios werden durch eigenständige Franchisenehmer geführt, einzelne Standorte werden im Rahmen einer Kooperation als Shop-in-Shop in Max Bahr-Baumärkten betrieben. Die Küche&Co GmbH führt drei Pilotstandorte. Alle Küchenstudios – sowohl Franchisestandorte, Shop-in-Shop- oder Eigenbetriebe – treten als Fachgeschäfte mit einer Ausstellungsfläche zwischen 200 und 400 qm auf. Auf diesen Flächen werden 10-20 Musterküchen aufgebaut präsentiert. Die Studios werden durch den Inhaber oder Studioleiter betrieben, der zur Unterstützung einen bis zwei weitere Verkäufer im Innendienst und mehrere Verkäufer im Außendienst beschäftigt. Im Marktauftritt präsentieren sich die Küche&Co-Studios als Anbieter im mittleren Preissegment mit einem durchschnittlichen Küchenverkaufspreis von ca. 6.000,-€. Die Wettbewerber für die Küchenstudios sind Küchenanbieter und Möbelhäuser aus dem direkten regionalen Umfeld. Der zentrale Wettbewerbsvorteil für die Küche&Co besteht in einer Endkundenansprache über Distanzhandelsmedien. Es bestehen umfangreiche Kooperationsvereinbarungen mit Unternehmen der Otto Group (u.a. Otto Versand, Schwab Versand, Baur Versand), die dem stationären Standort Kunden zuführen. Zudem werden Kooperationen auch außerhalb der Otto Group umgesetzt, so dass durch das Zusammenspiel der regionalen Handelswerbung der Küche&Co-Standorte sowie der zentralen Werbung bei Kooperationen durch die Küche&Co-Zentrale ein stetiger Kundenzufluss für das eigenständige Küchenstudio gewährleistet werden kann. Die Küche&Co GmbH tritt neben der Endkundenmarke Küche&Co mit einer zweiten Marke auf: Design Your Kitchen 360 – www.dyk360.com. Dieser Pure Online-Player mit einer jungen Zielgruppe ist als Markttest innovativer Vermarktungsformen, neuer Produkte und EDV-gestützter Verkaufsmechanismen aufgesetzt. Die online bestellten Artikel werden über die bestehende Franchisenehmerstruktur von Küche&Co abgewickelt, die in diesem Fall gegenüber den Endkunden als „Service- und Abwicklungs-partner von Design Your Kitchen 360 – www.dyk360.com" in Erscheinung treten.

3 Küchenhandel als Teilbereich des Möbelhandels

Der Küchenmarkt mit rd. 6 Mrd. Euro Umsatzvolumen ist ein bedeutender Teilmarkt des Möbelmarktes (29,7 Mrd. Euro Umsatzvolumen inkl. Küche (Quelle: Möbel – Zahlen – Daten, 2010)). Konsumenten geben ca. 6,8 Prozent ihres Einkommens für Möbel und Einrichtungsgegenstände aus (Quelle: BBE, 2009). Dieser Anteil hat sich in den letzen 20 Jahren um ca. 2 Prozent-Punkte reduziert. Diese Entwicklung korrespondiert mit dem sinkenden Anteil der prozentualen Ausgaben im Einzelhandel im Allgemeinen, da Verbraucher ihr verfügbares Einkommen verstärkt für Wohnen, Kommunikation, Transport und Freizeitaktivitäten investieren.Der Möbelhandel wird von stationären Großflächen-Anbietern dominiert. Die drei größten Marktteilnehmer Ikea, Höffner und XXXLutz betreiben bis zu je 48 Standorte mit Verkaufsflächen von mehreren 10.000 qm Größe. Das derzeit größte Möbelhaus Innhofer in Deutschland präsentiert Waren auf einer Verkaufsfläche von 74.000 qm in Senden im Allgäu. Die 20 größten Möbelhandelsunternehmen in Deutschland vereinen ca. 51,4 Prozent des Umsatzes auf sich (Quelle Möbel – Zahlen – Daten 2010). Den Küchenmarkt zeichnet eine andere Struktur aus. Als einer der letzten Handelszweige konnte sich dieser Markt eine stark ausgeprägte mittelständische Händlerschaft erhalten. Diese Entwicklung ist ein Verdienst starker Verbandsstrukturen, die für das komplexe Handelsfeld des Küchenhandels benötigte Dienstleistungen anbieten. Sie entlasten den Fachhändler und lassen ihn seine Vorteile im Wettbewerb, wie u. a. Fachexpertise und die Möglichkeit einer persönlichen Betreuung der Konsumenten im Vergleich gegenüber Großflächenvermarktern und Filialsystemen realisieren. Der Küchen-Fachhandel erreicht durch diese individuellen Stärken einen Marktanteil von über einem Drittel des Gesamtmarktes. Die Großflächenvermarkter und Filialisten setzen ein weiteres Drittel aller Einbauküchen ab. Den Rest des Marktes teilen sich Anbieter aus Distanzhandel, DIY, technischer Fachhandel, Handwerk und Direktvertrieb.

3.1   Besonderheiten des Küchenhandels

Der Küchenkauf stellt für Konsumenten die drittgrößte Investition nach Immobilien- und Fahrzeugkauf dar. Die Küche wird im Mittel alle 13-17 Jahre erneuert, so dass ein Haushalt in Deutschland 2-3 komplette Küchen im Haushaltslebenszyklus erwirbt. Die angebotenen Möbel lassen sich grob in zwei Klassen unterteilen: Küchen zum Selbstaufbau („zerlegte Ware", „Flat Pack" etc.) und vormontierte Ware (klassische Einbauküche, verleimte und fertig vormontierte Schränke). Die Einbauküche wird als das schwierigste Sortiment im Einzelhandel angesehen. Je nach Größe und Ausstattung der Küchen können deutlich über 40 Einzelteile verbaut werden.

Im Rahmen des Küchenkaufs werden verschiedene Serviceleistungen angeboten: Planung der Küche mit mehrstündigen Beratungsgesprächen, Detailplanung alternativ auf Papier oder EDV-gestützt; Aufmessen der Räumlichkeiten beim Konsumenten, Anfertigung von Plänen für weitere Gewerke (Installationsplan, Fliesenplan etc.), Lieferung und Montage, Nachsorge und Reklamationsbearbeitung. Der Kauf wird in der Regel durch Beratung eines Küchenfachmanns abgewickelt. Die Komplexität der Planung erfordert Fachwissen eines Experten. Die langen Kaufrhythmen ermöglichen es Konsumenten nicht, auf relevante Erfahrungen zurückgreifen zu können, so dass heute ein direkter Kauf von Einbauküchen ohne Fachberatung nicht oder nur sehr eingeschränkt möglich ist. Der Küchenkauf ist in der Preisbildung für Konsumenten nur schwer nachvollziehbar. Das Zusammenfügen verschiedener Vorlieferanten für Holzteile, Einbaugeräte und Zubehör, die aktionsbezogene Nutzung von bspw. Sonderpreislisten sowie die Gewährung von hohen Rabatten verhindert einen linear nachvollziehbaren Preisaufbau. Auch die Küchenfachberater können den individuellen Küchenpreis nur EDV-gestützt ermitteln. Ein ergänzendes Element der Intransparenz ist die komplizierte Vergleichbarkeit von Küchenangeboten. Geringe planerische Abweichungen vom Referenzangebot führen auf Basis der oben beschriebenen Preisfindungsmechanismen zu maßgeblichen preislichen Unterschieden.

3.2 E-Commerce im Küchenhandel

Der Online-Handel ist als Vertriebsform im Einbauküchenhandel bisher nicht etabliert. Als eines der letzten Handelssortimente ist die Einbauküche online für Konsumenten nicht käuflich verfügbar. Auf Konsumentenseite können sich aktuell rd. 6,79 Prozent der Konsumenten einen Küchenkauf im Internet vorstellen (Quelle: Möbel – Zahlen – Daten, 2010). Diese im Vergleich zu allen anderen Möbelsortimenten letzte Platzierung fußt sowohl auf der oben beschriebenen Komplexität der Küchenplanung wie auch auf fehlenden adäquaten Angeboten, die ein einfaches Erwerben einer Einbauküche online ermöglichen. Alle relevanten Küchenhändler bieten online Konsumenten-Information an. Webseiten von Küchenanbietern präsentieren dabei u.a. einen Querschnitt angebotener Sortimente zur Vorinformation, ergänzende Informationen zum stationären Ladengeschäft, Ansichten der aktuellen Handelswerbungen und allgemeine Kontaktoptionen. E-Commerce- und Web-2.0-Ansätze sind auf bestehenden Webseiten aus dem Einbauküchensegment bisher kaum anzutreffen. Auch Online-Marketing im herkömmlichen Sinn wird von den großen Marktteilnehmern nur verhalten eingesetzt. Die Einbauküche wird bis heute stationär verkauft und mittels klassischer Haushaltswerbung beworben.

Die Komplexität des Sortiments stellt Konsumenten und Anbieter vor große Herausforderungen. Für Konsumenten müssen Angebote einfach und nachvollziehbar aufbereitet werden. Anpassungs- und Umplanungsmöglichkeiten auf die individuellen Räumlichkeiten müssen verfügbar und ohne ausgeprägtes planerisches Verständnis intuitiv erfassbar sein. Zudem müssen Konsumenten die Möglichkeit haben, auf direktem Kommunikationswege etwaige Fachfragen zu klären. Auch Küchenhändler stehen der Entwicklung des E-Commerce im Küchenmarkt kritisch gegenüber. Online bereitstehende Informationen rund um Planung, Preisfindung und benötigte Serviceleistungen brechen bestehende Informations-Asymmetrien auf und berauben den Küchenfachberater seines Informations- und Beratungsmonopols. Preisgestaltungen werden transparent und Anbieter begeben sich in direkten Wettbewerb untereinander, was bisher durch individualisierte Planungen der Küchen vermieden werden konnte. Aus technischer Sicht stellt das Sortiment durch die Vielzahl der zu kombinierenden Artikel bestehende Online-Shop-Systeme vor Herausforderungen. Einfache Planungssysteme in 2D und 3D sind nicht weit verbreitet. Große Küchenhändler und Verbandsstrukturen haben noch keine Geschäftsstrategie entwickelt, die eine Koexistenz zwischen stationärem Handel und Online-Handel mit Küchen ermöglicht. Es fehlt bis heute der integrierende Ansatz, der Kannibalisierungs- und Raub-Effekte minimiert und Ängste der Marktteilnehmer abbaut. Weiterhin sind nahezu alle Möbel- und Küchenhändler bisher nicht deutschlandweit vertreten, so dass Abwicklungsstrukturen nicht für alle Regionen existieren, was ebenfalls einer E-Commerce-Strategie entgegenläuft. Der Online-Küchenhandel ist im Jahr 2010 immer noch wenig verbreitet, sowohl auf Konsumenten- als auch auf Anbieterseite. Daher bietet dieses Marktsegment Möglichkeiten zur Gestaltung. Innovative Unternehmen können mit neuen Ansätzen Konsumenten bedeutende Mehrwerte bieten und durch eine attraktive E-Commerce-Strategie eine dominante Online-Marktposition im Vergleich zu etablierten stationären Küchenhändlern einnehmen.

4 Online-Flagshipstore: Küche&Co – www.kueche-co.de

Im Vergleich zu einem einzelnen stationären Küchenfachhandelsgeschäft von Küche&Co besitzt der zentrale Online-Auftritt www.kueche-co.de ein Vielfaches an Konsumentenkontakten. Allein diese Tatsache rechtfertigt die Bezeichnung als Flagshipstore, da die Webseite die zentralen Erkennungsmerkmale der Marke repräsentiert. Die Webseite muss Küche&Co in allen seinen Ausprägungen darstellen und als relevantestes bundesweites Informationsmedium der Bedeutung entsprechend aufgebaut und gepflegt sein. Diese Bedeutung des Online-Auftritts als Flagshipstore der Marke trifft auf die Vertriebsform Franchising in besonderem Maße zu. Die Umsetzung des Küche&Co-Webauftritts bietet der Franchisezentrale die Möglichkeit, eine optimale Darstellung von Küche&Co zu realisieren. Der Auftritt kann die Marke optimal transportieren und Schwerpunkte im Sinne der Marken-Richtlinien setzen. Weiterhin stellt der Online-Auftritt eine zentral gesteuerte Umsetzung aller an Konsumenten gerichteten Aktivitäten sicher. Die Webseite kann als zentraler Kommunikations- und Informationskanal aufbereitet werden, so dass alle relevanten Informationen bereitgehalten werden, um Konsumenten eine umfassende Vorinformation zu ermöglichen. Die Webseite von Küche&Co sichert somit die optimale Außenwirkung des Franchisekonzepts. Unterschiedliche Standortausprägungen und Leistungsschwankungen, die ein Franchising systembedingt tolerieren muss, können durch den Flagshipstore-Auftritt online in der Kunden-Vorinformationsphase damit nivelliert werden.

Der Online-Flagshipstore von Küche&Co besitzt aus Unternehmenssicht drei grundlegende Funktionen:

(1) Positionierung von Küche&Co als Anbieter von Einbauküchen im Relevant Set der Konsumenten,

(2) Lead-Generierung von Katalog- und Beratungsnachfragen für die Küchenstudios und

(3) das Anbieten von umfassenden Informationen rund um das Thema Küchen.

Die Positionierung von Küche&Co im Relevant Set besitzt große Bedeutung. Lange Kaufrhythmen und stark preisorientierte Abverkaufswerbung der Küchenhändler verhinderten bisher eine eindeutige Marken- und Präferenzbildung im gesamten mittelpreisigen Küchenmarkt. Daher gehen Konsumenten gezielt auf die Suche nach potenziellen Küchenhändlern. Die Suche findet immer häufiger online statt, wodurch eine attraktive und kompetente Internet-Präsenz verstärkt Bedeutung erhält. Küche&Co kann als deutschlandweit auftretendes Unternehmen durch die angemessene Darstellung im Internet mit deutlich umsatzstärkeren Wettbewerbern konkurrieren und Konsumenten für die vergleichsweise kleinflächigen 90 Fachgeschäfte gewinnen. Um neben der reinen Imagebildungsfunktion Leads für die regionalen Küche&Co-Studios zu identifizieren, bietet Küche&Co einen kostenlosen hochwertigen gedruckten Küchenkatalog an. Durch die Bestellung des Katalogs werden Interessentendaten ermittelt, die durch die Küche&Co-Studios aktiv genutzt werden. Ergänzend können Konsumenten auch Beratungsgespräche anfordern. Das Angebot von vielfältigen Informationen rund um das Thema Küche und Küchenplanung rundet die Internet-Seite ab und bietet den Konsumenten eine fundierte Vorinformationsmöglichkeit. Durch diesen Content positioniert sich Küche&Co beim Konsumenten nachhaltig als vertrauenswürdiger und kompetenter Anbieter, der in eine engere Auswahl für ein persönliches Beratungsgespräch einbezogen werden kann.

Auf folgende Inhalte legt die Küche&Co-Zentrale beim Betreiben des Internet-Auftritts besonderen Wert:

- Umfangreiche Informationsvielfalt: der reichhaltige Content rund um Küche und Küchenplanung bietet interessierten Konsumenten die Möglichkeit der einfachen und kompetenten Information zum Küchenkauf. Die Internet-Seite von Küche&Co strebt dabei die Informationsführerschaft zum Thema Küchenkauf im deutschsprachigen Internet an. Durch die positiv aufgeladene Positionierung der Marke Küche&Co präsentieren sich auch die regionalen Fachgeschäfte als kompetente Anbieter.

- Alle Sortimente und Angebote online verfügbar: diese für klassische Online-Händler nicht erwähnenswerte Sortimentsvielfalt begründet im Online-Küchenhandel eine Ausnahmestellung. Alle in den klassischen Angebotsträgern Küchenkatalog und Prospekten von Küche&Co beworbenen Sortimente kann der

Konsument online einsehen, Details in Erfahrung bringen und gezielt weitere Informationen anfordern. Die Komplexität des Sortiments erfordert eine detaillierte Aufarbeitung der Küchen für die Online-Präsentation. Diese Informationstiefe wird von den Konsumenten mit langen Verweildauern und hohen Seitenaufrufzahlen honoriert.

- 3D-Planungstool: Küche&Co bietet ein besonders einfaches und kompetentes 3D-Planungstool an. Die Eigenentwicklung stellt konsequent eine unkomplizierte Planung von Küchen in den Vordergrund. Durch die bewusste Vorauswahl der verfügbaren Informationen, Schrankalternativen und ergänzenden Optionen wurde ein Tool entwickelt, welches auch ungeübten Usern ermöglicht, eine Küche innerhalb weniger Minuten mittels Drag & Drop zu erstellen. Das Tool läuft auf allen Betriebssystem-Oberflächen, mit allen Webbrowsern und ist komplett ohne Zusatzinstallationen und Plug-Ins einsetzbar, was Usability und Reichweite deutlich erhöht.

- Online-Beratung mit Video und Chat: als besonderes Service-Angebot bietet Küche&Co eine Online-Küchenberatung an. Dieses innovative Feature wurde im Jahr 2008 im Betatest gelauncht und seit Mitte 2009 auf feste Beratungszeiten ausgeweitet. Konsumenten können direkt im Videochat mit einem ausgebildeten Berater die wichtigsten Fragen rund um die Küche besprechen. Dieses interaktive Angebot kombiniert die Kompetenz einer persönlichen Beratung mit Angeboten über Distanzhandelsmedien.

- Nutzung multimedialer Inhalte: das Sortiment Einbauküche lässt sich durch Videos und Animationen anschaulich und leicht verständlich erklären. Auf der Internet-Seite sind unterschiedlichste Videos abrufbar, die Themenschwerpunkte aus dem Küche&Co-Sortiment erläutern. Im laufenden Betrieb wird dieser Bereich permanent ausgebaut, um Besonderheiten zu erläutern und Optionen bei der Küchenplanung zu verdeutlichen.

- E-Zine „Küche&Co-Magazin": das Thema Küche und Kochen besitzt neben der reinen Angebotspräsentation die Möglichkeit, mit attraktiven Themen redaktionelle Inhalte anzubieten. Das regelmäßig erscheinende E-Zine „Küche&Co-Magazin" präsentiert Rezepte, Tipps und Tricks zur Planung des kompletten Küchenraums sowie weitere Neuigkeiten aus der Welt der Küchen an. Ein besonderes Feature ist Innovationen gewidmet, die den Küchenalltag erleichtern. Damit sollen Konsumenten angesprochen werden, die keine komplette neue Küche erwerben wollen, sondern über den Austauschwunsch von Geräten und anderen Elementen auf die Internet-Seite von Küche&Co gestoßen sind.

- Online-Shop mit Accessoires rund um die Küche: zur Abrundung des Angebots bietet die Webseite von Küche&Co einen Accessoire-Shop in Kooperation mit einem namhaften Partner an. Durch dieses Angebot wird die Sortimentstiefe des klassischen Küchenfachhandels ausgeweitet, der in einem Musterküchen-

Showroom weder Kapazitäten noch Abwicklungsmöglichkeiten für kleinteilige Artikel besitzt. Die Integrationsform lagert das komplette Fulfilment an den Partner aus, so dass in der internen Abwicklung für Küche&Co keine neuen Prozesse aufgesetzt werden müssen.

- Informationen des Franchisesystems Küche&Co: Neben dem Küchenverkauf an Konsumenten ist die Gewinnung neuer Franchisenehmer das zweite Standbein für die Küche&Co GmbH. Franchising hat sich in den letzten Jahren zu einem der erfolgreichsten Wirtschaftszweige entwickelt, und dies wird auf der entsprechenden Microsite dargestellt. Auf diesen separat aufgesetzten und gelayouteten Seiten finden sich an ein Fachpublikum gerichtete Informationen, die jedoch auf den ersten Seiten auch für Konsumenten die Erfolgsgeschichte des Franchisesystems Küche&Co nachvollziehbar präsentieren.

- Vielfältige Kommunikationsmöglichkeiten: der Internet-Auftritt von Küche&Co beschränkt sich nicht auf reine Online-Kommunikationsangebote und setzt daher auch hier den Multi-Channel-Ansatz konsequent fort. So können Konsumenten Kontaktmöglichkeiten inkl. namentlich benannter Ansprechpartner aller 90 Franchisestudios abrufen, die zentrale Hotline nutzen oder auch den direkten Kontakt zu den Ansprechpartnern der Küche&Co-Zentrale, wie bspw. Kundenservice und Reklamationsbearbeitung nutzen. Dieses über die klassische Filialsuche hinausgehende Informationsangebot gehört zu den am stärksten genutzten Seiten der Internet-Präsenz und verdeutlicht damit den hohen Stellenwert für die Konsumenten.

Abbildung 4-1: *Webseite Küche&Co – www.kueche-co.de, Stand Februar 2010*

Der Stellenwert einer hochprofessionellen Internet-Präsenz ist – wie oben beschrieben – für ein Franchisesystem besonders bedeutend. Die gesamte Konzeption des Online-Flagshipstores von Küche&Co setzt an den Punkten an, die für einen geschlossenen Auftritt gegenüber Konsumenten relevant sind und dadurch das Markenbild im ersten Moment positiv beeinflussen. Der Auftritt ist nach den von der Franchisezentrale vorgegeben Richtlinien optimal umgesetzt, alle Küche&Co-Marketing- und Werbeaktionen sind online einsehbar und auch die komplette Sortimentsbreite kann von Konsumenten vor dem Besuch des Küche&Co-Fachgeschäfts recherchiert werden. So manifestiert und dokumentiert die Franchisezentrale Maßstäbe auch für die regionalen Franchisenehmer, die über die Festschreibung von Richtlinien und Handlungsanweisungen hinausgehen.

5   Online-Conceptstore: DYK360 – www.dyk360.com

Die Internet-Präsenz von Küche&Co bietet bereits viele – für den Küchenhandel inno-vative – Features wie die Online-Beratung und den reichhaltigen Content rund um Küche und Kochen. Konsumenten können jedoch den Küchenkauf online nicht ab-schließen und müssen ein Beratungsgespräch mit einem Küchenfachberater im Kü-chenstudio oder wahlweise zu Hause in Anspruch nehmen. Um eine E-Commerce-Site für den Online-Küchenhandel zu testen, hat die Küche&Co GmbH einen Spin Off im eigenen Hause entwickelt, der den Küchenkauf im Internet ermöglichen soll: Design Your Kitchen 360 – www.dyk360.com. Der Auftritt besteht vollständig losgelöst vom Vermarktungsansatz Küche&Co. So sollen Konsumentenverwirrungen wegen unter-schiedlicher Sortimente und Leistungen vermieden werden. Der neue Verkaufsansatz kann mit der jüngeren Zielgruppe beeinflussungsfrei innovative Features testen.

Abbildung 5-1: *E-Commerce-Site DYK360 – www.dyk360.com, Stand Februar 2010*

Auf Basis des auch bei Küche&Co eingesetzten, selbst programmierten 3D-Planungstools ist eine umfassende E-Commerce-Lösung für Einbauküchen entstan-den. Konsumenten können eine Vielzahl an vorgeplanten Küchen individuell erweitern oder eine eigene Küchenplanung vornehmen. Die Küchen sind exakt bepreist und alle vorgenommenen Veränderungen aktualisieren den Endpreis. Zusätzlich können die Konsumenten von ihnen gewünschten Serviceleistungen ergänzen, so dass ein individueller Einbauküchenkauf über diese Internet-Seite online möglich ist.

Folgende Besonderheiten zeichnen den Online-Einbauküchenshop DYK360 aus:

▪ Planbarkeit und Kaufoption von Einbauküchen: 2 parallele Planungsalternativen stehen zur Verfügung: ein 3D-Planer und die Planung auf Basis eines klassischen Warenkorbsystems. Sowohl für das 3D-Planungstool wie auch für das Warenkorbsystem mussten verfügbare Datenstämme für die Endkundennutzung aufbereitet werden. Die Komplexität der Datenstrukturen hat eine individuelle Programmierung beider Systeme erfordert. So verfügt die Datenbankstruktur über die Fähigkeit, für alle Küchenmodelle und individuellen Küchenplanungen eine exakte Zuordnung von Preisen, Farben, ergänzbaren Schränken und passenden Einbaugeräten vorzunehmen. Zudem wurden Artikelangaben umfassend aufbereitet, so dass die angebotenen Produkte neben klassischen Artikeltexten alle benötigten Informationen bereithalten, die eine exakte millimetergenaue Küchenplanung auch für Laien ermöglichen.

Abbildung 5-2: *Selbst programmiertes 3D-E-Commercetool mit Preisfindung*

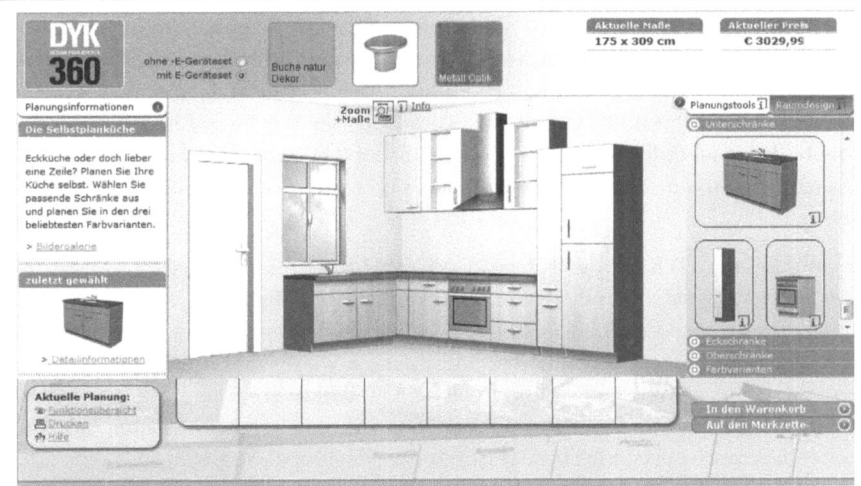

▪ Küchen für spezielle Räumlichkeiten: die Internet-Seite DYK360 bietet neben Einbauküchen auch Modul-, Büro-, Pantry- und Mini-Küchen an. Diese Sortimente sind im normalen Handel selten verfügbar. Gemäß dem Long-Tail-Theorem weitet die Internet-Seite DYK360 damit das Angebot in Breite und Tiefe aus, um eine möglichst große Zielgruppe ansprechen zu können.

■ Ergänzende Services und Dienstleistungen: die Konsumenten können Dienstleistungen rund um den Küchenkauf modular ergänzen und bestellen. Durch den Rückgriff auf die Franchisenehmer kann die Online-Plattform ein bundesweites Netz an DYK360-Service- und Abwicklungspartnern sicherstellen. Alle Leistungen vom Ausmessen der Küche über Lieferung bis zur Montage sind über Festpreise bestellbar.

■ Innenarchitekur-Dienstleistungen: in Kooperation mit einem renommierten Innenarchitektur-Team bietet die Internet-Seite DYK360 einen Planungsservice für den kompletten Küchenraum an. Auf Basis eines detaillierten Fragebogens erarbeiten professionelle Innenarchitekten einen Gestaltungsvorschlag für den kompletten Küchenraum, von den Möbeln bis zur Wandfarbe und den passenden Accessoires. Alle Artikel können über die Internet-Seite bezogen werden und ermöglichen daher ein One-Stop-Shopping-Erlebnis.

■ Sortimente rund um den Küchenraum: zur Steigerung der Attraktivität der Internet-Seite DYK360 und der Frequenzgenerierung wurde das Sortiment auf ergänzende Warenbereiche verbreitert. So bietet die Internet-Seite neben Einbaugeräten und Zubehör für die Küchen viele Produkte rund um den gedeckten Tisch, Möbel für den Küchenraum sowie passende Accessoires und Dekoration an. Zusätzlich besteht eine Kategorie für Kinderartikel, um der wichtigen Zielgruppe der jungen Familien exklusive und außergewöhnliche Produkte anbieten zu können.

■ Hohe Angebotsfrequenz / Live Shopping-Ansatz: die Angebotsfrequenz ist für den Küchenhandel mit wöchentlichen Aktualisierungen außergewöhnlich hoch. Alle 7 Tage werden aus den relevanten Produktkategorien Küche, Geräte und Accessoires Bestseller und Produkthighlights als Angebote der Woche reduziert angeboten. So bleibt der wöchentliche Newsletter attraktiv und ist durch die nicht ausschließliche Beschränkung auf das Sortiment Küche auch für größere Empfängergruppen interessant.

Der Online-Shop DYK360 der Küche&Co GmbH bricht ganz bewusst mit den bisher in der Branche Küchenhandel geltenden Marktregeln. Er bietet Konsumenten vollständige Preistransparenz und ermöglicht den objektiven Vergleich von Leistungen und Angeboten. Er fasst den Küchenraum deutlich weiter und kombiniert auf innovative Weise bisher getrennte Produktbereiche. Die strikte Trennung der beiden Online-Auftritte der Küche&Co GmbH ermöglicht den friktionsfreien Test neuer Ansätze. Die bestehende Franchisestruktur besitzt durch den Flagshipstore Küche&Co eine adäquate und attraktive Repräsentanz im Internet. Dieser State-of-the-Art-Auftritt fungiert als Gateway der Konsumenten zu den über 90 Küchenstudios bundesweit. Die relevanten Zielgruppen werden adressiert und bestmöglich mit Informationen versorgt. Der Ansatz DYK360 richtet sich vollkommen losgelöst an eine jüngere Zielgruppe und setzt neue Technologien und Darstellungsformen ein. Durch die im Nachgang über die bestehende Franchisestruktur realisierte Abwicklung der bestellten Küchen werden die Franchisenehmer in diesen innovativen Ansatz integriert und können Mehrumsätze realisieren. So sichert sich die Franchisezentrale die Unterstützung durch die bestehenden Strukturen und kann durch Tests vieler Innovationen frühzeitige Rückschlüsse auf Veränderungen in Kundenreaktionen und Akzeptanz schließen, die auch für Küche&Co in den originären Abwicklungsstrukturen Relevanz besitzen.

6 Ausblick für den Online-Küchenhandel der Küche&Co GmbH

Die Bedeutung der Online-Präsenzen der Küche&Co GmbH wird in den nächsten Jahren nochmals deutlich zunehmen. Die zu erwartenden Wachstumsraten der über Internet gestützten, vorrecherchierten und induzierten Küchenkäufe bieten insbesondere einer bundesweit vertretenen Franchisekette im Einbauküchensegment vielfältige Entwicklungsmöglichkeiten. Die auf dem Versandhandelskongress 2009 den klassischen Distanzhändlern provokativ gestellte Frage „Online führt?" kann aus der Sicht der Küche&Co GmbH mit einem „Ja" beantwortet werden – auch wenn dies noch einen schmerzhaften Prozess der Kappung alter Zöpfe und Etablierung flexibler und innovativer Strukturen mit sich bringen wird.

Aus Sicht einer stationären Küchenhandelskette mit Distanzhandelswurzeln muss diese Herausforderung koordiniert und strukturiert angegangen werden, da der Online-Suchweg für das komplexe Sortiment Einbauküche das maßgebliche Informationsmedium der Zukunft sein wird. Gedruckte Werbemittel werden stärker im Rahmen einer mehrstufigen Akquisition zur Zuführung zu Online-Präsenzen eingesetzt. Dieses Brechen mit Jahrzehnte alten Paradigmen der Küchenbranche bietet schnellen und wendigen Unternehmen die Möglichkeit, auf lange Sicht führende Positionen im Evoked Set der online suchenden Konsumenten zu besetzen. Mit vergleichsweise geringen Aufwendungen können kleinere Küchenhandelsunternehmen mit Großflächenvermarktern auf Augenhöhe konkurrieren.

Der Flagshipstore www.kueche-co.de muss sich seine angestrebte Stellung als führende Online-Site für Einbauküchen stetig neu sichern. Der bereitgehaltene Content muss auf dem neuesten Stand gehalten werden, und Rich-Media-Angebote müssen das Angebot permanent ergänzen. Die Sortimentspolitik erfährt zukünftig eine stärkere Bedeutung, da ein nachvollziehbares Zusammenspiel der online und offline verfügbaren Angebote vorgenommen werden muss. Die bisher umgesetzte 1:1-Abbildung der Sortimente in allen maßgeblichen Werbeträgern wird in Zukunft nicht mehr ausreichen. Die für den Auftritt DYK360 realisierten Long-Tail-Ansätze müssen auf der klassischen Küche&Co-Präsenz eine Entsprechung finden, um Mehrwerte sowohl der Internet-Präsenz, von Lead-generierenden Zusatzangeboten sowie Katalogen und Flyern sauber herauszuarbeiten und den Konsumenten gegenüber kommunizieren zu können. Die sich in der Vergangenheit nach saisonalen Printanstößen richtende Rhythmen im Küchenmarkt müssen flexibler gehandhabt werden und immer wieder neue Sortimentszusammenstellungen entsprechend der Erwartungen der Konsumenten in Aktualität und Innovation umsetzen. Die neue Taktung wird vom Markt her vorgegeben und Kompetenzen zwischen einzelnen internen Akteuren wie Einkauf und Marketing werden neu aufgeteilt.

Das Internet muss bei Küche&Co als führender Kommunikations- und Vertriebskanal angesehen werden, der eine spezielle Steuerung und Betreuung erfordert. Die Bezeichnung als Flagshipstore zeigt die Bedeutung dieses Vertriebskanals für den Einbauküchenhandel auf, da die Internet-Seite das Gesicht von Küche&Co darstellt und die mit weitem Abstand meisten Endkundenkontakte im Vergleich zu den einzelnen Franchisenehmer-Standorten und Filialbetrieben generiert. Gemäß dem Sprichwort „You have never a second chance to make a first impression" entscheidet in vielen Fällen bereits die Internet-Präsenz in den ersten Sekunden, ob der Anbieter und hier im speziellen Fall das regionale Küche&Co-Fachgeschäft in die Suchstrategie des Küchensuchenden Konsumenten einbezogen wird.

Der Conceptstore DYK360 muss neben einer anhaltenden Kundenakzeptanz unter Beweis stellen, dass ein Händler eine lebendige Seite rund um Küche und Kochen entstehen lassen kann. Das Füllen der Internet-Seite mit Content muss eine Community etablieren und mit Leben erfüllen, so dass das interessante Themenfeld für viele User angemessen und ohne Beeinflussung von professionellen Unternehmen repräsentiert und gehostet wird. Dies ist der aus heutiger Sicht relevante Weg, die Endkundenmarke DYK360 in ein langfristig profitables Geschäftsmodell zu überführen, welches sich neben klassischen Online-Marketing-Einsätzen auch durch virale und dem Internet eigene Dynamiken entwickeln und positionieren kann.

Eine weitere maßgebliche Herausforderung für die Zukunft der Plattform DYK360 wird es sein, neue technische Optionen und Vermarktungstools für das Küchensortiment einzusetzen und anzupassen. Die Planungsfunktionalitäten erfordern einen permanenten Verbesserungsprozess und eine stetige Überarbeitung. Das Fortschreiten der technischen Möglichkeiten eröffnet regelmäßig Windows of Opportunities für neue technische Lösungen, die in angemessener Form wahrgenommen werden müssen, um im Wettbewerb wichtige Innovationsschritte nicht auszulassen. Durch den Erfolg von DYK360 angespornt formieren sich Wettbewerber mit vergleichbaren Ansätzen, um den Online-Küchenverkauf mitzugestalten.

Für die Vertriebskonzepte Küche&Co und DYK360 stellt die Vermarktung über das Internet den zentralen Wachstumspfad der nächsten Jahre dar. Die stationären Fachhändler des Franchisesystems haben über den von der Franchisezentrale umgesetzten Flagshipstore im Internet eine attraktive und umfassende Präsenz, die durch die adäquaten Informationen rund um Küchen, Küche&Co und aktuelle Angebote den stetigen Zufluss an Interessenten sicherstellt. Die Online-Plattform DYK360 testet neue Vermarktungsmöglichkeiten und realisiert dadurch neben eigenem Distanzhandelsumsatz auch eine Umsatzgenerierung für die angeschlossenen Franchisenehmer der Küche&Co-Gruppe. Von Konsumenten gut angenommene Funktionen und Services werden schrittweise auf den Online-Flagshipstore von Küche&Co übernommen, um einer immer stärker über das Internet auf die Angebote zugreifenden Zielgruppe eine optimale Vielfalt und Informationstiefe offerieren zu können. In diesem Zusammenspiel stehen traditioneller und innovativer Küchenhandel in der Küche&Co-Gruppe in einer kooperativen Zusammenarbeit und bieten für jeden Konsumenten und jedes Bedürfnis das beste Angebot an.

Matthias Peters

Umgang mit Kanalkonflikten im Multi-Channel-Handel

Herausforderungen und Lösungsansätze aus der Praxis des Fashion Retail

1 Integration des Internet in die bestehende Vertriebskanalstruktur

„Bei Erfindungen ist der Erste immer der Dumme; den Ruhm kassiert der Zweite, und das Geschäft macht erst der Dritte." Die Erkenntnis des Schriftstellers Martin Kessel lässt sich übertragen auf die Erfahrungen des Handels bei der Erschließung des Internet als Absatzkanal. Rückblickend erscheinen die ersten, nicht selten von Unsicherheit geprägten Online-Aktivitäten, beschränkt praktikabel, und zwar von der reinen Informationsbereitstellung (C&A) bis hin zum Launch von Shop-Angeboten unter separaten Markennamen, also einer virtuellen Markenstrategie folgend (Kaufhof als Zebralino.de, Karstadt unter MyWorld.de). Beide Ansätze hatten keinen Bestand. So verkauft Karstadt längst unter karstadt.de und C&A unter cunda.de. Das Internet hat die Handelslandschaft grundlegend verändert. Es stellt die Unternehmen vor Herausforderungen. Nur wem es gelingt, die Online-Plattform zügig als vollwertigen Absatzkanal in die Vertriebsstruktur zu integrieren, befindet sich in der Ausgangslage, eine erfolgreiche Multi-Channel-Strategie umzusetzen.

Beim Aufbau und der Ausgestaltung von Multi-Channel-Strategien kommt es in Handelsunternehmen oftmals zu Konflikten zwischen den einzelnen Vertriebskanälen. Diese sollen hier beispielhaft skizziert werden. Zudem will dieser Artikel einige praxiserprobte Handlungsoptionen im Sinne der Lessons Learned liefern. Kapitel 1 konzentriert sich darauf, die Konflikte zu beleuchten, die häufig im Zusammenspiel von Internet und der bestehenden Vertriebsstruktur von Distanzhandels- und stationärgetriebenen Unternehmen entstehen. Kapitel 2 liefert dann exemplarische Lösungsansätze für den Umgang mit diesen Herausforderungen – basierend auf 15 Jahren Erfahrung im Bereich Multi-Channel-Fashion. In Kapitel 3 werden die wesentlichen Erkenntnisse zusammengefasst. Viele der insbesondere stationärgetriebenen Handelsunternehmen stehen vor der Herausforderung, das neue Geschäftsfeld Internet als Wachstumskanal effektiv in die vorhandenen Strukturen zu integrieren. Veränderte Prozessanforderungen, erhöhte Komplexität und der Aufbau der informationstechnologischen Plattform zählen dabei ebenso zu den Erschwernissen, wie der erst stark verzögert erzielbare ROI. Der Distanzhandel hat hier zumindest auf der Abwicklungsseite Startvorteile, aufgrund von Prozess- und Strukturähnlichkeiten im Geschäftsmodell. Die für den Internet-Handel erforderlichen Kompetenzen und Strukturen sind in den stationärgetriebenen Unternehmen wesentlich weniger vorhanden. Das erklärt auch, weshalb sich gerade diese Händler mit dem Aufbau einer Multi-Channel-Strategie vergleichsweise schwer tun, wenn auch später aufgezeigt wird, dass der Online-Handel deutlich näher am Stationärhandel ist, als am klassischen Kataloghandel.

Beim Aufbau des Internet-Kanals kommt es innerhalb des Unternehmens bzw. zwischen den Vertriebskanälen häufig zu Konflikten. Diese ziehen sich zumeist durch die gesamte Organisation und lassen sich in drei Kategorien unterteilen:

- **Markt und Kunde.** Es entsteht ein interner Wettbewerb um Kunden, Umsatz und Budgets. Die Abstimmung von Kommunikation und Vertriebsmaßnahmen zwischen den Kanalverantwortlichen gewinnt an Komplexität. Wie lassen sich mit dem Internet Zusatzumsätze generieren und die Kannibalisierung möglichst gering halten?

- **Organisation und Prozesse.** Die bestehenden Prozesse greifen zu kurz für neue, sich schnell verändernde Marktanforderungen. In wie weit ist es sinnvoll und möglich, die Prozesse anzupassen – oder müssen neue Strukturen aufgebaut werden? Gestandene Führungspersönlichkeiten treffen auf web-affine Jungmanager. Welche Maßnahmen unterstützen das zügige und nachhaltige Zusammenwachsen der bestehenden mit der neuen Unternehmenseinheit Online?

- **Steuerung und Controlling.** Der geringe Erfahrungshorizont im Umgang mit dem Internet-Kanal reduziert die Planungssicherheit. Es mangelt an umfassenden, vertriebskanalübergreifenden Steuerungskennzahlen. Deshalb ist es schwierig, Umsätze und Wirtschaftlichkeit der einzelnen Absatzwege zu messen oder vertriebliche Maßnahmen zu bewerten und zu priorisieren. Wie kann eine vertriebskanalübergreifende Steuerung stattfinden?

Praxiserprobte Ansätze zum Umgang mit diesen Herausforderungen soll das folgende Kapitel liefern.

2 Lösungsansätze für den Umgang mit Kanalkonflikten

Für den Aufbau einer nachhaltig erfolgreichen Multi-Channel-Strategie braucht es zunächst eine eindeutige Definition dieser Strategie sowie das klare Bekenntnis des Top-Management dazu.

2.1 Grundvoraussetzung: Priorisierung auf höchster Ebene

Bereits vor Beginn der ersten Online-Aktivitäten muss das Top-Management entscheiden, wie das Internet als neues Geschäftsfeld ausgestaltet werden soll. Die Möglichkeiten sind weitreichend, von „integrativ" als Subsegment des Distanz- oder Stationär-handels bis „isoliert" als eigene Unternehmenseinheit, getrennt vom bestehenden Geschäft. Anfänglich wurde das andersartige, schwer kalkulierbare Internet-Geschäft oftmals in Form eines eigenständigen Unternehmens aufgebaut. Die neu zu definie-renden Prozesse und die hohe Umsetzungsgeschwindigkeit sollten auf diese Weise unterstützt werden und interne Konflikte vermeiden. Die Folge: Mangelndes Zusam-menspiel zwischen den neuen und den bestehenden Vertriebskanälen. Potenziale und Synergien blieben weitgehend ungenutzt. Das Internet hat den Markt grundsätzlich verändert – und somit auch unmittelbar das Kerngeschäft des Handels. Aus diesem Grund muss sich die Gesamtunternehmung in ihren Kernprozessen langfristig auf das Web ausrichten. Das Internet muss gleichberechtigt in den bestehenden Vertriebskan-al-Mix der Organisation integriert werden. Fehlt es beim Aufbau des Multi-Channel-Konzeptes an der direkten Unterstützung des Top-Managements, besteht die Gefahr, dass die spezifischen, erfolgskritischen Anforderungen des Internet-Kanals unzurei-chend berücksichtigt werden. Zu diesen zählen u.a. folgende Aspekte:

- **Angebotskonzept und Shop-Gestaltung.** Wie soll die angebotene Ware präsentiert werden? Wie sind der Online-Shop und die Kunden-Navigation zu gestalten? Mul-timediale Darstellung (Fotos, Zoomfunktion, Video), interaktive Sortimentssteue-rung (z.B. Sortimentsempfehlung, Produktbewertung) sowie multidimensionale und flexible Navigation sind erfolgsentscheidend.

- **Sortimentskonzept.** Welche Ware soll angeboten werden? Teilsortimente flächen-beschränkter Filialen oder auch das Vollsortiment des Katalogs können im Sinne des „Long Tail" (Sortimentserweiterung ohne Bestandsrisiko) flexibel durch Zu-satzsortimente ergänzt werden. Artikel welcher Verwertungssaison werden im Sales-Bereich offeriert?

- **Kundenansprache.** Wie und was ist den Kunden zu kommunizieren? Der im Ver-gleich zum klassischen Direct Mailing multimediale Newsletter kann an das Nut-zungsverhalten des jeweiligen Kunden angepasst werden – individualisiert, flexi-bel und kostengünstig. Gleiches gilt für das Online-Shopping-Erlebnis des einzel-nen Nutzers.

- **Marketingkampagnen und absatzfördernde Maßnahmen.** Wo sind welche werb-lichen Botschaften zu platzieren, wie sind diese messbar? Gestaltung, Platzierung und Taktung von Online-Kampagnen und das Suchmaschinenmarketing (SEO, SEM) unterscheiden sich grundlegend von den herkömmlichen Maßnahmen aus Filiale und Katalog.

Wird der Vertriebskanal Internet als Subsegment eines Absatzweges geführt, besteht die Gefahr, dass die Online-Aktivitäten nicht die notwendige Priorität im bestehenden Mix erhalten – aufgrund ihres anfangs oftmals noch geringen Umsatzanteils. In der Zuteilung von Ressourcen und Budgets benötigt der junge Kanal die Unterstützung des Top-Managements. Nur so kann er seinen Mehrwert entfalten und die damit einhergehenden Zusatzumsätze generieren. Andernfalls kann es dazu kommen, dass das Internet zur so genannten Abwicklungsplattform verkümmert oder es zu einer Kannibalisierung mit den bestehenden Vertriebskanälen kommt. Dies war anfangs vor allem im Versandhandel zu beobachten. Ein merklicher Teil des über das Internet generierten Umsatzes stammte aus der Bestellabwicklung. Kunden trafen ihre Kaufentscheidung auf Basis des Katalogs, bestellten dann jedoch nicht wie zuvor gewohnt per Telefon, sondern über das Internet. Die auf diese Weise generierten Einsparungen im Call Center stehen normalerweise in keinem Verhältnis zu den Investitionen, die für den Aufbau der Organisationseinheit Internet nötig sind. Dennoch bietet selbst die anfängliche Nutzung des Internet als Abwicklungsplattform dem Unternehmen die Chance auf Zusatzumsätze – man kann die Kunden optimal bedienen und zusätzliche Produkte verkaufen. Neben den bereits ausgewählten Waren können technisch gesteuert weitere Produkte angeboten werden, ähnlich wie es der aufmerksame, geschulte Verkäufer im Stationärgeschäft kann.

2.2 Markt und Kunde

Mit der Grundsatzentscheidung zur Integration des Internet als gleichwertigem Vertriebskanal im Mix der Absatzwege eines Unternehmens ist eine wesentliche Voraussetzung für eine erfolgreiche Implementierung der Multi-Channel-Strategie geschaffen. Aber in der operativen Umsetzung kommt es häufig zu Konflikten bei der Kunden- und Marktbearbeitung. Zum einen sind die einzelnen Kanalverantwortlichen bestrebt, ihre isolierte Umsatzmaximierung zu erreichen. Zum anderen beanspruchen sie die Hoheit über ‚ihre' Kunden. Um das damit einhergehende Problempotenzial zu reduzieren und einen wirklichen Mehrwert für Kunden und Unternehmen zu schaffen, bedarf es einer engen Abstimmung zwischen den einzelnen Vertriebskanälen, bzw. ihrer Vernetzung. Das Ziel: Eine Mehr-Kanal-Sicht etablieren und eine kanalübergreifende Marktbearbeitung aufbauen. Dies kann in drei aufeinander aufbauenden Phasen erreicht werden:

1. Aufsetzen einer Cross-Kanal-Vorteilskommunikation.

2. Systematische kanalübergreifende Kundenansprache.

3. Schaffung neuer Mehrwertleistungen für den Kunden.

Erst wenn die kanalübergreifende Vorteilsauslobung und die entsprechende Kundenansprache aufgesetzt sind, kann sich das volle Potenzial des Multi-Channel-Konzepts entfalten, in Form innovativer Zusatzleistungen für den Kunden.

Abbildung 2-1:   *Effektivität von Cross-Kanal-Auslobungen am Beispiel von Peter Hahn*

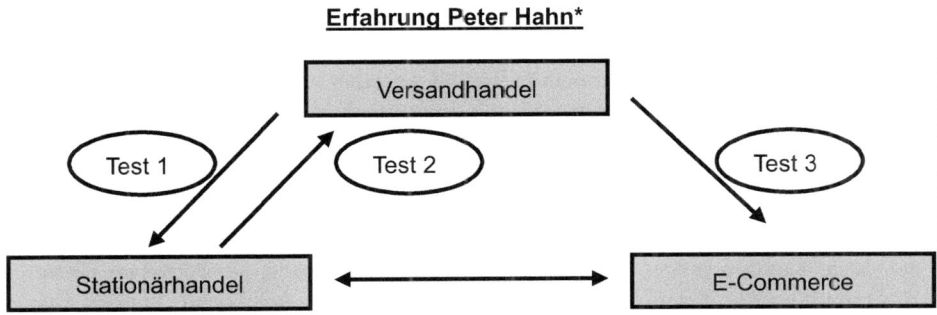

Erfahrung Peter Hahn*

- **Test 1: Wirkung Versandhandel (klassisch) auf den stationären Kanal:**
  Der Stationärkunde mit Katalogausstattung 23 Prozent mehr Umsatz

- **Test 2: Wirkung Stationärmaßnahmen auf Versandhandel (klassisch):**
  Der Versandhandelskunde mit Erhalt von Filialbewerbung generiert 1,4 Prozent mehr Umsatz

- **Test 3: Wirkung Versandhandel (klassisch) auf E-Commerce:**
  Der Newsletter-Empfänger mit Katalogausstattung erzielt +87 Prozent Umsatz im Online-Shop

Aufsetzen einer Cross-Kanal-Vorteilskommunikation

Wer Kannibalisierung und Umsatzverlust im jeweils eigenen Geschäftsfeld fürchtet, ist als Kanalverantwortlicher kaum motiviert, die Cross-Kanal-Vorteilskommunikation der anderen Vertriebskanäle konsequent auszuloben. Aus Gesamtumsatzsicht liegen jedoch gerade in der gegenseitigen Stärkung und Bewerbung des Kanal-Mix deutliche, für den Kunden vorteilhafte Potenziale. Diese Vorteile eines jeden Kanals sind eindeutig und einheitlich im Unternehmen zu definieren. So kann in den Filialen beispielsweise der Katalog für das gemütliche Stöbern zuhause ausliegen und die größere Sortimentsbreite des Online-Shops oder die bequeme Lieferung der Internet-Bestellung an die Wunschadresse ausgelobt werden. Im Katalog sind die im Umkreis der Kundenanschrift liegenden Filialgeschäfte verzeichnet und die laufend aktuellen Angebote und bequemen Suchfunktionen des Internets hervorgehoben. Im Internet werden die Vorteile des Filialbesuchs – die persönliche Beratung und das Anprobieren – oder auch die Option zur Zusendung der aktuellen Kataloge angepriesen. Diese einfache Cross-Kanal-Maßnahme muss einmal vom Top-Management entschieden und in ihrer Umsetzung nachgehalten werden. Erfolgreich und glaubhaft implementiert, kann die Cross-Kanal-Auslobung einen direkten Ergebnisbeitrag leisten.

Systematische kanalübergreifende Kundenansprache

Die gegenseitige Vorteilsauslobung allein reicht jedoch nicht aus. In der Umsetzung einer Multi-Channel-Kommunikation bedarf es einer vertriebskanalübergreifenden Kundenansprache. Wer Kunden über verschiedene Kanäle adressiert, verbessert die Ausschöpfung bzw. die Ableitung eines effizienten Kunden-Marketings. Dies ist auch wichtig, weil es sich – trotz unterschiedlicher Vertriebskanäle – aus Sicht des Kunden letztendlich um ein und dasselbe Unternehmen handelt. Ferner hat die Erfahrung gezeigt: Je mehr Kanäle ein Kunde nutzt, umso loyaler und rentabler ist er in der Regel. Viele Kunden nutzen heute mehr als einen Absatzweg, sie betreiben Channel-Hopping. Die Kundenansprachen aus den einzelnen Kanälen sollten folglich aufeinander abgestimmt sein. Dies beginnt bei der übergreifenden Saisonplanung und setzt sich in der operativen Ausgestaltung fort, sprich in der Abstimmung der laufenden Verkaufsaktionen. Geplante Marketingaktionen sollten transparent sein – und im Sinne einer kundenspezifischen Gesamtkommunikation aufeinander abgestimmt. Was passieren kann, wenn eine abgestimmte Kundenansprache fehlt, zeigen folgende Beispiele. Ein Multikanalkunde, der im Distanzhandel seit längerer Zeit inaktiv ist, kann gleichzeitig aufgrund von Katalog- oder Online-Werbung begeisterter Filialkunde sein. Ist dieser Hintergrund nicht bekannt, scheinen weitere, aus dem Distanzhandels-Budget stammende Werbeanstöße begrenzt wirtschaftlich. Isoliert werden solche Maßnahmen dann gestrichen. Umsatzeinbußen in anderen Vertriebskanälen können die Konsequenz sein. Oder, wenn ein Kunde unterschiedliche, nicht aufeinander abgestimmte Kaufanreize erhält – im Katalog ein Geschenk für seine Bestellung, im Online-Shop einen Gutschein und im Stationärgeschäft einen Rabatt für den nächsten Einkauf. Schnell wird deutlich, dass diese kostspielige Flut an Werbemaßnahmen auch aus Unternehmenssicht wenig wirtschaftlich sein dürfte. Wenn der lukrative Online-Gutschein im Stationärgeschäft nicht einlösbar ist, dann ist der Kunde womöglich sogar verärgert – der Schuss geht, wie man so schön sagt, nach hinten los. Die Beispiele zeigen, wie wichtig der Aufbau einer unternehmensweiten Strategie der Kundenansprache ist.

Um die beschriebene kanalübergreifende Abstimmung aufzusetzen, bedarf es eines transparenten Kundenbildes. Anhand von Kaufverhalten und Kundenbedürfnissen lässt sich eine vertriebskanalübergreifende Kundenanalyse durchführen. Diese gibt Aufschluss darüber, in welche Gruppen (z.B. Stationär- vs. Katalogkäufer, Online-Shopper, Mischkäufer) sich die Kunden zusammenfassen lassen und was diese auszeichnet. Im speziellen Fall sollten hier detaillierte homogene Kundengruppen definiert und deren „Wanderungen" untereinander beobachtet werden. Diese Transparenz aufzubauen ist im Distanzhandel einfacher möglich als im Stationärgeschäft, wo Kundenkarteien oftmals nur 20 bis 30 Prozent der Kunden erfassen. Dennoch hat sich gezeigt, dass trotz dieser geringen Datenlage nicht auf Kundenanalysen verzichtet werden sollte. Über eine attraktive Incentivierung der Kundenkarte lässt sich die Datenbasis vergrößern. Die entstehenden Kosten können wieder eingespielt werden durch die darauf aufbauenden, effizienten Werbeformen. Die erzielten Ergebnisse aus Kundenanalyse und ergänzender Marktforschung sind im Unternehmen transparent zu machen – und sind Grundlage für alle vertrieblichen Maßnahmen. Dank der Transparenz kann bereits in der Saisonplanung festgelegt werden, welchem Vertriebskanal welche Werbekosten zuzuordnen sind.

Der Abstimmungsprozess zwischen den Vertriebskanälen bringt den jeweiligen Verantwortlichen nebenbei einen hilfreichen Informationsaustausch und bietet gegenseitige Befruchtungsmöglichkeiten. So lässt sich die Postkarte oder das Mailing im Stationärbereich bei einem Teil der Kunden möglicherweise mit einer Maßnahme aus dem Kataloggeschäft kombinieren oder durch einen elektronischen Newsletter ersetzen. Die generierten Werbeinsparungen stehen für zusätzliche Aktionen zur Verfügung. Voraussetzung für diese Art der aktiven Vorteilseinbindung der Kanäle ist, dass beispielsweise der Filialverantwortliche nicht nur dazu angehalten ist, E-Mail-Adressen für den Internet-Kanal zu sammeln. Sondern dass er auch den Inhalt des elektronischen Newsletters, der sich an „seine" Filialkunden richtet, mitgestalten kann. Diese für das Unternehmen effiziente Form der Werbung kann den Kunden zur Nutzung mehrerer Kanäle motivieren.

Schaffung neuer Mehrwertleistungen für den Kunden

Diese dritte Phase stellt die komplexeste Form des Zusammenspiels dar. Die systematische Verknüpfung der Vertriebskanäle kann neue Serviceleistungen mit einem klaren Mehrwert für den Kunden schaffen, die isoliert aus den einzelnen Vertriebskanälen heraus nicht möglich wären. So können beispielsweise Kunden die Retouren aus dem Distanzgeschäft anstatt bei einem Versanddienstleister in der Filiale zurückgeben. Auch für das Unternehmen ist diese Option mit Kosteneinsparungen verbunden. Gleichzeitig können dem Kunden bei der Rückgabe im Geschäft Ersatzartikel angeboten werden. Ebenso wird es möglich, dass Kunden die Verfügbarkeit von Artikeln in einer Filiale online prüfen und bei Interesse vorreservieren. Ist die gewünschte Ware nicht vorrätig, kann diese in die Filiale oder nach Hause bestellt werden. Insbesondere Kunden mit hoher Retourenquote sollten diese Leistungen aktiv angeboten werden. Ulla Popken, der Marktführer im Segment für große Größen, liefert hier ein positives Beispiel. Filial-, Katalog- und Internet-Geschäft sind zu einem hohen Grad integriert. Nur 5 Prozent der Versandhandelskunden lösten eine neue Bestellung aus, wenn sie Artikel auf dem Postweg zurücksendeten. Aber bei rund 40 Prozent der Kunden, die die im Distanzhandel erworbene Ware in der Filiale retournierten, konnten Zusatzumsätze generiert werden.

Insbesondere in der Ausgestaltung dieser verknüpften Leistungen liegt für den Kunden ein wirklicher Mehrwert. Dem Unternehmen verhilft dies zu einem klaren Alleinstellungsmerkmal und bietet darüber hinaus Potenziale in Umsatzsteigerung, Kundenbindung und Kostenvorteilen. Isoliert aus Sicht eines Kanal-Verantwortlichen können diese Leistungen aber Kosten- und Umsatznachteile bedeuten. Die Retouren-abgabe in der Filiale bedeutet negative Umsätze für das Stationärgeschäft bei gleich-zeitiger Kapazitätsbindung des Verkaufspersonals. Aus Versandhandelssicht im Spe-ziellen und Unternehmenssicht im Allgemeinen überwiegen die realisierbaren Poten-ziale: Umsatzsteigerung und Kosteneinsparungen. Ohne eine entsprechende Steuerung durch das Management werden die einzelnen Vertriebsverantwortlichen wenig motiviert sein, den für sie im Einzelfall wenig vorteilhaften Weg zu gehen.

2.3 Steuerung und Controlling

Im Multi-Channel-Handel bedarf es eines vertriebskanalübergreifenden Steuerungs-systems, in welchem die Umsätze und die Wirtschaftlichkeit der einzelnen Absatzwe-ge per Kennzahlen messbar werden. Dies ermöglicht das Bewerten und Priorisieren von Vertriebsmaßnahmen und begünstigt letztendlich eine optimierte Ressourcenallo-kation. Die Ziele müssen Top-Down harmonisiert werden.

In der Praxis hat es sich als hilfreich erwiesen, hier in drei Phasen vorzugehen, die aufeinander aufbauen:

1. Ermitteln der Wirkungsabhängigkeiten von Vertriebsmaßnahmen hinsichtlich der Umsatzwirkung von Marketingmaßnahmen der einzelnen Kanäle

2. Aufbau eines kanalübergreifenden Kennzahlensystems zur Vertriebssteuerung

3. Kontinuierliches Nachhalten durchgeführter Maßnahmen und Entwicklung kom-binierter, absatzwegübergreifender Vertriebsaktivitäten.

In einem ersten Schritt empfiehlt es sich, die häufig zu internen Diskussionen führen-de Frage nach Zusatzumsätzen vs. Kannibalisierung der Vertriebskanäle untereinan-der zu beantworten. Ein Test der Wirkungsabhängigkeiten von Vertriebsmaßnahmen der einzelnen Absatzwege kann hier Aufschluss geben: Ein Katalog wird an 1.000 Kunden versendet. Von der Gesamtheit der Empfänger lösen 100 Kunden eine Bestel-lung aus. Davon gehen 30 der Kunden den telefonischen Weg über das Call Center, 40 wählen den Online-Shop und 30 kaufen in der Filiale (ähnliche Abhängigkeiten lassen sich bei Maßnahmen im Bereich Stationär oder Online finden). Entsprechend dieser aufgezeigten Abhängigkeiten müssen auch die generierten Umsätze den jeweilig die Bestellung auslösenden Vertriebskanälen bzw. der Vertriebmaßnahme – in diesem Fall dem Kataloggeschäft – zugeordnet werden. Auf diese Weise wird die Streichung einer sinnvollen Vertriebsmaßnahme verhindert. Mit Hilfe von Werbekennziffern (z.B. spe-zifische Bestellnummern) oder Gutschein-Codes kann diese Aufteilung transparent gemacht werden. Eine hundertprozentige Messgenauigkeit lässt sich auf diese Weise zwar nicht erreichen. Dennoch genügen diese schnell und kostengünstig durchführba-ren Testbetrachtungen aus, um erste Annahmen zu treffen. Die Umsatzwirksamkeit der einzelnen Vertriebsmaßnahmen lässt sich so kanalübergreifend zuordnen und in ihrer Wirtschaftlichkeit überprüfen.

Für die Steuerung und die optimale Allokation von Ressourcen und Werbebudgets auf die Vertriebskanäle ist ein einfaches kanalübergreifendes Kennzahlensystem zu etablieren. Auch die operative Vertriebsmaßnahmenplanung der einzelnen Kanäle sollte sich durch dieses System steuern lassen. Werbekosten-Umsatz-Quoten bieten hier ein aussagekräftiges Hilfsmittel. Sie geben Aufschluss darüber, in welchem Vertriebskanal ein zu vergebendes Werbebudget aus Gesamtunternehmenssicht am wirtschaftlichsten eingebracht werden kann. Hierzu müssen die Werbekosten-Umsatz-Quoten pro Vertriebskanal und deren Wechselwirkung untereinander vergleichbar gemacht werden. Aufgrund der unterschiedlichen Kostenstrukturen in den einzelnen Kanälen, z.B. vergleichsweise hohe Fixkosten aufgrund von Mieten und Gehältern im Stationärbereich, fallen diese Quoten sehr unterschiedlich aus. So können Werbemaßnahmen mit einer Werbekosten-Umsatz-Quote von 35 Prozent im Online-Bereich sinnvoll und profitabel sein, aber im Versandhandel zu einem Null-Ergebnis führen und für den Stationärhandel unprofitabel sein. Diese Quoten können aus der Jahresplanung und dem verabschiedeten Vertriebsergebnisplan der einzelnen Kanäle abgeleitet werden. Zusätzlich ist es für die operative Steuerung sinnvoll, für unterjährige Zusatzmaßnahmen auch Werbekosten-Umsatz-Relationen auf Basis von Grenzkosten zu ermitteln, also unter Ausklammerung der anfallenden Fixkosten. Die Werbekosten-Umsatz-Quoten pro Vertriebskanal bilden die transparente und nachvollziehbare Grundlage für die Entscheidungen des Top-Managements hinsichtlich der Ressourcenallokation. Durch ein solches System kann das Management renditeoptimiert entscheiden, ob das Verschieben eines Budgets aus dem einen in einen anderen Kanal sinnvoll ist.

Da die Vertriebsmaßnahmen auf Prognosen der Umsatzwirkung basieren, muss die Effektivität der durchgeführten Maßnahmen nachgehalten werden. Sie ermöglicht eine abschließende Bewertung der vertriebsfördernden Aktivitäten auf Basis von Ist-Werten. Die Auswertung macht allen Beteiligten die Wirksamkeit der jeweiligen Maßnahme transparent und die Abhängigkeit bzw. die Ausstrahlungseffekte der Kanäle untereinander. Allerdings sollten die getroffenen Annahmen der regelmäßigen Überprüfung unterzogen werden. Es kann im Laufe der Zeit durchaus zu Verschiebungen der Abhängigkeiten der Vertriebskanäle untereinander kommen. Um ein gemeinsames Verständnis zwischen den Vertriebskanalverantwortlichen zu erreichen, ist es sinnvoll, eine Plattform für den regelmäßigen Austausch zu etablieren. In Abstimmungsrunden werden geplante Maßnahmen vorgestellt, durchgeführte Aktivitäten abschließend bewertet und Entscheidungen hinsichtlich zukünftiger Vertriebsaktivitäten getroffen. Für die Leitung bzw. Begleitung einer solchen Steuerungssitzung bietet sich eine vertriebskanalunabhängige, neutrale Instanz an.

2.4   Organisation und Prozesse

Um das Ziel der optimalen Kundenansprache bzw. die Steuerung der Vertriebskanäle zu erreichen, ist die Etablierung einer neutralen Instanz mit klaren Entscheidungsbefugnissen für den Konfliktfall notwendig. Aufgabe dieses Organs ist es, die Prozesse im Sinne der Vertriebssteuerung zu begleiten. Organisatorisch kann es – je nach Unternehmen – entweder im Controlling oder als Stabstelle unter dem Top-Management angesiedelt werden. Der direkte Zugang zur obersten Unternehmensebene ist erforderlich, um die Umsetzungsgeschwindigkeit durch schnelle und klare Entscheidungsfindung zu ermöglichen. Operativ ist die Stelle in die Vertriebsprozesse eingebunden. Der oder die Verantwortliche muss dafür Sorge tragen, dass die beschriebenen Kunden-Cluster in die Steuerungs-, Controlling- und Unternehmensprozesse integriert werden (zu letzteren zählt insbesondere das operative Steuern der kanalübergreifenden Vertriebsmaßnahmen). Neben dem Aufsetzen einer Abstimmungsinstanz bedürfen die Kernprozesse des Unternehmens der näheren Betrachtung und ggf. Anpassung. Wurde das Geschäftsfeld Internet separat vom Kerngeschäft aufgebaut, existieren oftmals Aufgaben- und Prozessdopplungen. Ein Beispiel ist die Fotoproduktion. Die für Filiale und Katalog aufgenommenen Bilder erfüllen die Bedürfnisse für die Nutzung im Online-Shop nur unzureichend. Im Internet werden über die reinen Outfitfotografien hinaus Mehrfachbilder benötigt. Produkte müssen einzeln aufgenommen werden, Hintergründe müssen freigestellt werden etc. Werden diese onlinespezifischen Anforderungen erst im Nachgang zum Foto-Shooting berücksichtigt, bedarf es der aufwändigen Nachbearbeitung der Bilder oder es wird ein zusätzlicher Shooting-Termin erforderlich. Beides verlängert die Gesamtprozesse für die Bilderstellung – und auch die Kosten steigen erheblich. Die Anforderungen und die bestehenden Prozesse pro Kanal sind durch die jeweiligen Vertriebsverantwortlichen transparent zu machen. Das Top-Management hat die Aufgabe, die bestehenden Prozesse zu hinterfragen und ein kanalübergreifendes Projektteam aufzusetzen. Dieses hat zum Ziel, integrative Prozesse zu konzipieren, welche die Ausschöpfung von Synergiepotenzialen verfolgt, und somit die Kostensenkung und Prozessbeschleunigung aus Gesamtunternehmenssicht.

Die beschriebenen Anpassungen sind nicht nur wegen der Integration der Vertriebskanäle innerhalb einer Unternehmung erforderlich. Die sich stetig verändernden Märkte innerhalb der Vertriebskanäle bedingen sie zusätzlich. Beispielhaft genannt seien an dieser Stelle die Vertikalisierung im Filialgeschäft (Vernetzung von Abverkaufsfläche und Einkauf), Veränderung der Katalogkonzepte (reduzierte Produktivität der Universalkataloge), erhöhte Logistikanforderungen an das Distanzgeschäft (kostenfreie Lieferung innerhalb von 24 Stunden).

Die operative Verknüpfung der Vertriebskanäle birgt aufgrund von Kulturbarrieren ein weiteres Konfliktfeld. Nicht selten treffen dynamische Jungunternehmer auf gestandene Manager mit einem deutlich anderen Erfahrungshintergrund. Auch in ihrer

Denk- und Arbeitsweise unterscheiden sich diese Personenkreise vielfach. Leicht können bestehende Machtstrukturen und mangelnde Bereitschaft zur Veränderung bestehender Prozesse zu einem aus Gesamtunternehmenssicht suboptimalen Ergebnis führen. Ist jedoch das Ziel die gleichberechtigte Integration aller Vertriebskanäle, lassen sich auch Entscheidungen mit personellen Konsequenzen nicht vermeiden. Dies gilt für jeden Absatzweg gleichermaßen. So kann ein internet-affiner Manager eine großartige Aufbauarbeit geleistet haben, aber besitzt möglicherweise kein Know-how für die Konzeption neuer Prozesse. Die Zusammenarbeit der Vertriebskanäle untereinander kann zusätzlich durch regelmäßige Hospitationen unterstützt werden. Dies kann etwa dadurch geschehen, dass die Führungskräfte und Mitarbeiter eines Geschäftsfeldes sich für einen Tag zu den Kollegen eines bereichsfremden Kanals setzen. Der Mitarbeiter aus dem klassischen Versandgeschäft Katalog tauscht sich mit seinem Kollegen aus dem Bereich E-Commerce aus. Er entwickelt ein Verständnis dafür, wie die Planung der Newsletter-Anstöße erarbeitet wird und erhält Einblicke in die Kundenbetreuung, welche das Beantworten der Kunden-E-Mails zur Aufgabe hat. Gleiches gilt im Gegenzug: Die Onliner lernen die Call-Center-Prozesse und den Einkauf kennen, lassen sich die Werbeanstöße nach Kundengruppen erläutern. Im Multi-Channel-Retail ist es besonders wichtig, dass die Kollegen aus dem Online-Bereich regelmäßig die Filialen besuchen und umgekehrt. Vor allem die Bereiche Internet und Stationärgeschäft verbinden überraschend große Gemeinsamkeiten – trotz der technisch bedingten unterschiedlichen Umsetzung. Hierzu zählen z.B. die Produktpräsentation oder auch der interaktive Verkaufsprozess, in dem einem Kunden zu gewählten Waren Komplementärartikel angeboten werden. Durch das Aufsetzen gemeinsamer vertriebskanalübergreifender Ziele und die Durchführung gemeinsamer Projekte, wie z.B. der Schaffung neuer Mehrwertleistungen für den Kunden oder die Erarbeitung gemeinsamer Prozesse, werden die Anforderungen eines jeden Bereiches transparent. Zudem kann das gegenseitige Verständnis und eine gemeinschaftliche Denkweise gefördert werden. Nichts verbindet so stark wie gemeinsamer Erfolg.

3 Zusammenfassung und Lessons Learned

Das Verknüpfen und Abstimmen der Vertriebskanäle miteinander muss vom Top-Management nicht nur entschieden und priorisiert werden, sondern auch aktiv in der operativen Umsetzung begleitet werden. Ziel der Verknüpfung der Vertriebskanäle sollte es sein, neue Mehrwertleistungen für den Kunden zu schaffen, welche zu einem Wettbewerbsvorteil für das Unternehmen führen können. Ein Kunde gehört keinem einzelnen Vertriebskanal. Die profitabelsten und loyalsten Kunden nutzen ohnehin mehrere Absatzwege. Grundlage einer optimalen Steuerung und Abstimmung von Vertriebsmaßnahmen sind die unternehmensweit einheitlich nach ihrem Nutzerverhalten zu definierenden Kundengruppen. Das Entwickeln eines einfachen, übergreifenden Kennzahlensystems unterstützt die Steuerung eines Multi-Channel-Unternehmens. Insbesondere in größeren Unternehmen ist die Schaffung einer neutralen Instanz zur Vertriebssteuerung sinnvoll. Die Integration des Internet in das Kerngeschäft des Unternehmens erfordert häufig grundlegende Prozessanpassungen, damit das Multi-Channel-Synergiepotenzial bestmöglich ausgeschöpft werden kann.

Michael Baumgardt

Kooperative Online-Kanäle im Großhandel zur Kundenbindung

Online-Plattform der hagebau-/ZEUS-Verbundgruppe

1 Ausgangssituation und Vorstellung der hagebau

Die Handelsgesellschaft für Baustoffe mbH & Co. KG, kurz hagebau, wurde 1964 in Soltau gegründet. Sie ist eine Verbundgruppe bzw. Kooperation eigenständiger Baustoffhändler, deren Kerngeschäft der Baustoffgroßhandel bildet. Die hagebau zeichnet sich durch die Selbständigkeit ihrer mittelständisch geprägten Kunden aus, die zugleich Gesellschafter der Kooperation sind und somit an dem Unternehmensverbund anteilsmäßig beteiligt sind. Im Gegensatz zu einem klassischen Filialsystem treffen die Kunden/Gesellschafter in den Niederlassungen vor Ort ihre eigenen unternehmerischen Entscheidungen. Diese von der hagebau forcierte unternehmerische Freiheit wird in mehr als 1.000 Standorten in Deutschland – davon rund 300 hagebaumärkte und mehr als 700 Baustoff-, Holz- und Fliesenhandlungen – praktiziert. Eine Vielzahl dieser hagebau-Kunden sind auch Marktführer in ihrer Region. Ein erster entscheidender Schritt für die Entwicklung der Verbundgruppe in Richtung Europa war die Gründung der hagebau Österreich. An dem im Jahre 1995 gegründeten eigenständigen Unternehmen sind 40 österreichische Baustoffhändler und Baumarktbetreiber als selbstständige Gesellschafter sowie die hagebau Deutschland beteiligt. Hierzu gehören insgesamt 150 Betriebsstätten, davon 77 Baustoffhandlungen. Im Geschäftsjahr 2008 konnte sich die hagebau trotz der allgemeinen Finanzkrise und der damit verbundenen wirtschaftlichen Verunsicherung im zweiten Halbjahr im Marktumfeld hervorragend behaupten. So steigerte die hagebau-Gruppe in 2008 den zentral fakturierten Umsatz um 3,5 Prozent auf 3,937 Mrd. Euro. In Deutschland stiegen die Erlöse um 3,8 Prozent auf 3,667 Mrd. Euro. Zugleich konnten die Bonusausschüttungen kontinuierlich erhöht werden, womit die hagebau bei sinkenden Kosten nachhaltig rentables Umsatzwachstum unter Beweis gestellt hat.

In dem Kerngeschäft Baustoff-Fachhandel nimmt die hagebau in Deutschland eine marktführende Position ein. Große Kompetenz zeigt die Kooperation dabei auch in den Bereichen Holz und Fliese. Der 1997 gegründete hagebau-Holzhandel ist heute die Nummer 1 in Deutschland. Im Jahr 2007 wurde der Fliesen- und Natursteinhandel als dritte Fachhandelssparte in die hagebau integriert. Die hagebau betreut mit diesen drei Fachhandelssparten ausschließlich Großhändler, die sich gezielt auf den gewerblichen Kunden ausgerichtet haben. Viele hagebau-Fachhändler halten darüber hinaus ein spezifisches Angebot für Endverbraucher vor, um auch dieser Zielgruppe ein abgerundetes Warensortiment zur Verfügung zu stellen.

2 Die hagebau als moderne Dienstleistungszentrale für den Baustoffhandel

2.1 Dienstleistungsangebot der hagebau: Keine Zukunft ohne Herkunft

Im Fokus stehen bei allen hagebau-Unternehmern vor Ort kompetente Beratung sowie individuelle Lösungen für Bau und Renovierung der eigenen vier Wände. Um die Fachkompetenz ihrer Gesellschafter weiter zu stärken und gezielt auf die individuellen Wünsche forcierter Kundengruppen einzugehen, bietet die hagebau ihnen individuell abgestimmte Spezialisierungsmöglichkeiten in den genannten Fachhandelsbereichen an. Hierzu zählen zum Beispiel ausgewählte Sortiments- und Marketingpakete, spezifisch ausgerichtete Vertriebsmaßnahmen sowie praxis- und kundenorientierte Dienst- und Serviceleistungen (vgl. Abb. 2-1). Darüber hinaus unterhält die hagebau für die logistische Abwicklung ihres breiten und zugleich tiefen Sortiments aus 6.000 Artikeln fünf regionale Zentralläger.

Abbildung 2-1: *Die hagebau-Dienst- und Serviceleistungen*

---

hagebau Baustoffhandel: Erfolg durch Spezialisierung
Übersicht der Fachgruppen im Baustoff- und Holzhandel

BAUEN + MODERNISIEREN
FACHHANDEL

TROCKENBAU
FACHHANDEL

TIEFBAU + STRASSENBAU
FACHHANDEL

FACHHANDEL
ISOLIERTECHNIK

DACH + FASSADE
FACHHANDEL

GALABAU
FACHHANDEL

HOLZBAU
FACHHANDEL

FACHHANDEL FÜR
TISCHLER + SCHREINER

Insgesamt bietet die hagebau unter dem Selbstverständnis einer leistungsstarken Verbundgruppe ein umfassendes Dienstleistungsangebot für unterschiedliche Managementaufgaben an. Der Gemeinschaftsgedanke wird vor allen Dingen dadurch getragen, dass Dienstleistungen, die für den einzelnen Gesellschafter zu kostenintensiv wären, professionell und effektiv zentral entwickelt und allen Unternehmern kostengünstig angeboten werden. Das Dienstleistungsangebot der hagebau umfasst folgende Bausteine:

- Planung: Mit innovativen Konzepten zur Flächen- und Raumgestaltung sichert die Kooperation den starken Marktauftritt aller Fach- und Einzelhändler, um Neu- und Umbauten marktgerecht, effizient und kostengünstig zu realisieren. Die hagebau-eigene Planungsabteilung bietet ebenfalls Regalstrecken-Optimierung, Abteilungsumbauten sowie Möglichkeiten zur Disposition der Grundausstattung im Sinne eines Einrichtungsmanagements an. Um das flächendeckende Standortnetz nachhaltig zu sichern, werden nicht nur neue Standorte entwickelt, sondern ebenfalls für bestehende Standorte optimierende Maßnahmen angedacht und umgesetzt. Hierzu gehören individuell angepasste Umplanungen für Standorte, die stets auf Basis von verkaufsorientierten Sortimentsbausteinen erfolgen, um ein modernes Einkaufsambiente zu schaffen und eine ertragreiche Neupositionierung zu ermöglichen.

- Schulung und Training: Die hagebau-Schulungsabteilung, die umfassende Trainingsprogramme, innovative Konzepte sowie marktgestaltende Seminare für die Mitarbeiter vor Ort anbietet, wurde als einziges Unternehmen in Deutschland vom Bund Deutscher Verkaufstrainer (BDVT) bereits zweimal mit dem internationalen deutschen Trainingspreis in Gold ausgezeichnet. Jährlich werden rund 9.000 Teilnehmer trainiert, darunter auch Lieferanten der Kooperation.

- Datendienst IT-Service GmbH: Als Beteiligungsunternehmen bietet der hagebau-Datendienst alle Leistungen zur Gestaltung einer vollständigen, umfassenden Unternehmens-IT in den Gesellschafterunternehmen an. Ferner werden hagebau-spezifische Warenwirtschaftssysteme sowie IT-Vernetzungen zwischen der Industrie, den Gesellschaftern und der Zentrale entwickelt.

- Versicherungsdienst GmbH & Co. KG: Durch die hohe Versicherungsquote werden individuell auf den Gesellschafter und speziell auf mittelständische Unternehmen abgestimmte Versicherungsdienstleistungen zu optimalen Konditionen angeboten und vertrieben.

2.2 ZEUS: Dienstleistungszentrale der hagebau

Die hagebaumärkte werden im Franchisesystem betrieben und machen rund ein Drittel der angeschlossenen Standorte der hagebau aus. Franchisegeber ist die ZEUS –

Zentrale für Einkauf und Service GmbH & Co. KG, Soltau – ein Gemeinschaftsunternehmen der hagebau, des Einkaufsbüros Deutscher Eisenhändler GmbH (E/D/E), Wuppertal, und der EK/servicegroup eG, Bielefeld. Im Jahre 2003 brachte die hagebau sämtliche Einzelhandelsaktivitäten in die ZEUS ein und übertrug damit die Verantwortung für den Betrieb aller angebundenen Standorte. Die hagebau tritt hierbei als mehrheitlicher Anteilseigner und mit einer 50-prozentigen Beteiligung als größter Gesellschafter der ZEUS auf. Die Gesellschafteranteile des E/D/E betragen 35 Prozent und der EK/servicegroup eG 15 Prozent. Die ZEUS ist eine Kooperation für ca. 1.700 Einzelhändler in der DIY-Branche. Sie agiert als kompetenter leistungsstarker Partner für die ihr angeschlossenen Unternehmen in Deutschland und Österreich und nimmt somit die Aufgabe als Bindeglied zwischen den Gesellschaftern, Mitgliedern und den Lieferanten wahr. Der hagebau ist es als einziger Gruppe im deutschen Baustoff-Fachhandel gelungen, eine marktbedeutende Vertriebsschiene für den Einzelhandel aufzubauen. Zugleich macht es ZEUS möglich, den eigenen Handelspartnern ganzheitliche Lösungen zur Stärkung ihrer Wettbewerbsposition anzubieten. So erfordern der stetig anwachsende Wettbewerbsdruck sowie sinkende Flächenproduktivitäten und Erträge überzeugende Positionierungsansätze von den Einzelhändlern der Baumarktbranche, die durch ein breites Mittelfeld geprägt ist und eine dominante Marktführerschaft einzelner umsatzstarker Unternehmen verhindert. Zwar konnte sich eine Vielzahl von Anbietern durch die Vergrößerung von Verkaufsflächen und Sortimentserweiterungen bisher in der Branche behaupten, obwohl bereits heute eine deutliche Überkapazität von Bau- und Heimwerkermärkten mit breitem und tiefem Warenangebot vorliegt. Gelingt es in dieser Situation nicht, die Marktanteile durch Unternehmensübernahmen zu festigen oder auszubauen, bietet ZEUS den mittelständischen Baumarktbetreibern die Möglichkeit, durch die kooperative Bündelung der Kräfte das Überleben am Markt zu sichern. Wie die Zahlen zeigen, gelingt das der ZEUS hervorragend. So realisierte ZEUS 2008 in Deutschland und Österreich in schwierigem Marktumfeld ein Umsatzplus von 3 Prozent gegenüber dem Vorjahr. Der Nettoumsatz der weit über 600 ZEUS-Systemgeschäfte in den unterschiedlichen Vertriebsschienen hagebaumarkt, Werkmarkt und Floraland stieg auf 2,12 Mrd. Euro. Die Verkaufserlöse der Systemgeschäfte in Deutschland wuchsen um 3,1 Prozent auf 1,93 Mrd. Euro. Zu dieser überdurchschnittlichen Umsatzentwicklung haben die hagebaumärkte maßgeblich beigetragen. Die ZEUS erreicht mit einem nationalen Marktanteil von 10,6 Prozent den vierten Platz in der Baumarktbranche.

2.3 Leistungen der ZEUS

Von gebündelten Einkaufsvolumina und gemeinsamen Marketingmaßnahmen über maßgeschneiderte Dienstleistungskonzepte für EDV und Logistik bis hin zu vertrieblichen Lösungen sorgt ZEUS als System- und Informationsverbund für ein gut funktionierendes Betreuungspaket seiner Mitglieder (vgl. Abb. 2-2). Diesbezüglich ist es von entscheidender Bedeutung, die Gesellschafter und Mitglieder als Kunden zu sehen und entsprechende Angebote aus deren Sicht für diese zu entwickeln. Alle Maßnahmen müssen von einem Nahversorgermarkt bis zu einem Großflächenbaumarkt umzusetzen sein. Aber auch unternehmensübergreifende Maßnahmen sind zu entwickeln, die der Marke hagebaumarkt zuträglich sind, wie z.B. nationale Funk- und Fernsehwerbung. Die ZEUS sieht sich in der Verantwortung, die Gesellschafter und Mitglieder bestmöglich im hart umkämpften Verdrängungswettbewerb zu unterstützen. Dabei setzt der Verbund auf die Leistungsfähigkeit seiner Unternehmer in Verbindung mit den Vorzügen eines Franchisesystems sowie die lokalen Stärken der Gesellschafter durch deren regionale Verwurzelung.

Abbildung 2-2:   *Leistungspakete der ZEUS*

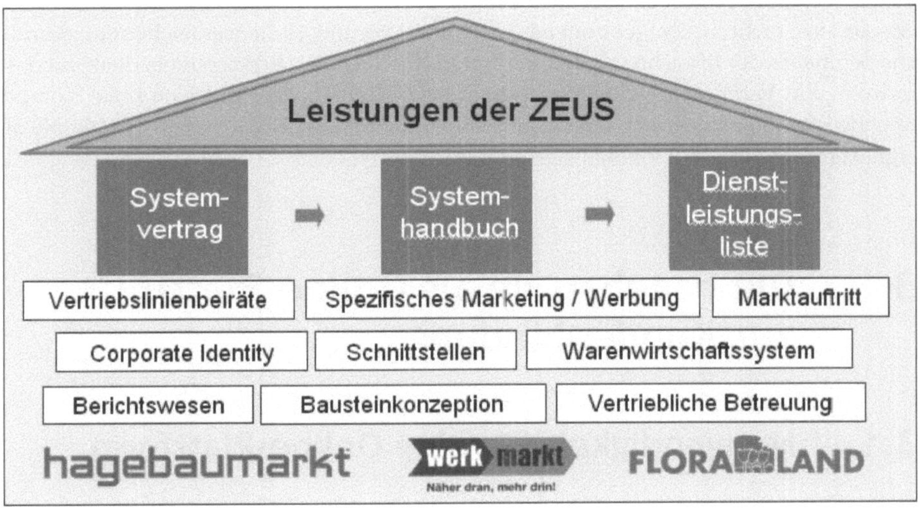

2.4   Rolle der ZEUS für die Einzelhandels-aktivitäten der hagebau

Die weitreichenden, zentral gesteuerten Aktivitäten der ZEUS, die die Standorte in sämtlichen Maßnahmen unterstützen sollen, werden weitestgehend vom Hintergrund aus gesteuert. Dagegen stehen die drei Vertriebslinien bzw. Betriebstypenmarken der ZEUS im Vordergrund. Von ihnen hat die Marke hagebaumarkt, die den Bau- und Heimwerkermarkt bedient, die wohl größte Bedeutung. Ihre nationale Bekanntheit und konzentrierte Baumarktkompetenz hat positive Ausstrahlung auf das Image und die Kundenloyalität der Märkte. Zielsetzung ist aber stets die regionale Qualitätsführerschaft der Baumärkte. So sieht die Positionierung immer in erster Linie die Regionalität als Differenzierungsmerkmal der hagebaumärkte zum Wettbewerb vor. Diese Regionalität kommt durch den Begriff Nachbarschaft und Verbundenheit zwischen dem hagebaumarkt und seinen Kunden zum Ausdruck. Zugleich soll sich dieser aber auch beim Endkunden als professioneller Anbieter von Komplettlösungen rund um die Themen Bauen, Garten und Heimwerken verankern. Neben hagebaumarkt etabliert ZEUS als zweite Vertriebsschiene in Deutschland ein Fachmarktkonzept mit der Marke Werkmarkt, das eine Alleinstellung in der Branche inne hat. Die Werkmärkte dienen der kleinflächigen Nahversorgung mit hoher Fachkompetenz und Serviceorientierung. Sie sollen sich gegenüber den Kunden als Qualitätsanbieter profilieren. Die dritte Vertriebsschiene bilden Garten-Fachmarkt-Center mit der Marke Floraland, die das gesamte Thema Garten und Gartengestaltung repräsentieren. Abgesehen von den drei skizzierten Vertriebsschienen werden durch die ZEUS jedoch auch noch zahlreiche andere, nicht systemgebundene, Fachgeschäfte und Gartencenter betreut. Sämtliche Segmente der Branche werden mit unterschiedlichsten Konzepten bedient, so dass individuelle Verbraucherwünsche optimal befriedigt werden und eine hohe Kompetenz im jeweiligen Segment entwickelt werden kann. Jeder Betriebstyp wird hierbei als eigenständige Marke emotionalisiert und positioniert.

3 Die hagebau.de als Online-Plattform zur Kundenbindung

3.1 Notwendigkeit für eine Online-Plattform

Die allgemeine Internet-Entwicklung macht deutlich, dass eine konsequente Ausrichtung in Richtung Online-Medien notwendig geworden ist. So ist E-Commerce mittlerweile auch in der DIY-Branche der Wachstumsmotor. Studien belegen, dass die stationären DIY-Umsätze in den kommenden 5-10 Jahren eine durchschnittliche jährliche Wachstumsrate von ca. 1 Prozent erwarten können. Die Online-Umsätze in Deutschland hingegen sollen um 30-40 Prozent steigen, bei einem DIY-Branchenumsatz von rund 40 Mrd. Euro (vgl. Abb. 3-1). Darüber hinaus beeinflusst das Internet auch die stationären Umsätze maßgeblich und hat somit positive Auswirkungen auf den stationären Einzelhandel. So kauft ein Großteil der Nutzer die Waren nicht unbedingt im Internet, sondern verwendet die online gewonnenen Informationen, um den Kauf vor Ort im Markt zu tätigen (RoPo-Effekt). Der Ropo-Effekt (Research online – purchase offline) beschreibt die Recherche nach Produkten im Internet, die anschließend im stationären Handel gekauft werden. Da sich die Online-Recherche zu einem festen Bestandteil im Kaufprozess entwickelt hat, ist eine Präsenz im Internet von großer Wichtigkeit. Die Kunden informieren sich vor der Kaufentscheidung intensiv im Internet (z.B. auch über das lokale Produktangebot, Standort-Finder) und generieren den Umsatz im entsprechendem Stationärhandel. Der Internet-Auftritt wird somit zum Umsatzbringer für das Stationärgeschäft. Dieses gilt vor allem für den DIY-Handel. So gehen Experten davon aus, dass bis 2011 ca. 43 Prozent der DIY-Umsätze online getätigt oder online vorbereitet werden sollen.

Abbildung 3-1:   *Entwicklung Online-Umsätze DIY*

Quelle: Forrester German E-Commerce Forecast 2006-2011, Aug 2006, BHB, W&V

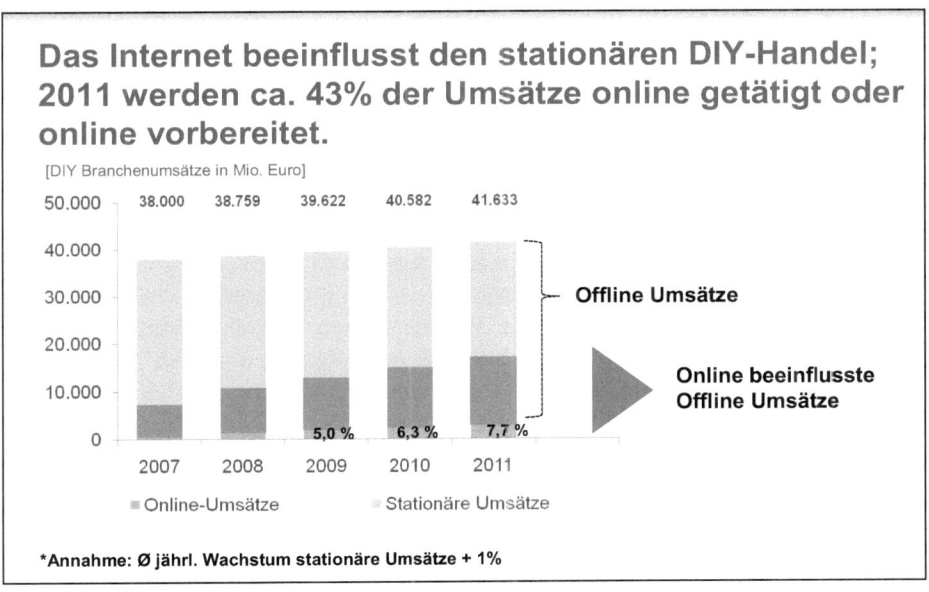

Nicht nur die steigende Bedeutung des Online-Handels und die Affinität der Verbraucher zum Internet macht es in der DIY-Branche notwendig, in Richtung Online-Präsenz aktiv zu werden; die hagebau hat auch ein ureigenes Interesse an diesem Thema. Wer morgen noch erfolgreich Einzelhandel betreiben will, muss schon heute auf die Kundenbedürfnisse eingehen und es jedem Kunden ermöglichen, das eigene individuelle Kaufverhalten zu befriedigen. Mit der Umsetzung einer erfolgreichen Multi-Channel-Strategie können Unternehmen – auch in der DIY-Branche – diesem Anspruch gerecht werden.

3.2 Konzept und Zielsetzung der Online- Plattform hagebau.de

Erster Schritt zur Gründung von hagebau.de war die Beteiligung von 49,9 Prozent an der baumarkt direkt GmbH & Co KG in Hamburg, einer Tochter der Otto Group, in 2007. Gleichzeitig wurde, zur intensiven Leistungsvernetzung, baumarkt direkt Gesellschafter der hagebau und somit Kommanditist der Handelsgesellschaft für Baustoffe mbH & Co. KG. Die baumarkt direkt, ist das führende DIY-Distanzhandelsunternehmen in Deutschland. Mit 100 Mitarbeitern erzielte das Unternehmen über Kataloge und E-Commerce im Geschäftsjahr 2006/2007 einen Umsatz in Höhe von 171 Mio. Euro. Das Unternehmen wurde 2000 unter dem Namen OBI@OTTO als Joint Venture zwischen der Otto Group und OBI gegründet, jedoch Ende 2006 zu 100-Prozent von Otto Group übernommen. Die Grundidee des anschließend mit der hagebau in 2007 neu gegründeten Joint Ventures war es, die Chancen des Multi-Channel-Einzelhandels durch Bündelung der Synergiepotenziale von hagebau mit den ca. 300 stationären Bau- und Heimwerkermärkten mit denen des Distanzhandels zu nutzen. Somit vereint das Joint Venture die Kompetenz der hagebau im Bereich Do-it-yourself und Garten mit dem kundenfreundlichen Bestell- und Lieferservice von OTTO, der weltgrößten Versandhausgruppe. Mit der international führenden Otto Group als Partner konnte die hagebau den Einstieg in das boomende Internet-Geschäft vollziehen und so als einziger Anbieter der Branche die Chancen des Multi-Channel-Geschäfts sowie die sich daraus ergebenden strategischen Vorteile nutzen. Mit dem Start der Herbst-/Winter-Saison im Juli 2007 wurde sowohl der erste Katalog unter der Marke „hagebau direkt" veröffentlicht als auch der erste gemeinsame Online-Shop unter www.otto.de und www.hagebau.de live geschaltet. Der Hauptkatalog, der zweimal jährlich erscheint, bildet mit ca. 12.000 Artikeln einen Ausschnitt des Internet-Sortiments ab. Der erste Hauptkatalog 2009 des Joint Ventures erschien in einer Gesamtauflage von 4,6 Mio. Exemplaren. Im Stationärhandel wird der Hauptkatalog als aktives Verkaufsinstrument genutzt. So liegen die Kataloge zum Start jeder Saison bundesweit in allen hagebaumarkt-Geschäften aus und können zudem über www.hagebau.de bestellt werden. Um den Abverkauf ausgewählter Saisonsortimente auf der Fläche gezielt zu unterstützen, wird der Hauptkatalog durch mehrere Spezialkataloge ergänzt. So erscheinen die Spezialausgaben zu den Themengebieten Gartenhäuser, Pools, Markisen, Regenwasser, Gartenmöbel, Bad/Sanitär sowie Kaminöfen. Parallel zur Printausgabe ist ebenfalls das erweiterte Online-Sortiment verfügbar, das eine noch umfangreichere Auswahl mit rund 20.000 Artikeln aus den Bereichen Heimwerken, Garten und Freizeit bietet. Die Verbraucher können zudem sämtliche Waren aus dem Katalog und Online-Shop im hagebaumarkt ordern, auf Wunsch direkt nach Hause.

Nachdem der bundesweite Start der Kooperation im Jahre 2007 erfolgreich umgesetzt wurde, konnte nach der ersten Saison im gemeinsam durchgeführten Multi-Channel-Vertrieb eine Vielzahl an Erfahrungen gesammelt werden. So kristallisierten sich erwartungsgemäß Artikelgruppen heraus, die aufgrund ihres Charakters von den Kunden intensiv entweder über das Stationärgeschäft, den Katalog oder das Internet bestellt werden. Für bestimmte Sortimente, wie beispielsweise Kaminöfen, Fahrräder, Großmaschinen und Küchen konnte ein erhebliches Potenzial identifiziert werden, um die stationären Umsätze zusätzlich über baumarkt direkt zu steigern. Global betrachtet handelt es sich dabei ausschließlich um Sortimente, die in den hagebaumärkten für eine kompetente Präsentation entsprechend große Flächen benötigen. Aufgrund dieser Erkenntnis ist künftig auch bei klassischen DIY-Kernsortimenten von Zusatzumsätzen auszugehen, die derzeit mangels zur Verfügung stehender Flächenkapazitäten – vorrangig in kleinen und mittleren hagebaumarktmärkten – nicht ausgestellt werden können. Auf diesen Erfahrungen aufbauend, fanden komplette Sortimentsverschiebungen hinsichtlich des Angebotes statt. Die frei gewordenen Flächenkapazitäten konnten für höher frequentierte Artikel genutzt und neu belegt werden. Darüber hinaus belasten die Langsamdreher und abwicklungsintensive Artikel nicht das Verkaufspersonal.

Die mit dem Multi-Channel-Konzept angebotenen Vertriebswege und die dadurch gegebenen neuen Bestell- und Einkaufsmöglichkeiten werden durch die Endverbraucher aktiv in Anspruch genommen. Im Sinne des Convenience-Gedankens ergeben sich für den Endverbraucher durch die gelungene Verknüpfung der drei Vertriebskanäle Online-, Katalog- und Stationärhandel weitreichende Vorteile. Das im hagebaumarkt angebotene Sortiment wird durch den Hauptkatalog, die zahlreichen Spezialkataloge und das Internet optimal und weitreichend ergänzt. Die erfahrungsgemäß erfolgreichen Produkte im Versandhandel sind überwiegend groß, schwer und sperrig. Bei Bestellung und Anlieferung werden die Waren bis in die Wohnung des Kunden transportiert. Durch die Integration in die OTTO-Logistik und das eigene Call-Center wird eine telefonische Fachberatung sowie eine problemlose Retouren- und Reklamationsabwicklung sichergestellt. Weiterhin wird eine breite Palette an zusätzlichen Servicedienstleistungen wie z.B. 24-Std.-Lieferservice, Lieferung nach Wunschtermin, Installations-, Aufbau- und Montageservice und Altgerätemitnahme, angeboten. Die Vorteile für den hagebaumarkt ergeben sich weiterhin aus einer permanenten Artikelbevorratung des Katalogsortiments durch die Logistik von baumarkt direkt, wodurch für den hagebaumarkt keine Lager-, Kapitalbindungs- und Handlings-Kosten entstehen. Ebenfalls können die hagebaumärkte kleinste Verpackungseinheiten bestellen, wodurch keine zusätzlichen Frachtkostenzuschläge berechnet werden und das häufige Problem der Liefer- und Mindestbestellmengen entfällt. Die Warenlieferungen erfolgen direkt an den hagebaumarkt oder an den Endkunden. Umsätze von Neukunden, welche über Online-Informationen in den Stationärhandel geführt werden oder das Angebot von neuartigen Sortimentserweiterungen können ebenfalls als zusätzliche Umsätze von den hagebaumärkten generiert werden.

3.3 Erfolgreiche Etablierung im DIY-Multi-Channel-Handel

Mit dem Eintritt in das Multi-Channel-Geschäft nimmt die hagebau in Deutschland eine Vorreiterrolle ein. Damit wird den Kunden die Möglichkeit gegeben, ein umfangreiches Sortiment an Baumarkt- und Gartenartikeln per Internet oder Katalog zu ordern. Der „Baumarkt ohne Ladenschluss" erlaubt dem User das bequeme Einkaufen von zu Hause aus.

In aktuellen Phase wird hagebau.de wachstumsorientiert ausgebaut. Das Joint Venture schaltete sukzessive alle weiteren Vertriebslinien, die durch die ZEUS betreut werden, auf. Somit steht das erfolgreiche Multi-Channel-Vertriebskonzept seit 2009 bundesweit allen Werkmärkten unter der eigenständigen Marke „werkmarkt direkt" zur Verfügung. Die Marktdurchdringung wird durch den 400-seitigen Katalog und den E-Commerce-Shop unter der Domain www.werkmarkt.de forciert. Auch der hagebau-Fachhandel stieg im Jahr 2009 in den Multi-Channel-Vertrieb ein. Somit haben ca. 440 Baustoff-, Holz- und Fliesenhändler Zugriff auf das gesamte Einzelhandelssortiment von baumarkt direkt. Das gemeinsame strategische Ziel für baumarkt direkt ist es, nach einer erfolgreichen Anlaufzeit die Expansion in andere Länder Europas anzustreben, um die Auslandsmärkte zu erschließen. Weiterhin soll die Multi-Channel-Führerschaft im DIY- und Gartenbereich renditeorientiert ausgebaut werden.

3.4 Schaffung einer vernetzten Organisationsstruktur

Für die erfolgreiche operative Umsetzung des Multi-Channel-Geschäfts wurde es zwingend erforderlich, die Unternehmen OTTO Group, hagebau und ZEUS zu vernetzen und die gemeinschaftliche Zusammenarbeit zu intensivieren. Dies erfolgt einerseits durch gemeinschaftlich besetzte Gremien sowie andererseits durch organisatorische Maßnahmen für bestimmte Bereiche. So wird im Joint Venture baumarkt direkt ein eigenständiges Category Management geführt, um den Sortimentsanforderungen des Distanzhandels Rechnung zu tragen. Durch kontinuierliche Sortimentsabstimmung mit dem Category Management des Stationärgeschäftes wird eine klar strukturierte Sortimentspolitik sichergestellt. Im Gegensatz zum Category Management wurden in den Geschäftsbereichen Marketing und Vertrieb alle Aktivitäten auch lokal in der Systemzentrale der ZEUS zusammengeführt. Damit werden Reibungsverluste reduziert, die vorhandenen Marktchancen besser genutzt und die Erreichung der Mittel- und Langfristziele ermöglicht.

3.5 Erfolgsfaktoren des Joint Ventures baumarkt direkt

Als Erfolgsfaktoren des Joint Ventures baumarkt direkt können die Internet-Seite, die Sortiments-, Lieferanten- und Preisstrategie sowie die Kommunikation genannt werden:

■ **Entwicklung der Internet-Seite:** Die hagebau ist im Internet unter den Webadressen www.hagebau.de und www.hagebau.com erreichbar. Hintergrund der unterschiedlichen Darstellung bzw. Differenzierung ist die stringente Trennung der Internet-Seiten hinsichtlich der strategischen Ausrichtung. Ziel ist es, den Online-Auftritt hagebau.de ausschließlich als Shop zu positionieren, während die hagebau.com als Unternehmensseite Informationen rund um das Leistungsspektrum der hagebau Gruppe – also den Fachhandel und alle weiteren Geschäftsfelder, Kooperationsleistungen und Beteiligungsunternehmen der hagebau – präsentiert. Die beiden Internet-Seiten sind so miteinander verknüpft, dass der Nutzer jederzeit zwischen dem Online-Shop hagebau.de und der Informationspräsenz hagebau.com wechseln kann. Darüber hinaus wird die Verlinkung zu allen weiteren Online-Auftritten der Beteiligungsunternehmen gewährleistet. Die inhaltliche Zusammenführung der beiden Websites wird darüber hinaus durch die Darstellung des Standortfinders und der Suchfunktion geschaffen: Über den Standortfinder stehen die Kontaktdaten, Öffnungszeiten und geplante Aktionen aller hagebau-Gesellschafter online zur Verfügung. Die Suchfunktion ermöglicht die Recherche nach Produkten im Shop oder hagebau-spezifischem Themen. So führt die Eingabe eines Artikels in der Suchfunktion, sowohl von hagebau.de als auch hagebau.com, automatisch in den Online-Shop von baumarkt direkt. Die Website www.hagebau.de wird sehr stark frequentiert. Auswertungen belegen, dass sich die Besucherzahlen seit dem Beginn des Joint Ventures 2007 nahezu versiebenfacht haben. Mittlerweile sind die Visits auf der Website auf durchschnittlich 1,4 Mio. pro Monat angestiegen. Im Oktober 2008 wurde die Webseite www.hagebau.de, im Rahmen des 12. Deutschen Versandhandelskongresses in Wiesbaden, in der Kategorie Business-to-Consumer als Online-Shop des Jahres 2008 ausgezeichnet.

■ **Ausrichtung der Sortiments-, Lieferanten- und Preisstrategie:** Bei der Sortimentsgestaltung wird eine größtmögliche Differenzierung zwischen dem Distanz- und Stationärsortiment angestrebt. Ziel ist es, die Anzahl der Überschneidungsartikel langfristig zu minimieren und somit ein attraktives, breites Angebot für den Kunden zu etablieren. Dies wird durch die gemeinsame Sortimentsgestaltung des Category Management von baumarkt direkt und der ZEUS sichergestellt. Ferner sollen die Lieferantenüberschneidungen maximiert werden, was durch die Vereinbarung der Verhandlungsführung gewährleistet wird. Bei der Preisgestaltung besteht der Grundsatz, identische Artikel auch mit identischen Preisen anzubieten.

Anderenfalls erfolgt die notwendige Preisdifferenzierung insbesondere über Zusatznutzen bzw. Produktdifferenzierung.

- **Kommunikation der Marke** hagebau direkt mit dem Aufbau einer integrierten Anstoßkette: Das Angebot an Kommunikationsmaßnahmen wird vielfältiger und damit komplexer. Derzeit werden vielfältige Kommunikationskanäle, wie beispielsweise Werbebeilagen, TV- und Rundfunkwerbung, POS-Maßnahmen, Direktmailings als auch Kataloge und Online-Marketing eingesetzt. Das Ziel ist, eine medienvernetzte Kommunikation über alle Kanäle zu erreichen und somit ein umfassendes Komplettangebot zu bieten, das alle Vertriebskanäle unter Berücksichtigung der Jahreswerbeplanung optimal aufeinander abstimmt. So werden beispielsweise ausgewählte Artikel aus dem Online-Shop in den Werbebeilagen offensiv forciert. Andererseits werden Beilagenartikel bestellfähig im Online-Shop dargestellt. Hinzu kommt die Penetration des Kataloges und des Online-Shops am POS im hagebaumarkt durch geeignete Verkaufsförderungsmaßnahmen. Das gesamte Marketing wird somit verknüpft und die damit bestehende Kostenschere für die Märkte geschlossen. Gesamtziel ist es, mehr Leistung und Nutzen – bei annähernd gleichbleibenden Kosten – zu schaffen. Ferner soll durch die Vernetzung der Werbeanstöße erreicht werden, sowohl die Marke und das Stationärgeschäft zu stärken als auch die Zahl der Direkteinsprünge über das Internet zu forcieren. Die Umsetzung erfolgt im Jahre 2010 und ermöglicht eine bessere Ausschöpfung der Kunden im regionalen Einzugsgebiet (vgl. Abb. 3-2).

Abbildung 3-2:   *Verbesserte Kundenausschöpfung durch Multi-Channel*

Nachhaltige Multichannel-Strategie ohne Kanal-Konflikte!
Die Konsumenten nutzen alle Absatzwege!

Eine einheitliche Strategie mit einer einheitlichen Kommunikation über alle Medien fördert die Markenbekanntheit!

---

4 Erfolgsbilanz und Resümee

4.1 Aktuelle Entwicklung und Kundenreaktion

Bereits im ersten vollen Geschäftsjahr konnten die Gewinnerwartungen erfüllt werden. Dabei erwirtschaftete baumarkt direkt einen Nettoumsatz in Höhe von 145 Mio. Euro, was einem Umsatzzuwachs von 14 Prozent entspricht. Die hagebaumärkte erzielten im Online-Geschäft und im Stationärhandel einen Umsatz von 37 Mio. Euro, wovon der Online-Anteil 14 Mio. Euro betrug. Dabei wurde pro hagebaumarkt einen durchschnittlicher Bestellumsatz von 72.000 Euro erwirtschaftet. Die Kundenreaktionen sind durchweg positiv, wie der Kundenmonitor Deutschland zeigt, der auch einen Vergleich zum Wettbewerb ermöglicht. Der Kundenmonitor Deutschland ist eine branchenübergreifende Benchmarking-Studie zur Kundenorientierung im deutschen B-to-C-Markt, die seit 1992 jährlich erhoben wird. Im Mittelpunkt der Untersuchung stehen die einzelnen Aspekte der Kundenzufriedenheit und die Qualität der Kundenbeziehung sowie deren Auswirkungen auf die Kundenbindung. Über einen Zeitraum von mehreren Monaten werden jährlich weit über 20.000 Kunden befragt, davon rund 6.000 zur Branche der Bau- und Heimwerkermärkte. Dabei belegt hagebaumarkt 2008 unter den 6 Top-Anbietern – Bauhaus, hagebaumarkt, Hornbach, OBI, Praktiker und Toom – mit einem Mittelwert von 2,44 den zweiten Platz in der Globalzufriedenheit. Seit 2006 liegt die Globalzufriedenheit der hagebaumärkte über dem Branchendurchschnitt. Bezogen auf das Preis-Leistungsverhältnis belegt der hagebaumarkt 2008 den dritten Platz und liegt mit einem Mittelwert von 2,74 genau im Branchendurchschnitt. Hier konnte entgegen dem Trend der 5 Wettbewerber im Vergleich zum Vorjahr eine Verbesserung erzielt werden. Die kontinuierliche Steigerung der Kundenzufriedenheit, die in den Jahren 2007 und 2008 festzustellen ist, lässt sich u.a. auf das erfolgreich eingeführte Multi-Channel-Geschäft zurückführen. Ziel ist es, auch weiterhin die Kundenzufriedenheitswerte zu steigern und voran zu bringen. Damit soll die starke Marktposition mit eigenständigem Profil weiter ausgebaut werden.

Vor dem Hintergrund der zunehmenden Marktkonsolidierung kann festgehalten werden, dass der Multi-Channel-Vertrieb nicht nur den heutigen Kundenbedürfnissen entgegenkommt, sondern auch die Erträge in der Zukunft sichert und maßgeblich steigert.

4.2 Lessons Learned

Die Baumarktbranche in Deutschland befindet sich weiterhin in einer Phase der Marktkonsolidierung, in der die hagebau ihren Marktanteil deutlich ausbauen will.

Das strategische Ziel ist es, die Position der stationären Betriebe zu stärken und bedeutende Zusatzerträge zu erwirtschaften. Durch die Übertragung der gesamten Einzelhandelsaktivitäten von der hagebau auf die ZEUS werden sowohl die Kräfte erfolgreich gebündelt als auch der Anspruch erfüllt, ein eigenständiges Profil zu schaffen. Das geschieht z.B. dadurch, dass ein ertragreiches Kleinflächenkonzept erfolgreich entwickelt, gleichzeitig aber auch ein Konzept für die Großflächenbaumärkte weiter optimiert wird. Vorteil ist, dass durch die gegebene Größe des Standortes ein individuell zugeschnittenes Konzept angeboten werden kann. Bei Neuplanungen kann das Angebot jedes Marktes genau auf die örtlichen Kundenwünsche abgestimmt werden. Mit dem Aufbau und der geplanten Umsetzung der integrierten Anstoßkette wird ein weiterer Meilenstein gesetzt, die Werbeetats der Gesellschafter optimal einzusetzen und so den Kunden ein Gesamtportfolio aller Werbemaßnahmen anzubieten. Dabei gibt das Multi-Channel-Konzept entscheidende Hilfestellung.

Durch die Gründung des Joint Ventures baumarkt direkt und dem verbundenen Einstieg in das Multi-Channel-Geschäft wurden die Zeichen der Zeit rechtzeitig erkannt. Es ist gelungen, den Online-Shop durch eine einfache, intuitive Navigation und Kundenführung auszuzeichnen. Eine starke interaktive Einbindung des Users soll zudem zu einer hohen Kundenbindung an die Marke hagebau führen. Diese hohen Anforderungen sind jedoch nicht ohne die Unterstützung der hagebaumärkte zu erreichen. Für die Warendisposition und die Katalogproduktion muss eine möglichst frühzeitige Auflagenverbindlichkeit geschaffen werden. Das Joint Venture muss – insbesondere durch Zufriedenheit und Kontinuität der Leistungen – dem hohen qualitativen Anspruch der Gesellschafter entsprechen. Nur unter diesen Voraussetzungen kann die anspruchsvolle Vernetzungsaufgabe der hagebau, der ZEUS und baumarkt direkt gelöst und die geplanten Ziele erreicht werden.

Michael Meyer

Multi-Channel-Fulfilment - Quick-on-click in der Fashionbranche

Das Geschäftsmodell von tube4fashion am Beispiel von LERROS

1 Quick-on-click - Multi-Channeling in der Fashionbranche

Der Distanzhandel von Textil-, Bekleidungs- und Lifestyleprodukten über Internet und TV hat sich in den letzten Jahren stark entwickelt. Die Unternehmen der Fashionbranche erkennen immer mehr, dass der Distanzhandel mit Nutzung der Vertriebskanäle Internet, TV und Print den stationären Handel sinnvoll ergänzt und die Bildung von Multi-Channel-Systemen zusätzliches Absatzpotenzial sowie positive Reaktionen bei der Kundenzufriedenheit und Kundenbindung generiert. Die Branche steht also vor der Herausforderung, die zur Verfügung stehenden Multi-Channel-Vertriebswege individuell und profitabel zu nutzen und aufeinander abzustimmen.

Vor dem Hintergrund dieser Entwicklung und der Komplexität des Multi-Channel-Handels sind die Unternehmen der Fashionbranche auf der Suche nach ganzheitlichen und kostengünstigen Dienstleistern, die sie auf dem Weg zum Multi-Channeling kompetent begleiten. Insofern suchen Fashionunternehmen nach Fulfilment-Unternehmen, die eine Komplett-Lösung für den Verkauf ihrer Produkte über möglichst viele verschiedene Verkaufskanäle anbieten. Die Hersteller und Händler von Textil-, Bekleidungs- und Lifestyleprodukten wollen durch das Multi-Channeling nicht nur ihre Absatzzahlen erhöhen, sondern auch den Bekanntheitsgrad ihres Unternehmens bzw. ihrer Marken steigern.

Diverse Unternehmen der Fashionbranche haben angekündigt, mit einem innovativen Dienstleister den Einstieg in den Multi-Channel-Markt realisieren zu wollen. Dieser soll von der Erstellung und dem Design des Web-Shops über das Marketing und Finanzmanagement bis hin zum Customer Care Center sowie den Logistik- und Transportdienstleistungen alle erforderlichen Kompenenten für den professionellen Multi-Channel-Handel in seinem Leistungsspektrum vereinen. Insbesondere deutsche Bekleidungsproduzenten und Händler haben mehrfach die Anforderung geäußert, in Europa und speziell in Deutschland mit einem zuverlässigen und innovativen Multi-Channel-Dienstleister unter der Voraussetzung arbeiten zu wollen, dass er alle erforderlichen Leistungen für die Realisierung eines Multi-Channel-Systems als Full Service anbieten kann.

2 Das Geschäftsmodell der tube4fashion GmbH & Co. KG

2.1 tube4fashion - Full-Service-Dienstleister für den Multi-Channel-Handel

Als international führender Fashionlogistikspezialist hat Meyer & Meyer aus Osnabrück den Bedarf und die Anforderungen der Fashionbranche an das Multi-Channeling in der Zusammenarbeit mit seinen Kunden erkannt und mit der tube4fashion GmbH & Co. KG ein Geschäftsmodell entwickelt bzw. ein Unternehmen gegründet, das exakt diesen Bedürfnissen und Anforderungen gerecht wird.

Abbildung 2-1: *Die Fashion Supply Chain inklusive Distanzhandel*

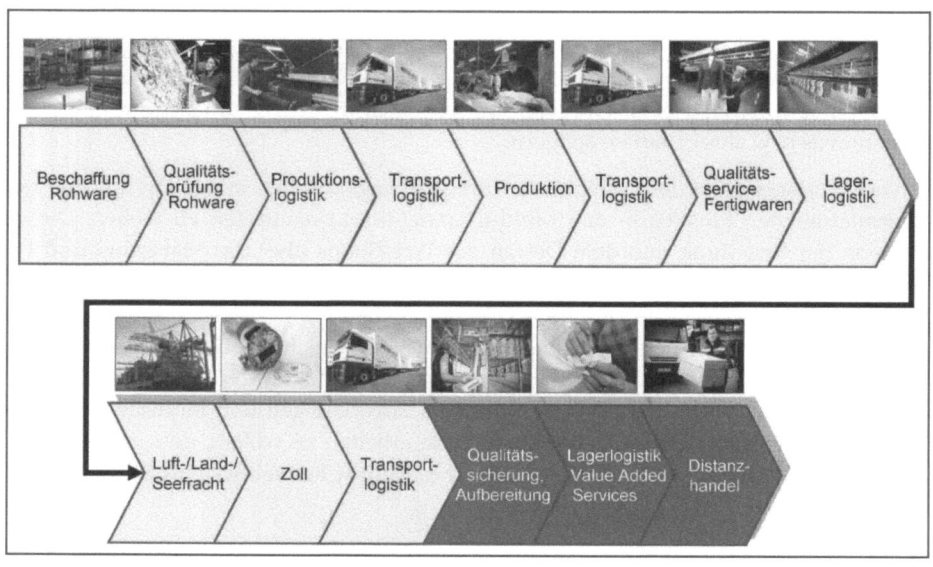

Meyer & Meyer bietet seinen nationalen und internationalen Fashionkunden das gesamte Supply Chain Management von der Rohwaren- und Produktionslogistik über die Lagerung, Aufbereitung und Qualitätssicherung bis zur verkaufsfertigen Distribution der Waren in den Einzelhandel. Mit der Gründung von tube4fashion als Anbieter ganzheitlicher Multi-Channel-Lösungen für Unternehmen mit Branchenschwerpunkt Textil, Bekleidung und Lifestyle erweitert Meyer & Meyer seine Angebotspalette auf den Bereich des Distanzhandels (vgl. Abb. 2-1). Unternehmensziel von tube4fashion ist es, seinen Kunden ein System zur Verfügung zu stellen, über das alle Multi-Channel-Vertriebswege abgewickelt werden können. Als Berater und Dienstleister bietet tube4fashion seinen Kunden die Möglichkeiten, die Multi-Channel-Vertriebswege Internet, Mobile, Print und TV individuell und profitabel im B2C-, B2B- und B2E-Bereich zu nutzen (vgl. Abb. 2-2).

Abbildung 2-2:   *Der Distanzhandel*

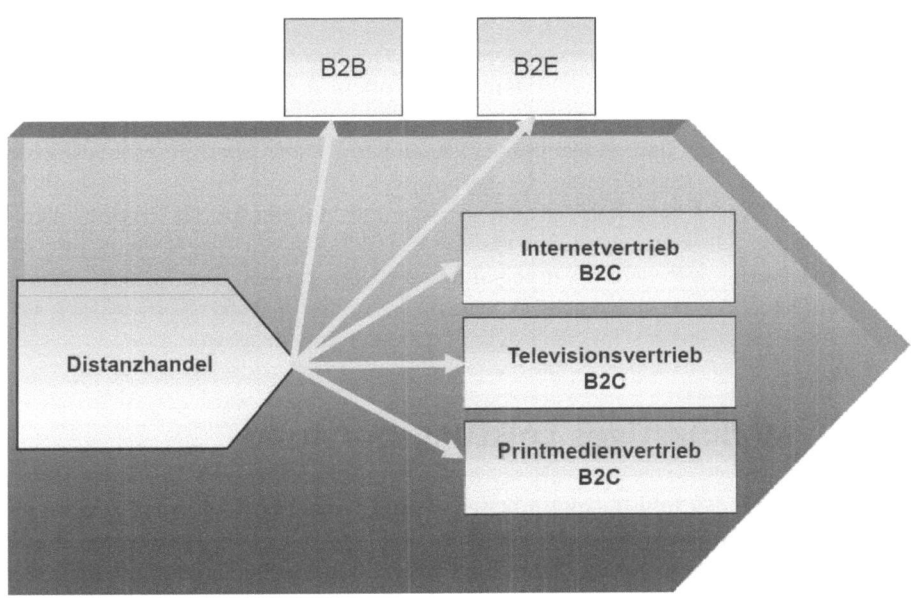

Im Bereich des Internet-Vertriebs stellt tube4fashion seinen Kunden das Gesamtpaket von der Implementierung und Wartung der Internet-Präsenz in Form eines Online-Shops über das Finanzmanagement, die Auslieferung der Ware, das Retourenmanagement sowie die Kundenbetreuung bis hin zum Marketing zur Verfügung. Mit diesem Dienstleistungspaket erhalten die Unternehmen die Möglichkeit, ihre Produkte online anzubieten und die Erfahrungen und Kompetenzen von tube4fashion und seinen Partnern zu nutzen. Ergänzt wird der Internet-Vertrieb durch individuelle Erweiterungen um die Vertriebskanäle Mobile, Print und TV sowie die Nutzung der Plattform in der B2B-Abwicklung. Hier kann über die Plattform die gesamte Auftragsabwicklung zu den Filialen, Facheinzelhändlern oder Outlets erfolgen. Zusätzlich besteht für die Unternehmen die Möglichkeit, die Plattform für den Business-to-

Employee-Bereich zu nutzen und sowohl ihre Handelsware als auch Berufsbekleidung für eigene Mitarbeiter online anzubieten.

2.2 One Face to the Customer: tube4fashion als Partnernetzwerk

Zur Umsetzung seiner Komplettlösung verpflichtet tube4fashion erfahrene Partnerunternehmen innerhalb eines Netzwerkes. Die beteiligten Partner sind Experten, die sich auf fest definierte Aufgaben wie z.B. Payment, digitale Fotografie, Online-Marketing, Debitoren-Management etc. spezialisiert haben. Der hierdurch zu generierende Wettbewerbsvorteil für den Kunden besteht insbesondere darin, dass alle Informationen durch tube4fashion gebündelt werden und der Kunde mit nur einem Ansprechpartner den gesamten Multi-Channel-Handel realisieren kann. Dabei übernimmt tube4fashion die Steuerung und Koordination der gesamtwirtschaftlichen Prozesse. Wesentliches Element des Geschäftsmodells ist eine so genannte Middleware als Schnittstellenlösung, über die alle kooperierenden Fashionunternehmen mit tube4fashion und den beteiligten Partnerunternehmen miteinander vernetzt werden. Sämtliche Informationen und Daten der verschiedenen IT-Systeme werden zur Auftragsabwicklung über die Middleware ausgetauscht, gebündelt, vorgehalten und ausgewertet.

2.3 Modulartiges Leistungsportfolio

Seinen Service bietet tube4fashion für den Multi-Channel-Handel in Form eines modulartigen Leistungsportfolios an (vgl. Abb. 2-3). Mit dem Partnernetzwerk werden das gesamte Leistungsspektrum oder auch Teilaspekte für die Kunden übernommen. Existiert bei einem Kunden z.B. bereits ein etablierter Online-Shop, kann dieser in das Gesamtkonzept zum Multi-Channeling integriert werden. Das Geschäftsmodell sieht vor, dass tube4fashion die Organisation, Koordination und Steuerung der notwendigen Leistungsmodule und deren Anbindung an die Middleware übernimmt. Die Middleware integriert alle Module und ermöglicht den schnittstellenübergreifenden Informations- und Kommunikationsfluss. So wird eine automatisierte Auftragsabwicklung angestoßen, welche die Module bzw. die dafür zuständigen Netzwerkpartner über Aufgaben informiert und die geforderten Daten übermittelt. Des Weiteren ermöglicht die Middleware eine Messung der Leistungskennzahlen, die im gesamten Netzwerk generiert werden. Diese Messungen werden zu Statistiken und Reportings aufgearbeitet, dem Kunden zur Verfügung gestellt und zur kontinuierlichen Prozessverbesserung eingesetzt.

Abbildung 2-3:   *Das Leistungsportfolio von tube4fashion*

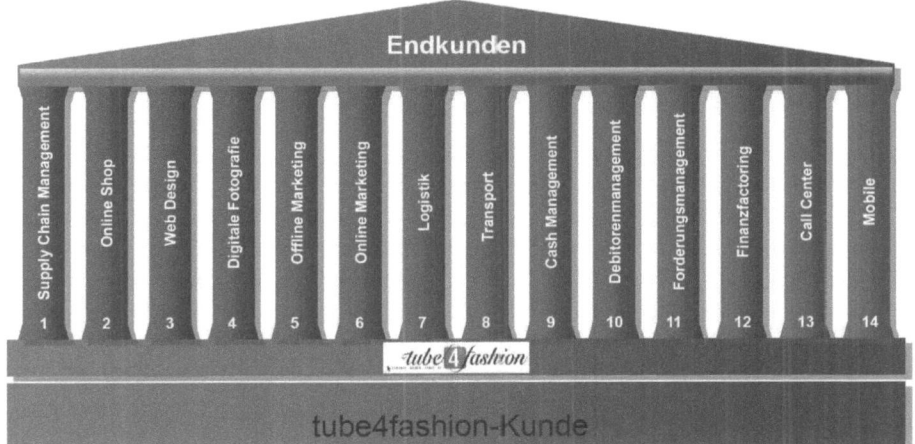

Folgende Module werden im Leistungsportfolio von tube4fashion angeboten:

- **Online-Shop:** Der Online-Shop stellt das Frontend zum Endkunden dar und kann individuell aufgebaut werden. Der Shop ist für den kontinuierlichen Datenaustausch über eine Schnittstelle mit der Middleware verbunden. Über diese Middleware wird gleichzeitig das gesamte Content Management abgewickelt. Die zentrale Speicherung der Daten verhindert Datenredundanz und gewährleistet die Aktualität. Im Rahmen des Bestellprozesses durch den Endkunden kommuniziert der Shop mit der Middleware, beispielsweise hinsichtlich Warenverfügbarkeit, Bonitätsprüfung, Zahlungsabwicklung bis hin zur Bestandsreservierung bei Bestellabschluss. Der Shop spiegelt die Corporate Identity des Fashionunternehmens wider. Die Nutzung moderner IT-Lösungen gewährleistet einen innovativen Online-Auftritt, der alle marktüblichen Standards und Anforderungen erfüllt. Durch ein Cross-Selling-System und die Mehrsprachigkeit des Online-Shops kann der Kundennutzen zusätzlich erhöht werden.

- **Webdesign:** Die Individualität jeder Kundenlösung wird auch durch das Webdesign ausgedrückt. Um dieses Ziel zu realisieren, wird eine detaillierte Anforderungsanalyse durchgeführt, die sich an bestehenden Designs des Kunden orientiert. Aber auch neue Ideen werden in die Designfindung aufgenommen. Des Weiteren steht die Flexibilität der Gestaltung im Mittelpunkt. Dadurch soll es dem Kunden ermöglicht werden, bei Wechsel einer Kollektion oder auch bei Sonderaktionen das Webdesign anzupassen.

- **Digitale Fotografie:** In der digitalen Fotografie arbeitet tube4fashion mit etablierten und erfahrenen Fotoagenturen zusammen. Die Fashionbranche legt besonders viel Wert auf eine optimale Darstellung und Präsentation der Ware im Online-Shop. Die von tube4fashion beauftragten Fotoagenturen realisieren innovative Darstellungen wie z.B. 360°-Fotos, Videoclips, Modelfotografie, Passformfotografie, Detailaufnahmen und eine realistische Farbwiedergabe.

- **Logistik:** Wichtiger Partner zur Realisierung des Multi-Channel-Handels ist der Logistikdienstleister. Der Aufgabenbereich erstreckt sich über das gesamte physische Warenhandling, angefangen von der Warenannahme über das Lagermanagement, die Kommissionierung und den Versand bis hin zur Retourenbearbeitung. Effiziente Logistikprozesse sollen einen Wettbewerbsvorteil generieren. Auch die Anwendungen moderner Techniken wie RFID, gehören zum Standardprogramm des Logistikdienstleisters. Die Logistikdienstleistungen für tube4fashion übernimmt als Gründer des Netzwerkes der Fashionlogistikspezialist Meyer & Meyer, der bei der Abwicklung der komplexen und anspruchsvollen Prozesse von seiner langjährigen Erfahrung in der Fashionlogistik profitiert.

- **Transport:** Der von tube4fashion beauftragte Transportdienstleister verfügt über ein ausgebautes Distributionsnetzwerk und bietet alle Versandarten und Sonderservice an, die für den Transport im Multi-Channel-Handel von Bedeutung sind. Hierzu zählen Express-, Termin-, Premium-, Feierabend- und Nachnahmelieferungen, Samstagszustellung, Retourenrückführung, Sendungsverfolgung sowie Zollabwicklungen.

- **Mobile / TV / Print:** Mit der Einbindung von Mobile Shops, TV-Sendung oder Aktionen im Printbereich stehen dem Kunden weitere Möglichkeiten zur Vermarktung seiner Produkte basierend auf dem Multi-Channel-Konzept zur Verfügung. Auch mobiles Marketing wird den Service ergänzen. Dafür wird beispielsweise ein persönliches Informationsmanagement für jeden Kunden eingerichtet, um ihn z.B. per MMS auf aktuelle Aktionen aufmerksam zu machen. Im Mobile Shop kann mit Hilfe spezieller Features, wie der Anzeige des nächsten Einkauf-Stores (Location Based Service) der Kundenservice erhöht werden.

- **Online-Marketing:** Der Partner für das Online-Marketing entwickelt kundenspezifische Marketingkonzepte zur Erhöhung des Bekanntheitsgrades von Online-Shop und Marke des Kunden. Hierfür stehen Marketing-Tools wie z.B. Suchmaschinen-Optimierung, Suchmaschinen-Marketing, Kampagnen-Management, Online-PR und E-Mail Marketing zur Verfügung.

- **Offline-Marketing:** Auch die Konzeptionierung und Realisierung von Offline-Marketingstrategien ist ein wichtiges Thema für die Entwicklung eines erfolgreichen Multi-Channel-Handels. Auf Kundenwunsch findet hier eine Beratung durch Marketingagenturen statt, die über spezielle Referenzen im Fashionmarkt verfügen. Hier können jedoch auch bereits etablierte Agenturen des Kunden in das Projekt eingebunden werden.

- **Zweitvermarktung / Drittvermarktung:** Für den Abverkauf von so genannten Restanten kann auf ein breites Netz von Partnern zurückgegriffen werden, die sich sowohl auf die Vermarktung von reduzierter Ware über Online-Plattformen bis hin zum Lagerverkauf spezialisiert haben.

- **Cash-Management:** Der Provider des Cash-Management bietet modulare Lösungen zur Abwicklung des Zahlungsverkehrs an. Die Gewährleistung höchster Sicherheitsstandards und die Kombination leistungsstarker Lösungsbausteine stehen im Vordergrund der Zusammenarbeit. Der Payment-Dienstleister bietet alle gängigen Zahlungsmethoden (Rechnung, Pay Pal, Kreditkarte, ELV, Vorkasse, Nachnahme). Das Zahlungsausfallrisiko der geforderten Beträge wird durch ein Kundenscoringmodell (Black- und Whitelist), Kreditlimits und Betrugsprävention minimiert.

- **Debitorenmanagement:** Zu den Aufgaben des Debitorenmanagement gehört die Führung und Verwaltung von Debitorenkonten, die Stammdatenverwaltung, Zuordnung und Verarbeitung von Zahlungseingängen und Rückbelastung, die Steuerung aller Prozesse und Folgeprozesse aus dem Zahlungsverkehr, sowie die Rechnungs- und Gutschriftenerstellung.

- **Forderungsmanagement:** Das Forderungsmanagement dient zur Überwachung der Forderungen gegenüber den Debitoren. Bei Überschreitung der Zahlungsfälligkeit wird eine mandantenindividuelle Abwicklung festgelegt. Im Standardabwicklungsprozess informiert das Mahnwesen den Kunden über die Fälligkeit der Zahlung. Des Weitern werden die Mahnfristen verwaltet, Mahn- und Inkassovorschlagslisten erarbeitet und der Inkassoprozess – inklusive außergerichtlichem Forderungsinkasso und gerichtlichem Mahnverfahren – eingeleitet.

- **Finanzfactoring:** Dem Kunden steht die Möglichkeit offen, seine Forderungen gegenüber Debitoren im Rahmen eines Factoring-Modells komplett an einen Partner von tube4fashion abzutreten, um seine Zahlungsausfälle zu reduzieren.

- **Call Center:** Das Call Center steht im direkten Kontakt zu den Kunden und dient als Service Center für jegliche Kundenanliegen. Die Bearbeitung der Kundenkontakte wird über verschiedene Kommunikationsmedien, wie Telefon, E-Mail, Fax etc. durchgeführt. Service bis zu 24 h am Tag und multilingualer Support sollen den Customer Service erhöhen. Der Support kann via Sprachautomatisierung bis zur Self-Service-Lösung erfolgen. Das Call Center kann neben dem Kundenservice und der Kundenbindung auch mit aktiven Elementen zur Kundenneu- bzw. Kundenrückgewinnung (Outbound) unterstützen.

3 Praxisbeispiel: LERROS auf dem Weg zum „Multi-Channel-Händler"

Seit November 2009 ist der Casualwear-Spezialist LERROS aus Neuss mit eigenem Online-Shop im Internet präsent. Bis zu diesem Zeitpunkt war Lerros im stationären Handel bundesweit mit ca. 1.000 Flächenpartnern und 7 eigenen Stores und europaweit an ca. 3.000 Point of Sales vertreten. Als internationale Casualmarke für Damen und Herren hat LERROS Anfang 2009 das Potenzial des Multi-Channel-Handels erkannt und in seine Vertriebsstrategie einfließen lassen. Mit einem eigenen Online-Shop verfolgt das Unternehmen die Zielsetzung seine Markenbekanntheit zu erhöhen und den Kunden mit der Erweiterung seiner Absatzkanäle mehr Komfort zu bieten. Wie viele Unternehmen der Fashionbranche stand auch LERROS vor dem Problem der komplexen Leistungsanforderungen und des hohen Personal- sowie Finanzbedarfs, das die Realisierung eines Online-Shops und die damit verbundene Auftragsabwicklung in Eigenleistung erschwert. Aus diesem Grund entschied sich LERROS bei der Entwicklung und Umsetzung seines Online-Shops für ein Outsourcing an einen Full-Service-Dienstleister, in diesem Fall die im vorangegangenen Kapitel dargestellte tube4fashion GmbH & Co. KG aus Osnabrück.

Die Zusammenarbeit beider Unternehmen basiert in diesem Fall auf einer mehrjährigen Dienstleister-/Kundenbeziehung zwischen Meyer & Meyer als Gründer von tube4fashion und LERROS. Beide Unternehmen arbeiten im Bereich der Fashionlogistik langjährig erfolgreich zusammen. Als LERROS zu Beginn des Jahres 2009 seine Multi-Channel-Strategie durch die Erweiterung des stationären Handels mit einem eigenen Online-Shop entwickelte, arbeitete Meyer & Meyer zeitgleich an der Entwicklung eines Geschäftsmodells für den Multi-Channel-Handel. Beide Unternehmen entschieden sich daraufhin, die Entwicklung und Umsetzung eines Online-Shops für LERROS und die Entwicklung des Geschäftsmodells von tube4fashion in einem gemeinsamen Pilotprojekt voranzutreiben.

Nach ersten Gesprächen zur Erstellung des LERROS-spezifischen Anforderungsprofils entwickelte tube4fashion im April 2009 sein Leistungsportfolio, wählte Partnerunternehmen aus und definierte deren Leistungsumfang im Rahmen des Netzwerkes. Drei Monate später konnte die informationstechnologische Schnittstellenanbindung von LERROS, tube4fashion und den beteiligten Partnerunternehmen an eine gemeinsame Middleware erfolgen und erste Integrationstests durchgeführt werden. Im Oktober 2009 wurde der Content des Online-Shops in Form von Kollektionsauswahl, Fotos, Artikelbeschreibungen etc. festgelegt und erste Usertests durchgeführt. Anfang November folgte schließlich der Launch des LERROS-Online-Shops (vgl. Abb. 3-1).

Abbildung 3-1: *Der Online-Shop von LERROS*

LERROS verfolgt mit seinem Online-Shop das Ziel, das Einkaufen für seine Kunden so angenehm wie möglich zu machen und hat Serviceangebote in Form von Kauf auf Rechnung, Versand innerhalb von 48 Stunden, flexibler Lieferadresse und kostenloser Retouren eingerichtet.

Wie bei LERROS sind die besonderen Herausforderungen des Online-Handels in der Fashionbranche unter anderem die häufigen Kollektionswechsel, eine besonders anspruchsvolle Produktfotografie, aufwändige Artikelbeschreibungen und die damit verbundene permanente Shop-Anpassung. Darüber hinaus ist die Retourenquote im Online-Handel deutlich höher als im stationären Handel und die logistischen Prozesse durch Kleinst- und Einzelteillieferungen sind wesentlich vielfältiger als im B2B-Geschäft. Hier schafft die Belieferung der LERROS-Filialen, der Fach- und Einzelhändler sowie der Online-Käufer als Endverbraucher aus einem Lager effiziente Synergieeffekte, die sich aufgrund der Zusammenarbeit von Meyer & Meyer als Netzwerkpartner von tube4fashion und als Logistikdienstleister von LERROS ergeben. So kann beispielsweise über die Abwicklung aller logistischen Prozesse in einem Lager und durch einen Dienstleister eine besonders hohe Verfügbarkeit der Produkte im Shop gewährleistet werden. Ziel von LERROS ist es außerdem, seinen Kunden in absehbarer Zeit die Möglichkeit zu bieten, ihre Retouren aus dem Online-Handel über den stationären Handel abzuwickeln, was durch ein zentrale Logistik für das B2B- und B2C-Geschäft grundsätzlich erleichtert wird.

Mit dem Launch eines eigenen Online-Shops realisert LERROS in erster Linie das Ziel, die Markenbekanntheit zu erhöhen. Gleichzeitig gelingt es dem Casualwear-Spezialisten aber auch, seinen Bestand an Kundendaten zu erweitern und seine Zielgruppe detaillierter kennen zu lernen. Daraus können zielgruppenspezifische Marketingaktionen sowohl für den Online-Handel als auch für den stationären Handel abgeleitet werden, die absatzfördernd wirken.

Umsatzwachstum will LERROS längerfristig auch durch eine Ausweitung seiner Multi-Channel-Aktivitäten auf die Märkte Österreich, Schweiz, Beneluxstaaten, Frankreich und Osteuropa erzielen. Zudem befasst sich das Unternehmen mit Möglichkeiten zur Zweit- und Drittvermarktung über spezielle Online-Plattformen sowie Mobilshops und -services. LERROS ist in der Welt des Multi-Channel-Handels angekommen und damit eines der immer noch wenigen deutschen Fashionunternehmen, das den Multi-Channel-Handel als wesentliches strategisches Vertriebsziel definiert.

Teil E:
Spezialaspekte zur Web-Exzellenz

Marc Schwieger

Vom Einkaufsnetz zur Shopping-Welt im Internet
Wie Emotionalisierung und Interaktion das Shopping-Erlebnis verändern

1 Shopping heißt Verführen

Beginnen wir mit einem Beispiel: Die sechzehnjährige Tochter erzählt an einem entspannten Sonnabend: „Papa, ich gehe mit meiner Freundin shoppen". „Aha," sage ich, und als aufmerksamer Vater frage ich nach: „Und, wonach guckst Du, was brauchst Du so?". Meine Tochter schaut überrascht, denn sie versteht die Frage nicht. Natürlich weiß sie, was gemeint ist, aber scheinbar war mir gerade nicht klar, was sie meinte, als sie vom Shoppen sprach.

Shoppen hat mit „Brauchen" nichts zu tun. Shopping ist Freizeitbeschäftigung, Lifestyle und Tourismusattraktion internationaler Metropolen. Shopping füllt ganze Bücher, Kinosäle und Frauenzeitschriften sowieso. Und diese Erlebnis-Dimension gibt's jetzt auch online – demnächst auf Ihrem Bildschirm: auf dem Rechner, dem iPhone oder dem Netbook. Immer und überall.

In diesem Kapitel, soll aufgezeigt werden, wie sich Online-Shopping im Spannungsfeld von Markeninszenierung, mitmachenden, stets vernetzten Konsumenten und der vollständigen Digitalisierung aller Lebensbereiche entwickeln wird. Und welche Konsequenzen das für Marketing und Kommunikation von Händlern, Herstellern und allen anderen im gerade entstehenden, Welt umspannenden, digitalen Einkaufszentrum haben wird.

2 Die Revolution sieht richtig gut aus

Zwei wesentliche Veränderungen der letzten Jahre müssen besonders berücksichtigt werden, wenn es um Emotionalisierung beim Online-Shopping geht. Und wie bei allen wesentlichen Veränderungen der letzen Zeit, gehen auch diese auf technische Innovationen zurück. Die digitale Vernetzung, die es via Facebook, Twitter, die VZs usw. bis auf das Titelblatt des Sterns geschafft hat, hat den Konsumenten mehr von dem gegeben, was sie immer schon wollten: mehr Spaß und mehr Macht. Eine Kombination übrigens, die das klassische Marketing so nicht vorgesehen hatte. Darin liegt die von so vielen noch immer unterschätzte Sprengkraft von Social Media. Und damit beginnen auch die Schwierigkeiten, die klassische Werbeagenturen als Briefingempfänger der Marketingabteilung mit der neuen Welt haben, in der die ständig wechselnden, sich widersprechenden Briefings von den wirklichen Kunden kommen, den Konsumenten selbst. In sozial vernetzen Zeiten haben sich die Spielregeln verändert, denn der Kunde ist selbst zum Mitspieler geworden. Seine Macht ist größer geworden, seit er nicht nur als Abnehmer der Produkte, sondern auch als Vertriebsvermittler und hoch vernetzter Marketing-Free-Lancer in seinen Netzwerken unterwegs ist. Im Spiel der Verführung spielt er also ein doppeltes Spiel: er muss verführt werden und er ist selbst jeder Zeit in der Lage andere zu verführen – oder abzuschrecken. Die Revolution der digitalen Vernetzung bildet eine neue Infrastruktur für jede Form des Austausches. Und Handel ist in diesem Sinne nur eine spezifische Form des Austausches: Ware gegen Geld. Die zweite, das Spiel der Verführung prägende, Veränderung ist noch mehr vom technischen Fortschritt geprägt: „Mehr Bandbreite für alle", ist das kämpferische Motto. DSL und W-Lan sind bald in jedem Wohnzimmer angekommen, in jedem Büro schon längst vorhanden. Immer besser aussehende Web-Seiten das Ergebnis: mehr Fotos, mehr Filme, mehr Interaktivität machen aus unsinnlichen Listendarstellungen mit daumengroßen Produktabbildungen, cinematografische Shopping-Erlebnisse. Im Kino fühlt sich der Zuschauer als wäre er auf fremden Planeten, in vergangenen Zeiten oder im Bett mit Brad Pitt. Emotionale, bildstarke Produktinszenierungen auf Shopping-Seiten beantworten die Frage: „Wie fühlt es sich an das zu besitzen". (vgl. Teichmann 2008). Die Kraft der Bilder, ermöglicht durch schnellere und bessere Internet-Verbindungen, und die Macht der mitmachenden, vernetzten Konsumenten, machen das Online-Shopping zu einem Erlebnis, das mit dem Internet-Einkauf vor fünf Jahren soviel zu tun hat, wie der Shopping-Bummel durchs KaDeWe mit einem Besuch bei Aldi. Inszenierung und Emotionalität sind nicht nur möglich, sie sind Bedingung für ein erfolgreiches, involvierendes Shopping-Erlebnis.

Wie stark diese Tendenz zur schönen, bildstarken Verführung im E-Commerce bereits ist, spürt jeder, der mal versucht, spontan einen richtig guten Flash-Programmierer für sein Projekt zu buchen.

3   All Shopping is Social

Aber, es ist wie im Leben, gut auszusehen reicht nicht. Die Schönheit des Bildes muss ergänzt und verstärkt werden von der Schönheit, die in einem besonders gelungenen User Interface liegt. Content ist King heißt es, aber Usability ist King Kong. Die Nutzerführung ist entscheidend. Wer hier nur in Optimierung von Buchungsstrecken und Abbruchraten beim Bestellprozess denkt, der vergisst, dass vor jeder Kaufentscheidung ein tiefes emotionales Involvement liegt. Der emotionale Abbruch droht lange bevor auf den Warenkorb geklickt wird. Und er bedroht alle jene Shopping-Angebote im Netz, die vergessen, dass verführt werden will, wem etwas verkauft werden soll. User-zentrierte E-Commerce-Plattformen wie Polyvore.com, auf denen Fashion faszinierte Frauen Sets ihrer Lieblingsstücke zusammenstellen können, leben von einem einfachen und involvierendem UI. Das User Interface ist eine Einladung zum Mitmachen. Und wer schon die Einladung nicht versteht, hat auch keine Lust mehr, dabei zu sein.

Der entscheidende Effekt, auf den alle Social-Shopping-Plattformen setzen: Was ich hoch motiviert und selbst geschaffen habe, zeige ich auch gerne meinen Freundinnen und Freunden. Der mitmachende Konsument und der soziale Konsument bedingen einander. Keiner verbreitet in seine privaten Netzen etwas, was nicht auf ihn zurückverweist. Virtueller Status, also das Streben nach Anerkennung am digitalen Gartenzaun, ist die wesentliche Motivation, auf die es im Zeitalter von Customer Particaption Management ankommt. Wenn die Einladung zum Mitmachen angenommen wird, bietet ein gutes Social-Commerce-Angebot seinen Nutzern hoch willkommene Content-Nachhilfe für dessen Auftritt in sozialen Netzwerken. Mit anderen Worten: Der Kunde selbst macht die beste Werbung. Erkenntnisse, die auch bei der Entwicklung von Loritan.com eine wesentliche Rolle spielten. Loritan bietet eine multithematische Shopping-Plattform, auf der Konsumenten, Händler, Hersteller und Medienmarken gleichberechtigt inspirierende Shopping-Momente erstellen können. Nach Anlässen (vom „Junggesellenabschied" bis zum „Abi-Ball") und Stichworten (von „Eifersucht" bis „Strandspaziergang") geordnet, entsteht so eine assoziative Shopping-Landschaft im Netz, die assoziatives und inspirierendes Shopping ermöglicht, wie man es vom klassischen Einkaufsbummel in der Innenstadt oder dem Einkaufszentrum kennt. All diese Loritan-Momente werden von den Usern dann auch in den eigenen Netzwerken weiter verbreitet.

User-generierter Content wird zur wesentlichen Bedingung erfolgreicher E-Commerce-Ansätze werden, vor allem im Fashionbereich. Nicht weil Mitmachen Mode ist, sondern, weil Mode vom Mitmachen lebt. „User-generated content is key to social media and fashion. From blogs to Facebook photo contributions to product reviews — user-generated content is where it's at." (5 ways social media changed Fashion 2009, Macala Wright-Lee, mashable 2009). Es wird dabei in der nächsten Zeit besonders interessant sein, zu beobachten, wie sich im immer kleinteiligeren Empfehlungs-Universum aus Fashion-Blogs, aktiven Userinnen und etablierten Modemagazinen Trends abzeichnen und durchsetzen, oder eben nicht.

4 Online ist das neue Flagship

Konsequenz der digitalen Aufholjagd im Spiel der Verführung wird auch eine veränderte Balance im Multi-Channel-System etablierter Marken sein. Ein Büro in Hamburg liegt zwei Stockwerke über einem wunderschönen Prada-Store in bester Einkaufslage in der Hamburger Innenstadt. Zwei große Schaufenster voller Prada-Mode setzen auf die Verführungskraft der paradigmatischen Luxusmarke aus Italien. Und dennoch liegt die Zukunft faszinierender Marken nicht auf der begehbaren Fläche in der Innenstadt, sondern in der erlebbaren Vernetzung im Internet.

Der Online-Store wird der wahre, universelle Flagshipstore einer Marke. Die wunderschönen Geschäfte in den teuren City-Lagen werden zu emotional aufgeladen Abholstationen, die vor allem kraftvoll die räumlichen Möglichkeiten der Markeninszenierung nutzen müssen, um nicht hinter der Online-Marken-Inszenierung zu verschwinden. Das Internet wird die Marken prägende Bühne für jedes Produkt und jede Brand werden. Die alten Einschränkungen des Internets mit seiner rumpfartigen Produktinszenierung werden durch cinematografische Emotionalisierung und echte Interaktivität überwunden. Für die „Digital Natives", also alle, die nach 1980 geboren sind, beginnt schon jetzt praktisch jede Marken-Erfahrung als Online-Erlebnis. Ein Beispiel sind die berühmten, nicht autorisierten Louis-Vuitton-Entwürfe des französischen Designers Ora Ito. Ito hatte, nachdem er zuvor mehrfach von Design-Unis abgelehnt wurde, Louis-Vuitton-Phantasie-Produkte gestaltet. Zu Beginn waren diese Fakes ohne Originale nur online präsent. Für echt gehalten wurden sie daraufhin in China "gefälscht", sorgten für große Nachfrage und wurden dann erst von Louis Vuitton aufgegriffen und als Orignale in die Shops gebracht. Das digitale Abbild des Produktes ging also dem analogen Original voraus. Was im Netz gefunden, gesehen und verbreitet wurde, hat sich danach erst im realen Leben materialisiert. So wird Bedürfnisweckung über digitale Medien in Zukunft funktionieren. Die beiden wesentlichen Aspekte überlagern und verstärken sich. Der Nutzer als mitmachender Konsument wird zum Designer und die Inszenierung dient nicht dem Produkt, sie ist das Produkt.

Wer als Händler oder Hersteller heute noch seinen Online-Auftritt als eine Kommunikationsmaßnahme unter vielen versteht, hat nicht begriffen, dass das Internet nicht eines von mehreren Medien ist. Es ist das einzige, alles aufsaugende Medium. Alle bisherigen Medien sind schon längst Formate dieses einzig verbleibenden. Bücher sind ein Format des Webs: Im Weihnachtsgeschäft 2009 hat Amazon zum ersten Mal mehr digitale als gedruckte Bücher verkauft. Musik ist ein Format des Internets, wie iTunes und Web-Radios zeigen. Und auch beim Shopping werden die Regeln des digitalen Denkens alle bestehenden Strukturen auf den Kopf stellen.

Und das bringt uns zum bisher erfolgreichsten und folgenreichsten digitalen Geschäftsmodell: Musik.

5 Fashion ist die neue Musik

Die Techniken der digitalen Verführung lassen sich am Beispiel der Musik am besten erkennen. Und jede Branche muss sich daran messen lassen, wie sie ihre eigene Digitalisierung besser überlebt als die auf anfassbare Tonträger statt Emotionen fokussierten Plattenfirmen (vgl. Renner 2004).

Auch dann, wenn die Produkte, um die es geht, wie Kleidung oder Accessoires, zumindest überwiegend nur in ihrer analogen Form genutzt werden. (Wobei der Handel mit virtuellen Accessoires in den digitalen Spielewelten von World-of-Warcraft und anderen schon nennenswerte Umsätze generiert). Fashion ist wie Musik. Trends, Innovationszyklen, das Involvement der Fans folgt den gleichen Mustern. Die Möglichkeit des Selbstausdruckes über das, was ich höre, funktioniert, über das, was ich trage, genauso gut. Im weißen iPod-Kopfhörer, dem globalen Fashion-Accessoire der letzten Dekade, kommt beides zusammen. Auf diese innere Verwandtschaft von Fashion und Musik setzt auch Gucci bei seinem aktuellen iPhone App. In diesem kleinen, frei herunterladbaren Programm für Apple Smartphones gibt es neben schönen Fotos und einem nur über das iPhone bestellbaren Produkt ein interaktives Feature: Man kann sich seinen eigenen Clubsound zusammen mixen. Aber Fashion ist nur fast wie Musik. Musik entfaltet sich in einer ununterbrochenen digitalen Wertschöpfungskette von der Produktion über Distribution und Transaktion bis zur Konsumption. Das grundsätzlich analoge Produkterlebnis bei Mode und Fashion setzt dem überall spürbaren Wunsch, dem großen Vorbild nahe zu kommen, scheinbar unüberwindbare Grenzen.

Mode muss am Anfang gemacht und am Ende getragen werden. Erst zum Kunden und dann vom Kunden. Eine komplexe logistische Herausforderung, in der neue Geschäftsmodelle geboren werden. „Zappos, the service Company that happens to sell Shoes" bemüht sich erfolgreich, die analogen Hürden des Schuhversandes verschwinden zu lassen. Keine Versandkosten, auch nicht für die Retouren und eine Firmenkultur, die digitaler kaum sein kann. Der CEO twittert und jeder Schuh ist umgeben von einer Aura von Kundenkommentaren. Individueller Service von Mensch zu Mensch kann die analoge Komplexität reduzieren und so der nahtlosen Erlebnisdichte rein digitaler Geschäftsmodelle immer näher kommen. Doch einfach ist das nicht. Was auf jeden Händler und jede Marke im digitalen Universum zukommt, bringt Jon Pareles in der New York Times auf den Punkt, wenn er über Musiker schreibt: „Interacting with fans who never had to accept the top-down, broadcast model of the old music business and have come to expect the individualized tone of the Internet. To perform offstage musicians now hone social-networking skills: mastering the blog post, the semi-candid photo, the not too overtly promotional self-promotion, the guarded personal revelation, the clever Tweet" (vgl. Pareles 2009).

6 Transaktion gleich Kommunikation

In rein digitalen Geschäftsmodellen, die ihre Erlebnisdichte der Tatsache verdanken, dass der Nutzer keinem Medienbruch ausgesetzt ist, kommt noch ein wesentlicher, neuer Aspekt hinzu. Erleben und kaufen, bezahlen und nutzen liegen dicht beieinander, werden eins, wenn hinter jedem Banner ein Warenkorb liegt. Das bedeutet vor allem, dass die Kommunikation, also Werbung und PR, ganz anderen Regeln folgen muss. Früher lagen zwischen der Anzeige in einer Zeitschrift oder dem TV-Spot im Fernsehen und dem Kauf des beworbenen Produktes Stunden, Tage, Wochen. In digitalen Shopping-Welten sind es Sekunden. Die emotionale Aufladung funktioniert hier anders. Nicht die Vorfreude auf ein später zu erwerbendes Produkt muss gesteigert werden. Imagewerbung, wie man das früher nannte, hat ihren Sinn verloren. Denn dieses „Image" war dazu da, den Wunsch nach dem Produkt solange wach zu halten, bis ich es kaufen kann. Doch wenn Kommunikation und Transaktion zusammenfallen und höchstens einen Klick voneinander entfernt sind, hat diese Art zu werben, ihren Sinn verloren. Kein Wunder, dass viele klassisch denkenden Werbeagenturen in eine Sinnkrise stürzen und hektisch auf einer abschmelzenden Eisscholle auf- und abspringen, die sie Kerngeschäft nennen. Es ist das Produkt selbst, das emotionalisiert werden muss. Über eine interaktive Inszenierung, die das entscheidende dabei nicht aus dem Auge verliert: Die emotionalste und wichtigste Form der Interaktion ist die Transaktion. Auch die klassische innerbetriebliche Arbeitsteilung von Vertrieb und Marketing wird dabei obsolet, weil beide das gleiche tun. Wie Marketing- und Vertriebsstrategien als eine verstanden und umgesetzt werden, kann man beim erfolgreichsten Internet-Konzern des abgelaufenen Jahrzehnts beobachten, nämlich bei Apple. Apple bezeichnet nicht „Design" oder „faszinierende Geräte" als seine Kernkompetenz. Im Zentrum seines Handelns steht schlicht „Digital Lifestyle".

Zurück zum Produkt. Einen Schuh so zu sehen, wie man ihn im Netz noch nie gesehen hat, wird nicht den Anblick des echten Schuhs im Offline-Store ersetzen. Aber die Freude, visuell überrascht und emotional angesprochen worden zu sein, überträgt sich auf das Produkt. Was jeder Offline-Shop-Designer weiß, gilt online ganz genau so. Die Emotionalisierung eines Shops geht weit über die Darstellung des zu verkaufenden Produktes hinaus und dient doch am Ende nur diesem. Für die Hersteller bedeutet das: Der Designaufwand, die Ideen zur Inszenierung, die Aufführungen auf den digitalen Markenbühnen sind die wichtigsten Waffen in ihrem ständigen Wettstreit mit den Händlern. Und wenn man weiß, wie schnell sich die Offline-Retail-Welt schon jetzt dreht – in jeder H&M-Filiale hängt heute ein Produkt, das es gestern dort noch nicht gab, Tag für Tag – kann man ahnen, welche Geschwindigkeit die digitalen Produktinszenierungen aufnehmen werden. Die Technik hilft bei der Beschleunigung tatkräftig mit. Digitale Fotoproduktionen, die bei jedem Fotoshooting mit derselben Kamera den Film gleich mit schießen und eine Transport-Logistik, die sich die Schnelligkeit digitaler Datenübertragung zum Vorbild nimmt, treiben diesen Prozess voran. Diese sich selbst beschleunigende Inszenierungsgeschwindigkeit ist von den Unternehmen alleine gar nicht mehr zu bewältigen. Ohne einen mitmachenden Konsumenten, dessen Ideen und Wünsche in der digitalen Konsumwelt immer schneller zu Produkten werden, ist diese Geschwindigkeit gar nicht zu halten.

7   Gestaltung wird Gestaltungsfreiheit

Vor dem Hintergrund dieser sich selbst antreibenden Inszenierungsgeschwindigkeit muss digitale Gestaltung sich endgültig von dem immer noch am Printmedium orientierten, tendenziell ewigen Gültigkeitsanspruch verabschieden. Nichts ist so alt wie die Zeitung von gestern, aber noch viel älter ist die Webseite von eben. Nichts ist mehr in Blei gesetzt und die wesentliche Frage lautet: Wie viel Gestaltungsfreiheit lässt mein Design zu? Und zwar für andere. Nicht andere Gestalter, sondern Konsumenten. Werbeagenturen und ihre Kreativen, die auf einer aus analogen Zeiten stammenden Gestaltungshoheit beharren und im mitmachenden Konsumenten nur den stümpernden Laien sehen, sind für digitale Geschäftsmodelle nicht die richtigen Partner. Wer von „Loser generated Content" spricht, verrät nur die Arroganz des Nichtwissenden und die Angst davor, das Monopol des lustigen Kreativen mit Millionen YouTube-Nutzern teilen zu müssen. Agenturchefs mit dieser Haltung haben ein doppeltes Nachfolgeproblem: Für sich und für ihr Geschäftsmodell. Die Arbeit von Kommunikationsfachleuten in Agenturen und in Unternehmen wandelt sich, wie sich die Aufgaben des Journalisten verändert haben. Es geht immer weniger darum, selbst Werbung zu entwickeln und immer mehr darum, Plattformen zu bauen, auf der die Konsumenten selbst Produkte und Dienstleistungen inszenieren, empfehlen, bewerten, also bewerben.

Neue Fragen stellen sich: Wie viel formale Wiedererkennung ist nötig, wenn ich eine Plattform durchsetzen will, die Konsumenten dazu animiert, selbst mitzumachen? Wann ist der Online-Shopper überfordert? Wie kann der Online-Shopper, der ja überwiegend eine Online-Shopperin ist, spielerisch zum Mitmachen aufgefordert werden? Am besten funktioniert es über das Ergänzen einfacher Muster und über Bezug zu Offline-Routinen, wie sie jeder kennt: der Brigitte-Kleiderschrank, der auf Brigitte.de digital nachbildet, was jede Leserin analog zu Hause hat. Oder die Collage eines Polyvore Sets, also die von der Nutzerin zusammengestellte Kombinationen aus Kleidung, Accessoires, Schuhen und anderen Fashion-Items. Diese Collagen erinnern an den Moment vor dem abendlichen Losgehen. Alle in Frage kommenden Kleidungsstücke werden aufs Bett geworfen und einer "passt – passt nicht – passt gar nicht – passt gar nicht so schlecht"-Prüfung unterzogen. Das Ergebnis wird dann mit Freundinnen geteilt. Mit denen, die daneben stehen und mit all denen, die über Social-Media-Plattformen in Echtzeit erreicht werden, also praktisch auch live mit dabei sind. Hier wird die Nutzerin zur mitmachenden Redakteurin. Bei so viel Respekt vor der Leserin als professionalisiertem Laien erscheint der Schritt der Brigitte-Redaktion, im Heft selbst auf Profi-Models zu verzichten, nur konsequent. Die digitalisierte Shopping-Welt macht die Konsumenten immer mächtiger. Wer das nicht versteht, wird bald machtlos sein.

8   Fazit: Es wird noch schwieriger - bevor es wieder einfach wird

Emotionalisierung und User-Involvement bedingen einander. In dem Dreieck aus bildkräftiger Produktfaszination, Nutzer-generierten Empfehlungen und redaktioneller Kompetenz der Absender-Marke muss das Shopping-Angebot immer wieder nach der richtigen Balance suchen. Der technisch und ästhetisch aufgerüstete Laie ist ein anspruchsvoller und sprunghafter Partner. Er will die Inspiration großer Marken, aber gleichzeitig ist ihm keine Meinung wichtiger, als die seiner Freunde. Er will von faszinierenden Produkten überrascht werden, aber vorher gefragt werden, wie die aussehen sollen. Er will unterhalten werden, aber die Themen bestimmen. Sicher ist dabei nur eins: Das trojanische Pferd ist tot (vgl. Schwieger 2009). Mit einem Marketingverständnis, das glaubt, fertige Botschaften in allzeit aufnahmebereite Hirne penetrieren zu können, wird man der digitalen Shopping-Revolution nicht gerecht werden. Und dabei steht die nächste Revolution schon vor der Tür. Mobile Endgeräte mit Internet-Zugang sind das bisher fehlende Glied zwischen Online- und Offline-Shopping. Plötzlich wird mein Handy zum Shopping-Navigator in der Innenstadt, meine Freunde verraten mir in Echtzeit, wo ich was gerade besonders günstig bekomme. Und über den eingebauten Barecode-Scanner kann ich jetzt auch offline jedes Produkt in die digitale Hemisphäre holen – um Preise zu vergleichen, es weiter zu empfehlen oder auf meinem Blog zu veröffentlichen, mit freundlichen oder weniger freundlichen Kommentaren, je nach dem wie man mich behandelt hat. Deswegen bedeutet Web-Exzellenz in diesem Zusammenhang, die beiden wichtigsten Regeln des Marketings in digital vernetzten Zeiten zu verstehen: Miteinander reden ist das neue Lautsein. Und Zuhören ist das neue Verkaufen. Und wenn man Beides dann anwendet, dann wird es auch wieder einfacher.

Literaturverzeichnis

Teichmann, C. (2008): Emotionalisierung im Ladenbau: Design im Geschäft als wesentliches Verkaufsmittel, Verfügbar unter: http://www.Suite101.de [04.01.2010, 16:40 Uhr MEZ].

Wright-Lee, M. (2009): 5 ways social media changed Fashion 2009, Verfügbar unter: http://www.mashable.com [04.01.2010, 16:50 Uhr MEZ].

Renner , T. (2004) : Kinder, der Tod ist gar nicht so schlimm.

Pareles. J. (2009): The canary in the digital coal mine, New York Times, 30.12.2009.

Schwieger, M. (2009): Das Ende des trojanischen Pferdes, Verfügbar unter: http://www.inspiartionsgesellschaft.de. [04.01.2010, 16:55 Uhr MEZ].

Björn Schäfers

Social Shopping für Mode, Wohnen und Lifestyle am Beispiel Smatch.com

Wie nutzergenerierte Produktempfehlungen den Kaufprozess verändern

1 Einleitung

Das Aufkommen des Web 2.0 ermöglicht Internet-Nutzern vielfältige Möglichkeiten der Interaktion und eine schnelle Erstellung, Bearbeitung und Weitergabe eigener Inhalte (sog. User-Generated Content). Typische Beispiele für Web-2.0-Anwendungen sind Blogs, Wikis, Podcasts und Social Networks. Insbesondere Social Networks, wie bspw. StudiVZ oder Facebook, erfahren einen immensen Zuspruch. In Social Networks existieren viele Interaktionsmöglichkeiten für Nutzer, die im Rahmen ihres Profils z. B. eigene Bilder und Videos sowie persönliche Eigenschaften veröffentlichen und sich mit anderen Nutzern vernetzen können. Diese Änderungen im Nutzerverhalten haben im Bereich des E-Commerce zu einer Verbindung von Online-Shopping und Social Networking geführt und mit Social Shopping eine neue Form des E-Commerce entstehen lassen. Ein besonderer Fokus im Bereich Social Shopping liegt in Produktempfehlungen, die Nutzer anderen Nutzern direkt oder indirekt aussprechen. Hierdurch sollen Kaufbedürfnisse geweckt und Kaufentscheidungen vereinfacht werden. Die Nutzer einer Social-Shopping-Plattform können z. B. Listen mit ihren favorisierten Produkten oder mit Geschenkideen anlegen. Darüber hinaus können registrierte Nutzer Produktinformationen einbinden und Bewertungen abgeben. Es können zudem Preisvergleiche angestellt und letztlich Käufe in einem teilnehmenden Online-Shop getätigt werden (vgl. FIDIS 2008, S. 17-18). Nutzergenerierte Produktempfehlungen in Foren, Blogs und den hier thematisierten Social-Shopping-Plattformen besitzen für Akteure im E-Commerce zunehmend einen hohen und messbaren Wert, da diese das Kaufverhalten von Konsumenten und damit den Absatz beeinflussen. Die insgesamt gestiegene Relevanz von nutzergenerierten Produktbewertungen wird auch durch verschiedene Studien bestätigt (vgl. Institut für Demoskopie Allensbach 2008, S. 10 sowie Fittkau & Maaß 2009).

Die mit der zunehmenden Relevanz von nutzergenerierten Produktempfehlungen (vgl. Chevalier/Mayzlin 2006; Senecal/Nantel 2004) und einer erhöhten Transparenz einhergehenden Änderungen im Kaufverhaltensprozess stellen den Fokus dieses Artikels dar. Im Rahmen dessen werden insbesondere die Wirkung von Produktbewertungen und anderer nutzergenerierter Inhalte in Social-Shopping-Plattformen untersucht. Dies wird am Beispiel von Smatch.com erfolgen, der größten Produktsuche und Social-Shopping-Plattform für Mode, Wohnen und Lifestyle in Deutschland. Smatch.com ist ein Shopping-Portal der shopping 24 GmbH, einer 100-prozentigen Tochtergesellschaft der Otto Group. Abbildung 1-1 zeigt die Einstiegsseite in die Kategorie Mode von Smatch.com.

Im Folgenden werden zuerst Partialmodelle des Geschäftsmodells von Social-Shopping-Plattformen erläutert, um darauf aufbauend den o. g. Untersuchungsfokus zu thematisieren. Abschließend wird ein Fazit gezogen und ein Ausblick auf zukünftige Entwicklungen gegeben.

Abbildung 1-1: *Einstiegsseite der Kategorie Mode bei Smatch.com*

2 Das Geschäftsmodell von Social-Shopping-Plattformen

Social Shopping fokussiert auf den Internet-Nutzer und dessen Kaufhandlung und ist somit eine Kategorie des Konsumentenverhaltens (vgl. Krisch/Haderlein 2008, S. 66). Hier kommt es auf die aktive Teilhabe am Prozess und das Shopping-Erlebnis an. Beim Social Shopping geht es um ein gemeinsames Shopping-Erlebnis, bei dem der Fokus stärker auf den Konsumenten (vgl. Pichler 2008, S. 17), dessen Geschmack und Stil gerichtet ist als auf den Preisvergleich von Produkten. In Anlehnung an Wirtz werden folgend Partialmodelle des Geschäftsmodells (s. Wirtz 2000, S. 81ff.) vorgestellt und somit die wichtigsten Akteure, Funktionen, Erlösmöglichkeiten und Leistungsangebote einer Social-Shopping-Plattform dargestellt.

Abbildung 2-1: *Profil eines Community-Mitglieds von Smatch.com*

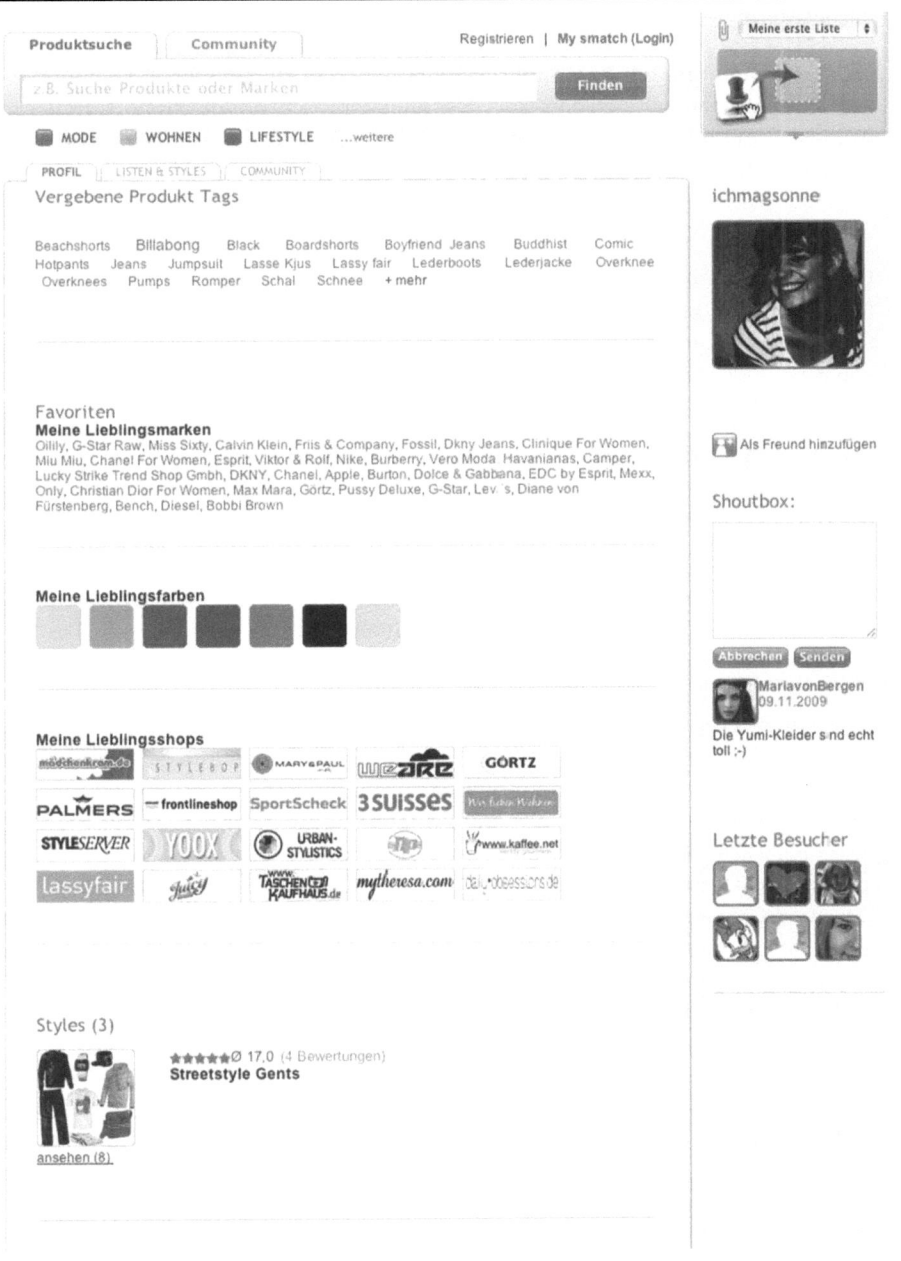

Die Leistungserstellungs- und Distributionsmodelle werden hier nicht berücksichtigt, da diese bei virtuellen Geschäftskonzepten eher im Hintergrund stehen (vgl. Leimeister/Bantleon/Krcmar 2002, S. 9).

▪ Das **Teilnehmermodell** bestimmt die Akteure, die durch verschiedene Interaktionen am Unternehmen beteiligt sind. Die angeschlossenen Online-Shops treten als Anbieter in Erscheinung. Die Seite der Nachfrager wird durch die Besucher bzw. Community-Mitglieder repräsentiert. Die Abbildung 2-1 zeigt ein Nutzerprofil, in dem ein Nutzer u. a. ein Profilfoto, persönliche Informationen zu Lieblingsmarken oder Farben veröffentlichen kann sowie eigens erstellte Produktlisten oder Styles.

▪ Das **Beschaffungsmodell** bestimmt die benötigten Inputfaktoren, die zur Leistungserstellung benötigt werden. Dabei handelt es sich um das Warenangebot der Online-Shops und insbesondere nutzergenerierte Inhalte der Mitglieder in Form von bspw. Lieblingslisten, Styles und Bewertungen.

▪ Das **Erlösmodell** zeigt die unterschiedlichen Arten der Erlöserzielung auf. Bei Social-Shopping-Communities stellt die indirekte Erlösgenerierung in Form von Provisionszahlungen der angeschlossenen Shops die Haupteinnahmequelle dar. Dies ist auch bei Smatch.com der Fall.

▪ Das **Leistungsangebotsmodell** lässt sich in vier Teilbereiche untergliedern (vgl. hierzu das 4C-Net-Business-Modell bei Wirtz 2000, S. 88). Der Bereich Commerce steht bei Social-Shopping-Plattformen im Mittelpunkt des Leistungsangebots. Die Plattformen tragen durch ihre Vermittlerrolle hauptsächlich zur Geschäftsanbahnung bei, wobei die Abwicklung der Transaktionen über die Partnershops erfolgt. Eng damit verbunden ist der Teilbereich Connection. Hier spielt die Einbindung der Community-Plattform eine wichtige Rolle. Sie bietet den Mitgliedern die Möglichkeit der Kommunikation und Interaktion und hat für die Geschäftsanbahnung eine besondere Bedeutung. Der Teilbereich Context dient der Sammlung, Systematisierung, Klassifizierung und Speicherung der Angebotspalette. Leistungsstarke interne Such- und Filtersysteme ermöglichen einen schnellen und zielgerichteten Zugriff auf die gewünschten Produkte der Partnershops. Die Bereitstellung von eigen- und fremderstellten Inhalten ist Hauptaufgabe des Teilbereichs Content. Seitens des Portalbetreibers handelt es sich vor allem um personalisierte Produktvorschläge und Sonderangebote. Zu den fremderstellten Inhalten zählt User Generated Content in Form von bspw. Bewertungen, Listen und Styles. In Abbildung 2-2 ist exemplarisch ein Style zu sehen. Ein Style ist ein von einem Community-Mitglied selbst zusammengestelltes Sortiment mit verschiedenen Produkten unterschiedlicher Händler, z.B. zu einem bestimmten Themenbereich. Hier hat das Community-Mitglied verschiedene Produkte zum Thema Herbst zusammengestellt. Jedes hier enthaltene Produkt kann durch einen Klick im Detail betrachtet werden.

Abbildung 2-2:   *Style eines Community-Mitglieds von Smatch.com*

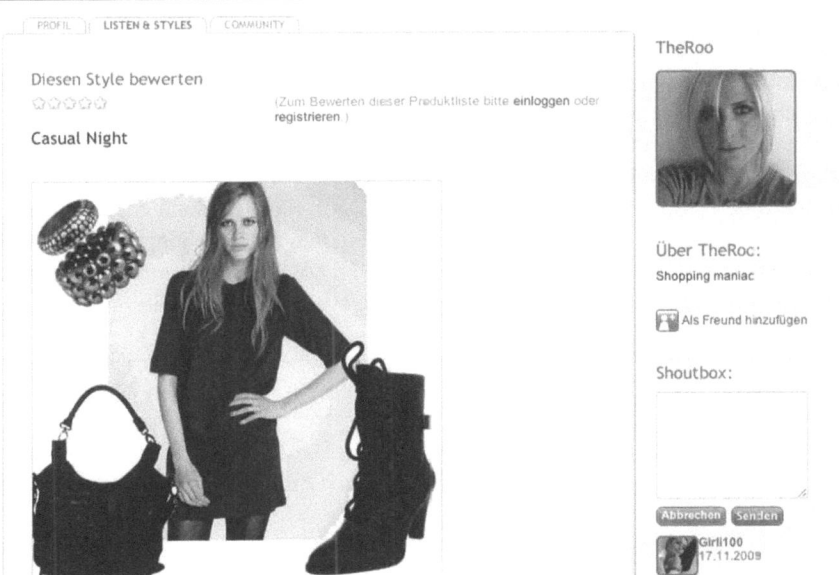

3   Auswirkungen des veränderten Nutzerverhaltens auf den Kaufprozess

Das Konsumentenverhalten im Internet hat sich im Zeitverlauf stark verändert. Zu Beginn suchten die Kunden meist auf direktem Wege ihnen bekannte, renommierte Online-Shops auf. Mittlerweile werden vor einer Entscheidung für ein Produkt oder eine Marke u. a. nutzergenerierte Bewertungen zu Rate gezogen, die von Infomediären, wie z. B. Preisvergleichsdiensten, oder in Sozialen Netzwerken bereitgestellt werden (vgl. Peters et al. 2009). Darüber hinaus stellen mittlerweile 85 Prozent der deutschen Konsumenten einen Preisvergleich im Rahmen der Produktrecherche an (vgl. Fittkau & Maaß 2009). Die hierdurch zunehmende Transparenz verändert den Kaufprozess zunehmend dahingehend, dass Konsumenten im ersten Schritt ein Produkt und erst dann einen Anbieter wählen. Bei der Anbieterwahl spielen vor allem der Preis, die Lieferfähigkeit und die Reputation eine bedeutende Rolle (vgl. Peters/Albers/Schäfers 2008, S. 12).

Das hohe Vertrauen von Konsumenten in die Empfehlungen und Urteile von anderen Konsumenten, die ein bestimmtes Produkt gekauft oder genutzt haben, ist zunehmend der zentrale Faktor beim Kauf. Bisher wurde ein Großteil von nutzergenerierten Produktempfehlungen und -bewertungen bei Online-Händlern wie z. B. Amazon oder herkömmlichen Infomediären wie Preisvergleichsdiensten eingegeben, jedoch ist in jüngerer Vergangenheit diesbezüglich eine verstärkte Aktivität in Sozialen Netzwerken zu beobachten. Der Vorteil von Sozialen Netzwerken liegt darin, dass dort nicht ausschließlich der persönliche Besitz, die Nutzung und die anschließende Bewertung von Produkten offengelegt wird, sondern über die Community-Penetration zugleich ganzheitliche individuelle „Fit"-Urteile abgegeben werden und ein Nutzer seine Informationen und Meinungen über Produkte auf Wunsch auch nur innerhalb seiner Peer Group mitteilt. Vor dem Hintergrund ist davon auszugehen, dass User Generated Content zu Produkten immer stärker auch in Netzwerken zustande kommt und damit aus Sicht der Händler immer dezentraler (vgl. Peters/Albers/Schäfers 2008, S. 12).

Abbildung 3-1: *Information eines Facebook-Nutzers an seinen Freundeskreis*

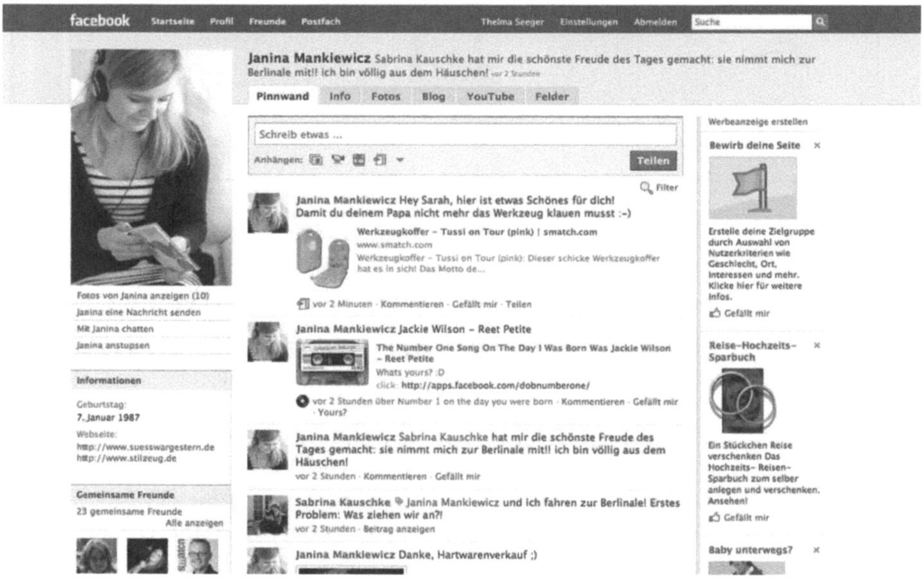

Wenngleich der Konsument in Social Networks nicht im „Kauf-Modus" ist, so erfährt er zudem hier neue Impulse durch die Menschen in seinem persönlichen Netzwerk (vgl. Abbildung 3-1). Eine Bedürfnisweckung findet somit dank Facebook & Co. ständig online, d.h. ohne Medienbruch, statt. Das ist neu und war ohne soziale Netze in der Form im Internet kaum möglich. Eine Kopplung an klassische Anstoßprozesse im Rahmen der Phase der Problemerkennung, wie z. B. Katalog, verliert damit – zumindest in der Zielgruppe der Internet-User – zunehmend an Bedeutung. Auch die Nach-

kaufphase bleibt nicht unberührt, denn Konsumenten können in dieser Phase eben-
falls über ihre Erfahrungen berichten und ggf. neue Impulse für Personen in ihrem
Netzwerk geben. Es entsteht also ein neuer, konsumentengetriebener Kaufprozess im
Internet, der durch eine starke Dynamik geprägt ist. Ein klassischer Kaufprozess umfasst die fünf Phasen Problemerkennung, Informationssuche, Alternativenbewertung,
Kaufentscheidung und die Nachkaufphase (vgl. Kotler/Keller/Bliemel 2007, S. 296).
Ausgehend von diesen „klassischen" Phasen wird in der Abbildung 3-2 dargestellt,
wie sich der Kauprozess im Internet schrittweise verändert, wobei auf die Darstellung
der Nachkaufphase in der Abbildung verzichtet wurde.

Abbildung 3-2: Der klassische Kaufprozess

Phase 1: die ersten Jahre

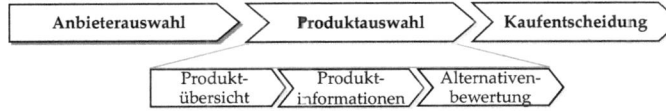

Phase 2: die Gegenwart

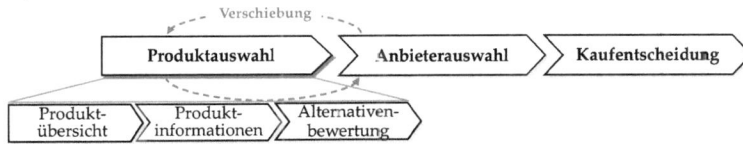

Phase 3: die zukünftige Entwicklung

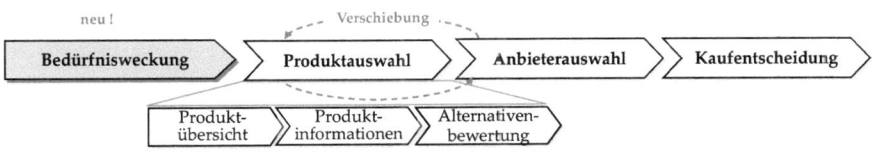

Nach der Bedürfnisweckung wird also zuerst ein Produkt ausgewählt und dann der
Anbieter. Insbesondere die Phasen der Bedürfnisweckung und der Nachkaufphase
erfahren durch die zunehmende Partizipation von Konsumenten in Sozialen Netzwerken eine wesentliche Änderung hin zu mehr Dynamik und Dezentralität.

Nutzergenerierte Inhalte können in allen dargestellten Phasen einen Einfluss auf die Kaufentscheidung haben. Im Folgenden soll detailliert deren Rolle im Rahmen des Kaufprozesses exemplarisch anhand spezieller Formen von nutzergenerierten Inhalten innerhalb von Smatch.com aufgezeigt werden. Dies geschieht anhand des folgenden beispielhaften Kaufprozesses.

Ein Konsument sieht bei einem seiner Freunde in seinem Sozialen Netzwerk, dass dieser eine Mountainbike-Tour plant und sich zu diesem Zwecke ein neues Paar Fahrradschuhe gekauft hat. Durch diesen Impuls (Problemerkennung bzw. Bedürfnisweckung) besucht der Konsument eine auf diese Produktgruppe fokussierte Social-Shopping-Community, z. B. durch eine direkte Verlinkung. Hier lässt er sich durch Tipps von Community-Mitgliedern weiter inspirieren. Dies kann z. B. durch eine Liste mit Lieblingsprodukten oder durch einen sog. Style geschehen. Darüber hinaus kann der Konsument in dieser Phase der Informationssuche durch eine Suche über von anderen Nutzern vergebene Tags schnell zum gewünschten Suchergebnis gelangen. Nutzergenerierte Inhalte verringern hier also die Suchkosten, z. B. im Gegensatz zu einer ausschließlichen Suchmöglichkeit über Produktkategorien. In der Phase der Bewertung von Alternativen kann der Konsument ebenfalls auf Listen und Styles zurückgreifen, aber auch auf von anderen Nutzern vergebene Bewertungen in Form von Ratings oder erstellten Vergleichslisten, in denen bestimmte Produkte anhand verschiedener Merkmale gegenübergestellt werden. Nun trifft der Konsument seine Kaufentscheidung und tätigt einen Kauf in einem teilnehmenden Online-Shop, wo die tatsächliche Bedarfsdeckung stattfindet. In der Nachkauf-Phase bewertet der Konsument die Schuhe nach seinen ersten Erfahrungen innerhalb der Social-Shopping-Community und erstellt bspw. eine Liste oder einen Style mit diesem Produkt. Ebenso kann er dieses Produkt mithilfe eines Widgets auf seiner Homepage oder seinem Profil in einem Sozialen Netzwerk platzieren. Somit gibt dieser Konsument anderen Nutzern einen Kaufimpuls und es wird erneut ein Kaufprozess angestoßen.

Eine weitere Funktionalität von Smatch.com, mit der nutzergenerierte Inhalte erzeugt und von Nutzern distribuiert werden, ist der „Style-Editor". Mit diesem Tool können Nutzer eigene Styles und Outfits nach Herzenslust kombinieren und individuell zusammenstellen oder sich beim Durchstöbern der Styles anderer Inspiration für das nächste eigene Outfit holen. Um mit der Freundin das perfekte Outfit für den nächsten Party-Abend abzustimmen, können die erstellen Styles auch einfach in Blogs, Profile und Webseiten eingebunden oder per Mail empfohlen werden. Für die Kombinationen steht auf Smatch.com die größte Auswahl an Modeartikeln und Accessoires zur Verfügung. Dazu zählen viele Tausend Marken, sowohl von Premium-Anbietern als auch von kleinen Designerlabels aus vielen Hundert Online-Shops. Mit dem „Style-Editor" bietet Smatch.com eine Shopping-Auswahlhilfe, die den Einkauf von Mode, Wohnen und Lifestyle im Internet wesentlich in Richtung reales Erlebnis-Shopping verbessert (vgl. Abb. 3-3).

Abbildung 3-3: *Zusammenstellen eines eigenen Styles mit dem „Style-Editor"*

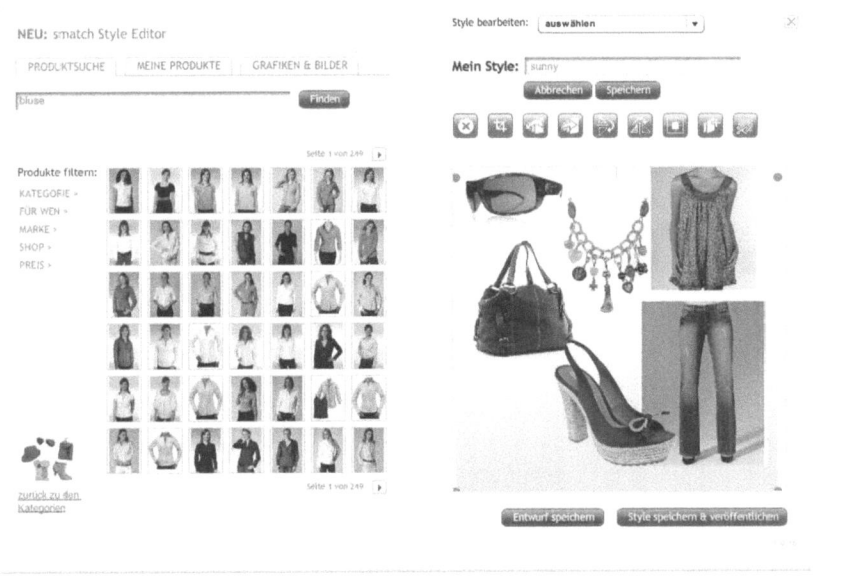

Der „Style-Editor" funktioniert für den User denkbar einfach. Die Wunschprodukte werden einfach mit der Maus in die so genannte „Showbox" gezogen und können dort bequem kombiniert und in der Größe aufeinander abstimmt werden. Da die einzelnen Produkte gespiegelt, dupliziert und zugeschnitten werden können, entstehen sekundenschnell aus vielen einzelnen Puzzle-Teilchen extravagante Kombinationen oder individuelle Styles und Outfits eines Users.

4   Fazit

Nutzergenerierte Inhalte beeinflussen die Kaufentscheidung im Internet zunehmend stärker und stellen somit einen hohen Wert für Hersteller und Händler dar. Die Erstellung von nutzergenerierten Inhalten findet vermehrt in Sozialen Netzwerken, Communities und Blogs statt, weshalb die dortige Integration von Produkten zukünftig eine immer stärkere Bedeutung einnehmen wird. Es wurde gezeigt, dass Kaufprozesse immer dynamischer und weniger steuerbar werden. Durch die Einbindung der eigenen Angebote in Soziale Netzwerke wird sichergestellt, schon bei der Bedürfnisweckung am Kunden zu sein. Für reine Online-Shops wird dies jedoch zunehmend schwieriger, denn in den sozialen Medien sind die Konsumenten nicht im Kauf-Modus und nicht gezielt auf der Suche nach einem Produkt. Betreiber des vorgestellten innovativen Geschäftsmodells Social-Shopping-Plattform und andere Empfehlungsdienste haben hier einen Vorteil, da sie über entsprechende Möglichkeiten der Integration verfügen. Insbesondere die Möglichkeit für Nutzer, sich dort auszutauschen, zu stöbern und eigene Inhalte zu erstellen, sei hier erwähnt. Des Weiteren spielt die Dezentralität eine immer wichtigere Rolle. Händler und Hersteller müssen ihre Angebote zukünftig zunehmend dezentralisieren, da ein Online-Shop oder eine einzelne Webseite nicht mehr der erste bzw. zentrale Anlaufpunkt für Konsumenten ist. Dezentralität wird somit ein wesentlicher Erfolgsfaktor, um in allen Kaufprozessstufen nah am Kunden zu sein.

Literaturverzeichnis

Chevalier, J. A.; Mayzlin, D. (2006): The Effect of Word Of Mouth On Sales: Online Book Reviews, in: Journal of Marketing Research, Vol. 43, No. 3, pp. 345-354.

FIDIS (2008): D11.8: Study on Mobile Communities, Abruf am 05.10.2009 unter: http://www.fidis.net/fileadmin/fidis/deliverables/new_deliverables2/fidis-wp11-del11.8_study_on_mobile_communities.final.pdf.

Fittkau & Maaß (2009): 27. WWW Benutzer-Analyse W3B.

Institut Für Demoskopie Allensbach (2008): Internetinduzierte Veränderungen von Kaufentscheidungen und Kaufverhalten, Allensbacher Computer- und Technik-Analyse (ACTA 2008), S. 4. Abruf am 04.11.2008 unter: http://www.acta-online.de.

Kotler, P.; Keller, K. L.; Bliemel, F. (2007): Marketing-Management, 12. aktualisierte Auflage.

Krisch, J.; Haderlein, A. (2008): Social Commerce – Verkaufen im Community-Zeitalter, Zukunftsinstitut.

Leimeister, J. M.; Bantleon, A.; Krcmar, H. (2002): Geschäftsmodell virtuelle Community – Eine Analyse bestehender Communities, in: Engelien, M.; Homann, J. (Hrsg.) 2002: Virtuelle Organisation und Neue Medien 2002, Joseph Eul Verlag, Lohmar, Abruf am 10.10.2009 unter:
http://www.winfobase.de/lehrstuhl/publikat.nsf/ ff45643437394bdc41256609006259fe/ 1fbcb1ddce21127cc1256cd20035855d!OpenDocument.

Peters, K.; Albers, S.; Asselmann, D.; Schäfers, B. (2009): E-Commerce Revisited – The Impact of an Uncoupled Consumer Buying Process on Retailing, in: Marketing Journal of Research and Marketing, 2/2009, 85-104.

Peters, K.; Albers, S.; Schäfers, B. (2008): Die Wertschöpfungskette des Handels im Zeitalter des Electronic Commerce, Arbeitspapier, Universität Kiel.

Pichler, C. (2008): Social Shopping, in: A3 Boom – Magazin für Media, Marketing, Medien, Werbung, o. Jg., 2008, Heft 1-2, S. 17.

Senecal, S.; Nantel, J. (2004): The influence of Online Product Recommendations on Consumers' Online Choices, in: Journal of Retailing, Vol. 80, No. 2, pp. 159-169.

Wirtz, B. W.; Ullrich, S. (2008): Geschäftsmodelle im Web 2.0 – Erscheinungsformen, Ausgestaltung und Erfolgsfaktoren, in: HMD – Praxis der Wirtschaftsinformatik, o. Jg., 2008, Heft 261, S. 20-31.

Gerrit Heinemann, Ralf Pütmann

Online-Marketing als Baustein einer Retail-Brand-Strategie

Lifestyle mit Stil als Anspruch der neuen Galeria-Kaufhof-Generation im Netz

1   Ausgangssituation und Vorstellung Galeria Kaufhof GmbH

Die Galeria Kaufhof GmbH ist der Warenhausbetreiber der METRO Group. Die Standorte des Unternehmens befinden sich überwiegend im Zentrum der Innenstädte – meist in den 1A-Lagen der Cities. Mit seinem lifestyle- und erlebnisorientierten Galeria-Konzept präsentiert sich das Unternehmen als Innovationsführer im deutschen Warenhausbereich, der Tradition und Innovationskraft erfolgreich verbindet. Galeria Kaufhof steht für hochwertige Produkte, internationale Marken, stimmige Warenpräsentation sowie servicebegeisterte Mitarbeiter. Dies sind die zentralen Erfolgsfaktoren des Unternehmens, dessen Geschichte 1879 in Stralsund begann und das durch den Erwerb der Mehrheit an der Horten AG die Marketingführerschaft in der deutschen Warenhauslandschaft vorbereitete. Das Galeria-Konzept von Horten wurde modifiziert und ab 1995 als Galeria-Kaufhof-Konzept in den Filialen umgesetzt und weiterentwickelt. Im selben Jahr wurde das operative Geschäft von Horten auf Galeria Kaufhof verschmolzen. In kurzer Zeit entwickelten sich die Galeria-Häuser zum Träger der Geschäftsentwicklung. Seit Ende der 90er-Jahre betreibt Kaufhof auch das zielgruppenspezifische Vertriebsformat „Sportarena", mit dem sich Kunden neue sportliche Erlebnisdimensionen eröffnen. Im April 2001 übernahm Kaufhof die Inno S.A. - das einzige Warenhausunternehmen in Belgien. Es wurde vor mehr als 100 Jahren gegründet und bietet an 15 Standorten in zwölf Städten Mode und Lifestyle. Bis 2004 wurden alle Filialen mit Erfolg auf „Galeria Inno" umgestellt. Galeria Inno konzentriert sich auf die Sortimente Damen- und Herrenmode, Kinderbekleidung, Wäsche, Accessoires und Schmuck sowie Haushaltwaren. Seit vier Jahren verbessert das Unternehmen Marktanteil, Umsatz und Ergebnis. Die Markterfolge basieren auf einer kontinuierlichen Optimierung des Sortiments. Galeria Inno hat sich als „House of Brands" mit modisch hochaktuellen, nationalen und internationalen Labels positioniert. Die Galeria Kaufhof GmbH wurde mehrfach für ihre Vorreiterrolle in Sachen Multimedia ausgezeichnet. Die Filialen präsentieren eine vielfältige Palette von multimedialen Informations- und Beratungssystemen. Diese so genannten Service Desks stellen gleichermaßen Entertainment, Information, Service und eine Ergänzung zur persönlichen Beratung dar. Sie lassen sich leicht per Finger-Berührung des Bildschirms bedienen, bieten Unterstützung auf der Suche nach der gewünschten Ware und helfen durch qualifizierte Beratungsfunktionen bei der Kaufentscheidung.

Abbildung 1-1:   *Aktuelle Zahlen der Galeria Kaufhof GmbH*

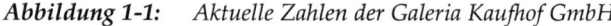

In Zahlen

Galeria Kaufhof	
Standorte [2]	141
Anzahl Länder [2]	2
Umsatz [1]	3,5 Mrd. €
Gesamtverkaufsfläche [1]	1,5 Mio. qm
Mitarbeiter (per Stichtag auf Vollzeitbasis) [1]	19.875

[1] Stand 31.12.2008
[2] Stand 30.06.2009

Mit dem Einsatz moderner Technologien schafft Galeria Kaufhof einerseits wesentliche Voraussetzungen für einen verbesserten Kundenservice, andererseits lassen sich dadurch Abläufe in der Prozesskette, vor allem in der Logistik, optimieren. Kaufhof setzt daher nachhaltig auf die neuen Technologien und treibt unter anderem die verstärkte Nutzung des elektronischen Lieferavis voran. Bereits im November 2004 hat Kaufhof mit der Implementierung der Radiofrequenzidentifikation – kurz RFID – in der Logistik und im Lagermanagement begonnen. Von September 2007 bis Ende 2008 testete das Unternehmen in der Herrenabteilung der Galeria Kaufhof Essen den Einsatz von RFID auf Artikelebene.

2 Retail-Brand-Strategie der Galeria Kaufhof

2.1 Positionierung der Galeria Kaufhof

Der deutsche Einzelhandel, so sagt man, ist der wettbewerbsintensivste der Welt. Der Verdrängungswettbewerb fordert von den Protagonisten eine permanente Weiterentwicklung oder gar Neuentwicklung der Geschäftsmodelle. Erfolg haben dabei vor allem die Konzepte, die als starke Retail-Brand mit klarer Profilierung und hohem Kundennutzen erlebt werden und dies mit herausragender Konzepteffizienz verbinden. Diesem Anspruch hat sich Galeria Kaufhof bei ihrem Geschäftsmodell mit der Retail-Brand-Strategie seit 2005 verschrieben. Eine Retail Brand profitiert von der Anziehungskraft ihres Angebotsprofils und erfreut sich bei den Kunden einer hohen Präferenz. Für die Entwicklung einer kundenzentrierten Retail-Brand-Strategie mit klarer Profilierung muss die Frage beantwortet werden, wer die Kunden sein sollen und wie deren (Nutzen-)Erwartungen zu interpretieren sind. Die Abkehr von der diffusen innerstädtischen Multi-Zielgruppe hin zu einer konsequenten Ausrichtung auf wertorientierte Kunden im Alterssegment 35+ ist deshalb zentraler Fokus der neuen Galeria-Konzeption und steht für die Konzentration auf potenzialstarke Kunden mit hoher Warenhausaffinität und Kaufkraft. Dementsprechend präsentiert sich Galeria Kaufhof als moderner Lifestyle-Anbieter unter dem Slogan „Ich freu' mich drauf!". Die hochwertigen, international ausgerichteten Sortimente werden in übersichtlich und klar gegliederten Waren-Welten mit zahlreichen Markenshops vorgestellt. Im Mittelpunkt stehen dabei sortimentsübergreifende und trendige Mode- und Lifestyle-Empfehlungen. Die erlebnisorientierte und inspirierende Warenpräsentation betont die Wertigkeit und Attraktivität der Ware. Aktuelle Themen aus Lifestyle und Mode werden wirkungsvoll in Szene gesetzt und durch Events unterstrichen. Der Gesamtauftritt der Galeria Kaufhof vermittelt den Eindruck von Qualität und ungewöhnlichen Ideen. Marken, Qualität, Attraktivität und Aktualität sowie eine einzigartige Atmosphäre und ein hervorragender Service sind die Elemente, die wesentlich zur erfolgreichen Etablierung der Galeria Kaufhof beitragen. Das Galeria-Konzept – in Häusern ab 7.000 m² Verkaufsfläche realisierbar – ist ein lebendiges Konzept. Ausgerichtet auf die Wünsche und Bedürfnisse der Kunden, entwickelt es sich ständig weiter. Galeria Kaufhof ist ein Multispezialist und hat sich als starke und unverwechselbare Marke des innerstädtischen Einzelhandels etabliert. Die strategische Neupositionierung spiegelt sich auch in der neuen Galeria-Generation wider, die erstmals 2005 in Aachen vorgestellt wurde und seitdem sukzessive in den Filialen umgesetzt wird. 2006 eröffneten nach aufwändigem Umbau das neue Flaggschiff am Berliner Alexanderplatz und die Galeria-Filiale im Hamburger Alstertal-Einkaufszentrum. 2007 gingen die Filialen Bonn und Hannover Ernst-August-Platz mit neuem Auftritt an den

Start. Im Berliner Ring-Center wurde eine Galeria Kaufhof neu eröffnet. 2008 präsentierten sich die Filialen Frankfurt Hauptwache, Hamburg Mönckebergstraße und Kassel nach Komplettumbau in neuem Glanz. Moderne Marktforschungs- und Controlling-Instrumente tragen zu einer ständigen Optimierung des Galeria-Konzepts bei. Dadurch kann Kaufhof frühzeitig erkennen, wie sich Kundenerwartungen und Verbraucherverhalten verändern.

2.2 Mehrwertorientierte und modularisierte Galeria-Markenführung

Mit der Implementierung einer übergreifend relevanten Zielgruppen- und Kundennutzen-Systematik (GfK-ESS/EuroSozioStyle) ist für die Galeria-Strategie eine Grundlage installiert, alle kundenrelevanten Entscheidungen für die selektierten Kernzielgruppen mit qualifizierten Marktforschungsdaten abzusichern. Die Zielgruppen-Selektion im ESS-Modell hat die Definition der aus Kundensicht relevanten Nutzenerwartungen möglich gemacht. Die vier zentralen Dimensionen sind diesbezüglich Stil und Geschmack, Shopping Convenience, Value for Money und Aktualität. Damit ist ein strategischer Gestaltungsanspruch definiert, der verbindlich alle Dimensionen des Galeria-Shopping-Erlebnisses von Sortiment bis Ladenauftritt, Kommunikation und Werbung bis hin zum Service überspannt. Es ist aber ebenso klar definiert, was mit einer mehrwertorientierten Galeria-Markenführung nicht vereinbar ist: z.B. inflationäre Rabatte, undifferenzierte Billigware oder langweilige Ladengestaltung. Die Bewertung aus Kundensicht zwingt dazu, das moderne Warenhaus eher im Wettbewerb mit Spezialisten zu sehen als in Konkurrenz zu anderen Warenhausbetreibern. Dieses erfordert eine Multi-Spezialisten-Strategie, die den Kunden ein abwechslungsreiches Einkaufserlebnis bietet. Auch im Eigenmarken-Management muss dieses Anspruchsniveau umgesetzt werden. Die Anzahl der für die Alleinstellung und Ertragskraft höchst relevanten Eigenmarken, wurde von 54 auf 28 konzentriert und individuell mit einem Markenprofil versehen sowie vertikal ausgerichtet. Die Konzentration führte auch dazu, dass die Anzahl der Lieferanten um über 50 Prozent bzw. 5.000 reduziert wurde. Nicht zuletzt erlaubt die starke Lieferanten- und Volumen-Konzentration im Rahmen strategischer Partnerschaften mit vertikalen Forcierungslieferanten offensive Wachstumsstrategien umzusetzen. Neben der Neuausrichtung und Harmonisierung aller Geschäftsfeldstrategien im Sortiment ist der aus der Kundennutzen-Analyse abgeleitete Anspruch auch für den Filialauftritt umgesetzt worden. Der Hauptfokus liegt dabei neben Stil und Geschmack in der Ladenanmutung besonders auf Shopping Convenience, das heißt einem angenehmen Einkaufserlebnis in hell und orientierungsfreundlich gestalteten Waren-Welten. Auf Basis von Prototypen wie Berlin am Alexanderplatz, Aachen und Berlin im Ringcenter sind bereits viele Filialen voll- oder teilmodernisiert worden. Dabei hat das kostengünstige Multiplizieren zentraler, standardisierter Konzeptbestandteile in alle Filialen neben der permanenten flächendeckenden Optimierung der Sortimente und der Kommunikation geholfen. Alle modularisierten Konzept-Bausteine von Sortiment bis Filialauftritt sind grundsätzlich in Stimmigkeit zum übergreifenden Markenanspruch ausgestaltet. Darüber hinaus muss das Baustein-System in der Lage sein, in effizienter Form die lokalen Bedürfnisse der Filialen abzubilden, zum Beispiel in der Ausrichtung von Warenwelten oder im Markenportfolio. Die Filialen unterscheiden sich nicht nur signifikant in der Flächendimension, sondern auch in ihren differenzierten Marktbedingungen vor Ort. Die Regel »Soviel Standardisierung wie möglich, soviel Differenzierung wie nötig« stellt sicher, dass Synergie und Skaleneffekte mit der lokalen Marktausrichtung in Balance gehalten werden – unter Berücksichtigung des intensiven Know-hows vor Ort. Idealerweise können damit für jede Galeria Kaufhof die lokalen Potenziale im Rahmen der globalen Markenstrategie ausgeschöpft werden, dass alle Filialen – wenn auch in unterschiedlicher Intensität – neu gestaltet worden sind und nach Ansicht der Kunden damit auch attraktiver.

2.3 Lifestyle-orientierte Galeria-Markenprofilierung

Zur erlebbaren Profilierung eines lifestyle-orientierten Sortiments ist die Dominanz der Fashion- und Accessoires-Welten sowie Beauty & Jewellery von besonderer Bedeutung. Nicht minder relevant ist die homogene Gesamtausrichtung aller sonstigen Sortimentsbereiche, zum Beispiel auch bei Galeria Home oder Sport. Dabei ist grundsätzlich Lifestyle immer aus Sicht der Zielkunden zu verstehen, und entsprechend müssen aktuelle wie attraktive Sortimente mit Inspirationen für deren Lebensumfeld geboten werden. Was beispielsweise in Lifestyle-Magazinen als aktueller Trend empfohlen wird, müssen die Kunden zuverlässig in ansprechender Form präsentiert finden. Dieser praktisch nachvollziehbare Referenzanspruch ist neben der klaren Zielgruppen-Definition von hoher Wirkung auf die Stimmigkeit des Angebots. Die Auswahl der Marken in den Waren-Welten erfolgt entsprechend der definierten Kundennutzen-Ansprüche mehrdimensional. Die grundsätzliche Strahlkraft sowie Relevanz einer Marke ist von hoher Bedeutung, ferner die qualitative Kompetenz der einzelnen Markenartikel sowie ihre Mehrwertleistung (Value for Money). Nicht zuletzt spielt die Bewertung der grundsätzlichen Leistungsfähigkeit des Markenanbieters und seines Geschäftsmodells eine wichtige Rolle, beispielsweise bezüglich Innovationskraft oder Vertikalisierungsfähigkeit. Obwohl Letzteres entscheidend für die Effizienz in der Abwicklung des Geschäftes und damit wichtig für die Wertschöpfung ist, steht aus Sicht der Kunden das eigentliche Sortiment im Rampenlicht und erfordert, dass Artikel für Artikel ein Beitrag für ein inspirierendes Angebot geleistet wird. Die Kommunikation zum Galeria-Retail-Brand-Konzept folgt dem strategischen Leitstrahl der Zielkunden-Fokussierung. Stil und Geschmack, Value for Money, Aktualität und Inspirationskraft sind Anspruch an die neue Werbung. Parallel geben die Informationspräferenzen der Kernzielgruppen klar vor, welche Kanäle besonders effizient sind und haben weitreichende strukturelle Veränderungen begründet. Neben Beilagenwerbung sind Lifestyle-Magazine und reichweitenstarke Außenwerbe-Kampagnen von besonderer Relevanz, vor allem aber auch die Nutzung der CRM-Kampagnen über die Galeria-Payback-Card mit hoher Response-Leistung. Verbindendes Element der Kommunikation ist neben der neuen Ästhetik die Galeria-Banderole, die als Branding-Konzept unternehmensweit eine klare Absender-Signatur abgibt und in standardisierter Form vielfältig Anwendung findet. Natürlich in der Werbung, aber auch in der Ladengestaltung bis hin zur Einkaufstüte. Die Markenwahrnehmung hat sich seit Einführung nachhaltig auf ein neues Präsenzniveau verbessert. Die neue Kommunikationsstrategie hat sich bewährt und erlaubt dank höherer Effizienz, das Marketingbudget gegen den Markttrend bei höherer Leistungsfähigkeit für Umsatz und Image signifikant zu senken. Die Retail-Brand-Strategie definiert klare Anforderungen an die Servicequalität des Einkaufserlebnisses. Die Mitarbeiter werden als Botschafter der Marke Galeria verstanden und leisten über Freundlichkeit und Fachkompetenz einen wichtigen Beitrag zur Profilierung. Einkaufen in der Galeria soll Spaß machen, und ebenso soll es Freude machen, für das Unternehmen zu arbeiten. Investitionen in Aus- und Weiterbildung sowie die Arbeitsbedingungen flankieren eine auf Serviceorientierung ausgerichtete Firmenkultur, die das Team als Galeria-Familie und Leistungsgemeinschaft gleichermaßen versteht. Die konsequente Ausrichtung aller Stellhebel auf die Schaffung einer starken und für die Kunden nutzenrelevanten Retail Brand sorgt für ein messbar zunehmend klares Profil und Positionierungsbild der Galeria Kaufhof als Multispezialist im Wettbewerbsumfeld.

2.4 Notwendigkeit für einen adäquaten Galeria-Online-Auftritt

Dass Tradition und Innovation kein Widerspruch sein muss, beweist die Vorreiterrolle der Galeria Kaufhof GmbH in Sachen Multimedia. Insofern liegt es auf der Hand, der veränderten Mediennutzung der Kunden Rechnung zu tragen, denn das Internet hat sich im Leben der Menschen etabliert. Über 48 Mio. Deutsche sind regelmäßig online und über 35 Mio. haben in den letzten 12 Monaten online gekauft (AGOF Q4/08).

Abbildung 2-1: *Online-Penetration nach Altersgruppen*

Quelle:AGOF

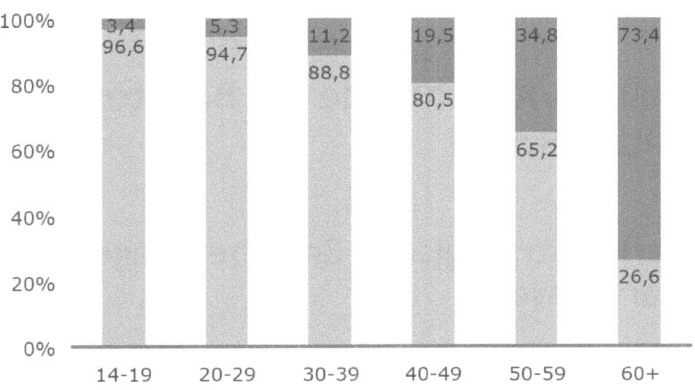

 Internetnutzer (WNK) / restliche Internetnutzer ▪ Nicht-Internetnutzer

Lesebeispiel: 96,6% der 14-19-Jährigen sind Internetnutzer (WNK und restliche Internetnutzer) und 3,4% der 14-19-Jährigen sind Nicht-Internetnutzer.

Basis: 103.249 ungewichtete Fälle (Internetnutzer letzte 3 Monate) / 615 ungewichtete Fälle (restliche Internetnutzer) / 11.932 ungewichtete Fälle (Nicht-Internetnutzer ab 14 Jahre) / Angaben in Prozent
Quelle: AGOF e.V. / internet facts 2009-I

Immer mehr Kunden informieren sich online für ihren Stationärkauf. Laut der AGOF Erhebung I – 2009 haben 42,22 Millionen Menschen das Internet innerhalb der letzten drei Monate mindestens einmal genutzt, das sind 65,1 Prozent der Deutschen ab 14 Jahren. Die rasante Entwicklung der schnellen Zugänge zum Internet bleibt der entscheidende Faktor für das weitere Wachstum der Internet-Nutzung. 65 Prozent der Nutzer verfügen bereits über einen schnellen Internet-Zugang. Diese Zahlen zeigen jedoch auch, welches Wachstumspotenzial besteht, wenn auch die verbleibenden 35 Prozent der Kunden auf schnellere Breitbandleitungen umstellen können/wollen. Auch die Kunden von Galeria Kaufhof erwarten dementsprechend ein umfassendes Informations- und Kommunikationsportal mit der Möglichkeit zum Online-Einkauf. Ein wettbewerbsfähiger Internetauftritt ist im Media-Mix einer führenden Retail Brand deswegen unverzichtbar geworden. Über 88 Prozent der 30 – 39jährigen nutzen regelmäßig das Internet. Da insbesondere die wertorientierten Kunden in diesem Altersegment zentraler Fokus der neuen Galeria-Konzeption sind, muss diesem Umstand in der Mediastrategie der Galeria Kaufhof in jedem Fall Rechnung getragen werden. Denn zu einer integrierten Kampagnensteuerung gehört heute ein „State of the Art"-Internetauftritt. Während PRINT über Jahre rückläufig ist, steigt die Online-Nutzung konstant. Allein im letzten Jahr ist die Online-Nutzung um 75 Prozent gestiegen (Quelle: IVW 2009). Ein attraktiver Internet-Auftritt ist Basis für eine zielgenauere CRM-Strategie, die den veränderten Verhaltensweisen der Kunden Rechnung trägt.

3 Galeria-Kaufhof.de als Baustein der Retail-Brand

3.1 Markenstrategische Entscheidungen in der Startphase

Bereits im Jahre 1998 wurde mit den Vorbereitungen zum Aufbau eines Internet-Kanals begonnen. Galeria Kaufhof startete 1999 mit den E-Commerce-Aktivitäten. Dazu wurde eine eigene Gesellschaft gegründet und mit der Entwicklung von Branchen-E-Commerce-Portalen begonnen (Haushalt, Beauty, Spielwaren, Sport). Insbesondere in Hinblick auf den Anspruch der Retail Brand Galeria Kaufhof wurde der Wahl der markenstrategischen Option große Bedeutung beigemessen. Die Analyse der kunden- und wettbewerbsbezogenen Bedeutung der Marke Galeria Kaufhof im Internet zeigte, dass mit

- der Etablierung der Marke Galeria Kaufhof als Orientierungs- und Navigationsanker im Internet,

- der Überwindung der aus Nutzersicht empfundenen Vertrauensdefizite,

- der Bedeutung der Alleinstellungsmerkmale auf Grund der zunehmenden Anzahl und Annäherung der Angebote im Wettbewerb

drei erfolgskritische Anforderungen an die Markenführung im Web existierten, deren Voraussetzungen zunächst nicht als erfüllt angesehen wurden. Der eigenen Marke „Galeria Kaufhof" wurde damals noch nicht zugetraut im E-Commerce-Umfeld erfolgreich zu sein. Deshalb wurde entschieden, den E-Commerce-Kanal vollkommen losgelöst von Galeria Kaufhof zu starten, um auch jegliche Assoziation zwischen den Kanälen bewusst zu vermeiden. Logische Konsequenz war damit auch die Schaffung einer völlig neuen Internet-Marke. Dieses deckte sich mit der Ansicht einiger Betreiber, dass die Kunden den elektronischen Kanal als wenig affin mit dem stationären Kanal und dem klassischen Versandkanal empfinden. Demnach könnten die Kunden des stationären Kanals und des klassischen Versandhandels der Einführung eines Online-Kanals kritisch gegenüberstehen, weil sie diesen emotional ablehnen. Andererseits könnten sich die online-orientierten Kunden vom „traditionellen Image" der bestehenden Kanäle abgeschreckt fühlen. Damit wurde die Entscheidung getroffen, mit einer virtuelle Markenstrategie zu starten. Im Frühjahr 2000 erfolgte dementsprechend der Launch des Spielwaren-Shops „Zebralino". Wie aus der vergleichenden Betrachtung in Abbildung 3-1 hervorgeht, wurde mit der virtuellen Markenstrategie bewusst

Abbildung 3-1: *Vergleich markenstrategischer Optionen für den Kaufhof-Internet-Kanal*

Quelle: Galeria Kaufhof nach Bongartz 2002, S. 312

Strategietyp	Eigenständige Markenführung		
	Bedingung: ...	Bedingung: Existenz einer Marke aus klassischer Marktumgebung	
	Virtuelle Markenstrategie	**Kombinierte Markenstrategie**	**Hybride Markenstrategie**
Definition	Unabhängige, internetspezifische Marke ohne Verbindung zu Marken aus klass. Marktumgebungen	Verbindung vorhandener Elemente einer Kernmarke mit neuen internet-spez. Bestandteilen zu kombinierter Marke	Verwendung eines einheitlichen Marken-Namens für Electronic-Commerce und weitere Transaktionskanäle
Integrationsgrad	keine Integration	teilweise Integration	vollst. Integration
Untersuchte Alternativen für Kaufhof	• Zebralino • Beauty • Sport/ Home	• e-Kaufhof • Kaufhof24	• Galeria Kaufhof

darauf abgezielt, dass sich die neue Marke „Zebralino" bewusst von der „Altmarke Galeria Kaufhof" emanzipieren sollte, um ein eigenes kanalspezifisches Profil zu entwickeln. Gerade im Internet-Kanal sprechen gewichtige Gründe für die Erschaffung einer neuen, virtuellen Marke. Wesentliches Argument für die virtuelle Markenstrategie war auch, dass im Web junge, moderne Marken erforderlich sind. Dabei wurde es auch als Vorteil gesehen, mögliche Imagerisiken für die bereits existierende Marke zu verringern, falls es zu einem Misserfolg des neuen E-Kanals kommt. Im Zuge der Neupositionierung der Retail-Brand-Strategie für Galeria Kaufhof wurde jedoch klar, dass die virtuelle Markenstrategie für den Online-Kanal nicht mehr zielführend war. Anfang 2001 wurden deswegen zunächst alle E-Commerce-Projekte (Beauty, Sport, Home, Zebralino.de) gestoppt und einer umfassenden Analyse unterzogen.

3.2 Neuausrichtung des E-Kanals im Zuge der neuen Retail-Brand-Strategie

Für die detaillierte Bewertung der markenstrategischen Optionen wurden verschiedene Kriterien herangezogen, die aus Abbildung 3-2 ersichtlich sind. Hinsichtlich der eine Orientierung erleichternden, das Risiko reduzierenden und differenzierenden Wirkungen im Internet-Kanal kam der Marke Galeria Kaufhof und damit der hybriden Markenstrategie mit vollständiger Integration das größte Potenzial zu. Neben den bereits vermuteten Vertrauens- und Bekanntheitsvorsprüngen belegten die Testuntersuchungen, dass Galeria Kaufhof als hybride Marken wegen ihrer Mehrkanalpräsenz über ausgeprägte Differenzierungsmerkmale verfügt, die sich in deutlich ansteigenden Wiedererkennungsraten dieser Marken niederschlagen würde. Die Gefahr negativer Ausstrahlungseffekte steigt zwar auch, da die Kunden alle Kanäle damit als eine Einheit sehen, wurde jedoch im vorliegenden Fall nicht als gravierend eingestuft. Unter Risikoaspekten wurde dabei allerdings auch die kombinierte Markenstrategie untersucht, da die negativen Ausstrahlungseffekte damit evtl. hätten abgemildert werden können, was aber dann mit dem Risiko eines unprofilierten Images der vorhandenen und der kombinierten Marke einhergegangen wäre. In Abbildung 3-2 sind die Bewertungsergebnisse der markenstrategischen Optionen für Galeria Kaufhof zusammenfassend dargestellt.

Abbildung 3-2: *Bewertung markenstrategischer Optionen für Galeria Kaufhof*

Quelle: Galeria Kaufhof nach Bongartz 2002, S. 314

Kriterium \ Strategietyp	Virtuelle Markenstrategien	Kombinierte Markenstrategien	Hybride Markenstrategien
Wirkungsebene			
Orientierungspotenzial	○	◐	●
Risikoreduktionspotenzial	○	◐	●
Differenzierungspotenzial	○	◐	●
Gefahr von Ausstrahlungspotenzial	○	◐	●
Gefahr der Imageverwässerung	○	●	◐
Gestaltungsebene			
Flexibilität	●	◐	○
Koordinationsbedarf	◐	◐	●
Nutzung von Synergiepotenzialen	○	◐	●
Kosten der Markenetablierung	●	◐	○

● Stark ausgeprägt　　◐ mittel ausgeprägt　　○ gering ausgeprägt

Als Ergebnis wurde die hybride Markenstrategie priorisiert und mit der Umstellung auf die Galeria-Kaufhof.de begonnen. Die Neuausrichtung des Online-Kanals sah vor, diesen schwerpunktmäßig als Kommunikationsinstrument auszurichten und als zusätzliche Säule für Aktionsangebote zu nutzen.

Abbildung 3-3: *Galeria-Kaufhof.de als integrierter Teil des Media-Mix*

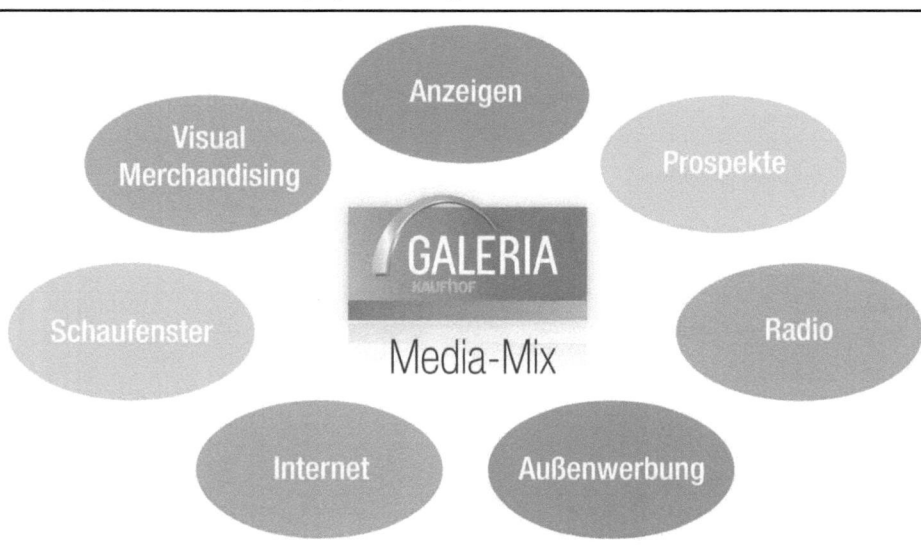

Im Gegensatz zu 1999 war bald offensichtlich, dass die Marke „Galeria Kaufhof" einer der wichtigsten Erfolgsfaktoren für die neue Website sein würde. Betrachtet man den E-Commerce-Gesamtmarkt in Deutschland, dann wird sehr schnell deutlich, dass die Schaffung von neuen Markennamen (wie Zebralino.de) in der Vergangenheit kaum gelungen ist. Und die Entscheidung für eine hybride Markenstrategie damit genau richtig war. Zur integrierten Exklusivmarken- und Kampagnensteuerung gehört allerdings ein überzeugender Internet-Auftritt. Wegen der sich verändernden Mediennutzung der Kunden gewinnt Online eine immer größere Bedeutung im Media-Mix. Galeria.de ist ein deswegen ein integrierter Teil des Medien-Mix der Kaufhof Warenhaus AG und gleichzeitig die 116. Filiale. Die Bandarole ist dabei zentrales Gestaltungselement (vgl. Abb. 3-3). Folgerichtig ist Galeria-Kaufhof.de dem Bereich Marketing unterstellt. Mit dieser organisatorischen Einbindung wird auf die Doppelfunktion „Filiale" und „Marketinginstrument im Media-Mix" reagiert. Galeria-Kaufhof.de ist besonders erfolgreich bei exklusiv über Kaufhof verkauften Artikeln. Ein Beispiel: 22 Prozent aller im Kaufhof verkauften „Playmobil-Bauernhöfe" wurden 2008 online über Galeria-Kaufhof.de verkauft, im Vergleich dazu nur 78 Prozent in allen 115 Filialen zusammen.

Galeria-Kaufhof.de hat das Betreiberkonzept für das aktuelle Szenario – Hartwaren, Prospektware – optimiert. Dabei verkauft Galeria Kaufhof Neuware – in erster Linie Exklusivartikel – zu Festpreisen (analog Filialpreise) auch über Ebay. Aufgrund der hohen Reichweite von Ebay ist dies ein sehr effektives Marketinginstrument. In den letzten beiden Jahren wurden über diesen Kanal ca. 400.000 Euro Umsatz realisiert. Diese Aufträge werden – wie alle anderen Bestellungen auch – regulär und ohne Sonderstatus über Galeria-Kaufhof.de-Prozesse bearbeitet. Die 99,9 Prozent positiven Bewertungen (von insgesamt 3.124 Bewertungen) und die extrem positiven detaillierten Verkäuferbewertungen (alle größer als 4,8 von max. 5,0 Sternen) zeigen, dass die Basisprozesse sogar bei den sehr kritischen Ebay-Kunden sehr gut funktionieren (vgl. Abb. 3-4). Die Prozesse sind auf den Verkauf von Prospektartikeln optimiert und fokussiert.

Abbildung 3-4:   *Bewertung Galeria-Kaufhof-Shop*

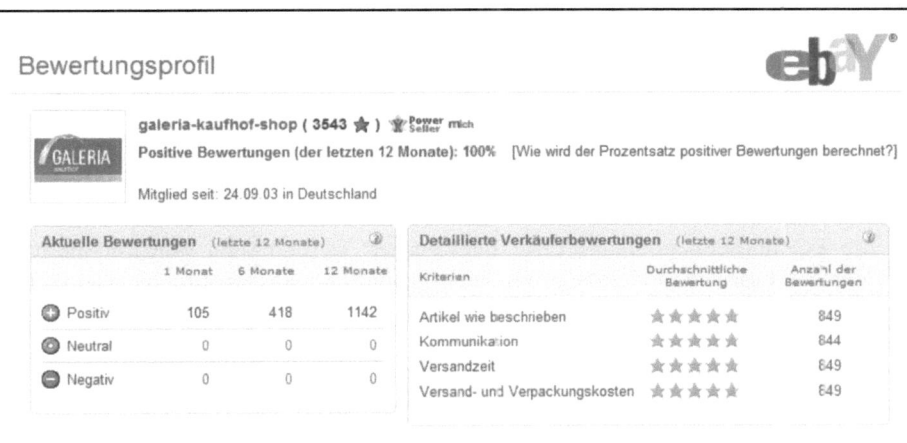

3.3   Zwang zum Relaunch durch Multi-Channel-Hopping

Im Zuge der fortschreitenden Internet-Penetration zeichnete sich in den letzten Jahren eine Veränderung des Konsumentenverhaltens ab hin zum multioptionalen Kaufverhalten. Die multioptionalen Kunden wechseln innerhalb des Kaufprozesses zwischen den angebotenen Kanälen und betreiben damit „Channel-Hopping". Sie versuchen – ähnlich wie in anderen Lebensbereichen – auch beim Einkaufen die Vorteile aller sich bietenden Optionen zu nutzen. Wird den Kunden die Möglichkeit zum „Channel-Hopping" gegeben, dann wirkt sich diese erfahrungsgemäß positiv auf das Stammgeschäft aus (vgl. Heinemann 2008, S. 9):

▉ **Multi-Channel-Kunden kaufen mehr**: Erfolgreiche Multi-Channel-Händler in den USA und in England setzen mit ihren Kunden 200-400 Prozent mehr um als mit den „Einkanal-Kunden". Eine bloße Kannibalisierung des Stammgeschäftes findet also nicht unbedingt statt, sondern eher eine deutliche Steigerung des „Customer-Value" mit diesen Kunden. Auch lassen sich im stark wachsenden Online-Markt besser Neukunden gewinnen

■ **Multi-Channel-Kunden sind loyaler**: Mit der gestiegenen Präsenz eines Händlers sind die Wünsche der Kunden jederzeit und überall erreichbar. Dadurch steigt die Kundenbindung und Kundenzufriedenheit. Der persönliche Kontakt zum Kunden reduziert die Wechselbereitschaft zu Wettbewerbern. Intensives Customer Relationship Management nutzt Informationen über die Kundenpräferenzen für maßgeschneiderte Angebote.

Galeria Kaufhof kam zum Schluss, dass sie nur durch das integrierte Angebot ihrer Vertriebskanäle die Möglichkeit hat, ihre Kunden erheblich besser kennen zu lernen und wertorientierte Kundenbeziehungen aufzubauen. Kunden von Galeria Kaufhof erwarten immer mehr ein umfassendes Informations- und Kommunikationsportal mit der Möglichkeit zum Online-Einkauf. „Unsere Kunden sind bereits Multi-Channel: Sie informieren sich immer mehr online und kaufen dann stationär und online", so das Ergebnis einer internen Untersuchung bei Galeria Kaufhof im Jahre 2006. Schlussfolgerung war, dass man nur mit einem attraktiven Online-Angebot bei diesen Kunden auch bei Online-Einkäufen Teil des „Relevant Set" werden kann. Auch online muss ein Fokus auf dieselben ESS-Zielgruppen erfolgen: Rationale, Anspruchsvolle, Weltoffene und Bodenständige.

3.4 Vorbereitung des Online-Marketing der neuen Generation

Im Zuge der Retail-Brand-Strategie wird seit 2007 die 2. E-Commerce-Expansion als integriertes Multi-Channel-Projekt vorbereitet. Ziel des neuen Multi-Channel-Konzeptes ist in erster Linie nicht die Neukundengewinnung sondern die bessere Ausschöpfung bestehender Kundenbeziehungen, also Einkanal- zu Mehrkanalkunden zu entwicken (vgl. Abb. 3-5). Die Online Story soll Lust auf einen Besuch in der Filiale machen und Impulse für den Spontankauf online geben. „Galeria Kaufhof online" soll die virtuelle Filiale mit nationaler Strahlkraft werden und damit Bestandteil in der Gesamtkommunikation. Multi Channel bietet Galeria Kaufhof die Möglichkeit, echte Alleinstellungsmerkmale zu entwickeln. Die zentralen Ziele dieses Projektes sollen erreicht werden durch

■ Entwicklung von Einkanalkunden zu Mehrkanalkunden

■ Unterstützung des Trends „online informieren und stationär kaufen"

- Erzielung von stationären Zusatzumsätzen durch die Nutzung der Galeria-Kaufhof.de als aktive Marketingplattform für die Filialen

- Schaffung von Alleinstellungsmerkmalen gegenüber den Internet-Pure-Playern

- Hebung ungenutzter Umsatzpotenziale online.

Abbildung 3-5: *Entwicklung zum Mehrkanalkunden*

Es ist explizite operative Zielsetzung über die Entwicklung von Einkanal-Kunden zu Mehrkanal-Kunden zu einer besseren Kundenausschöpfung zu gelangen

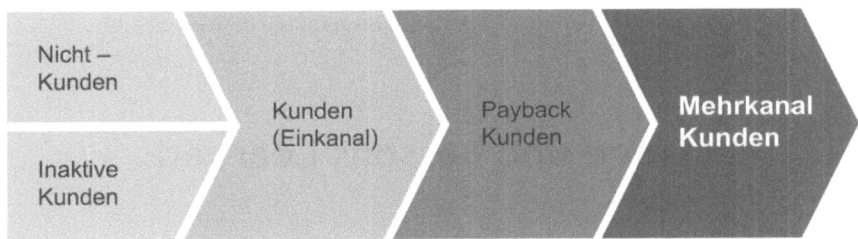

- Kundenakquisition und Reaktivierung inaktiver Kunden (i.d.R. am „teuersten")
- Akquirierte und bestehende Einkanal-Kunden sind zu CRM-Kunden zu entwickeln
- Einkanal-Kunden sind zu Mehrkanal-Kunden weiter zu entwickeln

Ziel: Mehrkanal-Kunden – und damit Erhöhung der Kundenausschöpfung und Kundenproduktivität

---

Langfristig soll eine Top-10-Filiale und ein wichtiger Bestandteil im Media-Mix und der Retail-Brand-Strategie geschaffen werden. Im Rahmen des Projektes sollen folgende Multi-Channel-Funktionen realisiert werden:

- Retoure von Online-Bestellungen in jeder Filiale. Auftragsstatus vor Ort abrufbar (Pflicht bei MC-Konzepten)

- „Ship to store" online bestellen und versandkostenfrei in der Filiale abholen (Kernfunktion bei MC-Projekten, bei John Lewis werden 8 Prozent aller Online-Bestellungen in dieser Form „ausgeliefert")

- Anzeige von Warenverfügbarkeit in der „Lieblingsfiliale" des Kunden / *check in-store inventory online* (Ziel: Trend „online informieren und stationär kaufen)

- Reservierung von Artikeln (zum Start in 40 Filialen). Zurücklegen der Artikel an der Zentralkasse und automatische Kundenbestätigung per SMS (Ziel: echtes MC – nahtlos integrierte Vertriebskanäle)

- Präsentation von Artikeln online obwohl diese nur stationär erhältlich sind (Ziel: Förderung des stationären Umsatzes durch online)

- Online-Coupons auf stationären Kassenbons abhängig vom gekauften Artikel. Coupons als Beilage in Paketen für einen stationären Einkauf (Ziel: Einkanal- zu Mehrkanalkunden entwickeln)

- „In-Store-Online-Kiosks" als Marketing-Instrument und Bestellmöglichkeit online.

Langfristiger Anspruch ist als Benchmark John Lewis in der Kommunikation und in den Online-Umsätzen, der bereits 12 Prozent Umsatzanteil online erreicht.

4 Resümee und Lessons Learned

Nicht überall wo Multi-Channel draufsteht ist auch Multi-Channel drin. Im deutschsprachigen Raum überwiegen immer noch Multi-Channel-Konzepte, die das bisherige Geschäft als „Lead-Channel" betrachten und den Online-Shop nicht wirklich als „Strategic Opportunity" sehen. Echte, voll integrierte Multi-Channel-Systeme, in denen alle Kanäle gleichberechtigt betrieben werden, finden sich praktisch nur im englischsprachigen Raum. Interessanterweise erwirtschaften diese Handelsunternehmen traumhafte Umsatzrenditen im zweistelligen Bereich, die im deutschsprachigen Handel bisher so nicht vorzufinden sind. Die besten Konzepte der Multi-Channel-Player, zu denen UK-Handelsunternehmen wie Lakeland, The White Company, Argos und Next ebenso zählen wie die US-Retailer The Gap und JC Penney mit einer über hundertjährigen Warenhaustradition, zeigen einen hohen Integrationsgrad ihrer Absatzkanäle. Der „Customer Proposition" zwischen den Kanälen ist annähernd identisch in Bezug auf Preispolitik, Kernsortimente und Servive-Levels. Dabei wächst der Online-Kanal dieser Unternehmen deutlich schneller als die anderen Kanäle, in vielen Fällen mehr als 40 Prozent im letzten Jahr. Aufgrund der bisher eher abwartenden Online-Strategie besteht für Kaufhof Galeria nunmehr die Chance, ein das den internationalen Benchmarks entsprechendes vollintegriertes Multi-Channel-System umzusetzen, das so im deutschen Handel bisher nicht existiert. Hervorragendes Potenzial besteht dabei in der Nutzung des erfolgreichen Payback-Programms, das vom Bonussystem zu einem umfassenden, integrierten Kundenbindungsprogramm ausgebaut wurde und von Galeria Kaufhof mit Nachdruck vorangetrieben wird. Den herausragenden Erfolg des Payback-Systems verdeutlicht die Tatsache, dass rund neun Millionen Kunden Inhaber der im Jahr 2000 eingeführten Galeria-Kaufhof-Payback-Karte sind. Neben interessanten Coupon-Aktionen und attraktiven Bonusprämien profitieren die Kundenkarten-

Inhaber von exklusiven Vorteilen, wie z.B. aktuellen Informationen über Verkaufsaktionen, innovativen Produkten und Trends aus den Waren-Welten sowie Einladungen zu Filialevents. Top-Kunden erhalten ein exklusives Kundenmagazin. 2006 und 2007 prämierte der Deutsche Direktmarketing Verband (DDV) Galeria Kaufhof für die besondere Kreativität ihrer Mailing-Aktionen mit dem Deutschen Dialogmarketing Preis in Silber. Ebenfalls 2007 erhielt Galeria Kaufhof als erstes Handelsunternehmen für ihre herausragende Dialogmarketingstrategie den begehrten, branchenübergreifenden EDDI-Award (Erfolg durch Direktmarketing). Dieses ist Anspruch und Ansporn zugleich für die Einleitung der Online-Strategie der neuen Generation.

Alexander Graf

Das Transparenzdilemma im Internet
Wie internet-ökonomische Effekte den Wettbewerb in Zukunft verändern

1 Grundlagen von Differenzierungsstrategien

Klassischerweise versuchen sich Unternehmen im Wettbewerb über bestimmte Unique Selling Propositions (USP) zu positionieren (Vgl. Porter 1980, S. 1ff.). Diese dienen dazu, vom Kunden als relevant wahrgenommen zu werden. Je nach Branche sind die wettbewerbsdifferenzierenden USPs gleich. Im hier gezeigten Beispiel wird abstrakt die Handelsbranche betrachtet, in der sich die Anbieter über mindestens 5 Faktoren zum Kunden hin differenzieren können. Das könnte ein herausragender Service sein, ein einzigartiges Produktangebot, der Preis oder weitere Faktoren die in diesem Buch durch Heinemann/Haug beschrieben sind. Zur Vereinfachung nehme ich in den folgenden Beispielen die Kriterien Service (z.B. Schnelligkeit, Beratungsumfang) und Preis (hoch, niedrig).

Abbildung 1-1: Differenzierungspentagramm

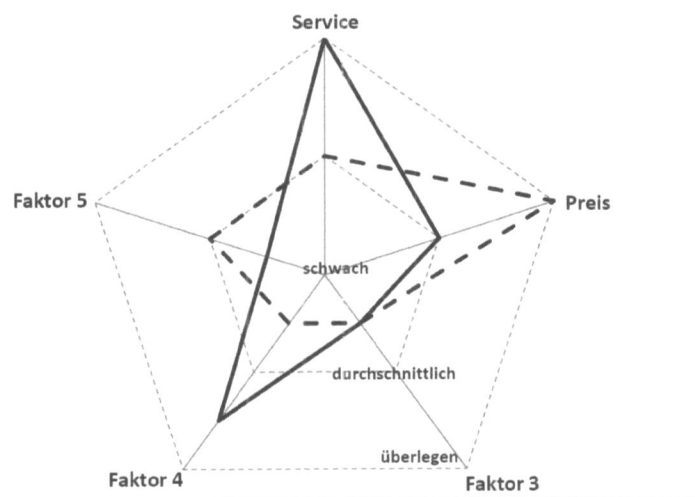

Ein Unternehmen kann sich in diesem Beispiel anhand verschiedener USP-Ausprägungen positionieren und bildet damit ein eigenständiges (USP-)Muster. Während Unternehmen A (schwarz durchgezogen) sich über einen besonders guten Service definiert, versucht Unternehmen B (schwarz gestrichelt) einen besonders günstigen Preis anzubieten.

Diese Muster bilden ab, wie der Kunde das jeweilige Unternehmen relativ zum Wettbewerb wahrnimmt bzw. wahrnehmen soll. Das impliziert bereits, dass die Positionierung im Wettbewerb immer relativ zu verstehen ist. Ein Service der heute „wettbe-werbsüberlegen" ist, kann morgen bereits als „schwach" bewertet werden, weil die anderen Unternehmen der Branche so stark aufgeholt haben. Dieser Zusammenhang existiert seitdem es Wettbewerb zwischen Unternehmen gibt und gilt so auch für Unternehmen im Internet. Das Internet verändert aber die Regeln des Wettbewerbs in diesem Bereich maßgeblich, worauf in den folgenden Kapiteln näher eingegangen wird.

2 Schneller steigender Wettbewerbsdruck

Der Wettbewerb im Internet nimmt in vielen Branchen massiv zu. Das liegt an stark gesunkenen Fixkosten, z.B. bei der Erschließung von Absatzpotenzialen, und natürlich an neuen Dienstleistungen wie z.B. Suchmaschinen (Vgl. Albers/Peters 1997 S. 69 ff.). Um bei unserem Beispiel zu bleiben: Es gibt heute deutlich mehr Händler im Internet als noch vor 5 Jahren (Vgl. ibi 2009, S.1). Diese Wettbewerbsveränderungen – hier die Anzahl der Wettbewerber – treten viel schneller auf, als man es in der „Pre-Internet-Zeit" gewohnt war. Die Regeln des digitalen Business werden schonungslos auf jede Branche angewendet, die es bisher gewohnt war höchstens „alle 5 Jahre" einen neuen Anbieter zu begrüßen. Im Internet müssen sich insbesondere die B2C-Branchen „alle 5 Minuten" mit einem neuen Wettbewerber auseinandersetzen. Diese neuen Anbieter versuchen nun die bisher geltenden USPs zu übertreffen und versuchen, um beim Beispiel Service zu bleiben, schneller zu arbeiten, noch besser zu beraten und dem Kunden damit eine bessere Leistung zu bieten als die bisherigen Anbieter. Grafisch lässt sich das damit abbilden, das die bisher beste Leistung und damit der entsprechende Anbieter im Bereich Service nach innen rückt und für den Kunden unattraktiver wird.

Unternehmen, die ihr Leistungsniveau nicht anpassen, „rücken" automatisch nach innen und scheiden damit faktisch aus dem Markt aus, weil ihre Produkte oder Dienstleistungen nicht mehr nachgefragt werden. Wer nutzt heute noch Altavista.com, wenn Google.de eine deutlich höhere Trefferquote hat? Kaufen Sie online Bücher bei einem Anbieter der 3,95 Euro Versandkosten verlangt, oder gehen Sie direkt zu Amazon.de, um Ihre Bestellung zu tätigen?

Abbildung 2-1: Schwächung der Positionierung durch steigenden Wettbewerbsdruck

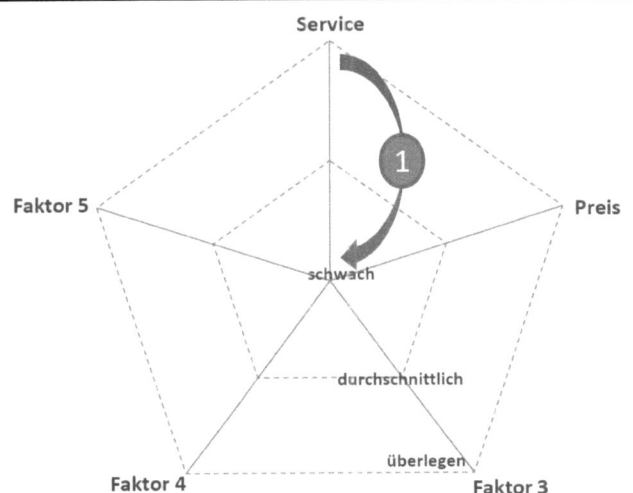

Die Abbildung verdeutlicht die Auswirkungen von einem veränderten Wettbewerbsumfeld in Bezug auf den Faktor Service. Dieser Effekt (1) ist trivial und war schon immer gültig, nur tritt er heute durch die internet-ökonomische Rahmenbedingungen stärker und viel schneller auf als vorher. Im Zusammenspiel mit dem im folgenden Abschnitt beschriebenen Transparenzeffekt wird daraus ein Kreislauf der die Steuerung von Unternehmen im Internet nachhaltig verändert.

3 Veränderte Transparenzbedingungen der USP durch Intermediäre

Bisher (Pre-Internet) konnten sich existierende Unternehmen auf stabile Kundenbeziehungen verlassen, die trotz der Existenz von neuen und ggf. besseren Anbietern für genug Zeit sorgten, die Leistungen der neuen Anbieter zumindest zu kopieren und damit wieder eine „wettbewerbsüberlegene" Positionierung einzunehmen. Durch die Existenz mächtiger Intermediäre wird die Stabilität der Kundenbeziehung aber verändert. Das Internet selber ist ein intermediärer bzw. vermittelnder Service, wir nehmen aber vor allem Google, guenstiger.de und ähnliche Dienste als (Informations-)Intermediäre war. Diese Dienste ermöglichen uns jederzeit und überall einen einfachen Vergleich von faktischer Leistung (z.B. Service oder Preis) und lassen damit Anbieter in unseren Suchfokus rücken, die bisher keine Rolle gespielt haben (Vgl. Kassenzone 2008, S.1).

Diese Intermediäre sorgen also für ein enorm hohes Maß an Transparenz und vereinfachen damit die Wahrnehmung neuer Anbieter, die sich durch das Übertreffen bisher geltender Bestleistungen in bestimmten Kategorien (z.B. besserer Service) nach ganz außen im Positionierungsnetz schieben. Das klingt zunächst trivial, verändert aber den Wettbewerb nachhaltig. Die durch Markeninvestments und Kundenbindungsprogramme angestrebten Lock-in-Effekte an Produkte, Dienstleistungen oder Anbieter werden zunehmend ineffizienter, da sich Kunden vor allem aufgrund faktischer Leistungsvorteile entscheiden. Wer kauft bei notebooksbilliger.de ein Notebook für 600 Euro wenn es das gleiche Gerät für 500 Euro bei einem gut bewerteten anderen Händler gibt? Wer zahlt Versandkosten für ein Buch, wenn man weiß, dass man das gleiche Buch zum selben Preis einen Klick weiter ohne Versandkosten bestellen kann.

Dieses Zusammenspiel wird erst von (Informations-)Intermediären ermöglicht und intensiviert den Wettbewerb im Internet erheblich. Es ist immer schwerer möglich schlechte Leistungen im Internet an die Kunden zu bringen.

Abbildung 3-1: *Schnelle wettbewerbsüberlegene Positionierung durch Transparenzanstieg*

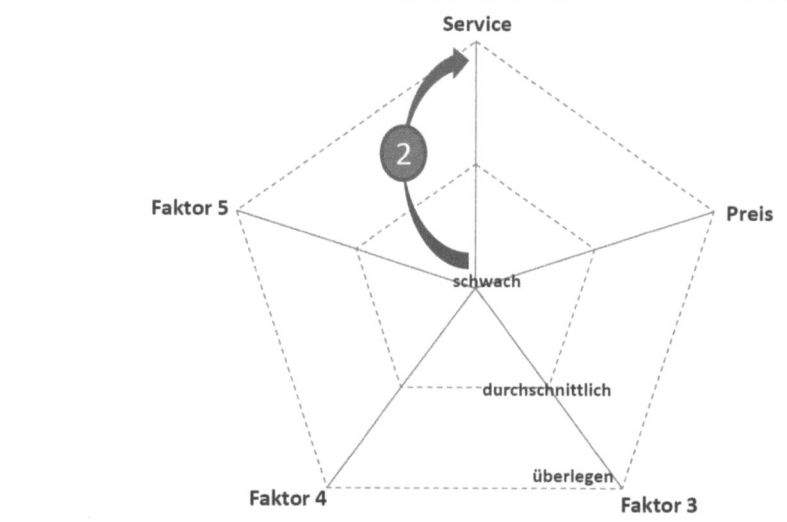

Die Abbildung illustriert diesen Transparenzeffekt (2) wieder in Bezug auf den Faktor Service. Ein Anbieter der eben noch (relativ zum Wettbewerb) schwach positioniert war, kann sich ad hoc in der Kundenwahrnehmung wettbewerbsüberlegen positionieren. Dieser Zusammenhang gilt nicht nur für den Faktor Preis. Das wird fälschlicherweise in vielen Publikationen angenommen, weil eine Vielzahl von intermediären Dienstleistungen (z.B. guenstiger.de) diesen Faktor als Vergleichsvariable unterstellen. Das hat aber nur technische Gründe und löst sich durch die technische Entwicklung, insbesondere durch die zunehmende Bereitstellung von Daten, immer weiter auf.

4 Das Transparenzdilemma ist Segen und Fluch zugleich

Unternehmen, die nicht in der Lage sind ihre Leistungen dem Marktniveau anzupassen, werden schneller als bisher vom Wettbewerb verdrängt. Unternehmen, die in der Lage sind mit ihren Leistungen den Benchmark zu setzen, sind noch erfolgreicher als bisher. Unternehmen, die bisher vollkommen unbekannt waren, können binnen kurzer Zeit durch minimale Leistungsvorteile nahezu unbegrenzte Reichweiteneffekte erzielen. Das Dilemma an diesen Effekten ist, dass sowohl Aufschwung als auch Abschwung gleichermaßen beschleunigt werden.

Abbildung 4-1: *Die beiden Effekte bilden einen Kreislauf (Transparenzdilemma)*

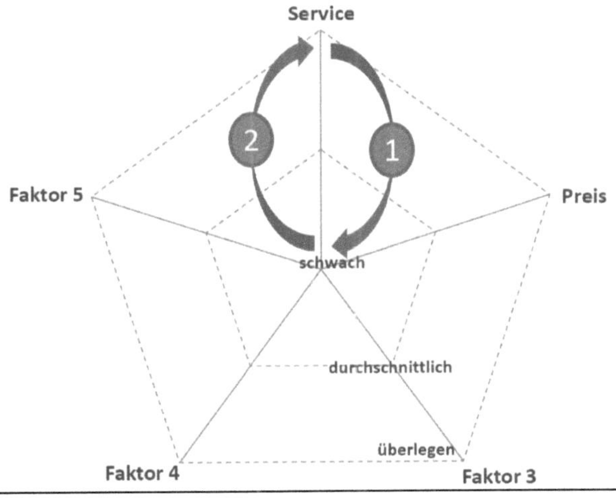

Jeder kennt Dienste oder Services, die er mal genutzt hat und heute nicht mehr nutzt. Diese Art von „Neuorientierung" gab es auch in der Zeit ohne das Internet. Durch die beschriebenen Effekte geschieht es nur viel schneller und stellt Unternehmen damit vor neue Aufgaben. Können Sie sich noch erinnern, wo Sie Ihre letze Digitalkamera online gekauft haben?

Erschreckend ist auch das Beispiel von eBay, das seine quasi Monopolstellung im Bereich B2C (Kleinständler) innerhalb kürzester Zeit an Amazon und Nischenauktionsdienste verliert. Obwohl eBay bereits eines der Unternehmen ist, das die Regeln des (Online-)Marktes beherrschen sollte, folgen nun im Quartalsrhythmus neue AGBs und Geschäftskonzepte, die von außen betrachtet nicht nachvollziehbar sind (vgl. Excitingcommerce 2009, S.1). Vor dem Transparenzdilemma kann man sich kaum schützen. Es erscheint sinnvoller die Regeln anzunehmen und die sich daraus ergebenden Chancen zu nutzen.

5 Zusammenfassung

Mit dem Transparenzdilemma wird ein internet-ökonomischer Effekt angesprochen, der erst jetzt langsam greift. Insbesondere die Händler von Technikartikeln kennen bereits die Auswirkungen.

Die Nutzer sind wider aller rationalen Erwartungen nicht so schnell, wie es die technologische Entwicklung anbietet und erfahren doch noch einen Lock-in-Effekt, entweder bei bisherigen Produkten und Dienstleistungen oder sogar bei „alten" (Informations-)Intermediären (vgl. Fritz 2004).

Den dadurch entstehenden Zeitvorteil gilt es zu nutzen. Ist die eigene Branche von diesen Effekten betroffen, so gilt es besser zu werden als der Wettbewerb, sich zu differenzieren oder sich komplett neu auszurichten. Wer erst einmal verstanden hat, wie das Transparenzdilemma wirkt, wird nicht um eine kritische Bewertung seiner bisherigen USP umher kommen. Dann gilt es sich so aufzustellen, dass man das Maß der Dinge im Wettbewerb darstellt und entweder durch Innovationen weiterhin dieses Maß definiert oder so aufgestellt ist, dass man flexibel auf Wettbewerbsänderungen reagieren kann.

Interessierte Leser können diesen und weitere Artikel auf dem Blog www.kassenzone.de lesen und diskutieren und sich über neue spannende Entwicklungen in der Internet-Ökonomie informieren. An dem Artikel mitgewirkt hat Dr. Holger Schneider (vgl. Schneider 2009, S. 1).

Literaturverzeichnis

Albers, S.; Peters, K. (1997): Die Wertschöpfungskette des Handels im Zeitalter des Electronic Commerce, in: Marketing ZFP, Jg. 19 (2), 1997, S. 69-80.

Excitingcommerce (2009): Ebay 2008: Das Jahr der großen Enttäuschungen. Verfügbar unter: http://www.excitingcommerce.de/2009/01/ebay-2008-das-jahr-des-niedergangs .html [01.12.2009; 10:00 Uhr MEZ].

Fritz, W. (2004): Internet Marketing und Electronic CommerceGrundlagen, Ra   h-menbedingungen, Instrumente, 3. Aufl., Wiesbaden, 2004

Ibi: Immer mehr Händler zieht es ins Internet. Verfügbar unter: http://ibi.de/presse-immer-mehr-haendler-zieht-es-ins-internet.html [02.12.2009; 14:15 Uhr MEZ].

Kassenzone (2009): Social Commerce Hype oder Trend? Verfügbar unter: http://blog.kassenzone.de/2008/07/06/social-commerce-hype-oder-trend   [11.12.2009; 15:15 Uhr MEZ].

Porter, M. E. (1980): Competitive Strategy, New York, 1980

Schneider, H. (2009): Holger Schneider. Verfügbar unter: https://www.xing.com/ profile/Holger_Schneider2 [16.12.2009; 16:00 Uhr MEZ]. S.1.

Autorenverzeichnis

Michael Baumgardt, Jahrgang 1946, ist ausgewiesener Handelsexperte. Nach Abitur und Bundeswehr absolvierte er eine praxisorientierte Ausbildung im Warenhauskonzern Karstadt. Sein Weg führte ihn über die Stationen Neckermann, Metro, OTTO, Stinnes Baumarkt und Konsumgenossenschaft Dortmund Kassel in seine heutige Position als Geschäftsführer der hagebau sowie der Beteiligungsunternehmen ZEUS und baumarkt direkt in Personalunion. Ursprünglich im Bereich Organisation und Projektmanagement gestartet, liegt sein Tätigkeitsschwerpunkt seit vielen Jahren in den Bereichen Verkauf, Marketing und Business Development.

Thorsten Boersma, Jahrgang 1966, machte seinen Abschluss als Diplom-Kaufmann an der Westfälischen-Wilhelms-Universität in Münster. Danach begann er seiner beruflichen Werdegang in der Otto Group. Zuletzt war er dort für die gruppenweite E-Commerce-Strategieentwicklung verantwortlich. Anschließend war er als Geschäftsführer der iCubate GmbH Inkubator für E-Commerce-Geschäftsideen. In 2002 wechselte er in die freiberufliche Tätigkeit und arbeitete als Strategieberater und Experte für die Bereiche E-Commerce / Online-Shopping sowie Handel / Retail im Allgemeinen und Versandhandel / Distanzhandel im Besonderen. Seit Februar 2009 ist Thorsten Boersma bei der diligenZ manangement consulting GmbH in den Schwerpunkten E-Commerce und Strategie tätig. Neben seiner beruflichen Tätigkeit bloggt er seit Jahren unter Zwischendurch@Thorsten Boersma über E-Commerce-Themen.

Tim E. Fischer, Dr., Jahrgang 1973, studierte BWL mit den Schwerpunkten Marketing und Handel sowie Gründungsmanagement an der European Business School, Oestrich-Winkel und promovierte an der Ludwig-Maximilian-Universität München bei Prof. Dres. h.c. Arnold Picot am Institut für Information, Organisation und Management zum Thema Unternehmenskommunikation und Neue Medien. Parallel dazu arbeitete er in Industrie & Handel in verschiedenen leitenden Funktionen u.a. bei der Süd-Chemie AG. Er wechselte später als Manager zu Arthur D. Little Unternehmensberatung um dort im TIME-Bereich insbesondere an Social-Media-Projekten mitzuwirken. Danach wechselte er zur Peek & Cloppenburg KG, Düsseldorf als Leiter der Corporate Strategy. Nebenberuflich arbeitet er an Publikationen zum Thema Social Media und doziert an verschiedenen Universitäten.

Alexander Graf ist seit ca. acht Jahren mit verschiedenen Start-Ups unternehmerisch im Internet tätig und berät in Festanstellung den weltweit zweitgrößten Online-Händler bezüglich neuer Entwicklungen im Internet und der Etablierung von neuen E-Commerce-Geschäftsmodellen. Er hat in Kiel und Madrid BWL studiert und 2007 seine Diplomarbeit über die betriebswirtschaftlichen Herausforderungen in der Internet-Ökonomie verfasst und mit einem Top-5-Prozent-Examen abgeschlossen. Seine Erfahrungen zum E-Commerce, neue Geschäftsideen und Beobachtungen in der Internet-Ökomomie teilt er auf seinem Blog www.kassenzone.de, das bereits ein Jahr nach Start von ca. 1.000 Lesern abonniert wird.

Kathrin Haug, Dipl. Volkswirtin, Jahrgang 1965, studierte VWL an den Universitäten in Berkeley (USA), Wien und der Westfälischen-Wilhelms-Universität in Münster. Sie war Mitgründerin der Multimedia-Agentur infoMedia, die E-Commerce und eMarketing-Projekte für diverse große Markenunternehmen, wie beispielsweise die Aral AG, IKEA oder Lufthansa umsetzte. Kathrin Haug war anschließend drei Jahre bei der Thyssen Telekom AG als Geschäftsführerin für die Xtend New Media tätig und wechselte dann in den Vorstand der AllaboutMedia AG, einem von ihr mitgegründeten Beteiligungsunternehmen. In dieser Funktion begleitete sie als Investment Manager und Beirat verschiedene New Media Start-Up-Unternehmen. Kathrin Haug ist geschäftsführende Gesellschafterin der mindwyse GmbH – „Die E-Commerce Architekten" und realisiert hier Online- und E-Commerce-Projekte für diverse Marken- Handels– und Mittelstandskunden, wie beispielsweise Otto, Tchibo oder Baur. Kathrin Haug ist Referentin bei verschiedenen internationalen Konferenzen (AdTech, Internetworld, OnLine Handel).

Christian Heitmeyer, geb. 1966 in Gütersloh, absolvierte zunächst eine Ausbildung mit Bankdiplom im Chamber of Commerce in Frankfurt und an der Bankakademie Frankfurt School of Finance & Management. Seine Karriere begann er dann als Managing Director und CEO der Goldkrone-Gruppe in Offenbach, wo er für das Business Development und die Strategie verantwortlich war und maßgeblich zu dem Turnaround, der Internationalisierung und der Übernahme des Mitbewerbers Le Combi B.A. beitrug. Danach fungierte er als Vice President und COO der Delsey Group in Paris. Dort war er weltweit für Marketing, Verkauf, Produktentwicklung, Sourcing, Logistik und die Markenführung zuständig. Seit 2007 ist Christian Heitmeyer nun Gründer und CEO von brands4friends, dem größtem Shopping-Club Deutschlands.

Rainer Hillebrand, Dr., geb. 1956, studierte von 1977 bis 1981 Wirtschafts- und Organisationswissenschaften an der Universität der Bundeswehr in Hamburg. Von 1981 bis 1985 war er in unterschiedlichen Funktionen im aktiven Truppendienst der Bundeswehr tätig. In den folgenden drei Jahren war er als wissenschaftlicher Mitarbeiter am Institut für Marketing der Universität der Bundeswehr in Hamburg bei Prof. Dr. H. Diller aktiv. Anschließend arbeitete Dr. Hillebrand im Bereich der Unternehmens- und Medienberatung. 1990 promovierte er zum Dr. rer. pol. In demselben Jahr begann Dr. Hillebrand seine berufliche Tätigkeit beim Otto Versand, wo er nach der Leitung Strategieentwicklung (1990-1991) und Katalog- und Sortimentsmarketing (1991-1993) zum Direktor Einkauf Hartwaren (1993-1997) ernannt wurde und 1997 den Direktionsbereich Verkauf übernahm. Seit 1999 gehört Herr Dr. Hillebrand zum Vorstand der Otto Group mit der Verantwortung für die Bereiche Vertrieb, Marketing und E-Commerce. Zusätzlich hat er seit 2005 die Position des Sprechers des Vorstandes OTTO und seit 2007 den stellvertretenden Vorsitz der Otto Group inne.

Marcus Krekeler arbeitet seit 10 Jahren im E-Commerce in leitenden Funktionen u.a. als Geschäftsleiter einer Otto Tochter und Head of Business Development bei eBay. Zu seinen Schwerpunkten gehören die Entwicklung und Optimierung von Online-Strategien und Business Development, sowie die Umsetzung von Online-Projekten.

Jérémy Küper, Jahrgang 1984, studierte Medienwirtschaft mit Schwerpunkt Medien-Management und Online-Marketing an der Hochschule der Medien in Stuttgart. Die Bachelor-Thesis schrieb er bei eBay Deutschland zum Thema Online-Werbung und arbeitet seit 2008 als Projektmanager bei der mindwyse GmbH – „Die E-Commerce Architekten". Dort berät er Kunden wie Adidas, Otto oder Tchibo in allen E-Commerce-Fragen von der Strategie über die Umsetzung bis hin zur Vermarktung.

Christian Leybold ist Partner bei BV Capital und eVenture Capital Partners. Nach Stationen bei Daimler Chrysler in Indien sowie Managementberatungen in Frankreich und Deutschland ist der studierte Elektrotechniker seit 2003 im Venture-Capital-Bereich tätig. Nach einigen Jahren im Büro von BV Capital in San Francisco ist er nunmehr in Europa für Investments im Consumer-Internet-Bereich verantwortlich.

Michael Meyer, geboren am 13. März 1954 in Osnabrück, ist einer von drei Inhabern und Geschäftsführer der Meyer & Meyer Unternehmensgruppe aus Osnabrück. Meyer & Meyer ist mit 2000 Mitarbeitern international führender Spezialist für Fashionlogistik. Das Unternehmen wird in dritter Generation von Michael Meyer und seinem Cousin Rolf Meyer geführt. Als Inhaber konzentriert Michael Meyer sich insbesondere auf das Erschließen internationaler Märkte sowie die strategische Ausrichtung des Unternehmens. Aktuell gründete er die tube4fashion GmbH & Co. KG, ein Netzwerk etablierter Multi-Channel-Spezialisten und Full-Service-Dienstleistungsunternehmen für die Fashionbranche.

Sanjeevan Naveenthirarajah, geb. 1986 in Leonberg, erlangte 2006 über den bilingualen deutsch-englischen Bildungszweig die Hochschulreife am städtischen Gymnasium am Wirteltor in Düren. Danach studierte er „Textile and Clothing Management" an der Hochschule Niederrhein in Mönchengladbach, wo er noch als stellvertretender Vorsitzender des Fachschaftsrates und als Gremiumsmitglied des Haushaltsausschusses am Lehrstuhl für Textil- und Bekleidungstechnik der Hochschule tätig war. Nach der wissenschaftlichen Abschlussarbeit „Evaluation of Business Data with Focus on Customer Analysis" im E-Commerce-Unternehmen brands4friends ist er nun dort im Bereich Controlling tätig.

Matthias Peters, Jahrgang 1969, Diplom-Wirtschaftsmathematiker, startete seinen beruflichen Werdegang in der Otto Group. Nach dem Einstieg als interner Unternehmensberater verantwortete er die gruppenweite E-Commerce-Strategieentwicklung. In den Jahren 2000 bis 2002 baute er abermals für den global agierenden Multichannel-Handelskonzern in der Funktion des Geschäftsführers die Corporate Venture Gesellschaft (OVC) auf. Er wechselte anschließend als Leiter Marketing und Vertrieb zur bonprix-Gruppe und leitete dort die Marke Prix Chic. Nach rd. 4 Jahren wechselte er im Februar 2006 zum Multichannel Retailer und Marktführer im Bereich große Größen Ulla Popken und war dort zuletzt als Geschäftsführer Marketing und Vertrieb tätig. Seit Mai 2009 unterstützt Matthias Peters Unternehmen aus E-Commerce, Versand- und Stationärhandel sowie Investmentgesellschaften als selbständiger Managementberater mit den Schwerpunkten Strategie, Marketing, Vertrieb sowie M & A.

Ralf Pütmann, geboren 1964, studierte Betriebswirtschafts-lehre an der Universität zu Köln und an der Pennsylvania State University, USA. Nach seinem Studium startete er seine Kariere 1991 bei der Kaufhof Warenhaus AG als Trainee und wurde nach zwei Jahren Assistent des Vorstands-vorsitzendem der Kaufhof Warenhaus AG bis 1994. Im Anschluss war er für die nächsten sechs Jahre Geschäftsführer in verschiedenen Kaufhof Galeria-Filialen, dann ab 2000 in der Verkaufsleitung tätig. Von 2002 bis 2008 war Ralf Pütmann Mitglied des Vorstandes der Kaufhof Warenhaus AG im Bereich Verkauf und Baumanagement sowie ab 2004 zuständig für Einkauf, Marketing, Werbung, Retail-Brand-Strategie und Innovationsmanagement. Seit 2008 ist Ralf Pütmann bei der GALERIA Kaufhof GmbH stellvertretender Vorsitzender der Geschäftsführung und Chief Procurement & Merchandising Officer. Neben den unterschiedlichen Tätigkeiten bei der Kaufhof Warenhaus AG ist Ralf Pütmann Member of the Board of Directors der Inno S.A. in Brüssel, Vorsitzender des Beirates der Sportarena GmbH, Member of the Executive Board der MGB Hongkong sowie des Boards der International Association of Department Stores, Paris.

Olaf Rotax, Jahrgang 1973, studierte Wirtschaftsingenieur-wesen an der University of Applied Sciences in Wedel sowie der University of Buckingham in England. Seine berufliche Laufbahn startete er 1997 bei Tchibo in Hamburg, wo er nach einem Traineeprogramm und der Zwischenstation in der Konzernentwicklung der Tchibo Holding AG, von 1999-2000 die Grundsteine für tchibo.de mitlegte. Mit seinem Wechsel ins Business Development der Neuen Medien von Otto in 2001 konnte Olaf Rotax die strategische Weiter-entwicklung des dynamischen Internet-Geschäfts mitgestalten und war hier zuletzt als Bereichsleiter bei Otto als auch Geschäftsleiter für shopping24 verantwortlich. Von 2006-2008 war er als Geschäftsführer karstadt.de in Essen tätig, bevor er zur diligenZ manangement consulting GmbH wechselte, in der er heute als Managing Partner aktiv ist. Seine Schwerpunkte sind dabei aktuell: Digital Innovation, E-Commerce und Multichannel.

Jan-Dieter Schaap, Jahrgang 1965, studierte BWL mit Schwerpunkt Marketing und Wirtschaftsinformatik an der Universität Köln und startete danach seine berufliche Laufbahn als Anwendungsberater bei der Information Resources GmbH in Köln. Danach wechselte er zur ORACLE Deutschland GmbH nach Düsseldorf, wo er als Vertriebsberater tätig war. In 1996 begann er seine Karriere in der Douglas Holding AG in Hagen, zunächst als Berater / Kundenbetreuer der Douglas Informatik und Service GmbH. Dort stieg er zum Zentralbereichsleiter für IT, Organisation und Logistik bei der Parfümerie Douglas GmbH auf. Unmittelbar nach Gründung der douglasbeauty.com" GmbH wurde er dort Geschäftsführer und ist seit 2001 Director E-Business bei der Parfümerie Douglas GmbH.

Björn Schäfers, Dr., ist Geschäftsführer von smatch.com, der größten deutschen Produktsuche für Mode, Wohnen und Lifestyle. Nach dem Studium der Betriebswirtschaftslehre arbeitete Björn Schäfers als einer der ersten Mitarbeiter beim Internet-Auktionshaus *ricardo.de AG,* das als erstes E-Commerce-Unternehmen in Deutschland an die Börse ging und später erfolgreich an QXL plc. verkauft wurde. Im Anschluss daran war er am Lehrstuhl für Innovation, Neue Medien und Marketing an der Universität Kiel tätig, wo seine Projekte u.a. mit dem Hauptpreis beim *„Gründerwettbewerb Multimedia"* des Bundeswirtschaftsministeriums, dem *Preis der Deutschen Marktforschung* oder dem *Wissenschaftspreis des Deutschen Marketing-Verbands* ausgezeichnet wurden. Nach Abschluss der Promotion hat er verschiedene Aufgaben in der Otto Group wahrgenommen und war zuletzt als Leiter Business Development Neue Medien für die Entwicklung neuer Geschäftsformate verantwortlich. Er ist Autor von wissenschaftlichen wie praxisorientierten Artikeln zum E-Commerce und Herausgeber der Bücher „Die E-Commerce-Gewinner" (F.A.Z.-Verlag) und „Preisgebote im Internet" (Gabler Verlag).

Marc Schwieger arbeitet seit 20 Jahren in der Medienbranche – als Kreativer in Werbe- und PR-Agenturen, als Journalist, u. a. für Spiegel TV – perfekt vorbereitet durch ein Studium der Literaturwissenschaften, Philosophie, Geschichte und Sprachwissenschaft. Als International Creative Director, Geschäftsführer und Partner bei Scholz & Friends, beriet Marc Schwieger bis 2009 nationale und internationale Kunden aus den verschiedensten Bereichen (Schwerpunkt Retail, Medien, FMCG). 2008 startete er S&F Corporate Broadcasting: „Wie sieht für Marken und Unternehmen das (web-)TV der Zukunft aus?" Ende 2009 gründete Marc Schwieger die undSchwieger GmbH – Agentur für Inspiration, Innovation und Kommunikation als Partner im diligenZ Network mit Büros in Hamburg und Düsseldorf. Zum Thema „Wie geht was in digitalen Konsumwelten?" berät die undSchwieger GmbH Unternehmen, entwickelt Kommunikationsstrategien und initiiert eigene digitale Geschäftsmodelle. Schwieger bloggt auf inspirationsgesellschaft.de. und geht im Frühjahr 2010 als Research Fellow an die Willem de Kooning Academie, Rotterdam: „Communication in a digitale age – Welcome to the Inspiration Society".

Torsten Spandl, Dr., Jahrgang 1971, studierte Betriebswirtschaftslehre an der Universität Regensburg, der Aston University of Birmingham und der Wirtschaftsuniversität Wien. Nach ersten Jahren im Beruf kehrte er an die Wirtschaftsuniversität Wien zurück, um seine Dissertation aus dem Bereich Multi Channel Retailing zu verfassen. Seit seinem Abschluss im Jahr 2003 bekleidet er die Position „Leiter Marketing und Akademie" bei der Küche&Co GmbH, einer 100prozentigen Tochterfirma von Otto Hamburg. Haupttätigkeitsfelder sind die Verantwortung des Markenauftritts der bundesweit tätigen Franchisekette Küche&Co, die Etablierung von Neugeschäft über Kooperationen, der Aufbau eines E-Commerce-Portals und die Betreuung der Internationalisierung des Küchengeschäfts.

Uly J. Wolters, Jahrgang 1972, studierte BWL an der Justus-Liebig-Universität Gießen. Danach gründete er die Firma 4i, die sich mit virtuellen Unternehmen auseinandersetzte, bevor er als Strategieberater zu Andersen Consulting wechselte. In den Jahren 1999 bis 2001 gründete er die Tradera (Marktführer Internet-Auktionen Skandinavien) und die ProXchange Deutschland (größter europäischer Online-B2B-Marktplatz für gebrauchte Wirtschaftsgüter), wo er die Bereiche Business Development und Customer Service bzw. M&A verantwortete. Nach Stationen bei Otto Venture Capital als Leiter Investmentstrategie und Senior Manager Strategie bei der Otto Group, wechselte er 2003 als Senior Manager zur internationalen Unternehmensberatung Theron Business Consulting. Ab 2004 verantwortete er dort als Partner viele Start-Up- und Strategieprojekte in Osteuropa, vornehmlich in Russland, der Ukraine, Tschechien und Rumänien. Heute arbeitet Uly Wolters als Managing Partner der diligenZ management consulting GmbH in den Bereichen E-Commerce/Multichannel und Osteuropa. Uly Wolters hält aktive Beteiligungen an Start-Ups in der Ukraine, Russland und Südafrika.

Erfolg und Wachstum

diligenZ steht für die Verknüpfung von klassischer Managementberatung und MultiChannel Expertise. Wir lösen unternehmerische Probleme.

Das bedeutet für uns:

- Probleme stellen sich konkreten Unternehmen, die nie völlig vergleichbar sind. Daher sind unsere Lösungen individuell und maßgeschneidert.

- Probleme sind in der Praxis erlebbar und drängend. Daher funktionieren unsere Lösungen nicht nur auf dem Papier, sondern führen zu spürbarer Veränderung.

- Probleme sind vielschichtig. Daher berücksichtigen unsere Lösungen aus einer 360 -Perspektive das komplexe Ganze, um nachhaltig wirksam zu sein.

Um diese Philosophie wirksam werden zu lassen, ist Erfahrung notwendig. Aus diesem Grund wird jedes unserer Projekte von einem unserer Partner nicht nur strategisch geführt, sondern auch inhaltlich begleitet. Der Erfolg am Markt gibt diesem Ansatz recht: Seit der Gründung 2001 wachsen wir kontinuierlich und betreuen mit inzwischen mehr als 50 Beratern (Jahresdurchschnitt 2009) mittelständische Unternehmen und Konzerne in Deutschland und Europa.

In der klassischen Managementberatung vereint diligenZ Strategie- und Prozessberatung. Strategien sind Ausdruck Ihrer Ziele und Visionen, sie geben die zukünftige Form von Organisation und Prozessen vor. Funktionierende Strategien müssen aber gleichzeitig die Möglichkeiten der über die Zeit gewachsenen Organisationen und deren Prozesse berücksichtigen. Insgesamt steht für diligenZ dabei die Lösung unternehmerischer Probleme im Vordergrund.

Wir verknüpfen klassische Managementberatung und MultiChannel Expertise, weil wir der wachsenden Bedeutung des Internets Bedeutung tragen wollen und im Interesse unserer Kunden müssen.
MultiChannel ist mehr als die bloße Addition von Vertriebskanälen und verlangt spezialisierte Expertise, um teure Fehlschläge zu vermeiden. Dazu vereint diligenZ ein Team aus namhaften Experten, die bereits einige der größten und erfolgreichsten MultiChannel-Projekte konzipiert und umgesetzt haben.

Erfolgreiche MultiChannel-Projekte reichen teilweise tief in den regulären Geschäftsbetrieb hinein – die Kompetenzen klassischer Managementberatung bleiben unerlässlich, um beispielsweise Aufbau- und Ablauforganisatorische Veränderungsnotwendigkeiten optimal zu gestalten. Die erfahrenen Beraterinnen und Berater von diligenZ stellen diese Kompetenzen zur Verfügung.

Wir wollen uns weiterentwickeln und suchen deshalb für unsere Standorte Düsseldorf und Hamburg

„Experienced Hires" (m/w)

Wir suchen exzellente Management Consultants mit mindestens drei Jahren Berufserfahrung in der Beratung und idealerweise ergänzend mit Industrie-/Handels-Know-how - gerne auch aus den Umfeldern Digital, New Economy oder Medien. Programmmanagement, Prozessberatung, Logistik/Supply Chain Management sind Ihnen vertraut – auch Erfahrungen aus den Themenfeldern Finanzen bzw. Controlling sind für uns interessant.

Überzeugen Sie sich selbst von Ihren Chancen und Möglichkeiten und lernen Sie uns persönlich kennen. Sollten Sie sich angesprochen fühlen und den gewünschten Hintergrund mitbringen, nehmen Sie bitte Kontakt zu uns auf oder senden Sie uns bitte Ihre vollständige Bewerbung an:

diligenZ management consulting GmbH
z.H. Frank Best
Schwerinstr. 22
D-40477 Düsseldorf
T +49 211 495546-0
f.best@diligenZ.de

MIX
Papier aus verantwortungsvollen Quellen
Paper from responsible sources
FSC® C105338

If you have any concerns about our products,
you can contact us on
ProductSafety@springernature.com

In case Publisher is established outside the EU,
the EU authorized representative is:
Springer Nature Customer Service Center GmbH
Europaplatz 3, 69115 Heidelberg, Germany

Printed by Libri Plureos GmbH
in Hamburg, Germany